缠中说禅

教你炒股票

（配图校注版）

培　峰◎整理

中国宇航出版社
·北京·

内 容 简 介

《教你炒股票》是缠论系列图书中的一种，以缠中说禅在新浪博客发表的“教你炒股票”系列文章为底本精心整理而成。该系列文章以几何方法和完全分类法解析股价运行轨迹，以分型、笔、线段、走势中枢等方法对走势进行分类，以走势中枢和区间套考察不同级别买卖点，以力度背驰和形态确认股价转折，形成一套不同于道氏理论、波浪理论的证券分析理论体系。本次整理出版该书，目的是为广大缠论爱好者、研究者提供一个比较完善的范本，使广大读者更易于准确地把握和理解缠中说禅的股市交易思想。

图书在版编目(CIP)数据

缠中说禅 ：教你炒股票 / 培峰整理．--北京：中国宇航出版社，2015.2（2025.10重印）

ISBN 978-7-5159-0884-7

Ⅰ．①缠… Ⅱ．①培… Ⅲ．①股票交易－基本知识 Ⅳ．①F830.91

中国版本图书馆 CIP 数据核字(2015)第 014560 号

策划编辑　田方卿

责任编辑　田方卿　　　**装帧设计**　杜晴岚

出版发行　中国宇航出版社

社　址　北京市阜成路 8 号　**邮　编**　100830
(010)68768548

网　址　www.caphbook.com

经　销　新华书店

发行部　(010)68371900　(010)88530478(传真)
(010)68768541　(010)68767294(传真)

零售店　读者服务部　北京宇航文苑
(010)68371105　(010)62529336

承　印　三河市君旺印务有限公司

版　次　2015 年 2 月第 1 版
2025 年10月第 28 次印刷

规　格　787 × 1092

开　本　1/16

印　张　26.75

字　数　539 千字

书　号　ISBN 978-7-5159-0884-7

定　价　48.00 元

本书如有印装质量问题，可与发行部联系调换

临江仙[1]

新居落成，新春将至，聊赋《临江仙》以记之。

缠中说禅

浊水倾波三万里，愀然独坐孤峰。龙潜狮睡候飙风。无情皆竖子，有泪亦英雄。
长剑倚天星斗烂，古今过眼成空。乾坤俯仰任穷通。半轮沧海上，一苇大江东。

①《临江仙》是缠中说禅 2006 年 2 月 1 日在新浪网开博时发表的一首词。

满江红[①]

缠中说禅

万古长空，今犹昔，一朝风月。何处住？春花夏雨，秋鸿冬雪。百代浮华皆作土，千江吸尽无堪说。问世间，多少梦消磨、英雄血。

星旋轨，天补裂，山崩柱，河倾缺。捣神宫鬼府，凤巢龙穴。怒剑穿云惊浩宇，狂涛卷日横孤筏。纵生死，劫火洗乾坤，齐欢悦。

①缠中说禅新浪博客的个人头像就是使用的《满江红》这首词。

前 言

《教你炒股票》来自于ID为缠中说禅的新浪博客。博主从2006年6月7日开始，在博客中发表“教你炒股票”系列文章，凡108篇。

据说，缠中说禅1990年代初开始参与资本市场。凭借其对市场的洞察以及对人性的深入把握，以零成本投入，在十几年间赚得数亿身家。2005年，他就神奇地推断出上证指数将在998点见到历史大底，之后马上会有一轮波澜壮阔的大牛市，于是在空仓4年之后开始重新介入股票操作。2007年10月上证指数创出6124点的历史高点后不久，他利用自己独创理论体系推理及假设分类，判断中国股市已经见顶，精准预言2007年美国次贷危机将会引发金融危机并扩散到全球，级别堪比1929年世界金融危机。

2008年10月10日，缠中说禅发表最后一篇博文后突然停博，此后一直未有更新。传其因患鼻咽癌，于2008年10月31日去世，离世时不到40岁。

缠中说禅的真实身份至今仍然成谜，未有权威的结论和答案。一说是《基金分析》专栏作家木子。一说为原亿安科技操盘手李彪，也有人说缠中说禅、李彪、木子为同一人，身份问题众说纷纭。

木子是《基金分析》特聘高级顾问，曾在“木子视点”中写专栏文章30多篇。这些文章大都来源于缠中说禅博客，只是个别文字做了修改。2008年10月缠中说禅去世后，《基金分析》2008年11月7日发表悼念木子的文章。有人据此认为缠中说禅就是木子。

李彪成名于1999年，是当年亿安科技的首席操盘手，令股价站上126元的天才！由于此人为人十分低调，外界对他的思想知道的不多。直到缠中说禅去世后，人们才开始将李彪和缠中说禅联系起来。

缠中说禅在网络上非常活跃。从2002年至2008年间，他以不同网名，在天涯社区、强国论坛和新浪博客共发表网络作品1848篇，涵盖宗教文化、诗词曲赋、文史哲学、音乐艺术、时政经济、数理科技、白话杂文、流行娱乐等领域。其博客文章内容涉猎广泛，知识体系庞杂，语言豪放犀利，口气狂妄但又无可辩驳，其时无人能比，在网络中拥有一大批忠实的读者。

在缠中说禅的诸多博客文章中，以“教你炒股票”系列文章反响最大。博主自命其博客为“全球第一博客”，博客日点击和回复量在国内遥遥领先。该系列文章在新浪博客陆续发布之后，在网络上引起了学习和研究的热潮，数十万人为之废寝忘食，日夜参研。“教你炒股票”被奉为证券投资者股市淘金的圣典，缠中说禅被无数“缠粉”奉为“缠师”，其创立的股票交易理论被称为“缠论”，追捧者趋之若鹜。

“缠论”不同于道氏理论、波浪理论、江恩理论和其他技术分析理论，它以几何思维为主导，以最小级别的分型、笔、线段为初始条件，逐层定义出各级别的中枢以及走势类型，将看似纷繁无序的走势进行了科学的、唯一的描述，完全不涉及上帝式臆测，实现了对走势的完全的、最强有力的分类，因此受到越来越多的投资者重视。

缠中说禅将股票操作方法命名为“缠中说禅”有以下几个原因。

1. 以股市为基础。缠者，价格重叠区间也，买卖双方阵地战之区域也；禅者，破解之道也。以阵地战为中心，比较前后两段之力度大小，大者，留之；小者，去之。

2. 以现实存在为基础。缠者，人性之纠结，贪嗔痴慢疑也；禅者，觉悟、超脱者也。以禅破缠，上善若水，犹如空筒，随波而走，方入空门。

3. 缠中说禅的哲学路线安排。由股市之解决之道，至论语之入世之道，至佛学之大至深大圆满境界。以静坐、心经、佛号，引入大超脱之路。然“理则顿悟，乘悟并销；事须渐除，依次第进”，有缘者得之，无缘者失之，而得并未得，失并未失。一颗明珠，总有粉碎虚空，照破山河之日。

学习“缠论”，首先应重点研读原文。原文是“纲”，基于原文之上的其他解读是“目”，纲举才能目张。如果不能沉下心来研读原文，或者因原文词句繁杂而弃之，无异于过宝山而空归。最基本的，也要把原文的前 10 课真正读懂，那是股票操作的精髓。

学习“缠论”，要一念生净信。有些投资者在交易中总是今天用这方法，明天用那方法。对于缠论的学习和应用，也是始乱终弃，这是缺乏耐力和定力的表现。学理论要做到惟精惟一，方法太多，也容易陷入“所知障”，就像狗熊掰苞米，最终的结果是一无所得。

学习“缠论”，不能完全陷入技术分析之中，应该从基本面、技术面、比价关系构成的操作系统视角整体把握市场趋向。否则即使技术分析学得再好，也只能是一个匠人。功夫在诗外。提高交易的境界，单纯的技术分析是无法解决的。

学习“缠论”，应遵循循序渐进的方法。若刚开始不能精确把握缠论原旨和精髓，应该首先把缠论中均线系统操作方法研究明白。对缠论有一定了解，但还不能多层次运用的，可以先在同级别上进行分解和操作，进而多层联立地分解和操作。对于背驰、盘整背驰等动力学方面的知识尚不透彻的，可以先用形态学的内容进行操盘实践。

本次整理出版“教你炒股票”一书，目的是存亡继绝，留住缠中说禅股市交易思想，为广大缠论爱好者提供一个相对完善的学习范本。在整理过程中，尽量保持原文风貌，对拗口的词语及口语化表述做了适当规范，修正了原文中一些明显的笔误，删减了个别与主题无关的内容，修改了一些敏感的字词语句，使本书的内容更加清晰、流畅。这次整理，还最大限度地为原文配上了示意图和案例分析图，能帮助读者更好、更准确地理解原文。

惜缠师业未竟，身躯倦，人已去，其理论中很多模糊、艰深和未完善之处，如中枢形态、分型力度等，来不及进行更深入细致的叙述，就云游他乡，给广大缠论学习爱好者留下了无尽的遗憾。

感谢中国宇航出版社编辑田方卿，为本书出版提供了机会。未来，笔者将本着缠师的原意，从缠论的主导思想和推理逻辑出发，结合传统技术分析理论，如K线理论、均线理论、形态理论、波浪理论等，对缠论体系做更加深入的挖掘，使缠论内容更加可接受，更加可操作，敬请期待。由于笔者个人才学方面的局限，对于缠论的理解和把握难免存在误解或疏漏，希望大家本着学习、弘扬和发展缠论的宗旨，实事求是地进行批评指正！

培　峰

2015年1月10日

目　录

教你炒股票1

不会赢钱的经济人，只是废人

(2006-06-07 18:08:15)

人，总是很奇怪的。就算是很聪明的人，或者在其他行业很成功的人，一旦进入资本市场，就像换了个人。虚拟和现实的鸿沟，使得做实业的，且不说期货了，就算是风险小得多的股市，也很少有能做好的。而习惯在虚拟市场玩游戏的，基本上很难再回过头去做实业。

周围和经济相关的朋友，做金融的比较多，也有几个做实业的。2005年人民币放开后①，有一次和他们一起玩，偶然聊起股票。当时给他们的意见是，由于资源价格的全球化升势及人民币升值，国内实业将会出现很大的困难②，而虚拟市场由于对资本具有吸纳作用，今后将大有改观，很可能会出现一个至少是大X浪③级别的行情，因此劝他们分流出一部分资金到资本市场来。这帮家伙很犹豫，一晃就把时间晃过去了。

2006年，过完春节，这帮家伙突然开始不断骚扰本ID，说要入市。本ID当时已经忙得无暇分身，对他们一番数落，然后告诉他们，现在是个人都能挣钱，自己玩去，没空理你们！

进入三四月份，当时有色等行情已经很火爆。这帮家伙想大进，又怕风险，一直在小打小闹。

有一天，大家又在一起玩，他们一定要本ID选择一些具体的股票。因为这两年一直有很多外资基金进来接触，要收购中国快速消费品企业，还有就是一些大的周期性行业将面临重组，就让他们去关注这两类股票和权证④。

5月份后，股市大涨，大家都很忙。中旬时又有机会碰头，一问之下，他们基本都没怎么大买。买了的，也没坐几个站就下车了。他们都显得很烦躁，不断问有什么可买的。

---

① 这里是指从2005年7月21日起，我国开始实行以市场供求为基础、参考一篮子货币进行调节、有管理的浮动汇率制度。人民币汇率不再盯住单一美元，形成更富弹性的人民币汇率机制。自此，人民币开始一路升值。

② 资源全球化升值导致采购成本增加，人民币升值不利于企业出口，因此说国内实业将会有很大困难。

③ X浪：波浪理论术语，是指延伸的两个调整浪之间的连接。

④ 权证：是指基础证券发行人或其以外的第三人发行的，约定持有人在规定期间内或特定到期日，有权按约定价格向发行人购买或出售标的证券，或以现金结算方式收取结算差价的有价证券。权证按买卖方向不同，分为认购权证和认沽权证。认购权证持有人有权按约定价格在特定期限内或到期日向发行人买入标的证券，认沽权证持有人则有权卖出标的证券。

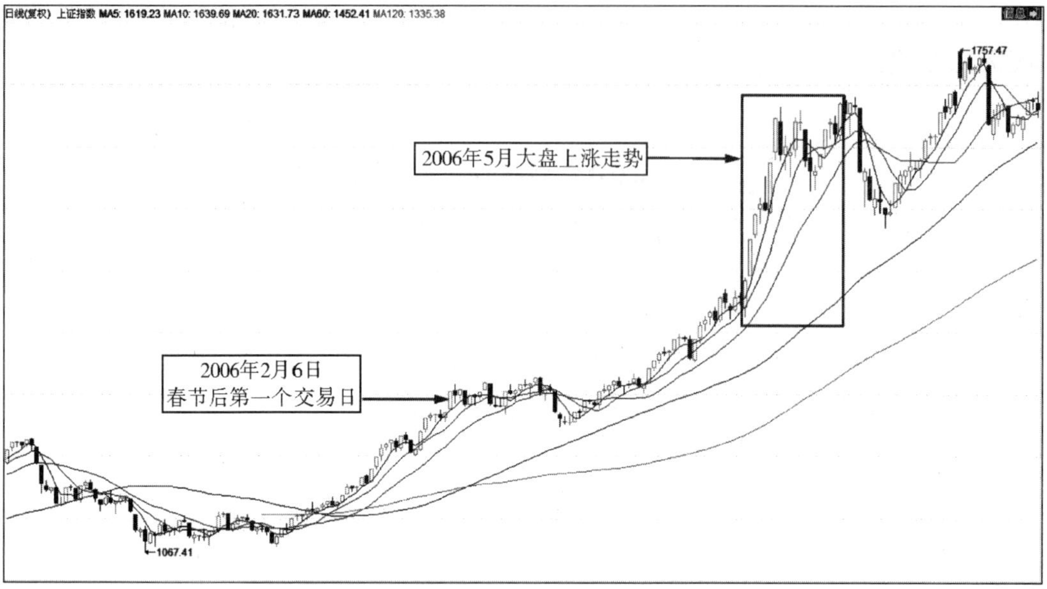

图 1-1　2006 年上半年上证指数日 K 线走势图

本 ID 既有点儿可怜他们，又有点儿烦他们。怎么在市场外做得好好的，一到市场里，都成这样子了？于是就有点儿敷衍地告诉他们，去买深沪两地 3 元上下的本地股。而且还告诉他们，这样下去肯定要出问题的，最好自己好好学学，别人再怎么厉害，也不可能整天像照顾小孩儿一样看着你。

上周日，大家又碰在一起。这几位大概都一肚子股票了，这次个个神采飞扬。大概又都读了几本书，听了几次股评，看了几本杂志，于是口沫乱飞地这面那面、一线二线地当专家，成了大谈 1800 点、2000 点、2500 点的牛人了。这市场还真能改造人！只是市场这台绞肉机，又有新货了。

有人说，市场是老人挣新人的钱。而市场中的老人，套个 10 年 8 年的一抓一大把。其实，市场从来都是明白人挣糊涂人的钱。

在市场经济中，只要你参与到经济中来，就是经济人了，经济人当然就以挣钱为目的。特别是在资本市场中，没有慈善家，只有赢家和输家。

不会赢钱的经济人，只是废人！无论你在其他方面如何成功，到了市场里，赢输就是唯一的标准。

缠论点睛

1. 任何大级别的行情，必然有基本面的推动。基本面决定技术面，技术面反映基本面。当然二者也有相互背离的时候，不过那时就属于行情的末端了，市场总会纠正它的错误。

2. 任何人操作，都是自己的操作。寄希望于别人，最终要失败。市场经济中，做个明白人，才能算合格的经济人。

投资微言

市场是绞肉机，也是提款机，关键在于操作者的个人修养以及交易水平。一切福田，不离方寸。输赢与否，最终还是要落到操作者个人身上。

教你炒股票 2

没有庄家，只有赢家和输家

(2006-06-07 22:41:27)

庄家这种动物，对大多数人来说很神秘，对本 ID 来说就太稀松平常了。

庄家和散户这种二元对立，大概比较适合现代中国人的思维模式，因此就变得如此的常识，但常识往往就是共同谬误的同义词。不仅是所谓的散户，而且很多所谓的庄家，也就牺牲在其中。

一般定义中的所谓庄家，就是那些拿着大量资金，能控制股票走势的人。在有关庄家的神话中，庄家被描述成无所不能，既能超越技术指标，更能超越基本面，大势、大盘就更不在话下了。这里说的还只是个股的庄家。至于国家级的庄家，更成了散户所谓的上帝。关于这些庄家的传闻，在市场中一秒钟都不曾消停，构成了常识的谬误流播。

所谓的庄家，前赴后继，尸骨早已堆成了山。

前几天在一个私人聚会里，碰到一位 50 年代的老大叔，说已经准备了 20 亿元资金，要坐庄，让本 ID 去联系一下某某公司的头儿。那人也是有头有脸的人了，不想当众奚落他，暗地里把他嘲笑了一番。

当然，即使庄家的神话已经如此常识，这种傻人还是一直也会前赴后继地涌现。正因为这种傻人如此地多，猎人打起猎来才能收获丰富。看到越摆谱的庄家，猎人就越高兴，反正这种类型的庄家，在市场上混个几年，基本上就销声匿迹了。

市场没有什么庄家，有的只是赢家和输家！有的只是各种类型的动物，还有极少数高明的猎手。

市场就是一个围猎游戏。当你只有一把小弓箭，你可以去打野兔；当你有了屠龙刀，抓几条蛇来玩当然就没劲了。关键是你是否有屠龙刀！

缠论点睛

1. 庄家并非无所不能，其一，庄家的资金不是无限的，庄家的资金量或者资金使用期限，往往是其最大的软肋。其二，庄家不能控制大级别趋势，顶多只能操纵小级别波动。其三，市场中有猎庄者存在。

2. 市场最关键的因素是走势类型及其转化，庄家和散户的分野是其次的。庄家逆势而行，一样是自取灭亡。

投资微言

市场本身是一个完整的生态系统。这个生态系统总体上是平衡的，因此也就有了“一赚二平七亏损”的说法。散户要做一个掠食者，要想进阶，就需要不断地感悟、学习、提高。

教你炒股票 3

你的喜好，就是你的陷阱

(2006-06-09 17:03:48)

要举行世界杯了，全世界的人都知道。世界杯前后，股票市场几乎都要大跌，这就是所谓的世界杯魔咒①。这个常识，虽然并不比所谓庄家的常识更值得“常识”，但至少有趣，并不像庄家的话题那样无聊。

但是你的喜好，就是你的陷阱！

在市场中生存，第一条就是，在市场中要杜绝一切喜好。市场的诱惑，永远是通过你的喜好来伤害你。市场中需要的是露水之缘，而不是比翼之情。天长地久之类的东西，和市场无关。市场中唯一值得天长地久的，就是赢钱。任何一个来到市场的人，其目的就是赢钱。任何与赢钱无关的都是废话。

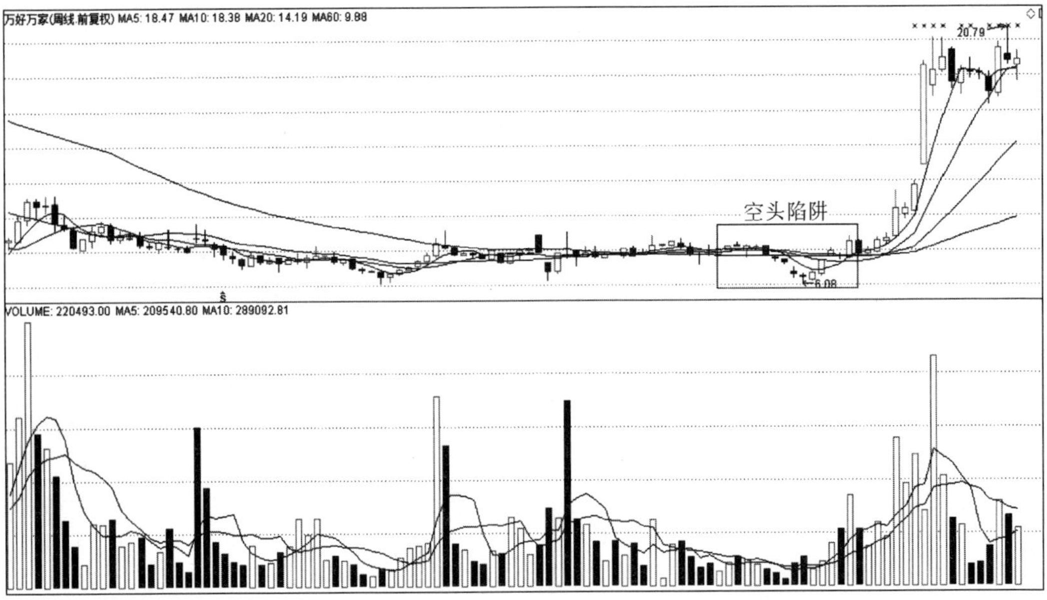

图 3-1 万好万家（600576）2014 年 1 月前后的日 K 线走势图

① 世界杯魔咒：指的是世界杯期间股市通常会出现下跌走势，并且常常表现在A股走势上。

② 空头陷阱：市场主力资金大力做空，通过盘面中显现出明显疲弱的形态，诱使投资者恐慌性抛售股票。

③ 多头陷阱：市场主力资金大力做多，通过盘面中显现出明显强势的形态，诱使投资者买入。多头陷阱通常发生在高位或者突破的时候，价格迅速突破所谓的阻力位且达到新高点，随后迅速下跌，使在高位买进的投资者严重被套。

你必须明白，任何让你买入一只股票的理由，并不是因为这只股票如何好，或被忽悠得如何好，只是你企图通过买入而赢钱。能赢钱的股票就是好的，否则都是废话。市场中的任何喜好，都是把你引入迷途的陷阱，必须逐一看破，进而洗心革面，这样才能在市场中长久生存。

当然，能看清楚自己周围的市场陷阱，还只是第一步。更进一步，要学会利用市场陷阱来赢钱。当你要买入的时候，空头陷阱[2]就是你的最佳机会；当你要卖出的时候，多头陷阱[3]当然就是你的天堂。

这个市场永远不缺卖在最低点，买在最高点的人。这个世界上没有什么是可以让所有人赢钱的，连大牛市中都有很多人亏损累累。市场中的行为，就如同修炼上乘武功，最终能否成功，还是要落到每个人的智慧、秉性、天赋和勤奋上来！

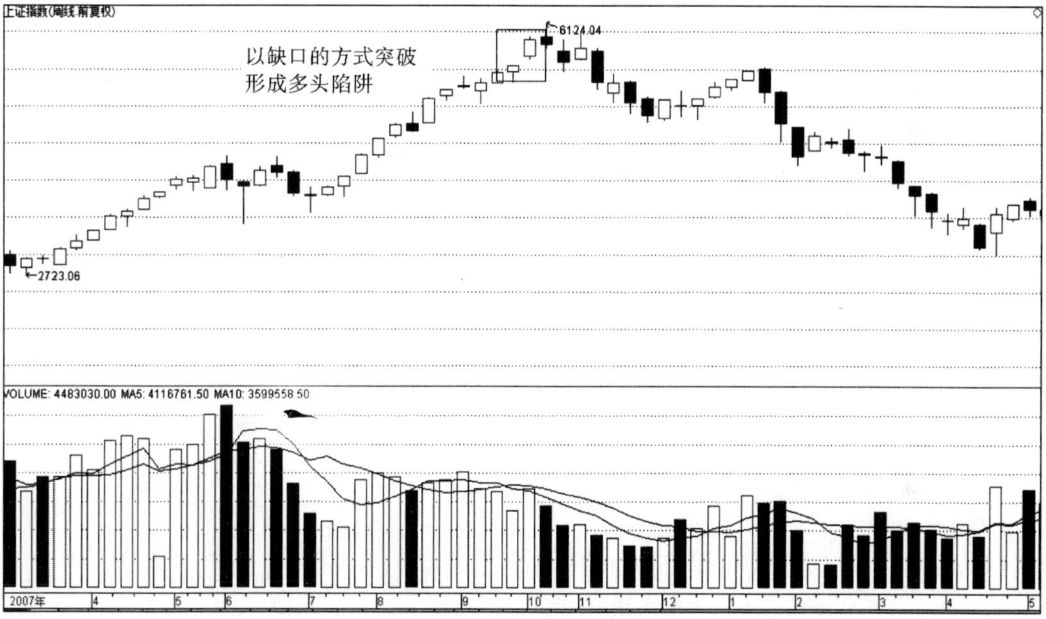

图 3-2 上证指数（999999）2007 年 11 月前后冲顶时的 K 线走势图

缠论点睛

1. 因贪婪而追涨，因恐惧而杀跌，因为暴富心理去听消息，找黑马股，因为无明去找股评，因为幻想出现反弹而无视当下下跌走势……这都是喜好的具体表现形式。必须一一拔除，进而洗心革面。

2. 正确判断走势，是成功的基本条件。想进阶的，还要识破各种陷阱，进而利用陷阱。利用空头陷阱买入，利用多头陷阱卖出。利用好了陷阱，效果往往立竿见影。

投资微言

只有具备健全的人格，正确的职业态度，良好的生活习惯，才能最终获得成功。各行各业莫不如此，股票市场怎么可能例外！

教你炒股票 4

什么是理性？今早买入 N 中工就是理性

(2006-06-19 21:41:14)

很奇怪，在资本市场中，经常有人教导别人要理性。所有理性模式，都毫无例外地对应着一套价值系统。企图通过这套价值系统战胜市场，就是这些所谓理性背后最大的心理依据，也是所有资本谎言和神话的基础。而要获得真正的理性，首先要看破各色各样的理性谎言。

更可笑的是，被所谓理性毒害的人，经常把理性当成一种文字游戏。特别是当文字被货币化，可以买卖之后，这种文字游戏就以一种更无耻的方式展开了。但真正的理性从来都是当下的，从来都是实践的。而实践，从来都是当下的理性。

站在资本市场的角度说，当你介入市场时，市场就与你就融为一体了。你创造着市场，市场也创造着你，这种创造是当下的。真正的理性关心的不仅是介入时的具体模式如何，更是这种模式当下的情况。最重要的是，这种模式是如何结束的。

生的，总要死去。如果自然真有什么法则，这就是唯一的法则。所谓的法则，就是宿命，就是必然。市场上的法则也一样：任何走势类型总要结束。在市场中，死亡是常态，也是必然。生存，必须以生为依据，而生的，总要死去。所谓生生不息，其实就是死死不息。

当你以某个标准为依据时，你将会跟随你所依据的标准走向死亡。而生死，从来都是被当下所“模式”的，资本市场也一样。以为离了生死就可以了却生死，这不过是所谓理性的妄想。对任何市场中的人来说，生死无处可离，生死就在呼吸之间，就在模式转化之间。

没有“不离生死而从容于生死”这种大勇猛，一切的理性都不过是垂死的哀鸣。对于市场来说，介入就是介入生死，无所依傍地从容于各种模式之间。不住妄想生心，住当下模式生心，方可于生死而从容。

对于市场参与者来说，首要而且必须时刻清楚自己目前介入模式的当下是如何的。也就是说，首先要明白自己介入的是上涨、下跌还是盘整。而市场中的绝大多数人，是不知道这当下的模式的。市场基本由这种人构成，这种构成与资金实力无关。大资金一夜之间土崩瓦解的事情，本 ID 见的多了。

此外，如果你一定要追问什么是理性，那么，相对于那些光说不练的所谓理性，今早 15 元多买 N 中工[①](中工国际：002051) 就是理性！

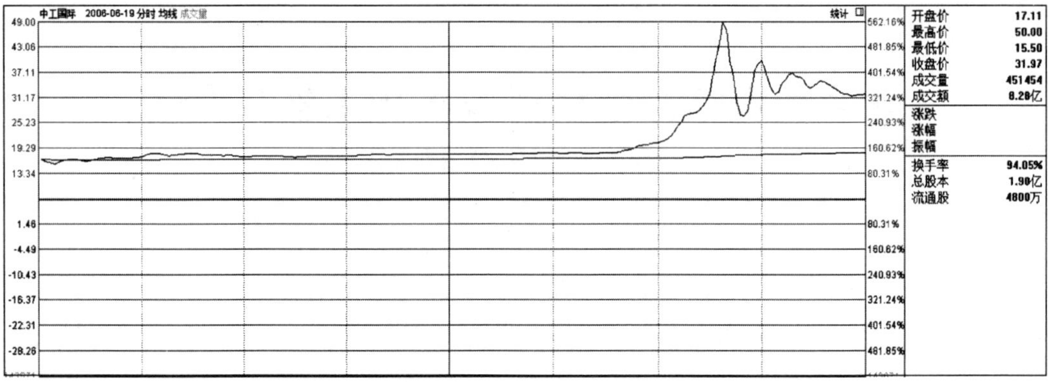

图 4-1 N 中工（002051）上市首日分时走势图

缠论点睛

1. 投资者介入一只股票，首先要明白介入时该股票的走势类型是什么，其次要明白当前这走势类型走到了哪一步。

2. 任何走势类型都将结束。介入一只股票，就要随时关注走势类型结束的标志性信号。

投资微言

不应住涨跌生心，不应住妄想而生心，应住走势类型生其心。

① N中工（002051）：2006年6月19日上市的新股。上市首日不受涨跌幅限制，以17.11元开盘，最高上冲到50元。

教你炒股票 5

市场无须分析，只需观察和操作

(2006-06-21 20:52:02)

喜欢吹牛皮的人，在市场里是最常见的。例如一种以分析市场、吹牛皮为生的从业者，叫什么股评、专家之类的。此类人以卖嘴为生，不过是市场里的寄生虫，是文字货币化的产物。真正的猎手只会观察、操作，用嘴是打不了豺狼的。

市场就是一个狩猎场，要在市场中生存，必须成为一个好猎手。而一个好的猎手，首先要习惯于无言。如果真的有什么真理，那真理也是无言的。所谓大音希声，言而无言，乃是真言。

一个好的猎手，可以没有嘴巴，但一定会有一双不为外物所动的眼睛。在这双眼睛观察之下，一切如幻化般透明。要想不被外物所动，首先不被自我所迷惑。其实无所谓外物、自我，一切都不过是幻化空花。如此，方可从容于市场之中。

猎手只关心猎物。猎物不是分析而得的，不是你想到的，而是你看到的。要相信你的眼睛，而不要相信你的脑筋，更不要让你的脑筋动了你的眼睛。被脑筋所动的眼睛充满了成见，而所有的成见，都对应着把你引向那最终陷阱的诱饵。猎手并不畏惧陷阱，猎手只是看着猎物不断地以不同的方式和共同的结果掉入各类陷阱。这里无所谓分析，只是观察和操作。

猎手的好坏不是基于其能说出多少道理来，而是基于其置身其地的直觉。好的猎手不看而看，心物相通。如果不明白这一点，最简单的方法，就是把你一个人扔到深山里，只要你能活着出来，就大概体会到一点了。

如果觉得这样做有点儿残忍，那就到市场中来。这里有无数的虎豹豺狼，用你的眼睛去看，用你的心去感受，而不是用你的耳朵去听流言蜚语，用你的脑筋去抽筋！

缠论点睛

1. 所谓被外物迷惑，归根结底是被自己迷惑，被自己的贪嗔痴疑慢所迷惑。

2. 所谓分析，只是一种可能性，并非必然性。一旦市场走势否定了这种可能性，就要改变策略，而不是过分执着于之前的分析。

3. 对于有多年操作经验的人来说，顺着你的直觉而行。这直觉是你花了很多学费堆积出来的当下的直观，是最锐利的武器。

投资微言

好的操作应该如行云流水，应该能舒服地盈利。当你觉得不舒服，一定是哪里出了问题。

教你炒股票 *6*

本 ID 是如何在五粮液、包钢权证上提款的

(2006-10-24 12:45:16)

股票市场上永远不缺英雄，更不缺死去的英雄。最近的英雄们都又在吹投资了，但投资这块遮羞布，永远也掩盖不了股票赤裸裸的投机本质。《黄帝阴符经》云："天性，人也；人心，机也；立天之道，以定人也。天发杀机，移星易宿；地发杀机，龙蛇起陆；人发杀机，天地反覆；天人合发，万化定基。"不投这个机，又如何夺天地之造化？股票投机也是一样的道理。

对于本 ID 来说，这股票市场就如同提款机。时机到了，就去提款；时机不到，就让它搁在那里。这市场不能经常搞，必须耐心地等待它的异动，而后才能操作。

在市场中生存，首先要找到市场的临界点。但光知道市场的临界点是不够的，还要了解市场是否是安全的，否则不能控制风险，那不麻烦大了？市场中不是什么机会都值得操作的，值得操作的机会，首先的前提是安全，要像去银行提款一样安全。市场上也只有这样既出现临界点又安全的机会，才值得投机。

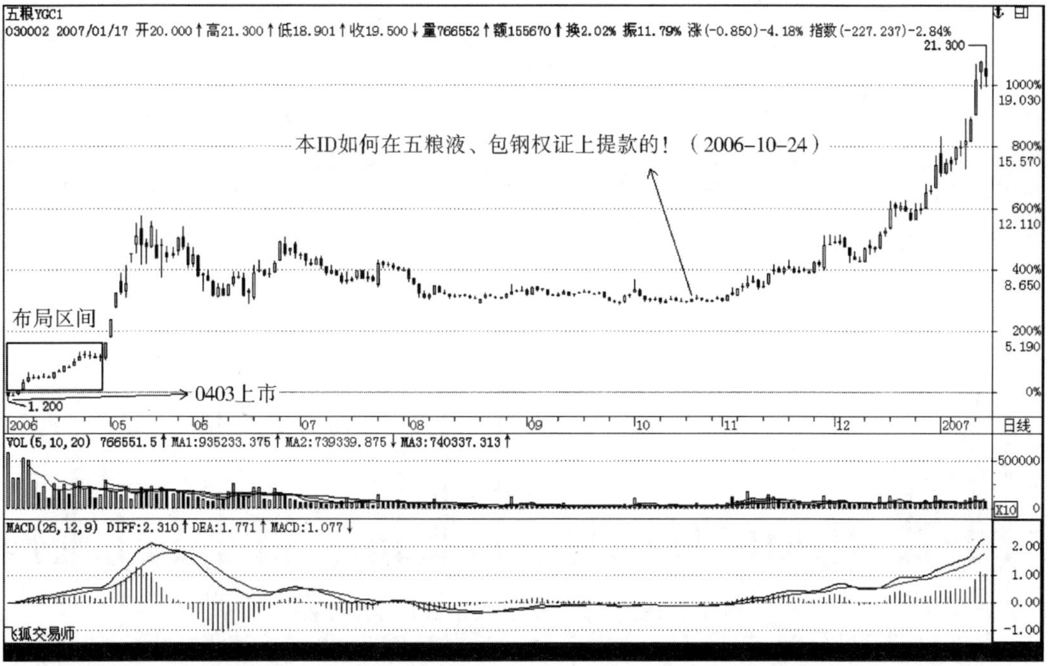

图 6–1　五粮液认购权证 2006 年 4 月到 2007 年日 K 线图走势

就像 2006 年 4 月份时，本 ID 在五粮液、包钢股份认购权证上的布局。为什么选择它们而不是别的？道理很简单，因为它们既有认购又有认沽。而对于企业来说，除非行情特别不好，一般是不会让认沽兑现的。因为不兑现，这认沽就是一个空头支票，而兑现是要掏真金白银的。对既有认购又有认沽的认购权证来说，认沽权证和认购权证的行权价之间的差价，就是认购权证最安全的底线。对于五粮液、包钢认购权证，这个底线分别是 1.02 元和 0.43 元。而本 ID 当时分别在 1 元多和 4 毛多买进它们，是不是和去银行提款一样安全？唯一遗憾的是，它们的盘子都太小，容纳不了太大的资金。小盘的股票，没什么劲。

投机不是瞎做，是要清清楚楚地做。要清清楚楚，就要充分地理解市场，要明白其道道。不明白这些，没资格谈论股票。

缠论点睛

1. 投资要选择处于爆发临界点但又安全的股票（如图 6–2 所示）。至于这个临界点，因市而异，因时而异，因股而异。有的股票，可以将突破某压制均线作为临界点，有的可将突破趋势线作为临界点，有的则要根据形态决定临界点。而安全线，根据阻力线和支撑线相互转化的原则确定，一般可以将被突破的阻力位作为安全线。投资者应根据自己的风险承受能力，选择合适的价位建仓。

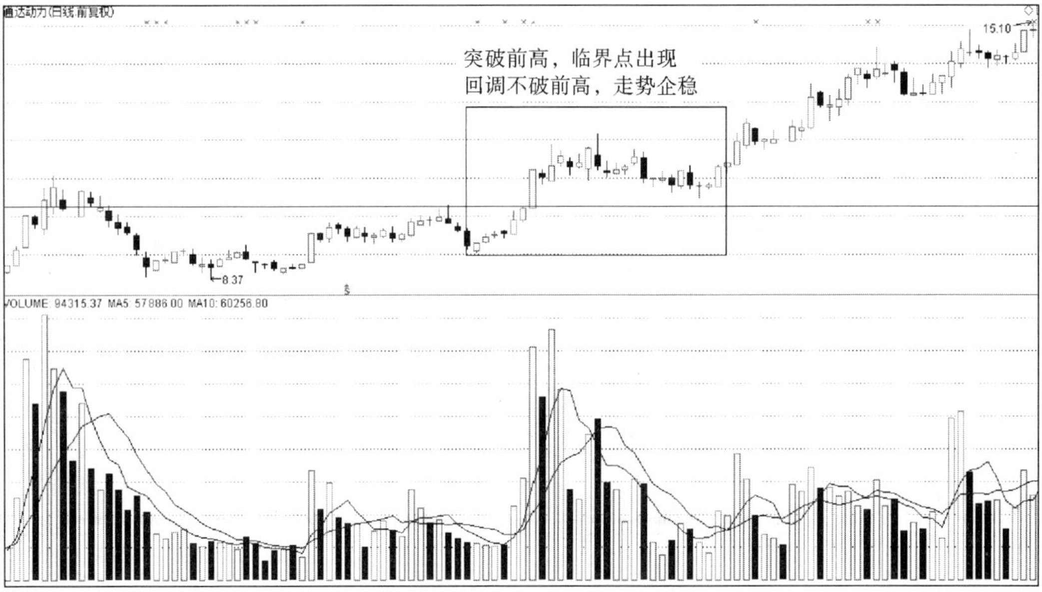

图 6–2 通达动力（002576）日 K 线走势图

2. 认购权证的一种套利模式：对于既有认购又有认沽的认购权证，其认购和认沽行权价之间的价差，就是其安全线。一旦认购的价格低于安全线，那么持有认沽权证的投资者将会行权。而认沽权证的兑现需要企业出钱才能完成，企业一般不会让其认沽权证兑现的。

投资微言

对于既出现临界点又处于安全线附近的股票，不要怕，大胆买入。因为临界点的出现，保证后面上涨的概率较大，而安全线则保证了即使后面下跌，你所承受的风险也是有限的。这符合亏小钱、赚大钱的原则。

教你炒股票 7

给赚了指数亏了钱的投资者一些忠告

(2006-11-16 12:00:01)

这几个月，整天被一个大叔骚扰。他的钱不多，也就千万元级别的资金规模。这种人本 ID 从不搭理，但这位大叔有点儿特殊，有些渊源，怎么都得给点面子。但有时候，真的替他着急。

2006 年 4 月，本 ID 布局权证时，他就不敢买。后来权证疯了，他就后悔。然后告诉他，不要玩风险太高的，就买银行股。比如民生银行（600016），4 块钱附近买了就搁着。结果这位大叔赚了几毛钱就跑了。

最可气的是，中国国航（600111）跌破发行价时告诉他去买，他自己也当过兵，本 ID 还特别提醒他国航的李总也是当兵出身的，怎么可能让自己的股票跌破发行价这种没面子的事情发生？这位大叔犹犹豫豫的，n 天时间也就买了一点，涨起来几毛钱又走了。最近，让他在 3 元多吸纳北辰实业（601588），结果他 4 元不到就跑了，本 ID 简直对他彻底绝望了。

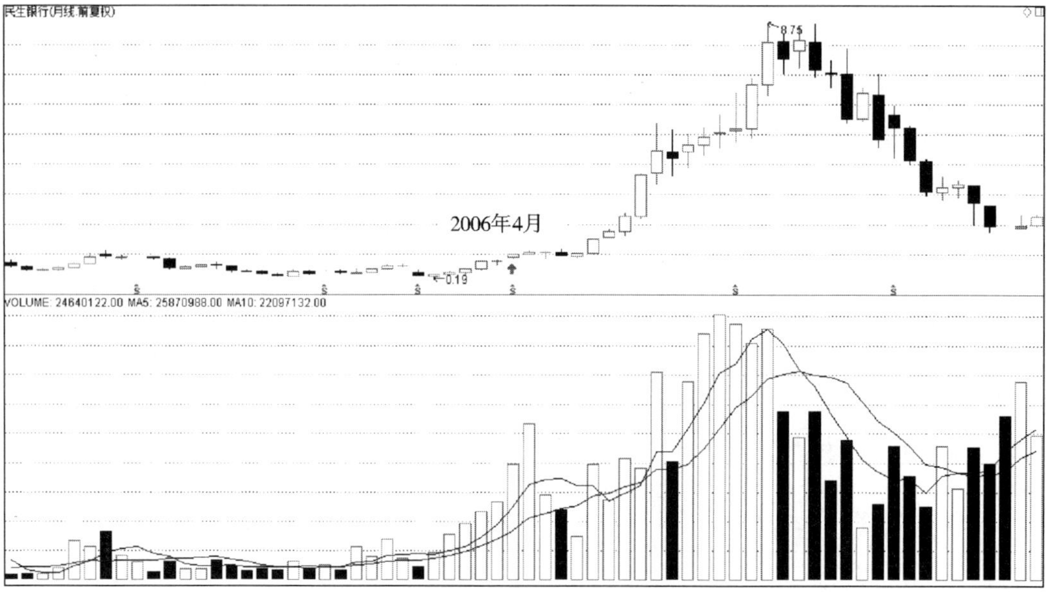

图 7–1　民生银行（600016）2006 年 4 月前后月 K 线图走势

不过他还算是好的，有部分钱在年初3块、4块附近买了一只自己十分熟悉的北京股票，现在已经10块了。但这个大叔最麻烦的是，股价上下一波动就紧张，就打电话来找本ID。教他怎么在箱型盘整时做短差，这位大叔涨的时候不敢卖，跌的时候不敢买，本ID真是服了他了。

之所以说这些，是因为这种情况在散户中太常见了。散户就如同浮萍，没根儿，没主意，这样亏钱也就在所难免了。大概最近比这位大叔更惨的，赚了指数亏了钱的也不在少数。本ID这里就多说几句，让有缘者得之。

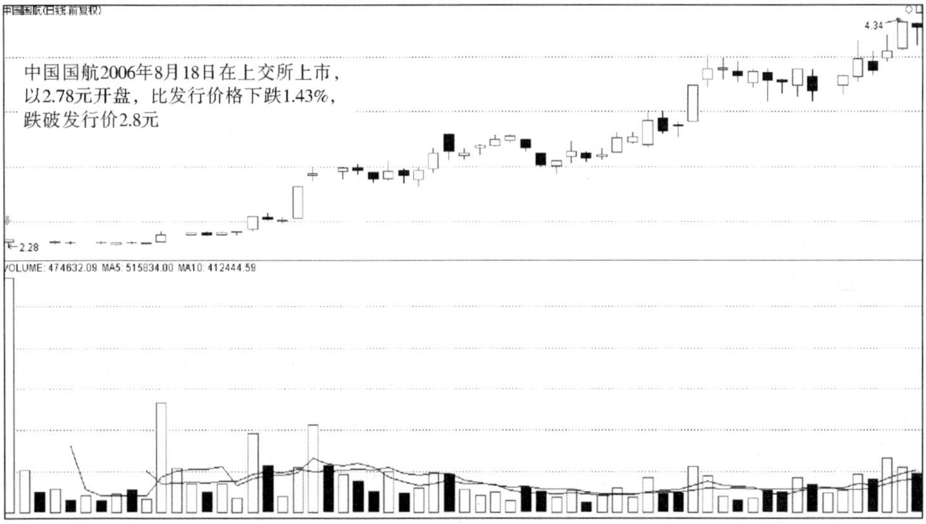

图7-2　中国国航（600111）2006年8月18日上市初期日K线走势图

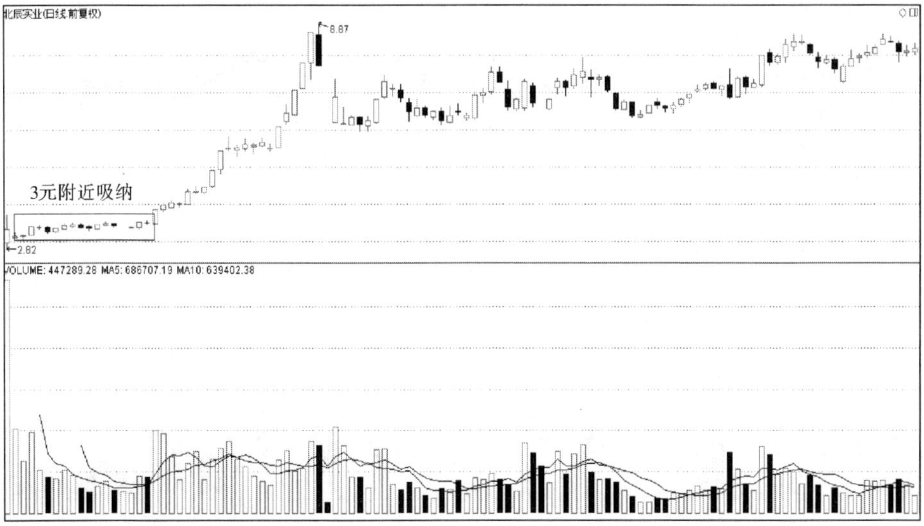

图7-3 北辰实业（600016）2006年10月前后日K线走势图

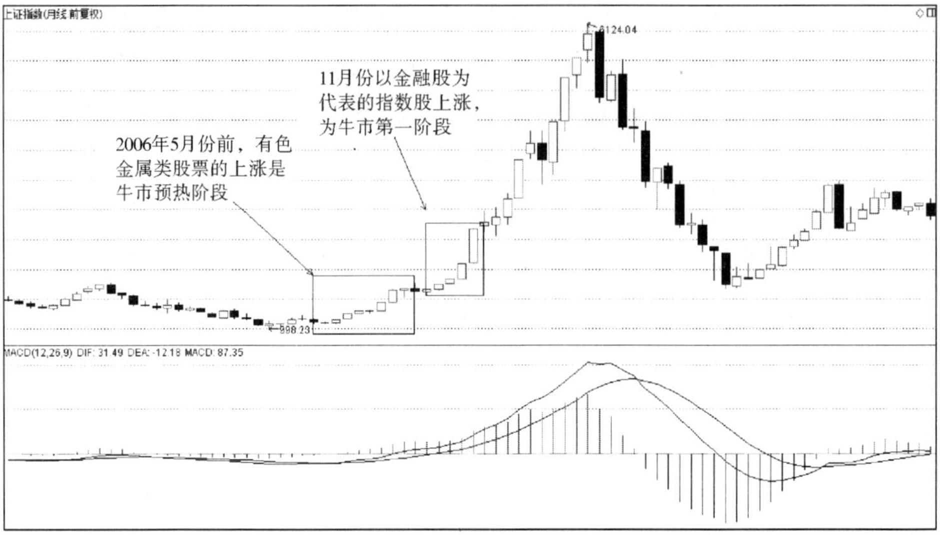

图 7-4　上证指数 (999999)2006 年前后月 K 线图

2005 年跌破 1000 点前，本 ID 曾写"G 股是 G 点"。今年 5 月刚突破后，本 ID 又写了"大牛不用套！"但为什么有人竟然可以不挣钱？最主要的原因是对牛市没有信心，不能把握牛市的节奏。2006 年 5 月份前有色金属类股票上涨，不过是牛市的预热阶段。而 11 月份以金融股等为代表的指标股上涨，是牛市的第一阶段。

1996 年的时候，深发展 A（现为平安银行：000001）涨了 n 倍了，很多股票都还没有怎么动。牛市的第一阶段都是这样的，一线股先涨。它们不到位，其他股票怎么涨？全世界的牛市基本都是这个样子，没有什么新鲜的。

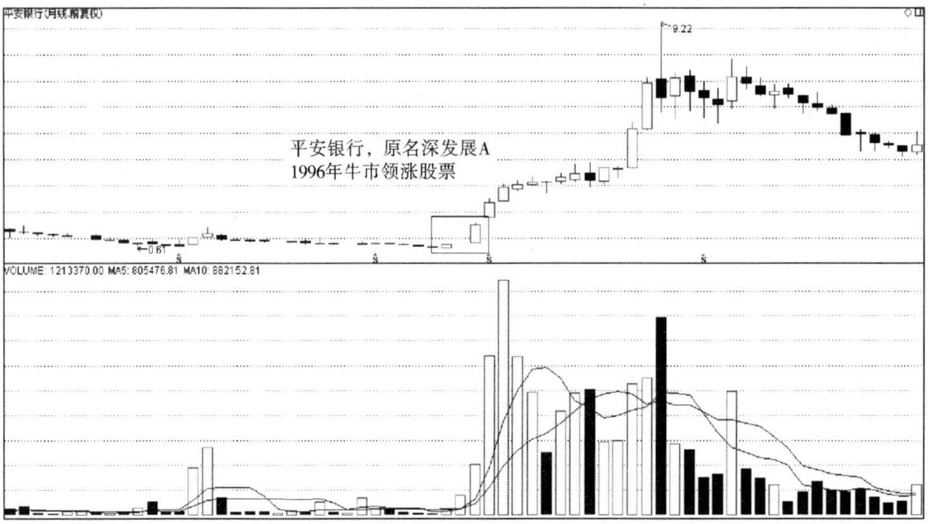

图 7-5　深发展 A(000001)1996 年前后月 K 线图

错过了这个节奏怎么办？如果你的跟盘技术可以，就要在大盘回档的时候跟进强势股票。如果你的跟盘技术不行，有一种方式是最简单的，那就是盯着所有放量突破上市首日最高价的新股，以及放量突破年线然后缩量回调年线的老股，这都是以后的黑马股。特别是那些年线走平后向上出现拐点的股票，一定要看好了。至于还在年线下面的股票，先别看了，等它们站上年线再说。其实这就是在牛市中最简单可靠的找所谓牛股的方法。

举一个例子，看看宝钢股份（600019）2006 年 10 月之后的走势。该股突破年线后缩量回调，2006 年 10 月 23 日回调到 4.20 元，当时年线就在 4.17 元。然后再放量启动，11 月 16 日，已经 6 元多了，50% 涨幅就这么完成了。从年线上启动，涨个 50%，不像玩一样？

本 ID 一般只看大盘股票，小盘股没法进去，但散户可以看小盘股，原则是一样的。不过小盘股需要留意，一般大盘股启动时骗线的比较少，小盘股可不一定，这都要自己好好去揣摩。

散户就当好散户，别整天想着抄底、逃顶。底都让你抄了，顶都让你逃了，不是散户的人吃什么去呀？散户一定要等趋势明确才介入或退出，这样会少走很多弯路。

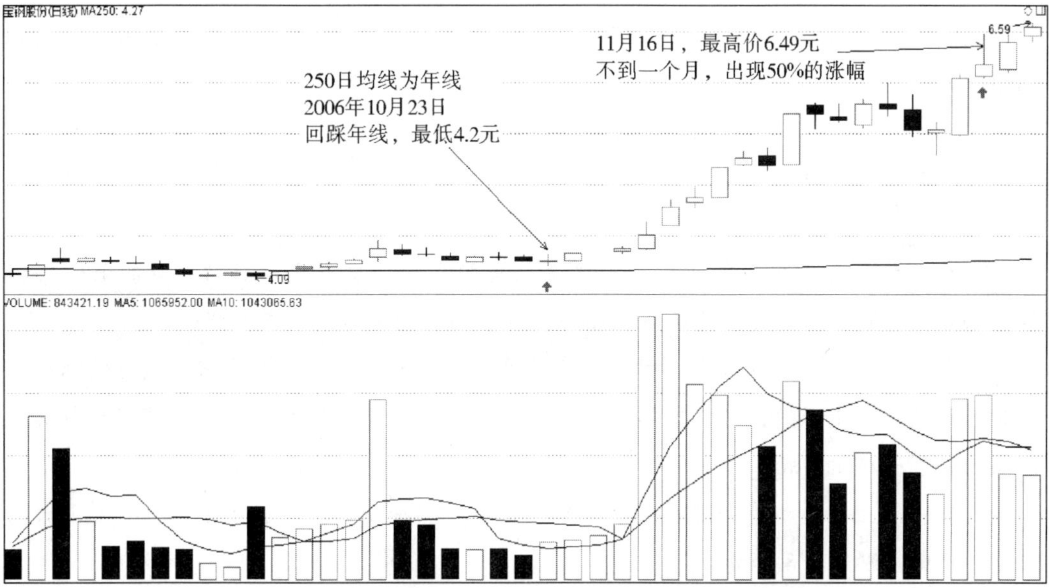

图 7–6　宝钢股份（600019）2006 年 10 月前后日 K 线走势图

一只股票涨起来，千万不要随意抛了。中线如果连 30 天均线都没有跌破，证明走势很强，就要拿着。当然，如果你水平高一点，在上涨的时候，可以根据短线指标打短差，这样可以增加资金的利用率。但高位抛掉的，只要中线图形没走坏，回档时一定要买回来，特别是那些没有出现加速的股票。

有一个抛股票的原则，分两种情况：一种是缓慢推升的，一旦出现加速上涨的情况，就要时刻注意出货的机会；另一种是第一波就火爆上涨，调整后第二波的上涨一旦出现背弛或放巨量的，一定要小心，找机会走人。对抛弃的股票，千万别有感情。具体的操作是一个火候问题，必须自己用心去体会。这就好像煲汤，火候的问题是没法教的，只能自己在实践中体会。

还有一点必须提醒，在牛市中，一定要严重关注成分股，特别是有一定资金规模的成分股。成分股都是大部队在战斗。别整天跟着那些散兵游勇玩，那些人自身都难保，大资金就爱吃他们，几个亿几个亿地吃他们，这才有点意思。

牛市中，最终所有股票都会有表现的机会，只要掌握了节奏，资金的利用率就高了。要达到这种水平，其实很简单，就一个原则：避开大的回档，借回档踏准轮动的节奏。千万别相信什么基本面的忽悠，特别是对于散户来说。资金量较小，有必要研究什么基本面吗？所谓基本面，只是一个由头，给自己壮胆和忽悠别人用的。对于基本面，只要知道别人心目中的基本面以及相应的影响就可以了，自己千万别相信。

玩市场的游戏就要用市场的原则，市场从来不同情失败者。既然玩股票了，就要心狠手辣，市场从来不同情失败者，市场不需要焚尸炉，失败者的尸体在市场中连影子、味道都不会留下。别给自己的失败找任何理由，失败只能是你自己的失败。失败了就找机会扳回来，但前提是必须找到失败的真正原因，否则不过是延续不同的情节相同的悲剧而已。

缠论点睛

1. 牛市的节奏：牛市第一段，一般是权重股先行，权重股是拉动大盘的最重要力量。如果权重股不动，大盘是很难上去的。顺次而来的是二线股、三线股。

2. 如果踏错了牛市的节奏，对于跟盘技术还可以的，可以在大盘回档的时候跟进强势股；跟盘技术不好的，可以采取如下方法：对于新股以及次新股，选择那些放量突破前高的股票；对于老股，选择放量突破年线而后缩量回调年线的股票。

3. 每一轮上涨，都有领涨的股票引领大盘前行。提高资金的利用率，就要避开大的回档，借回档踏准轮动节奏。

4. 牛市中抛股票的原则：对于缓慢推升的股票，一旦出现加速上涨，就要时刻注意出货的机会；对于第一波就火爆上涨的股票，调整后第二波的上涨一旦出现背弛或放巨量，一定要找机会走人。

投资微言

牛市中，如果说权重的上涨是点燃了星星之火，二线股的上涨就已经成为燎原之势，那么当三线股票满天飞的时候，就该一地鸡毛了。

教你炒股票 8

选好临界点[①]

(2006-11-20 12:00:31)

中国人喜欢说反话，面首，“面”绝不是首位的。选面首，先看面，最终要看“里子”。这也是本 ID 关于投资的警世之言。拿投资来忽悠的人，总爱编一些关于“面”的神话，诸如基本面、技术面、心理面、资金面，这面那面，都如同面首之“面”，不过是进而“里子”的借口。不能由表及里，直达市场本质，这面那面又有什么意义？

投资的结果很简单，就“输、赢”两种。所有关于投资的理论，都是企图通过控制某种“输入”而把“输”这个结果给过滤掉。因此一切相关的理论前提，就必然建立在这样一个逻辑假设之上：输入与输出之间被某种必然的逻辑关系和因果链条所连接。而该逻辑假设，相当于说“股票的这面那面和其里子有着必然的逻辑关系，按照某种模式操作必然盈利”。

凡是有过几年炒股经验的人，就知道这类假设是何等的荒谬。然而现实中，企图跳过“面”而直捣“里子”，同样是一种荒谬的幻想。即使“面”和“里子”没有任何必然的联系，现实依然只能从“面”到“里子”。那种企图否定一切“面”的，企图直接就“里子”的，不过是把某种“面”当“里子”了。这种人，注定终生被骗而不自知。

投资领域，没有任何理论可以描述这种从“面”的输入到“里子”的输出之间的必然关系，因为这种关系根本不存在。但人只要介入这种投资游戏，其介入就必然要以某种方式进行，相应地，其背后必然有某种理论、信念作为基础。正因为绝对正确不存在，反而使得各种理论、信念基础之间有了比较的可能。

任何好的投资理论，最终都只面向“里子”，就如同一只好股票，必须最终以趋势以及上涨幅度来证明其是否优秀。相应地，投资市场最重要的位置就是临界点，一个长期没有突破临界点的市场，是不值得关注的。期待一个长期沉闷的市场变得活跃，出现明确的趋势，那是空想家的工作，而投资市场不需要空想家。一个市场进入可投资的视界，首先要出现临界点被突破的情况，否则就不能进入可投资的范围之内。

在世界总的市场体系中，永远不缺高潮萌动的市场。但大多数散户，就喜欢沉闷的市场，并且自以为安全。有多少人因此而耗费青春，整天听着看着别人赚钱，最终寂寞难耐，走向另一个极端，在市场最后的疯狂时期扑上去，如飞蛾扑火一样死掉。

---

① 临界点：是指某只股票走势类型发生转化的关键点，譬如对趋势的压制均线或者长期趋势线的突破等。

投资最主要的动机是通过市场的波动赚取利润。要通过股票获利而不是被绞杀，这就是投资市场的第一准则。可惜市场上的人，大多数都被股票所缚，不能采市场之利，反被市场绞杀，可笑可怜。

介入，过早不行，太晚也不行，必须把握其火候。阳生，必有其萌动，必须待其萌动之后才可介入。具体对于股票来说，按其是否萌动的标准，可以把所有股票动态地进行分类，一种是可以操作的，一种是不能操作的。将你参与的股票限制在可操作的范围内，不管任何情况，这是必须遵守的原则。

当然，这个分类原则[①]，每个人可以有所不同。例如，可以将250天均线以及周线上的成交量压力线的突破作为分类原则；资金量不大且短线技术还可以的，可以把250天均线改成70天均线、35天均线，甚至改为30分钟图里的相应均线；对新股，可以用上市第一日的最高价作为标准；还有就是接近安全线的股票，例如在第6课里，本ID给出的一个权证的安全线标准；对于有一定水平的人，识别各种空头陷阱，利用空头陷阱介入，是一个很好的方法。

在你的分类原则的关照下，市场只有两种，能操作的和不能操作的。必须坚持的原则是，不符合分类原则的股票，无论发生什么情况都不能介入操作，除非其自动符合分类原则，成为可操作的对象。一旦分类标准确定，就一定要严格遵守“只做符合分类标准的品种”这一原则。

可惜，这样一个简单的原则，绝大多数人即使知道也不能遵守。人的贪婪使得人有一种企图占有所有机会的冲动，这种人在投资市场的命运一定是悲惨的。

在投资市场，定好分类原则之后，相应选出来的，至少不至于太沉闷了。而接下来，就要防止其突然掉链子。投资市场里，“掉链子”这种情况发生的概率和市场总体强度有关。在熊市中，这个概率至少是80%以上，牛市中就小多了，大概30%左右。选一个好股票，把可能掉链子的一类给筛出去，是最重要也是最困难的一步，很多所谓的高手，就死在这一步上。关于这个问题，将在下一课中详细论述。

缠论点睛

1. 没有任何投资理论能够保证必然盈利。盈利与否取决于三个因素：市场、操作者、理论。正确的人在正确的市场使用正确的理论，才能取得理想的效果。

2. 对于散户来讲，没有突破临界点的股票，不值得参与。

3. 制定适合自己的分类标准，只操作符合分类标准的股票，这是投资市场的第一原

---

① 分类原则：一般的分类标准，比如价格对均线的突破、两条均线的交叉、缺口等，可以借助软件自带的指标或者自己编写程序来实现，从而提高效率

则。对于不符合分类标准的股票，除非它自动变得符合了，否则坚决不能碰。

4. 即便是符合分类标准的股票，也不能保证百分之百地上涨，其命中率和市场强度正相关。

投资微言

放弃抓住行情最后的 1/8 美元，或者行情最初的 1/8 美元。这两头的 1/8 美元，是世界上最昂贵的 1/8 美元。这个数字的加总，令交易者付出的代价何止千万！

——杰西·利弗摩尔

教你炒股票 9

投资中的数学原则

(2006-11-22 12:00:00)

设计一个程序，将所有投资对象进行分类，只做那些符合标准的品种，这是投资的第一原则。在分类中，应用的程序可以各色各样，但有一点是肯定的，就是没有任何一个程序，可以使得所选的股票最终百分之百地盈利。所有的投资程序，都存在失效的风险。因此有效降低投资程序失效的概率，就成了头号难题。

许多所谓高手宣称，出现什么情况，这只股票就会涨。实际上，任何一种情况，都不能保证所选股票百分之百地上涨。更有甚者，确定会上涨的股票，突然就开始下跌了，从而使得介入变成了套牢。这种情况，在市场里简直太常见了。

那么如何降低投资程序失效的概率呢？首先就是严格的资金管理。一旦出现失效的征兆，必须马上退出。即使后来突然又回光返照了，甚至起死回生了，也必须这样做。而且一个图形走坏了的股票，要重新再来，还要等待一个较长的调整期。一个长期的调整过后，即使再度上涨，也浪费了时间。有这时间，可操作的股票多了去了，这世界又不是只有一个面首、一只股票。

当然，这里说的只是基本原则。如果有一套严格的分批介入和退出的程序，这一切都会变得简单。这里说的是另一个方面，就是如何能在介入之前提高获胜的概率。

投资程序失效的根本原因，在于介入程序出现漏洞，出现程序所不能概括的异常情况，这对于所有程序都是必然存在的。而一个程序出现异常的概率有多大，是可以通过长期的数据测试来确定的。最简单的就是抛硬币，正面买，背面不买，这样也算一个介入程序。但这样一个程序的失效概率，至少是 50% 以上。

任何一个孤立的程序，都有较高的失效概率。如果一个程序失效的概率低于 10%，那就是超一流的程序了。按照这个程序，你投资 10 次，最多失误 1 次，这样的程序是很厉害的。

但问题并不像表面所见的那么糟。在数学中，有一个乘法原则可以有效地解决这个问题。假设三个互相独立的程序，其失效率分别为 30%、40%、30%，这都是很普通的并不出色的程序。那么由这三个程序组成的程序组，其失效率就是 30% × 40% × 30%=3.6%。也就是说，按照这个程序组，操作 100 次，只会出现不到 4 次的异常，这绝对是一个惊人的结果。

现在，问题的关键变成如何去寻找这三个互相独立的程序。

首先，技术指标。技术指标都是由价量的输入而来的，因而都不是独立的，只需要选择任意一个技术指标构成一个买卖程序就可以。对于水平高点的人来说，一个带均线和成交量的 K 线图，比任何技术指标都有意义。

其次，任何一只股票都不是独立的。在整个股票市场中，股票处在一定的比价关系中，这个比价关系的变动，也可以构成一个买卖系统。这个买卖系统是和市场资金的流向相关的，一切与市场资金相关的系统，都不能与之独立。

最后，可以选择基本面构成一个分类的程序。这个基本面不是单纯指公司盈利之类的财务指标，而是像本 ID 在前几课中所说的，中国国航（601111）的李总当兵出身，不会让自己的股票长期跌破发行价这么没面子，还有认沽权证①基本不会让兑现等，这才是更重要的基本面。这类基本面需要对市场的参与者、对人性有更多的了解才可能精通。

当然，上面这三个独立的程序不是固定不变的。任何人都可以设计自己的独立交易程序组，但原则是一致的，就是程序组中的三个程序之间必须是互相独立的，就像人气指标和资金面其实是一回事，各种技术指标都是相互关联的，等等。如果把三个非独立的程序弄在一起，一点意义都没有。

借地儿说说如何看本 ID 的文章。本 ID 不是股评，不会推荐什么股票，所以希望来本 ID 这里询问什么具体股票走势的，就不要浪费时间了。试想，真有本事的人，挣钱都忙不过来，怎么会当股评人。本 ID 这里，股票只是其中一个小项目，只是希望来这里的人也学会怎么挣钱。

看本 ID 的文章，要学会方法。当然，本 ID 有时候可能有意无意会透露点东西，但你必须有分析能力，要吃透方法。就像 10 月 24 日告诉你认购权证介入的一个原则，26 日武钢认购权证就大幅启动，两周从 3 毛多长到 1 块多，翻了快 4 倍。如果你真能吃透本 ID 所说的方法，这种机会是可以把握的。

至于现实的股市，本 ID 在前面已经反复说了，只要是牛市，每只股票都会有表现的。前几天大家可能都很烦银行股，因为大家都没有，但昨天开始大家就高兴了，因为银行股不动，其他股票开始动了。别恨银行股，哪天它们真见顶了，市场也好不了。它们是红旗，各位只要看着红旗还在打，各根据地就可以继续轮动操作了。股票的运动是有规律的，好好学习，这一切都能在你的把握之中。

① 认沽权证：即认售权证，就是看跌期权。具体地说，就是在行权的日子，持有认沽权证的投资者可以按照约定的价格卖出相应的股票给上市公司。

缠论点睛

1. 股票操作的第一原则：建立一套选股标准，只做符合选股标准的股票。

2. 任何单独的选股程序都存在失效的问题。如何有效规避这个问题？首先是资金管理，要建立一套严格的分批介入和退出的程序。其次是建立一套严格的股票选择程序的组合，提高获胜概率。

3. 股票选择系统，应该由三个独立的选择程序构成。这三个独立的程序分别是基本面、技术面、比价关系。投资者可以根据自己的实际情况，构建相应的股票选择系统。

4. 技术指标有相同的量、价输入，因此并不是相互独立的。

投资微言

市场是概率的游戏，没有任何理论能够保证从输入到输赢之间具有必然的因果关系。当你依据某种理论或者某种理由入场，必须首先定下操作计划。一旦你判断的逻辑前提错了，就果断退出。这是在市场中长期生存的第一法门。

教你炒股票10

2005年6月，本ID为何时隔四年后重看股票

(2006-11-24 12:02:50)

2001年6月到2005年6月之间，本ID从未看过股票。本ID是严重反对人民币升值的，但到2005年6月，本ID知道有些事情不是人力所能改变的，天要下雨，娘要嫁人，随他去吧。所以2005年6月开始，本ID时隔4年后开始重看股票。

图10-1 2001年6月到2005年6月上证指数月K线走势图

2005年6月暴跌最惨烈的时候，本ID曾连续三次罕有地表扬一个政府官员，就是股市当时的新人，如今那位著名的山东人。其后还专门写文章为他说的“股改开弓没有回头箭”热烈鼓掌。同时，本ID也写过这样的文章——《群狼争肉——国有股流通与国有资产蚕食、瓜分游戏》。这难道是本ID逻辑混乱，前后矛盾吗？

非也，这就是本ID所解释的《论语》里“子曰：众，恶之，必察焉；众，好之，必察焉[①]”的完美应用。从好恶角度讲，本ID严重反对人民币升值，反对国有股流通，而且深刻分析了这些玩意后面的现实逻辑关系和严重后果。但在股市里，本ID从来没

① 子曰：众，恶之，必察焉；众，好之，必察焉。源自缠中说禅解说《论语》，白话直译如下：孔子说：一切现象，当被认为是恶的就会被厌恶，对此必须摈弃一切厌恶，当下直观；一切现象，当被认为是好的就会被喜好，对此必须摈弃一切喜好，当下直观。这里的意思是说，本币升值、股改等不利于实体经济，会造成国有资产流失，但会导致股市上涨。因此摒弃个人好恶，而去把握这个股市操作的机会。

有好恶。

只要有点金融常识的人都知道，本币的历史性升值所带来历史性牛市，曾被太多国家所经历。本ID只知道，一旦人民币升值，国有股流通，股市将大涨。知识分子有好恶而无“察”，企图以理论来“理论”现实，十足脑子进水太多了。

书呆子是不适宜投资市场的，错了，应该是投机市场。别相信这世上有什么投资市场，世界本身都是投机的，还有什么资可投？任何股票，都不会直线向上或者向下，再好的股票也有回调，再差的股票也会回抽。投资者操作一只股票，完全可以将该股票分段处理，只操作对你有利的部分，回避不利的部分。如果你能在一只股票的上涨趋势中把握了所有的推动波段，回避了所有的调整波段，那你就是高手了。其后再换一只股票继续这个游戏。如果该游戏可以新戏不断，而你又能采其精华而不被采，那你就是高手中的高手了。世界就是这么简单，别把自己搞糊涂了。

股票，恶之，必察焉；股票，好之，必察焉。由孔子的话，不难明白以上道理。明白了这个道理，就明白了投机市场第一原则“只做符合标准的股票”之所据。智慧都是相通的，“只做能做的”，而不是“只做喜欢的”。是否能做是需要“察”而得之，不是靠喜好厌恶而来的。

随便在市场里抓一个人，问他为什么买手里的股票，10000个人有9999个人告诉你因为他的股票如何如何地好。这种人能在市场中长久活下来，就是世界最大的奇迹了。本ID从来不觉得自己手里的股票有什么好，只知道它们能操作。

但几乎所有的人，包括庄家、散户，都喜欢为自己股票的好找理由。别以为庄家就不这样，庄家里的傻人从来不比散户少，本ID见多了。这些人，拿了股票就到处找理由，为其持有、上涨编故事。就算股票已经从10元跌到1元了，还是乐此不疲。

市场里的所有亏损，都是因为持有了不能做的股票而造成的。但无论任何股票，能做总是相对的，不能做却是绝对的。如果你眼里没有趋势，只是因为喜欢某股票而去操作，那你已经变成了该股票的附属物。这种人在市场中的结局往往是悲惨的。

在某只股票的任意上涨趋势中，这只股票就是你的全部，你要全身心地投入。投机市场，机会总是一闪而过，不要到白天才问夜的黑，那时候什么菜都凉了。能做的股票，可能会变成不能做。一旦这“机”失去了，就会在不能做的泥潭里难以自拔。任何你所选中的股票，都要投入全部的精力去操作，待其趋势结束之后抛弃。

从下一课开始，将仔细分析股票操作程序中的每一个细节。让每一细节深入你的内心，成为本能的反应，然后才能不断地“采”这只股票之利。

缠论点睛

1.2001 年 6 月到 2006 年 6 月，A 股市场经历了长达 4 年的大熊市。4 年不看股票，这首先需要对基本面和技术面的变化有精确的判断，其次需要一种大智慧和大勇猛。作为散户，做到空仓一个月的能有几人？

2. 摒弃个人好恶，专注于当下的走势类型。你的喜好之所以成为你的死亡陷阱，是因为你忽略了当下的直观；书呆子之所以不适合市场，是因为他们总是喜欢以理论“理论”现实，忽略了当下的直观。

3. 投资游戏的一种玩法：选择一只某级别上涨趋势的股票，分段操作，直到上涨趋势结束，再换一只重复这个程序。还有其他的玩法，比如只做某只股票某级别上涨趋势的某一段，然后不断换股。对于资金量较大的，在某级别上可以只做某级别趋势，而不做波段，等等。这要根据操作者的资金量、技术水平和反应速度来定。

4. 每操作一只股票都要专注，在这个时间段里，这只股票就是你的全部。机会总是一闪而过，不能专注，就会错过。

投资微言

别人的刀，再锋利，也不是自己的，每个人都需要打磨自己那把刀。

教你炒股票11

均线系统的应用

(2006-11-29 12:00:00)

要有效降低投资程序失效的概率，必须选择三个独立的系统作为程序组合。其中一个最常用的子系统，就是所谓的技术面。单纯的技术派是不行的，单纯的非技术派也是不行的。技术分析，必须也只能在三个独立系统构成的程序组合里，这样才会有大的功效。

技术分析，最核心的思想就是分类，几乎所有玩技术的人都搞不清楚这一点。技术指标发出买入信号，对于技术派来说，就以为是上帝给了暗示一般。抱着如此见识，几乎所有技术派都很难有大的成功。技术指标不过是把市场所有可能的走势进行一个完全的分类，为什么技术派事后都是高手，真正操作起来却总是失误连连，就是这个原因。

技术分析可说的东西太多了。如何应用，关键就是上面所说的分类问题。任何技术指标，只是把市场进行完全分类，而后指出在这个技术指标的视角下，什么是可以操作的，什么是不能操作的，如此而已。至于这个指标对应的情况是否百分之百反映在实际的走势上，这个问题的答案肯定是否定的，否则所有人都可以按照这个指标操作，哪里还有亏钱的人？然而，只要站在纯粹分类的角度考察技术指标，技术指标就会发挥最大的威力。

最简单又最实用的技术指标系统，就是所谓的均线系统。均线系统显然不是一个太精确的系统，因为有太多的骗线。如果你按照突破某条均线就买入，反之卖出，那你的成功率绝对不会高，特别当这条均线是短期的均线时。

真正有用的是由若干条代表短期、中期、长期走势的均线构成的均线系统。注意，任何技术指标、系统，本质上都是一个评价系统。也就是告诉你在这个系统标准下，评价对象的强弱。例如，一条5日均线，站在上面，代表着用5日均线对市场所有情况进行分类，目前站在5日均线上，这种情况意味着是强势。然而站在5日均线上的同时，可能位于10日均线的下方，那么对于10日均线的系统评价而言，这种情况就是弱势了。那么究竟相应的走势是强还是弱？

其实，强弱都是相对的，关键在于你操作所介入的标准。对于超超短线来说，在1分钟线上显示强势就可以介入了。特别在有T+0的情况下，这种操作是很正常的。但对于大资金来说，就算日线上的5日强势，也不足以让他们感兴趣。

任何技术指标系统的应用，首要的选择标准都和应用的资金量和操作时间有关，脱离了这个，任何继续的讨论都没有意义。因此每个人都应该按照自己的实际情况，考虑如何去选择相应的参数。

均线系统，首要的问题是各条均线间的相互关系问题。根据任何两条均线的位置关系，可以将走势类型进行基本的分类。对于短期均线在上，长期均线在下的，可以定义为多头模式；对于长期均线在上，短期均线在下的，可以定义为空头模式。在基本分类的基础上，根据短期均线相对于长期均线的强弱，可以把相应的关系进行一个完全分类：弱收敛、强收敛、交叉缠绕。要赚钱，首先要确定当下的市场是多头模式还是空头模式。

弱收敛：短期均线略略走平后，继续按原来趋势进行下去。

强收敛：短期均线靠近长期均线但不跌破或升破，然后按原来的趋势继续下去。

交叉缠绕：短期均线跌破或升破长期均线，甚至出现反复缠绕，如胶似漆。

图 11-1　多头模式下的均线缠绕

弱收敛出现的几率比较低，一般出现在趋势特别强烈的情况。而太火爆的趋势是不可能太长久的，所以其后的震荡经常出现。强收敛是任何一段基本的趋势过程中最常见到的方式，特别是在空头模式中，基本都是这种方式。一旦出现强收敛，反弹基本就该

图 11-2　空头模式下的均线缠绕

结束了。在多头模式的情况下，调整结束的概率也是很大的，但也要预防强收敛演变成交叉缠绕。

交叉缠绕一般发生在一段趋势后出现的较大调整中，还有就是在趋势出现转折的时候。特别是在空头模式下，如果出现短期、中期、长期各类均线交叉缠绕，往往意味着行情要出现重大转折，空头模式要变成多头模式了。

注意，任何行情的转折，在很大几率上都是由交叉缠绕引发的，这里分两种情况：一种是先交叉缠绕，然后按原趋势来一个大的高潮，制造一个陷阱再转折；另一种是长期、中期、短期均线反复交叉缠绕，构造一个转折性箱体。

在空头模式的情况下，一旦出现交叉缠绕，特别是这个交叉缠绕出现一个长期的空头模式之后，就要密切注意了。其后的下跌往往是介入的良机，因为下跌构造空头陷阱的概率非常大。

必须提醒的是，这一点对趋势刚形成时的第一次交叉缠绕不成立。但交叉缠绕之后必有行情的高潮，唯一的区别只是顺着原趋势方向的高潮，还是转折性的高潮。

缠论点睛

1. 选择三个独立程序作为程序组合来选股，可以降低投资程序失效的概率。其中技术分析的主要作用是分类。在该分类的关照下，技术分析才能发挥最大的作用。

2. 对于均线系统，可以利用三条均线作为判断的依据。比如,5 日、10 日、20 日均线。用 10 日均线和 20 日均线的位置关系作为判断中期多空模式的依据。而用 5 日均线和 10 日均线的强弱关系，作为判断短期强弱的依据。看中期，做短期，应该是稳健操作的基本原则。

3. 利用上面的操作系统，应该在中期多头模式的前提下，于短线空头模式的末端介入。也就是说 10 日均线在 20 日均线之上，在 5 日均线下穿 10 日均线的末端介入。更精确的买点，可以参考更小周期的均线系统。

4. 多条均线交叉缠绕之后，必有高潮。唯一的区别是顺势的高潮还是逆势的高潮。

5. 以空转多为例，转折有两种方式：陷阱式转折，这种方式一般以 V 型反转的方式展开；箱体式转折，包括常见的形态如头肩底、双肩底、箱型底，等等。

投资微言

无论哪类买点，都是在下跌或回调中形成的。一定要养成好的操作习惯，不要回调不敢买，反而追高买。

教你炒股票12

均线买卖法则

(2006-12-01 12:03:48)

操作中首先面临的就是风险问题。任何一个位置介入，都存在风险。除非行情走出来，否则即使是最简单的均线系统，也没人能事先百分之百地确认究竟以怎样的方式变化。熟悉本ID所解《论语》的人都知道，风险是“不患[①]”的，是无位次的，任何妄求在投资中绝对无风险，都是痴心妄想。唯一的办法，就是设置一个系统，有效地控制风险。这是长期战胜市场的唯一方法。

必须根据自己的实际情况，例如资金、操作水平等，设置一套分类评价系统，然后根据该系统，对所有可能的情况设置一套相应的应对程序。这样，一切的风险都以一种可操作的方式被操作了。而操作者唯一要做的事情，就是一旦出现某种情况，就采取相对应的操作。对于股票来说，实际的操作无非三种：买、卖、持有。

当然，在实际操作中，还有一个买卖量的问题，这和资金管理有关，暂且不考虑。那么，任何投资操作，都演化成这样一个简单的数学问题：n种完全分类的风险情况，对应三种（买、卖、持有）操作选择。

例如，对于一个由5日均线与10日均线构成的买卖系统，首先，两者的位置关系构成一个完全分类，5日均线长期位于10日均线之上是上涨，5日均线长期位于10日均线之下是下跌。还有一种是互相缠绕的情况。这种情况最终要结束，从而演化成上涨或者下跌。

相互缠绕的情况有两种性质：中继或者转折。缠绕如果是中继，就延续之前的趋势；如果是转折，就改变之前的趋势。因此对于多头来说，只有两种情况值得介入：下跌趋势的转折，上涨趋势的中继。空头反之。相应地，一个最简单的操作系统就此产生，就是在均线互相缠绕完成后介入。对于多头来说，这样一个系统无非面临两个风险：变为多头模式失败，变为空头模式成功。

对于任何一种走势，首要判断的是短期均线和长期均线之间的位置关系：多头模式还是空头模式。这个问题只要有眼睛的人都能判断出来。对于5日、10日均线构成的均

---

① 不患：出自缠中说禅解说《论语》。子曰：“不患，无位；患，所以立。不患，莫己知求，为可知也。”白话译文：孔子说：“不患”，无位次；“患”，以“不患”的“无位次”而“位次”。“不患”，不以自己“所知”来选择，就是“能知”。

线系统来说，5 日均线在上就是多头模式，反之就是空头模式，这在任何情况下都是明确的。

在多头模式的情况下，一旦出现缠绕，唯一需要应对的，就是这个缠绕究竟是中继还是转折。可以肯定地说，没有任何方法可以百分之百地确定这个问题，但还是有很多方法使得判断的准确率足够高。

例如，多头模式出现第一次缠绕是中继的可能性极大，如果是第三次、第四次出现，这个缠绕是转折的可能性就会加大。多头模式下出现第一次缠绕前，5 日均线的力度如果十分强劲，这样的缠绕极大可能是中继，其后至少会有一次上升的过程出现。缠绕出现前的成交量不能放得过大，一旦过大，出现骗线的几率就会大大增加。如果量突然放得太大而萎缩又过快，一般情况下即使没有骗线，缠绕的时间也会增加，而且成交量也会出现两次收缩的情况。

多头模式下选择第一次出现缠绕的中继情况，而空头模式下就要寻找最后一次缠绕的转折情况。其后的走势如果出现急跌并伴随背弛[①]，那是最佳的买入时机。抄底不是不可以，但只能选择这种情况。

没有人能够百分之百确认那是最后一次缠绕。一般来说，空头模式下的第一次缠绕肯定不是，从第二次开始都有可能。如何较为准确地判断？最有力的工具就是利用下跌趋势的背弛制造的空头陷阱。关于如何利用背弛，是一个专门的话题，以后会详细论述。

综上所述，利用均线构成的买卖系统，首先要利用空头模式最后一次缠绕后背弛构成的空头陷阱抄底进入，这是第一个值得买入的位置。第二个值得买入或加码的位置，就是变成多头模式后第一次缠绕形成的低位。站在该系统下，这两个买点的风险是最小的。准确地说，收益和风险之比是最大的，也是唯一值得买入的两个点。

必须指出的是，并不是说这两个买点一定没有风险。其风险在于：对于第一个买点，把中继判断为转折，把背弛判断错了。对于第二个买点，把转折判断成中继。这些都构成风险。这里的风险很大程度上和操作者的熟练程度有关。对于高手来说，判断的准确率要高多了。如何成为高手，关键的一点还是要多看，多操作，形成一种直觉。但无论高手还是低手，买点的原则是不变的，唯一能区分水平高低的地方，只是这个中继和转折以及背弛的判断。

明白了这一点，任何不在这两个买点买入的行为，都是不可以原谅的，因为这是原则性错误，而不是水平高低的区别。如果你选择了这个买卖系统，就一定要按照这个原则操作。买的方式明白了，卖出反过来就可以了，这是十分简单的。

---

① 背弛：是指当下走势与正常情况背道而驰的现象。譬如，上涨趋势中，主升段动能加强，调整段动能衰减。如果价格创新高，而趋势动能衰减，可理解为背弛，下跌趋势反之。

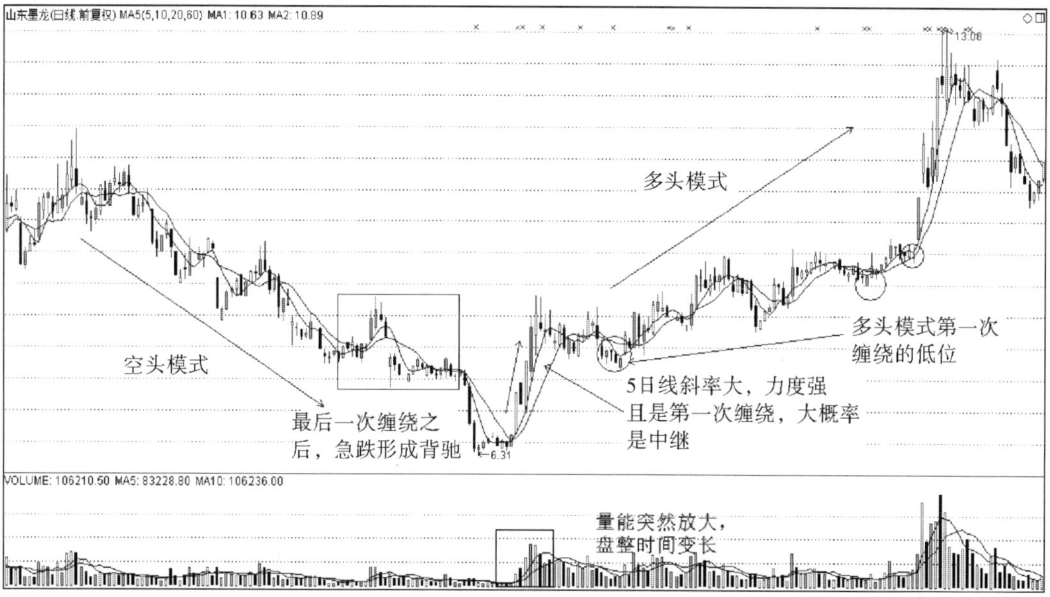

图 12-1 山东墨龙（002490）2013 年日 K 线走势图

学会这个简单的均线系统，就能够在动荡的市场中找到一个坚实的基础了。当然，相应的均线参数可以根据资金量等情况给予调节，资金量越大，参数也相应越大，比如 10 日和 20 日均线构成的均线系统等，这要根据自己的情况去好好摸索。这一点，对于短线依然有效，只是把图表的周期从日线改为分钟线就可以了。一旦买入，就一直持有，等待第一个卖点出现，也就是多头模式最后一次缠绕之后出现的背驰，以及第二个卖点，也就是变成空头模式的第一个缠绕高点把股票卖了，这样就完成一个完整的操作。

注意，最好在第二个买点买入，尽量在第一个卖点卖出，这是买和卖不同的地方。

补充一个例子，让不习惯抽象的人更容易理解。

对于喜欢用日线操作的人，以贵州茅台（600519）为例子，用 5 日均线和 10 日均线构成的均线系统给出一个分析。

2006 年 8 月 7 日，空头模式最后一次缠绕后的下跌，MACD、成交量等都出现明显的背驰，构成小的空头陷阱，在 41 元附近构成第一个买点。

9 月 14 日，多头模式的第一次缠绕之后的下跌，在 44 元附近形成第二个买点。

之后股价基本沿着 10 日均线一直上涨。即使是短线操作，股价不能有效跌破 10 日均线，就继续持有，等待第一个卖点，也就是多头模式最后一次缠绕后出现背驰。第二个卖点就是变成空头模式后第一次缠绕的高点。目前这一切都没出现，所以就坚定持有。

再补充一句：希望来这里的人，以后慢慢少点诸如要涨多少，要跌多少之类的问题。这类问题都是在错误的思维下产生的。本 ID 不是股评，不是算命先生，没兴趣猜测上升、下跌的空间。本 ID 只是一个观察者，只在买点出现时介入，然后持有等待卖点出现。来这里，如果最终不能脱胎换骨，在投资上换一双眼睛，那你就白来了。

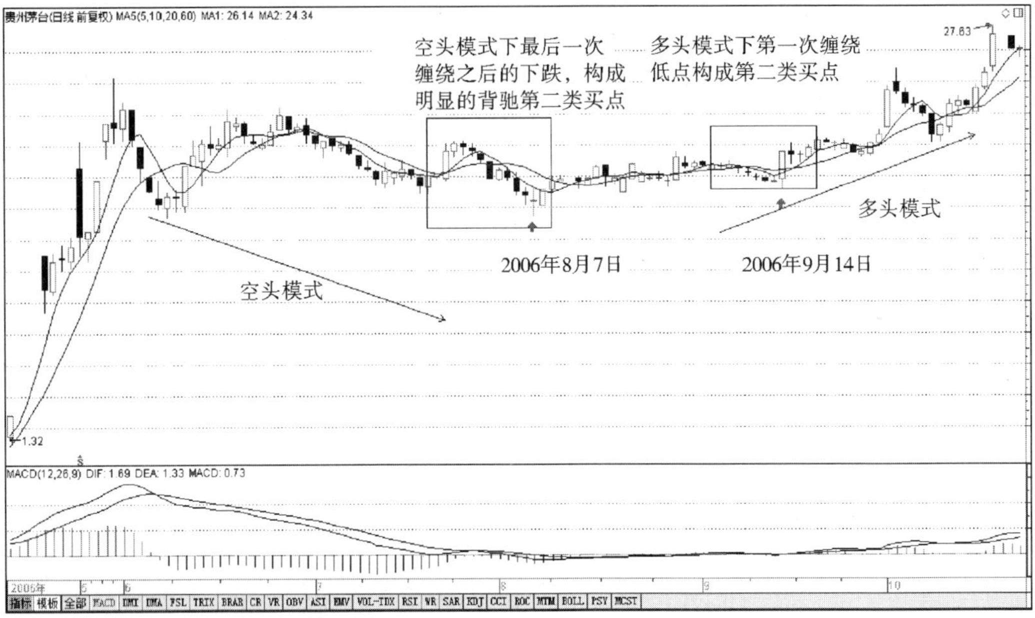

图 12-2　贵州茅台（600519）2006 年 6 月到 10 月日 K 线图

缠论点睛

1. 对于多头，真正值得介入的只有空头模式的转折以及多头模式的持续这两种模式。并不是说其他点位不能介入，而是这两个点位风险最小，收益最大，收益风险比最高。同样，对于空头，值得卖出的也只有多头模式的转折以及空头模式的持续这两个介入点位。

2. 对于多头，任何点位介入，风险都是存在的。必须根据可能出现的情况设置一套程序，对应卖出以及持股这两种操作。对于空头而言，任何点位卖出，风险都是存在的。注意，踏空也是一种风险。应该根据可能出现的情况，设置一套程序，对应买入或者持币两种操作。

3. 不要盲目追求第一类买卖点。一个趋势一旦形成，就不会轻易结束。妄图逃顶抄底，结果往往是逃在山腰或者套在山腰。

投资微言

有道无术，术尚可求。有术无道，止于术。

教你炒股票13

不加防护的操作不是好操作

(2006-12-04 12:08:28)

不加防护的操作一定不是好的操作，特别对于资金量大的投资者而言。防护有两种性质，一种是主动的防护，一种是被动的防护。何谓被动的防护？就是介入时根本不知道为何介入，在一种盲目的状态下被套了。另外还有一种很错误的理论，认为亏损多少就要止损。几乎所有的投资者，都是以这样的方式被套的。按这种方法来操作，最终都不可能有大的成功。

其实，从来不存在真正意义的止损，只存在股票是否依然在可操作范围内的问题，只有这种意义下才存在止损。一只股票的走势，从可操作变成不可操作，站在盈亏的角度，并不意味着操作是失败的，可能已经极大地盈利了。退出的唯一原因，只是股票的走势已经不在可操作的范围之内了。

投资市场中最坏的毛病就是根据盈亏进出，而盈亏不是先验的，是根据当下的走势决定的，是被动的。根据盈亏进出，就是根据被动的因素进出，被套也就不足为怪了。

主动防护一般有两层意思。其一，介入不可能一下子完成，特别是对于大资金来说，如果不采取主动的方法，怎么可能买到足够的货？但更重要的是，一旦符合你选股程序的股票的走势突然变得不正常了，就应该立刻从买入程序中退出。这个防护的启动是和任何盈亏无关的，只和当下的走势有关。

例如，在上一课所说的买入程序里，对于第一个买点，一旦上涨时依然出现空头模式下的缠绕，就一定要退出。为什么？因为第一个买点买入的基础在于空头最后一个缠绕后出现背驰，而现在又出现空头的缠绕，意味着前面引导买入程序启动的缠绕并不是最后一个缠绕，也就是程序判断上出现了问题，因此必须退出。

一般情况下，这种退出一定是盈利的，但这并不能成为不退出的理由。甚至不排除这种情况，就是退出后，缠绕经过以时间换空间的折腾，慢慢进入了多头模式，最后还大幅上涨了（这种情况即使出现，也可以根据第二个买点的原则重新介入，所以真正的机会并不会丢失）。但即使是这样，也绝对不能因为这种可能的情况而存在侥幸心理，因为还有更大的可能是缠绕后出现加速下跌。

对于上一课所说的第二个买点，一旦该缠绕中出现跌破前面空头模式的最低位，就意味着买入程序出现了问题，必须在任何一个反弹中把股票出清。在这种情况下，不排

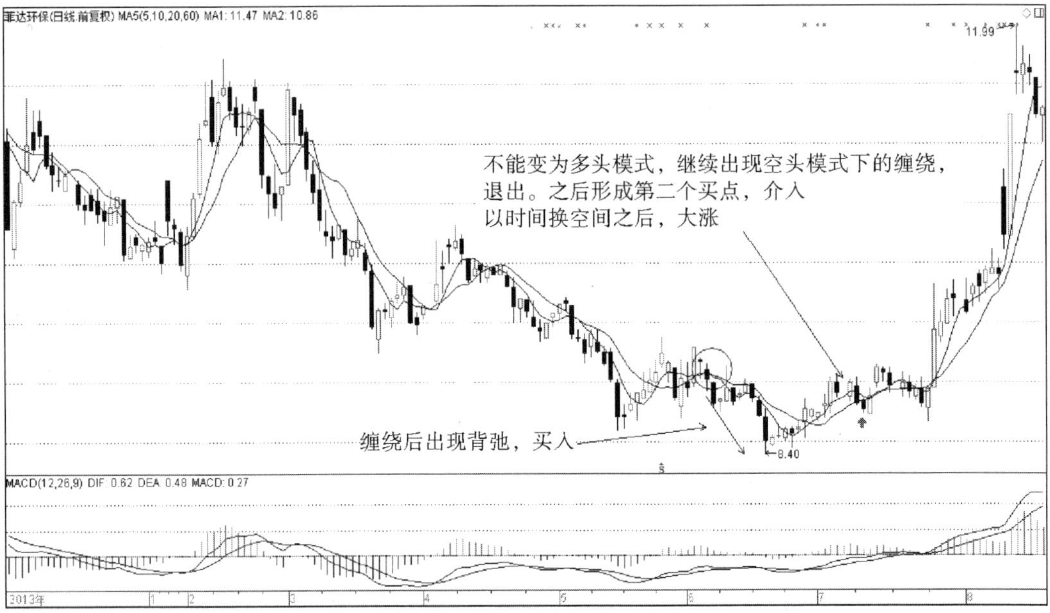

图 13-1 菲达环保（600526）2013 年 6 月左右日 K 线走势图

除后面出现上涨，但必须这么做。

任何操作，没有百分之百准确的。一旦出现特殊情况，一定要先退出来，这是在投资生涯中长期存活的最重要一点。当然，有经验的人，即使退出，也会按部就班，很有秩序。这和打仗是一个道理，一旦发现战机不对，就要撤，不能硬抗。

投资是一项长期的事业，别抱着赌博的心态企图一次成功。只要有这种心态，在市场上最终的结局一定很悲惨。为什么要研究符合自己的买卖程序？就是因为这是市场风浪中唯一安全的港湾。港湾有时候也会有台风，但不能因为有台风就不要港湾了。

还有一点需要强调的就是，买入程序的成功率和市场的强度有关。在强的市场里，买入程序的成功率基本都在 90% 以上；但在弱的市场里，成功率就要低多了。

任何由均线等技术系统构成的买卖程序，都只是一个综合判断的子判断，并不是说这一招就可以了。至少有一点是任何单纯技术面的买卖程序不能解决的，即相同程序选出来的股票，为什么有些涨得多，有些涨得少，能不能就此选出最有力度的股票。这在实际操作中是很有意义的问题。打个比方，技术系统是“海选”，而其后需要的是“复赛”“PK”，这才能选出真正可以介入的股票。关于这个问题，后面会逐步展开。

缠论点睛

1. 保护好你的本金和利润。一是当你介入之后，一旦买入逻辑被破坏，要面对止损的问题。二是当你有了盈利，一旦股票运动变得不正常，需要面对止盈的问题。

2. 不要根据盈亏决定进出。不要在亏损的时候抱着不放，甚至不断加仓摊薄成本；也不要在盈利的时候过早卖掉头寸，要结合走势类型来决定进出。

3. 买入程序的有效性，和市场强度正相关。市场强度，可以理解为大盘走势强弱。强的市场，买入程序的成功率高；弱的市场，买入程序的成功率低。

投资微言

制定计划，严格执行，即使这个计划可能是错误的。这就譬如用兵打仗，一个将军，多么周密的战略战术也不一定能保证成功。但是如果这个将军治军不严，军纪不明，士兵不听从指挥，那么肯定是无法打胜仗的。

教你炒股票 14

喝茅台的高潮程序

(2006-12-05 11:35:20)

前面说了很多理论上的东西，现在用一只实际的股票，说明一下操作程序具体的用法。就以贵州茅台（600519）为例，边喝茅台边上课。这里先假设所有操作者都能找到贵州茅台上市以来的周线图和日线图。

前面说过两条均线的位置关系和相对强弱关系，其中交叉缠绕是最明显的缠绕例子，而弱收敛和强收敛是缠绕的特殊例子。均线操作系统中所指的缠绕，包括这三种。在中短期的均线系统中，交叉缠绕出现的几率是最大的，但在长期的均线系统中，例如周线、月线等，强收敛的例子也很多。

先复习一下相关定义。

多头模式：短期均线长期运行在长期均线之上。

空头模式：短期均线长期运行在长期均线之下。

弱收敛：短期均线略略走平后，继续按原来趋势的方向进行下去。

强收敛：短期均线靠近长期均线但不跌破或升破，然后按原来趋势继续下去。

交叉缠绕：短期均线跌破或升破长期均线，甚至出现反复缠绕，如胶似漆。

第一类买点：空头模式最后一次缠绕后出现的背驰式下跌的终点。

第二类买点：多头模式第一次缠绕后出现的下跌的终点。

打开贵州茅台的周线图。在 2001 年到 2006 年将近 6 年的周线图上，用 5 周与 10 周均线构成的买卖系统，各有一个第一类买点和第二类买点。可见在周线图上，按均线系统构成的买点并不常见，一旦出现必须珍惜。

下面仔细分析。

2002 年 4 月 19 日那一周，贵州茅台进入空头模式，其后在 2002 年 7 月 9 日那一周进入空头模式第一次缠绕。前面已经说过，这第一次缠绕后的下跌，一般不会构成买点，必须是至少第二次以后。

第二次缠绕出现在 2003 年 2 月 14 日那一周，是典型的交叉缠绕。其后的下跌并没有构成背驰，不符合第一类买点的原则。

然后在 2003 年 6 月 27 日那一周构成第三次缠绕，其后的下跌就出现了明显的背驰走势。

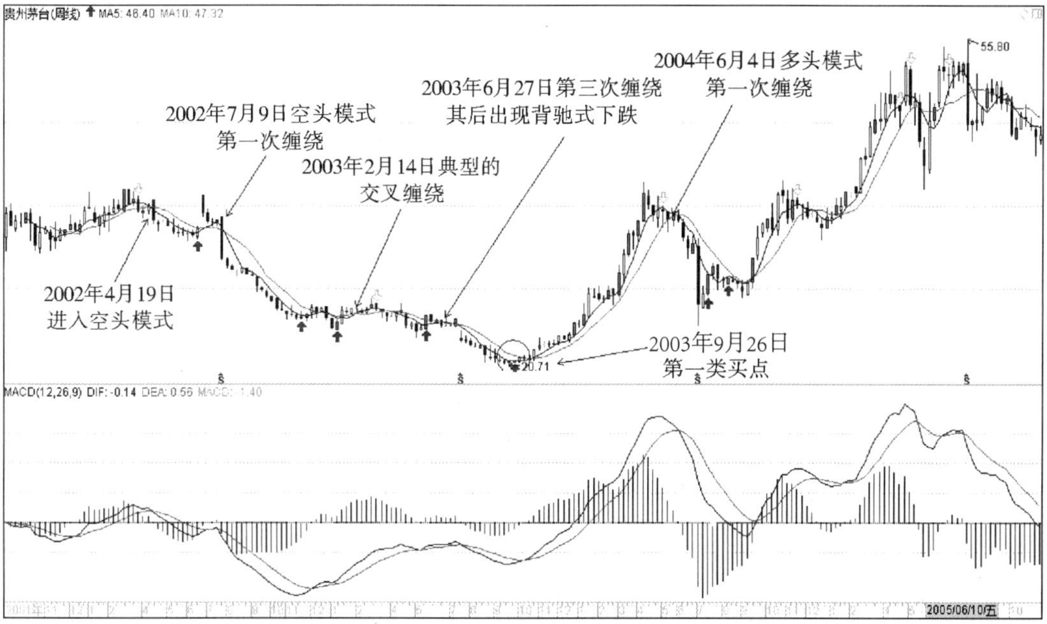

图 14-1　贵州茅台（600519）周线买卖点分析图

在 MACD 图上，绿柱子长度比上一次绿柱子的长度明显缩短，而低位却低于上次绿柱子出现时的低位。

如何判断背驰走势结束，最简单的方法就是绿柱子缩短，而股价继续创新低。这次明显地发生在 2003 年 9 月 26 日这一周。这意味着底部出现，第一类买点构造完成，可以大举介入了。

第一类买点出现后，贵州茅台进入多头模式。一直到 2004 年 6 月 4 日那一周，出现多头模式的第一次缠绕，其后的下跌构成周线上的第二类买点。

这里有一个很重要的技巧，就是第二类买点如何精确把握的问题。在周线图上，多头模式第一次缠绕之后的调整，不构成明显的下跌走势，因此对于第一类买点的背驰走势就无法出现。这时候应该降低 K 线级别，从日线图上寻找最佳买点。

这里给出一个缠中说禅买点定律：大级别的第二类买点由次一级别相应走势的第一类买点构成。例如，周线上的第二类买点由日线上相应走势的第一类买点构成。

有了这个缠中说禅买点定律，所有的买点都可以归结到第一类买点上来。

对于贵州茅台，2004 年 6 月 4 日那一周出现多头模式的第一次缠绕后，对应的日线图上是明显的空头模式。该走势中出现了三次缠绕，分别在 2004 年 4 月 29 日、5 月 18 日、6 月 1 日，都是典型的交叉缠绕。但前两次缠绕之后的下跌都没有出现背驰，只有第三次缠绕之后，出现了明显的背驰性走势。

6 月 18 日创下低点后，MACD 的绿柱子明显比前面的要短，这就构成了日线上的第一类买点。这个买点，在周线上就是第二类买点。

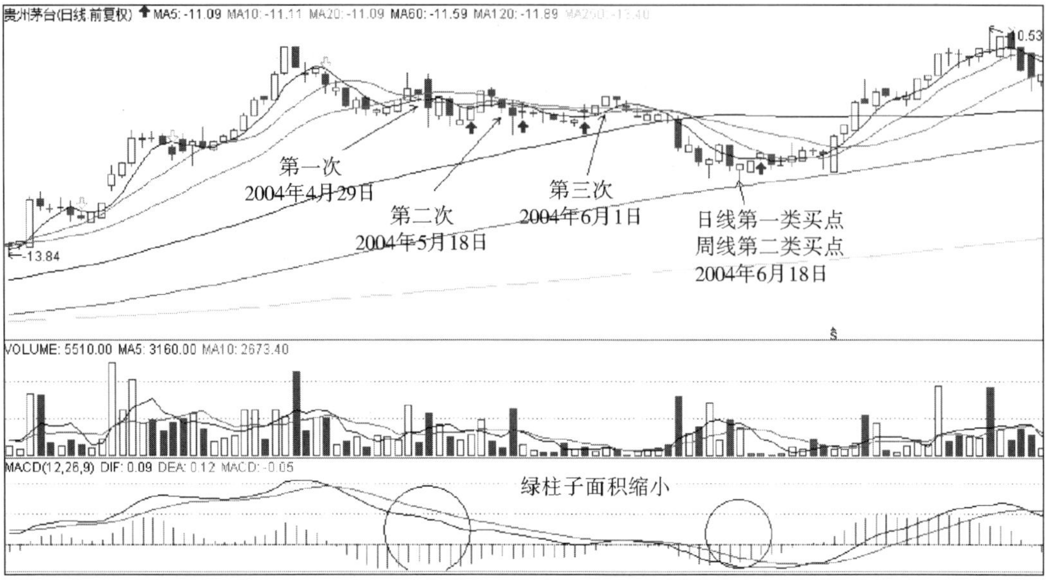

图 14-2　贵州茅台（600519）周线第二类买点对应的日 K 线走势图

站在周线的角度上，贵州茅台的买点就这两个了，其后的卖点直至 2006 年 12 月都没有出现。如果投资者当时是根据这两个买点介入的，那么目前应该继续持有，直到卖点出现。

这是一种针对特别大的资金的做法，例如 50 亿元以上的资金量。对于资金量一般的，例如 10 亿元以下的，有一种增加资金流动性的玩法，就是充分利用日线的卖点回避较大的调整。虽然这种调整站在周线的角度不一定要参与。

缠中说禅短差程序就是：大级别买点介入的，在次级别第一类卖点出现时，可以先减仓，其后在次级别第一类买点出现时回补。对于周线买点介入的，应该利用日线的第一类卖点减仓，其后在日线的第一类买点回补。

以贵州茅台为例，分析如下。

在周线 2003 年 9 月 26 日这一周根据第一类买点介入的，其后的多头模式中在日线中出现 9 次缠绕，前 8 次都没有构成背驰走势。第 9 次出现在 2004 年 3 月 26 日，其后的上涨出现明显背驰。2004 年 4 月 8 日的高位对应的 MACD 红柱子并没有相应创出新高，这就构成日线上的第一类卖点。

其后的第一类买点出现在 2004 年 6 月 18 日，对应的第一类卖点出现在 2004 年 10 月 27 日。其后第一类买点出现在 2004 年 12 月 22 日，对应的第一类卖点出现在 2005 年 4 月 26 日。其后第一类买点出现在 2005 年 12 月 13 日，对应的第一类卖点至今没出现。如图 14-4、图 14-5 所示。

也就是说，即使是站在日线的角度，2005 年 12 月 13 日介入贵州茅台，根本就没有出现卖点，唯一正确的做法就是坚决持有。

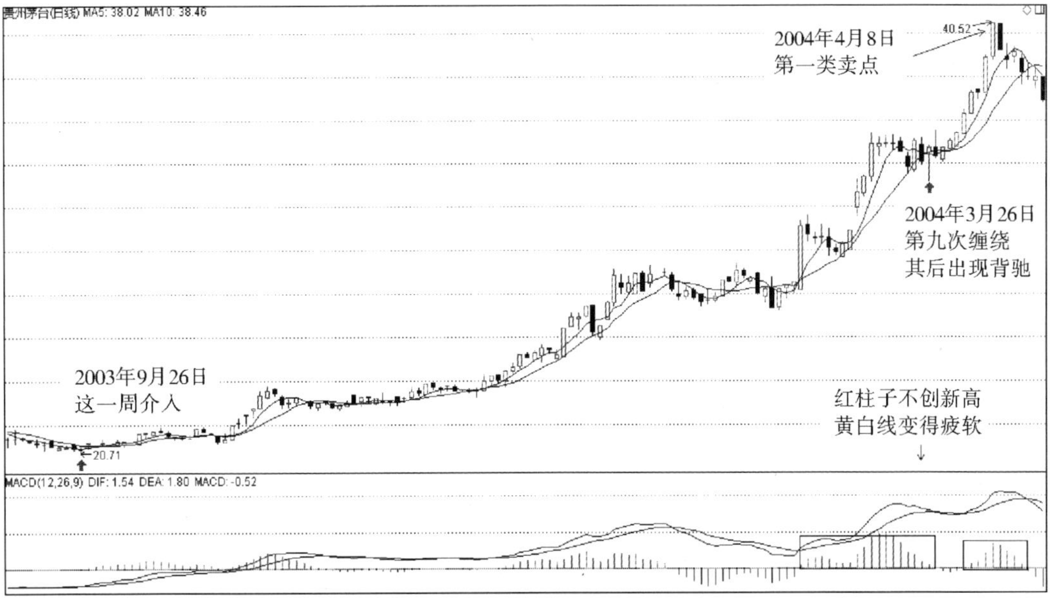

图 14-3　贵州茅台（600519）周线第一类买卖点对应的日 K 线走势图

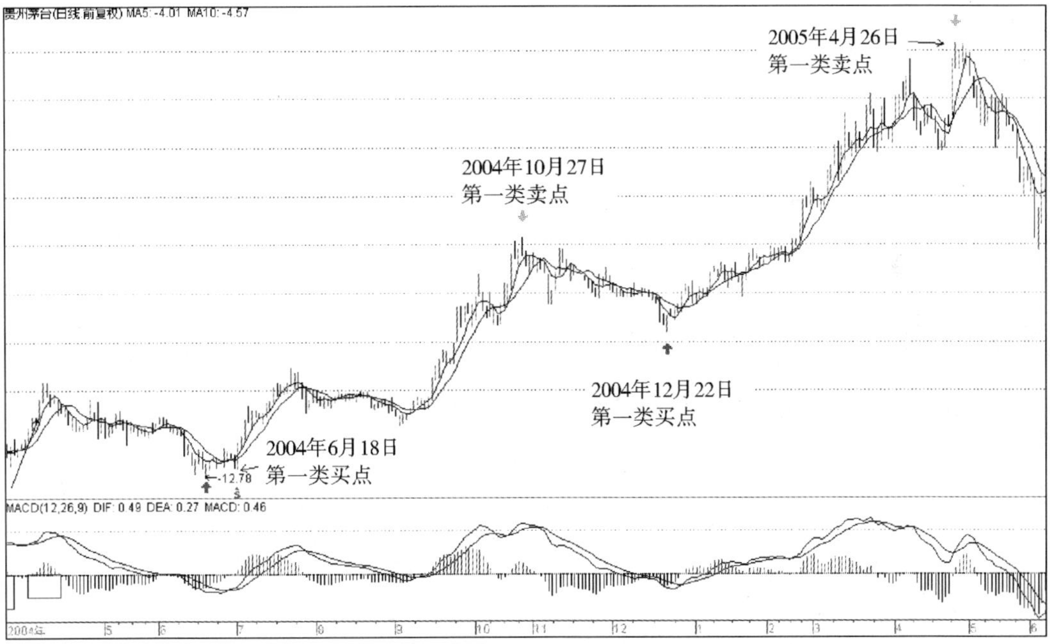

图 14-4　贵州茅台（600519）周线第一类买卖点对应的日 K 线走势图

当然，如果资金量小，不是按周线级别操作的，第一类、第二类买点都是按日线级别来设定的，那么就可以在 30 分钟或者更小级别内找到第一类买卖点来操作短差。

要把握好这个由均线组合构成的买卖系统，必须深刻理解缠中说缠买点定律：大级别的第二类买点，由次一级别相应走势的第一类买点构成。

如果资金量不是特别巨大，就要熟悉缠中说禅短差程序：大级别买点介入的，在次级别第一类卖点出现时，可以先减仓，其后在次级别第一类买点出现时回补。这样才能提高资金的利用率。

投资者要多看图，根据相应的资金量以及性格去决定自己的操作级别。

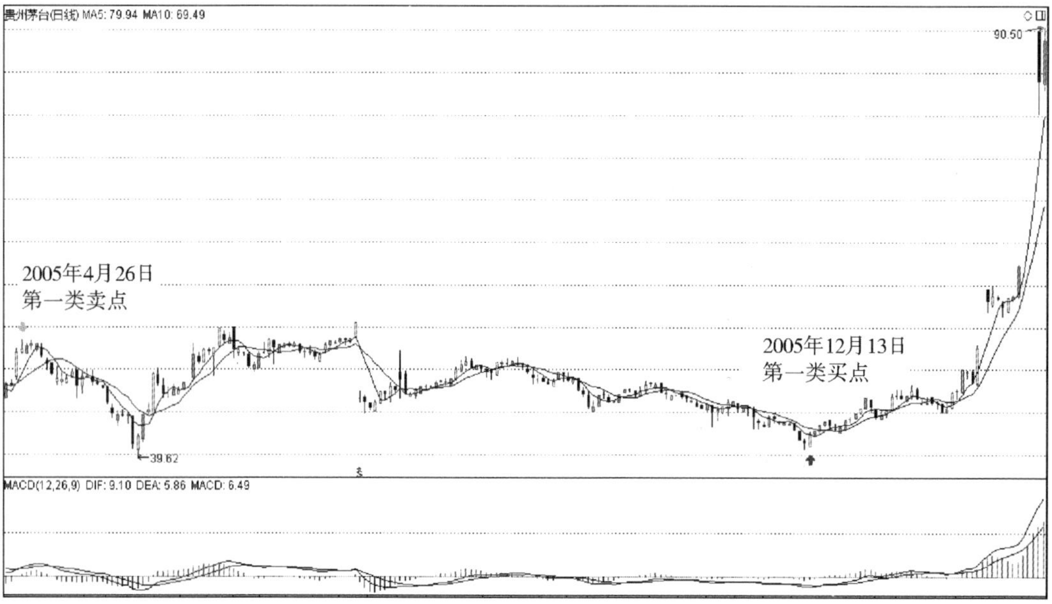

图 14–5　贵州茅台（600519）周线第一类买卖点对应的日 K 线走势图

缠论点睛

1. 操作最重要的是定好自己的操作级别。级别，是买卖点的前提。没有级别，就没有买卖点。

2. 缠中说缠买点定律：大级别的第二类买点由次一级别相应走势的第一类买点构成。这里要注意，你所分析的级别越多，操作系统的复杂性越高，分析就越不准确，出错的概率就越高。

3. 缠中说禅短差程序：大级别买点介入的，在次级别第一类卖点出现时，可以先减仓，其后在次级别第一类买点出现时回补。对于趋势操作者而言，这个短差程序是必要的。对多头来讲，任何下跌都是由次级别开始的。一个次级别下跌，很可能会引发该级别走势的结束。

4. 为何要反复强调这两类买点？并不是说除了这两类买点，就没有其他买点了，而是这两类买点风险最小，收益最高。注意缠中说禅的操作风格是大资金，逆势开重仓。大资金一般不会去追高，这样会带来较高的冲击成本。逆势重仓，在最安全的点位，能更好地保护你的头寸。也就是说，一旦出现不正常的情况，止损的风险也比较低。

5. 经常有些人做不了短差，问题的根源首先在于对走势判断不清。譬如，对于多头，次级别上涨明明没走完，可是判断上出现了问题。其次在于不专注。短差的时间去操作别的股票，其后不能全身而退，导致不能及时补回来。

投资微言

所有股票都适合波段操作，不要对有规律的走势产生定式，所有定式都会被打破。

教你炒股票15

没有趋势，没有背驰

(2006-12-08 11:55:57)

有些人很关心诸如庄家、主力之类的事情，但散户、庄家的位次分野这类事情，不过是市场之“不患”下的“患”。对本ID所解《论语》熟悉的人，对此都应该很容易理解。

有些东西是超越散户、庄家位次分野的，这是市场之根。把握了市场之根，所谓散户、庄家的位次分野就成了笑话。如果喜欢听有关庄家的逸事、秘闻，以后有空本ID可以说点儿，而且还可以告诉你如何阻击庄家。在这一点上，环视国内，没有比本ID更有经验的人了。

市场走势有一个“不患”的基础，就是走势的三种分类：上涨、下跌、盘整，所有走势都可以分解成这三种情况。这虽然是一个最简单的分类，却是市场分析唯一值得依靠的基础。无论你是主力、散户，还是庄家，都逃不过这三种分类交织而成的走势。很多人却忽视最简单的东西，去搞那些虚头巴脑的东西。

何谓上涨、下跌、盘整？首先必须明确的是，所有上涨、下跌、盘整都建立在一定周期的图表上。例如在日线上的盘整，在30分钟图上可能就是上涨或下跌。因此图表的周期是判断的基础。而图表周期的选择，与上面所说交易系统的选择是一致的，与你的资金、性格、操作风格等相关。

上涨：最近一个高点比前一高点高，且最近一个低点比前一低点高。

下跌：最近一个高点比前一高点低，且最近一个低点比前一低点低。

盘整：最近一个高点比前一高点高，且最近一个低点比前一低点低；或者最近一个高点比前一高点低，且最近一个低点比前一低点高。

操作的关键不是定义，而是如何充分理解定义，从而使得操作有一个坚固的基础。其中的困难在于如何去把握高点和低点，因为高点、低点是有其级别的。在30分钟图上看到的高点，可能在周线图上什么都没有看到，因此必须要用均线系统来过滤。只有在均线收敛或者缠绕前后出现的高低点才有意义。

这里首先要搞清楚均线收敛或者缠绕是怎样产生的。如果一个走势连短期均线都不能突破，那么期间出现的高低点，肯定只是低级别图表上的，在本级别图表上没有意义。

当走势突破短期均线却不能突破长期均线，就会形成弱收敛；当走势突破长期均线之后马上形成陷阱，就会形成强收敛；当走势突破长期均线之后，出现一定的反复，就

图 15–1 下跌、盘整、上涨示意图

会形成交叉缠绕。

由此可见，对原趋势的反抗程度，是长期、短期均线相对强弱关系分类的基础。弱收敛是基本没有任何反抗力的，强收敛的力度也一般，而交叉缠绕就意味着抵抗力度有了足够的强度。一切大的转折，基本都是从交叉缠绕开始的。

转折一般只有两种情况。

1. 交叉缠绕后继续原趋势，形成陷阱，而后回头制造出转折。

2. 出现盘整，以时间换空间形成转折。

第二种情况暂且不说。第一种情况，最大的标志就是所谓的背驰了。必须注意：没有趋势，就没有背驰。在盘整中是无所谓背驰的，这一点是必须特别明确的。

还有一点是必须注意的：这里的所有判断，都只关系到两条均线与走势，和任何技术指标都无关。

如何判断背驰？

首先定义一个概念，称为缠中说禅趋势力度：前一缠绕的结束与后一缠绕开始，由短期均线与长期均线相交所形成的面积。在前后两个同向趋势中，当缠中说禅趋势力度比上一次缠中说禅趋势力度弱，就形成了“背驰”。

按照这个定义进行判断，是最稳妥的办法。唯一的缺点是，必须等再次收敛或者缠绕之后才能判断，这时候，走势离真正的转折点已经有一点距离了。

图 15-2　背驰引发的下跌转上涨

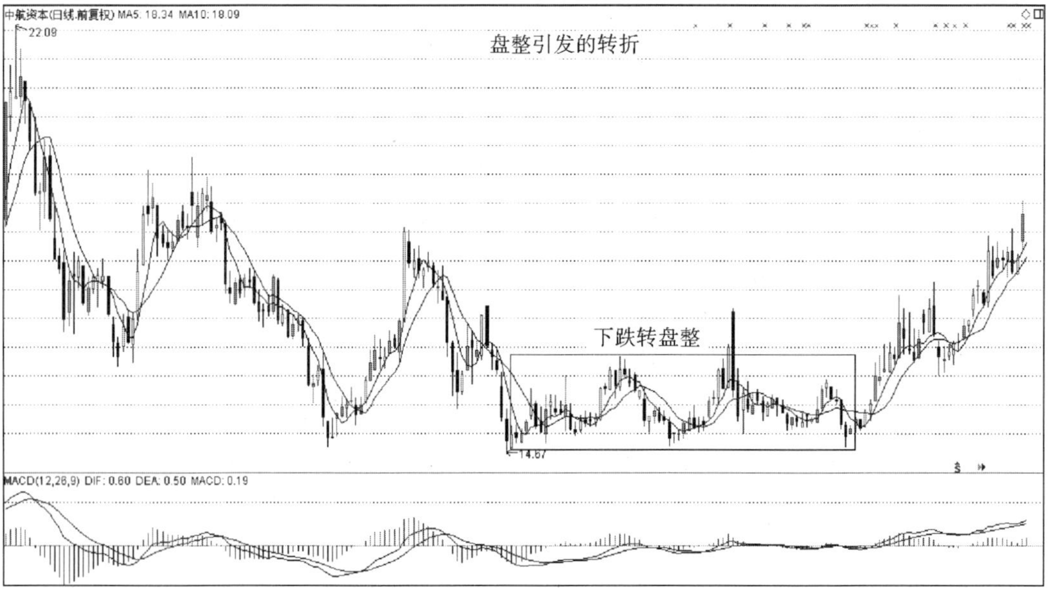

图 15-3　以时间换空间形成的转折

如何解决这个问题？第一种方法，看低一级别的图。按这种办法从中找出相应的转折点，这和真正的转折点基本没有太大的距离。

还有一种方法，技巧比较高。

再定义一个概念，称为缠中说禅趋势平均力度：当下的价格与前一收敛或缠绕结束

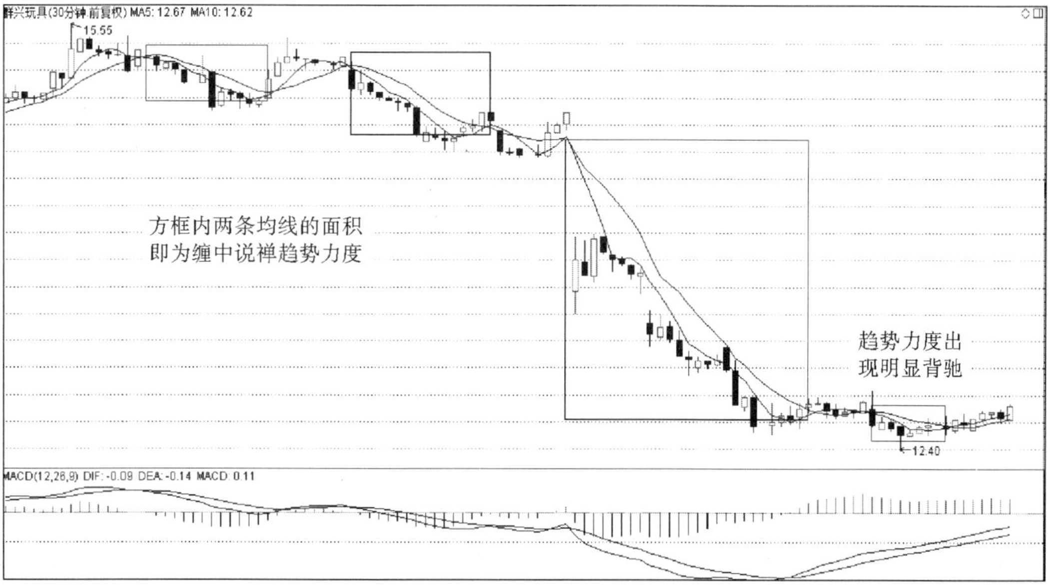

图 15-4　缠中说禅趋势力度以及背驰示例

时短期均线与长期均线形成的面积除以时间。

这个概念是即时的，因此马上就可以判断出当下的缠中说禅趋势平均力度与前一次缠中说禅趋势平均力度之间的强弱对比。一旦这次比上次弱，就可以判断背驰即将形成。然后再测量短期均线与长期均线之间的距离，一旦距离缩短，就意味着真正的转折点马上形成。按照这种方法，真正的转折点基本即时就能抓住。

这种方法有一个缺陷，就是风险稍微大点儿，并且需要操作者有较高的技巧，以及对市场有较好的感觉。

纯粹的带两条均线的 K 线图，就足以应付最复杂的市场走势了。当然，如果操作者没有这样的看图能力，也可以参照一下 MACD 等技术指标。

缠论点睛

1. 没有趋势，没有背驰。首先，背驰出现在趋势之中。其次，背驰的判断需要对某趋势中前后两个次级别趋势力度进行对比。而说到趋势，就离不开级别，这是必须明确的。很简单的，当下走势的划分，在周线级别上是个盘整，而日线级别上就可能是个上涨，30 分钟级别上，还可能是个下跌。

2. 趋势力度：前一缠绕结束的时间点与后一缠绕开始的时间点之间由短期均线与长期均线相交所形成的面积。

3. 背驰的均线判断法：在前后两个同向趋势中，当缠中说禅趋势力度比上一次缠中说禅趋势力度弱，就形成了背驰。

4. 不背驰，不意味着没有回调或者回抽，只是意味着当下的趋势没有结束；背驰了，也不必然意味着同级别的反趋势就要来了，也可能转化为同级别的盘整。

投资微言

获得大利润的关键在于耐心而不在于聪明，在于做对时安坐不动，而不在于频繁地跳来跳去。重剑无锋，大巧不工。

教你炒股票16

中小资金的高效买卖法

(2006-12-14 12:06:47)

市场中，任何品种任何周期下的走势图，都可以完全地分解成上涨、下跌、盘整三种基本情况，上涨、下跌合称趋势。如何判断趋势与盘整，是判断走势的核心问题。

一个最基本的问题就是，走势是分级别的。在30分钟图上的上涨，可能在日线图上只是盘整的一段，甚至是下跌中的反弹，所以抛开级别谈论趋势与盘整是毫无意义的。

下面以及前面的讨论，如没有特别声明，都是在同级别的层面上展开的。只有把同级别的事情弄明白了，才可以把不同级别走势组合在一起研究。

上涨、下跌、盘整三种基本走势，有六种可能组合，代表着三类不同的走势。

陷阱式：上涨+下跌；下跌+上涨。

反转式：上涨+盘整+下跌；下跌+盘整+上涨。

中继式：上涨+盘整+上涨；下跌+盘整+下跌。

市场的走势，都可以通过这三类走势得以分解和研究。

站在多头的角度，首先要考虑的是买入，因此上面六种最基本的走势中，有买入价值的是下跌+上涨、下跌+盘整+上涨、上涨+盘整+上涨三种。没有买入价值的是上涨+下跌、上涨+盘整+下跌、下跌+盘整+下跌。

不难发现，如果在一个下跌走势中买入，其后只会遇到一种没有买入价值的走势，就是下跌+盘整+下跌，这比在上涨时买入要少一种情况。而在下跌时买入，需要躲避的风险有两个：(1)该段跌势未尽；(2)该段跌势虽尽，但盘整后出现下一轮跌势。

在上一课中，对下跌走势用背驰来找第一类买点，就是要避开上面的第一个风险。而买入之后，面对的将是第二个风险。

如何避开这种风险？就是其后一旦出现盘整走势，必须先减仓。为什么不全部退出？因为盘整之后的结果有两种：上涨、下跌。一旦出现下跌，就意味着亏损，而且盘整也会耗费时间。对于中小资金来说，完全没必要参与。

这里有一个很重要的问题，就是如何判断盘整后是上涨还是下跌。如果解决了这个问题，就可以根据该判断来决定是减仓退出，还是利用盘整动态地建仓了。对于不想坐庄的大资金来说，这是一个最重要的问题。因为在上面所说的六种走势中，不想坐庄的大资金的安全建仓方法，只可能是“下跌＋盘整＋上涨”这一种，其他情况都不适用。

根据上面的分析，马上可以设计出一种行之有效的买卖方法：在第一类买点买入后，一旦出现盘整走势，无论后面走势如何，都马上退出。这种买卖方法的实质，就是在六种最基本的走势中，只参与唯一的一种：下跌＋上涨。对于资金量不大的操作者而言，这是最有效的一种买卖方法。

下面重点分析。

对于“下跌＋上涨”的走势来说，下跌前面的可能走势只会有两种：上涨和盘整。如果是上涨＋下跌＋上涨，那意味着这种走势在高一级别的图形中是一个盘整，这种走势可以归纳在盘整的操作中，应该以盘整的思路去操作。换言之，对于只操作“下跌＋上涨”模式的操作者而言，“上涨＋下跌＋上涨”走势不予考虑。

也就是说，当你希望用“下跌＋上涨”买卖方法介入一只出现第一类买点的股票时，如果第一类买点前面的走势是“上涨＋下跌”，则不予考虑。注意，不考虑并不意味着这种情况没有盈利的可能，而是这种情况可以归到盘整类型的操作中。而“下跌＋上涨”的买卖方法，是拒绝参与盘整的。如此一来，按这种方法，可选择的股票又少了，只剩下这样一种情况，就是“盘整＋下跌＋上涨”。

从上面的分析可以很清楚地看到，对于“下跌＋上涨”的买卖方法来说，必须是这样一种情况，就是前面是一个“盘整＋下跌”型的走势之后出现第一类买点。显然，这个下跌是跌破前面盘整的，否则就不会构成“盘整＋下跌”的类型，而只会是盘整。

那么在该盘整前的走势，也只有两种情况：上涨、下跌。对于“上涨＋盘整＋下跌”的，实质上也构成高一级别的盘整。对于“下跌＋上涨”的买卖方法来说，也不能参与这种情况，那么就只剩下这样一种情况：“下跌＋盘整＋下跌”。

综上所述，对于以“下跌＋上涨”买卖方法参与买卖的操作者来说，对股票的选择就只有一种情况，就是出现第一类买点且之前走势是“下跌＋盘整＋下跌”类型。因此这里就得到了用“下跌＋上涨”买卖方法选择买入品种的标准程序：

1. 首先只选择出现“下跌＋盘整＋下跌”走势的股票。

2. 在该走势的第二段下跌出现第一类买点时介入。

3. 介入后，一旦出现盘整走势，坚决退出。

注意，这个退出肯定不会亏钱，因为可以利用低一级别的第一类卖点退出，所以是肯定要盈利的。为什么要退出？因为它不符合按照“下跌＋上涨”的买卖方法参与盘整的标准。盘整的坏处是浪费时间，而且盘整后有一半的可能是下跌，这对于中小资金来说，根本没必要参与。一定要记住，操作一定要按标准来，这样才是最有效率的。

如果买入后不出现盘整，那么就要恭喜你了，因为这种股票将至少回升到“下跌＋盘整＋下跌”的盘整区域。如果某股票在日线或周线上出现这种走势，其后发展成为大黑马的可能性是相当大的。

举一个例子：驰宏锌锗（600497）。

日线上，2004 年 6 月 2 日到 2004 年 9 月 10 日，构成下跌走势。

2004 年 9 月 10 日到 2005 年 3 月 14 日，构成盘整走势。

2005 年 3 月 14 日到 2005 年 7 月 27 日，构成下跌走势。

也就是说，从 2004 年 6 月 2 日到 2005 年 7 月 27 日之间的走势，构成标准的“下跌 + 盘整 + 下跌”。

在 2005 年 3 月 14 日到 2005 年 7 月 27 日的第二次下跌走势中，7 月 27 日出现明显的第一类买点，这就完美地构成了“下跌 + 上涨”买卖方法的标准买入信号。其后走势很快就回到 2004 年 9 月 10 日到 2005 年 3 月 14 日的盘整区间。然后回调，在 2005 年 12 月 8 日出现标准的第二类买点。

图 16–1　驰宏锌锗（600497）日 K 线“下跌 + 盘整 + 下跌”构成第一类买点分析图

这种方法反过来就是选择卖点的好方法了。也就是说，前面出现“上涨 + 盘整 + 上涨”走势的股票，一旦第二段升势出现第一类卖点，一定要走，因为后面很可能就是“上涨 + 下跌”的典型走势。

再举一个例子：北辰实业（601588）。

在 30 分钟图上，11 月 7 日 10:30 到 11 月 22 日 10:00，构成上涨。

11 月 22 日 10:00 到 11 月 30 日 11:00 构成盘整。

11 月 30 日 11:00 到 12 月 7 日 10:00 构成上涨。

在第二段上涨中，30 分钟图上 MACD 指标的红柱子 3 次放大，一次比一次短，显示严重背离，这样就完美地构成了“上涨 + 盘整 + 上涨”后出现第一类卖点的“上涨 + 下跌”型的卖出机会。

图 16-2　北辰实业（601588）30 分钟 K 线“上涨 + 盘整 + 上涨”构成第一类卖点分析图

这种方法，无论买卖，都极为适用于中小资金。如果把握得好，是十分高效的。不过操作者要多看图，认真体会，把标准的操作程序变成自己的直觉。

缠论点睛

1. 对于多头而言，值得买入的操作模式有：下跌 + 上涨；下跌 + 盘整 + 上涨；上涨 + 盘整 + 上涨。

2. 对于空头而言，值得卖出的操作模式有：上涨 + 下跌；上涨 + 盘整 + 下跌；下跌 + 盘整 + 下跌

3. 对于中小资金来说，提高资金利用率的关键在于避开你操作级别的盘整。因为盘整浪费时间，并且盘整之后会有两个方向的选择。对于多头而言，除了文中给出的操作模式之外，对于下跌 + 盘整 + 上涨模式和上涨 + 盘整 + 上涨模式，一旦确认盘整结束，且趋势方向不变，就可以介入。如何确认盘整是否结束？同级别上就看是否有效突破盘整，可结合次级别观察其后的回抽是否回到盘整区域。如果不重新回到盘整区域，则突破有效，否则就继续盘整。空头反之。

4. 对于下跌 + 上涨模式，如何判定下跌之后是否会出现盘整？最重要的是下跌结束之后的第一个次级别走势的力度及其点位。一般有如下经验：第一个次级别走势，均线

不能是疲软无力的，量不可放得太大，以及是否能够有效突破前面最后一个盘整的顶部或者该下跌的长期压制均线等。

5. 对于稳健的投资者来说，可以避开第一类买卖点，等待第二类买卖点。这样虽然牺牲了效率，却提高了稳定性，并且可以根据第一类买卖点之后的次级别趋势力度，来确认走势类型的转化方式。

投资微言

首先要熟悉各种模式，其次要去模式化，做到因市制宜，因时制宜，这样才能自由于模式。最简单的，如果你在牛市末端还坚持“下跌 + 上涨”的操作模式，无疑是犯了刻舟求剑的错误。

教你炒股票17

走势终完美

(2006-12-18 11:52:42)

任何级别的所有走势，都能完全地分解成趋势与盘整，而趋势又可以分为上涨与下跌。

以上结论不是从天而降的，而是从无数图形的分析实践中总结出来的。正如《论语》所说："由诲女，知之乎！知之为，知之；不知为，不知；是知也！[①]" 这个从实际图形中总结出来的简单经验，是一切有关技术分析理论的唯一坚实基础。

这个基础，所有接触技术分析的人都知道，但可惜没有人能深究下去，然后就沉入技术指标、交易系统等苦海不能自拔。试想，基础都没搞清楚，又有什么可立起来？基础稳固了，技术指标、交易系统等都是小儿科了。

由上面的分析可以得到缠中说禅技术分析基本原理一：任何级别的任何走势类型终要完成。用更简练的话说，就是"走势终完美"。

这个原理的重要性在于把实践中总结出来的、很难实用的、静态的"所有级别的走势都能分解成趋势与盘整"，转化成动态的、可以实用的"走势类型终要完成"。

实际操作中，操作者面对的是都是鲜活的、当下的走势。正如《论语》所说的，"由知、德者，鲜矣！[②]" 必须直面这种当下的走势。

在任何一个走势的当下，无论前面是盘整还是趋势，都有一个两难的问题：究竟是走势类型的延续还是改变。例如，走势原来是一个趋势，该趋势是延续还是改变成相反的趋势或盘整？这样的问题，在当下的层次上永远是"不患"的。任何宣称自己能解决这个两难问题的人，就如同在地球上宣称自己不受地球引力影响一样无效，这是任何面对技术图形的人都必须时刻牢记的。

正因为当下的走势是两难的，也就是在不完美到完美的动态过程中，这就构成了其"不患"而位次的基础。"走势终完美"，而走势"不患"地可以分解成趋势与盘整。换言之，"趋势终完美，盘整也终完美"。

"走势终完美"这句话，有两个不可分割的方面：任何走势，无论是趋势还是盘整，

---

① 源自缠解论语，白话译文：孔子说：实践教导你，以此而有智慧啊。依智慧而进一步实践，以此而有新的智慧；不依以实践而有的智慧进一步实践，就不会有新的智慧。这，就是最根本的智慧。

② 源自缠解论语，白话译文：孔子说：蹈行、践履"闻、见、学、行""圣人之道"智慧、所得的君子，永远处在创新、创造之中啊。

在图形上最终都要完成。另一方面，一旦某种类型的走势完成以后，就会转化为其他类型的走势，这就是“不患”而有其位次。

在技术分析里，不同的位次构成不同的走势类型，各种位次以无位次而位次。如何在不同位次之间灵活地运动，是实际操作中最困难的部分，也是技术分析最核心的问题之一。

为了深入研究这个复杂问题，必须先引入缠中说禅走势中枢的概念：某级别走势类型中，被至少三个连续次级别走势类型所重叠的部分，称为缠中说禅走势中枢。

换言之，缠中说禅走势中枢由至少三个连续次级别走势类型的重叠部分所构成。

这里有一个递归的问题，就是这个次级别不能无限地延伸下去。在实际中，对最后不能分解的级别，缠中说禅走势中枢就不能用“至少三个连续次级别走势类型所重叠”定义，而定义为至少三根该级别 K 线重叠的部分。

一般来说，对于实际操作，都把这最低的不可分解级别设定为 1 分钟或 5 分钟级别。当然，也可以设定为 1 秒钟线，但这都没有太大区别[①]。

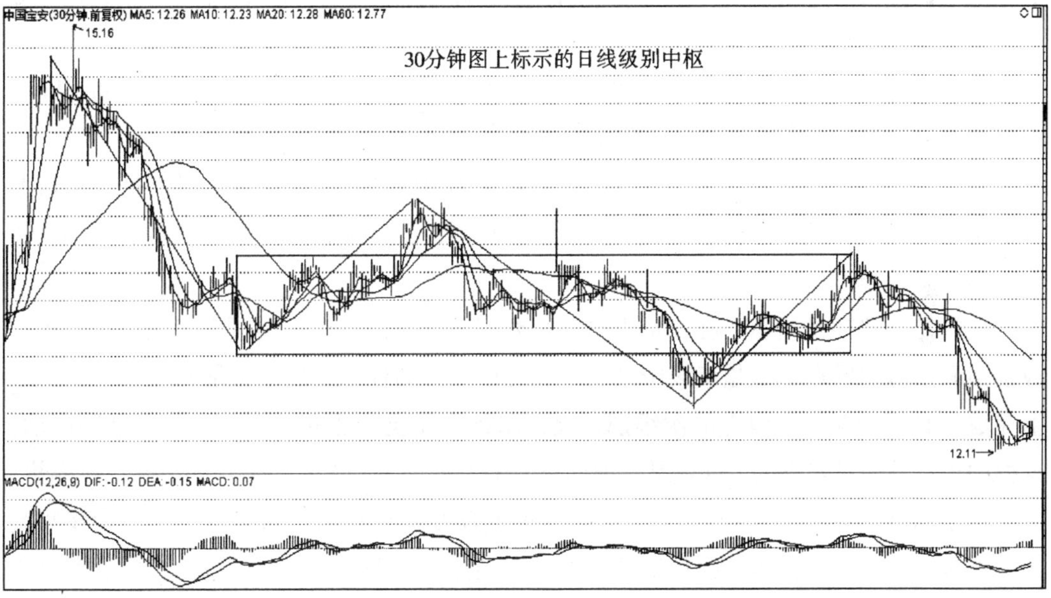

图 17-1 中国宝安（000009）30 分钟图上标示的日级别中枢

有了上面的定义，就可以在任何一个级别的走势中找到缠中说禅走势中枢。有了中枢的概念，就可以给盘整、趋势下一个最精确的定义。

缠中说禅盘整：在任何级别的任何走势中，某完成的走势类型只包含一个缠中说禅走势中枢，就称为该级别的缠中说禅盘整。

① 在后面的课程中，以1分钟级别的分型、笔、线段来构建最小级别的走势类型。

缠中说禅趋势：在任何级别的任何走势中，某完成的走势类型包含两个以上依次同向的缠中说禅走势中枢，就称为该级别的缠中说禅趋势。该方向向上就称为上涨，向下就称为下跌。

那么，是否可能在某级别存在这样的走势，不包含任何缠中说禅走势中枢？这是不可能的。因为任何图形上的“向上 + 向下 + 向上”或“向下 + 向上 + 向下”，都必然产生某一级别的缠中说禅走势中枢。没有缠中说禅走势中枢的走势图，就意味着在整张走势图形上只存在两种可能，就是一次向下后永远向上，或者一次向上后永远向下。如果出现这两种情况，该交易品种必然在交易一定时期后永远被取消交易。这里探讨的是走势的一般情况，其前提就是该走势可以不断延续下去，不存在永远取消交易的情况。

相应地有缠中说禅技术分析基本原理二：任何级别任何完成的走势类型，必然至少包含一个缠中说禅走势中枢。

根据原理一、原理二以及缠中说禅走势中枢的定义，可以严格证明缠中说禅走势分解定理一：任何级别的任何走势，都可以分解成同级别盘整、下跌与上涨三种走势类型。

缠中说禅走势分解定理二：任何级别的任何走势类型，都至少由三段以上次级别走势类型构成。

由上面的原理和定理，可以严格地给出具体操作唯一可以依赖的两个坚实的基础，因为某种走势类型完成以后，必然转化为其他类型的走势。

对于下跌的走势来说，一旦完成，只能转化为上涨与盘整。因此一旦能把握下跌走势转化的关节点，就在市场中占据了一个最有利的位置，而这个买点，就是前面反复强调的第一类买点。

无论是趋势还是盘整，在图形上最终都要完成，所以在第一类买点出现后第一次次级别回调制造的低点，就是市场中第二有利的位置。为什么？由于上涨和盘整要在图形上完成，必须包含三个以上的次级别运动，因此后面至少还有一个向上的次级别运动，这样的买点是绝对安全的。这就是在前面反复强调的第二类买点。卖点的情况反之亦然。

综上所述，就不难明白为什么本 ID 在前面反复强调这两类买卖点了。因为该两类买卖点是被最基础的分析严格保证的，是波涛汹涌的市场中最坚实的港湾。投资者只要找准了这两类买卖点，在市场的实际走势就会战无不胜。

关于这两类买卖点与走势及上述原理、定理间密不可破的逻辑关系，必须切实理解体会，这是所有操作中最坚实、最不能混淆的基础。

由上面的原理、定理，可以继续证明前面已经说过的缠中说禅买卖点定律一：任何级别的第二类买卖点都由次级别相应走势的第一类买卖点构成。就像前面曾经说过的，任何由第一类、第二类买卖点构成的缠中说禅买卖点，都可以归结到不同级别的第一类买卖点。

由此得到缠中说禅趋势转折定律：任何级别的上涨转折都是由某级别的第一类卖点构成的；任何级别的下跌转折都是由某级别的第一类买点构成的。

注意，这某级别不一定是次级别，因为次级别里可以是第二类买卖点。而且还有这种情况，就是不同级别同时出现第一类买卖点，也就是出现不同级别的同步共振，所以这里只能说是某级别。

以上是本 ID 对技术分析构建的理论，绝对前无古人，为纷繁的技术分析找到了一个坚实的理论基础。由这些原理、定理，可以继续引申出不同的定理。这些定理，都是抛开一切偶然因素的。实际的操作必须建立在这个基础之上，才会长期立于不败之地。

这里把前面两个例子拿来分析一下，让各位对趋势、级别、走势中枢等概念有一个感性的认识。

驰宏锌锗(600497)。为什么从 2004 年 6 月 2 日到 2005 年 7 月 27 日，构成标准的“下跌 + 盘整 + 下跌”的走势，而类似的图形在海尔权证 JTP1（580991）上不算？唯一的原因就是后者在日线的下跌中，并不构成日线级别的缠中说禅走势中枢。而在 30 分钟图上，这个中枢是明确的。所以海尔权证 JTP1 只构成 30 分钟级别上的“下跌 + 盘整 + 下跌”。

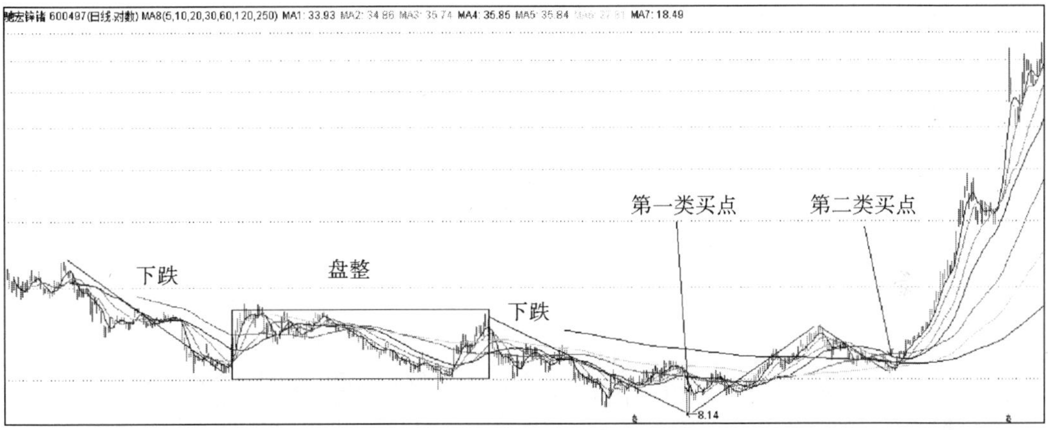

图 17-2 驰宏锌储（600497）日 K 线“下跌 + 盘整 + 下跌”构成第一类买点分析图

其后的上涨，对驰宏锌锗而言，从 2005 年 7 月 27 日到 10 月 25 日，明确出现了日线级别的上涨走势（为什么？因为在日线上明确地看到两个缠中说禅走势中枢）。而海尔 JTP1，从 2006 年 10 月 23 日到 12 月 13 日，只构成日线上的盘整走势（为什么？因为在日线上明确地看到一个缠中说禅走势中枢）。

两者力度上有如此区别的技术原因在于以下两点。

1. 二者“下跌 + 盘整 + 下跌”走势出现的级别不同，驰宏锌锗是日线级别的，海尔权证 JTP1 是 30 分钟级别的。

2. 其后的第一段走势，驰宏锌锗是日线级别的上涨，海尔 JTP1 是日线级别的盘整。

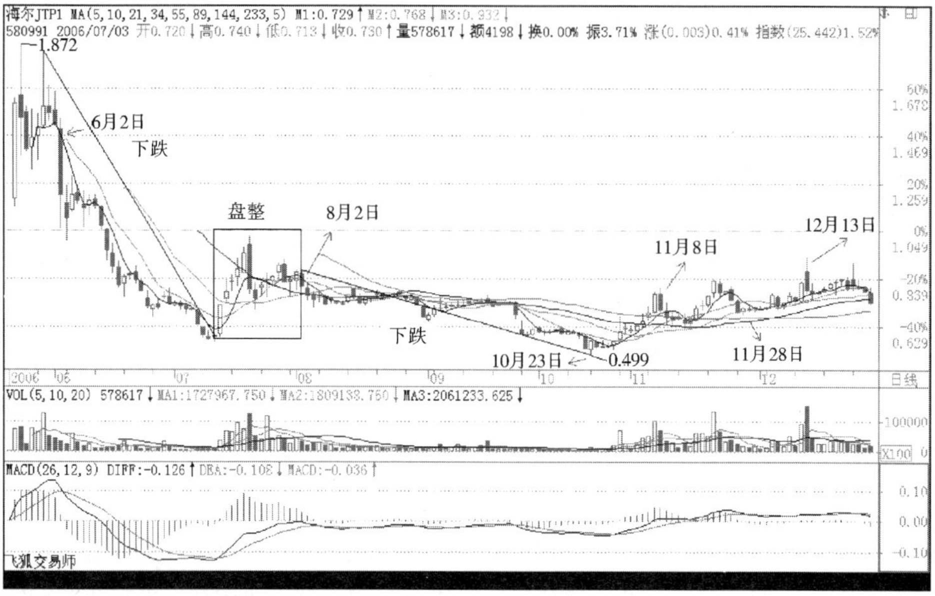

图 17–3 海尔权证 JTP1（580991）30 分钟 K 线“下跌 + 盘整 + 下跌”构成第一类买点分析图

图 17–4　驰宏锌锗（600497）日 K 线两个中枢上涨分析图

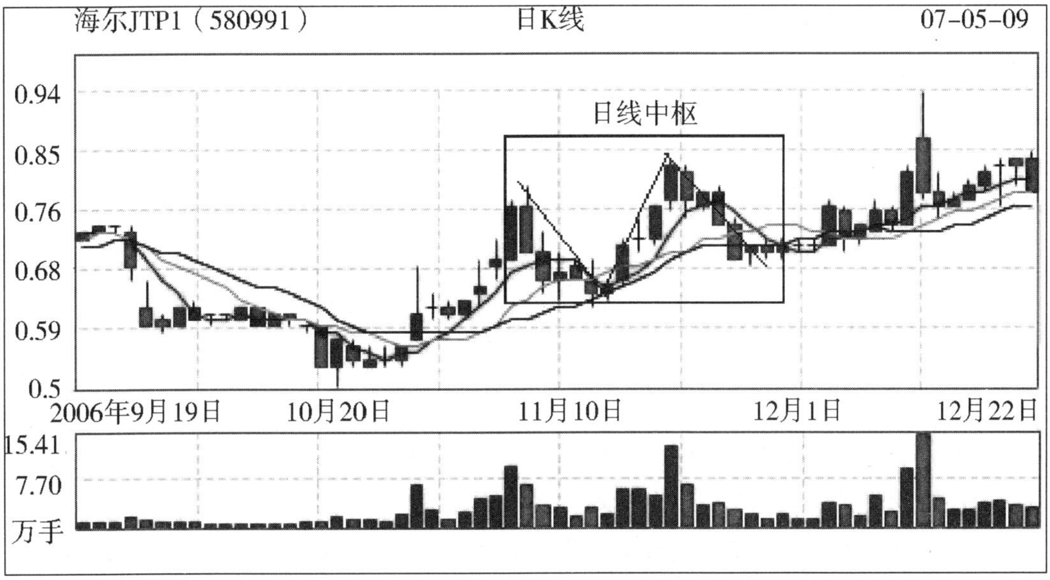

图 17-5　海尔权证 JTP1（580991）日 K 线一个中枢的盘整分析图

几道思考题。

1. 连接两相邻同级别缠中说禅走势中枢的一定是趋势吗？一定是次级别的趋势吗？

参考答案：不一定是趋势，也不一定是次级别，可能是更低级别，甚至会是个缺口。

2. 背驰是两相邻同向趋势间，后者比前者的走势力度减弱造成的。如果用均线或MACD等判断其力度，一定要在同级别的图上吗？同级别的MACD红绿柱子背驰一定反映某级别趋势间出现背驰吗？是相应级别的趋势出现背驰吗？

参考答案：不一定在同级别图上，次级别同向MACD加总也可以判断；MACD背驰一定反映某级别趋势的背驰，但不一定是同级别，也可能是次级别以下的某个级别。

3. 盘整的高低点是如何造成的。

参考答案：盘整中次级别或者更低级别的第一类买卖点。

缠论点睛

1. 走势终完美，包含几个方面的意思。首先，走势可以分为上涨、下跌、盘整三种类型；其次，任何走势类型都要完成；第三，任何完成的走势类型，必然包含一个中枢，也就是三段次级别走势；第四，任何走势类型完成之后，必然会转化为另外两种走势类型之一，例如下跌结束，可以转换为上涨或者盘整。

2. 中枢，本质上就是多空双方反复较量的过程，该过程在盘面上表现为较为复杂的整理形态。

3. 关于走势中第一类、第二类买卖点的必然性。首先，逻辑上，上涨、下跌的转化点就是第一类买卖点。其次，第一类买卖点出现之后，必然向其他两种走势类型之一转化。第三，无论转化为哪种走势类型，都必然存在一个中枢，因此第二个次级别走势的结束点，就是所谓的第二类买卖点。特别要注意，对于下跌的转化，出现第二类买点之后，不必然会突破前高，要根据次级别当下的走势来判断。

4. 走势中最难以判断的是当下走势类型如何，走势类型是否结束，完成了的走势类型如何转化。对于当下的走势类型，可以用缠中说禅走势类型的定义作出判断。而走势类型是否结束，关键在于中枢。对于盘整，中枢完成了，就是盘整结束了；对于趋势，一看背驰，对于没有明显背驰或者判断不准的，就看最后一个中枢结束的方向。如果顺着趋势的方向完成，就是趋势延续，否则就是趋势结束。关于走势类型如何转化的问题，对于盘整比较简单，盘整向上完成就是转化为上涨，反之则转化为下跌。对于趋势，正如上一课所说，关键在于完成之后反向第一个次级别走势的力度以及所到达的点位，这需要综合把握。

投资微言

很多人都是喜欢赚钱，而不是喜欢正确。正确是赚钱的因，赚钱是正确的果。在充满或然性的市场，走势终完美这一必然定律，是一切技术分析的基础。

教你炒股票18

基本概念以及定理

(2006-12-26 15:05:58)

首先把前面一些最基本的概念、原理、定理列举如下。

走势：打开走势图，看到的就是走势。走势分不同级别。

走势类型：上涨、下跌、盘整。

趋势：上涨、下跌。

缠中说禅走势中枢：某级别走势类型中，被至少三个连续次级别走势类型所重叠的部分。

具体计算以前三个连续次级别的重叠为准，严格的公式可以这样表示。

次级别的连续三个走势类型A、B、C，高点、低点分别是a_1\$a_2$,$b_1$\$b_2$,$c_1$\$c_2$。则中枢的区间就是［max（$a_2$,$b_2$,$c_2$）,min（$a_1$,$b_1$,$c_1$）］。

实际上目测就可以，不用这么复杂①。

注意，次级别的前三个走势类型都是完成的，这样才能构成该级别的缠中说禅走势中枢。完成的走势类型，在次级别走势图上是很明显的，根本用不着再看次级别以下级别的走势图了。

缠中说禅盘整：在任何级别的任何走势中，某完成的走势类型只包含一个缠中说禅走势中枢，就称为该级别的缠中说禅盘整。

缠中说禅趋势：在任何级别的任何走势中，某完成的走势类型，至少包含两个以上依次同向的缠中说禅走势中枢，就称为该级别的缠中说禅趋势。该方向向上就称为上涨，向下就称为下跌。

注意，趋势中的缠中说禅走势中枢之间，绝对不存在重叠。

缠中说禅技术分析基本原理一：任何级别的任何走势类型终要完成。

缠中说禅技术分析基本原理二：任何级别任何完成的走势类型，必然包含一个以上缠中说禅走势中枢。

缠中说禅走势分解定理一：任何级别的任何走势，都可以分解成同级别盘整、下跌

① 对于不习惯数学定义的，三个次级别走势类型中，沿着三个高点中的最低点和三个低点中的最高点做水平线，两条水平线之间的区域，就是中枢区间。实际上，没必要都降低到次级别，以日线为例，可以近似地用日线上连续3笔，来代替次级别走势类型的分析。

与上涨三种走势类型的连接。

缠中说禅走势分解定理二：任何级别的任何走势类型，至少由三段以上次级别走势类型构成。

原理一，也就是“任何级别的任何走势类型终要完成”，这句最简单的话，却包含着技术分析最基本的东西，其哲学和灵魂都在此，否则就不可能将其列为原理一了，这是最重要的。

一个最简单的问题，如何判断一个走势类型完成了？这是技术分析最核心的问题之一。例如，一旦判断下跌结束，就知道随后面对的必然是盘整与上涨。而后两种走势，对于多头来说，都必然产生利润，唯一区别就是大小与快慢的问题。

如果在市场中能找到一种百分之百确定的盈利模式，那就是最伟大的成就了。至于盈利的多少、快慢，可以研究出新的标准来进行判断，但在逻辑上，这是后话了。

这里最大也是唯一的难点在于走势类型的延伸。

例如一个盘整，三个重叠的连续次级别走势类型后，盘整随时可以完成。也就是说，只要三个重叠的连续次级别走势类型走出来后，盘整随时结束都是完美的。但也可以不结束，也就是说，走势类型可以不断地延伸下去。不断围绕缠中说禅走势中枢上上下下地延伸下去，直到无穷，这都是可以的。

同样，对于趋势，形成两个依次同向的缠中说禅走势中枢后，任何趋势都可以随时结束并且完美，但也可以不断地延伸下去，形成更多的走势中枢。

这种情况在实际操作中太常见了，如果趋势是向上的，价格会不断上涨。看看贵州茅台（600519）之类的K线走势图，如果把复权算上，就可以看到一个标准的不断延伸的上涨。大盘2005年见底后的30分钟图上，同样可以看到这种情况。

很多人抓不住牛股，经常在第一个走势中枢时就被震下马，最主要的原因就是对此没有明确的认识。反之，下跌行情中，走势中枢的延伸，是所有抄底者的噩梦。

逃顶、抄底为何难？归根结底就是走势类型的延伸闹的。

如何判别走势类型延伸是否结束？这里必须首先搞清楚，走势类型延伸的实质是什么？对于趋势来说，其延伸就是同级别的同向缠中说禅走势中枢不断产生；对于盘整来说，其延伸就在于不能产生新的缠中说禅走势中枢。

由于走势类型延伸意味着当下的走势类型随时可以完成，因此相应的走势类型必然是确定的，于是走势类型延伸是否结束，判断关键就在于是否产生新的缠中说禅走势中枢。

此外，由于趋势至少包含两个缠中说禅走势中枢，而盘整只有一个，因此判别趋势与盘整的关键，就在于是否产生新的缠中说禅走势中枢。

由此可见，缠中说禅走势中枢问题，是技术分析中的核心问题。该问题一旦解决，

图 18-1 贵州茅台（600519）2006 年 9 月至 2007 年 3 月日 K 线上涨走势图

很多判断上的大难题也将迎刃而解。

缠中说禅走势中枢定理一：在趋势中，连接两个同级别缠中说禅走势中枢的，必然是次级别以下级别的走势类型。

用反证法，该定理的证明是很简单的①，这也回答了上一课中作业 1——“连接两相邻同级别缠中说禅走势中枢的一定是趋势吗？一定是次级别的趋势吗？”这两个问题。

首先，不必然是趋势，任何走势类型都有可能。最极端的情况，就是跳空缺口后形成新的缠中说禅走势中枢。

其次，也不一定是次级别的趋势。只要是次级别以下，例如跳空缺口，就属于最低级别。如果图上是日线、周线，就不会是次级别了。

最后，往往相连的走势类型的级别越低，表示其力度越大。这也就是为什么缺口在分析中有比较强的技术含义的理论依据所在。

由定义知道，缠中说禅走势中枢产生的原因以及判断标准，也就是其“生”的问题已经解决，余下的就是“住、坏、灭”的问题。也就是说，一个缠中说禅走势中枢是如何“维持”以及最终被“破坏”进而废弃的。

先考虑其“维持”的问题。维持缠中说禅走势中枢的一个充分必要条件，就是任何一个离开该中枢的走势类型，都必须是次级别以下并以次级别以下的走势类型返回。该

① 反证法的证明如下：假设连接两个中枢的走势是本级别的，无论是趋势还是盘整，都至少要有一个本级别的中枢，这和前提是矛盾的。

问题很容易证明，因为无论是离开还是返回，只要是同级别的走势类型，都意味着形成新的缠中说禅走势中枢，这与“原中枢的维持”前提矛盾。

该命题可以表述成如下定理。

缠中说禅走势中枢定理二：在盘整中，无论是离开还是返回缠中说禅走势中枢的走势类型，必然是次级别以下的。

由此，上一课作业 3——“盘整的高低点是如何造成的？”就有了相应的答案。

无论离开与返回的走势类型是何种级别，站在最低级别上看，假如把 1 分钟走势图当成最低级别，那么最后连接离开与返回走势类型连接处的最低级别图，只能有两种可能。

1. 三根以上 1 分钟 K 线来回重叠震荡后回头。

2.1 分钟 K 线无三根以上 K 线重叠的 V 形走势。

对于第一种情况，这几根重叠 K 线最极端那根的极端位置，就构成盘整中的高低点。一般来说，这种情况比较少见。

对于第二种情况，这个 V 形尖顶那根 K 线的极端位置，就构成盘整中的高低点，这种情况十分常见。这也是为何真正的低点和高点总是在盘中一闪而过的理论依据。

本 ID 的理论能解释技术图表上任何细致的问题，这才是一种理论所应该具有的品质。这种理论，不需要什么诺贝尔奖金，那 100 万美元在市场上算得了什么？精通这样的理论，市场会给予你多得多的回报。

有了上面两个缠中说禅走势中枢定理，不难证明定理三。

缠中说禅走势中枢定理三：某级别缠中说禅走势中枢的破坏，当且仅当一个次级别走势离开该缠中说禅走势中枢后，之后的次级别回抽走势不重新回到该缠中说禅走势中枢内。

定理三中，两个次级别走势的组合只有三种情况：趋势 + 盘整，趋势 + 反趋势，盘整 + 反趋势。其中的趋势分为上涨与下跌两种，分别代表向上方突破与向下方跌破两种情况。

站在实用的角度，最有力的破坏，就是趋势 + 盘整。例如在上涨中，如果一个次级别走势向上突破后，以一个盘整走势进行整理回抽，那么其后的上涨往往比较有力，特别是这种突破发生在底部区间时。这种情况太常见了，其理论依据就在这里。

缠论点睛

1. 既然走势必然完美，那么判断走势何时完成，就成了最关键的问题。对于这个问题，首先要明确的，就是完成的走势类型必然包含一个中枢，也就是次级别三段，否则就不可能完美。

2. 对于盘整来说，由于盘整只包含一个中枢，因此盘整的完成等同于中枢的完成。具体来说，就是次级别突破后，次级别回抽不回到中枢。

3. 对于趋势来说，以上涨为例，由于趋势的中枢数量大于1个，因此判断趋势结束的方法，就是趋势方向上不再产生新的该级别中枢。这是逻辑推导的结果，那么实践中如何操作呢？

首先，观察最后一个中枢。如果最后一个中枢被反向突破并且形成第三类卖点，那么无疑该趋势结束了。

其次，如果中枢震荡超过9段，那么就等于在这个位置形成了一个新的盘整，无疑，该趋势同样也结束了。此时要做的，就是在盘整中做短差，或者等待盘整结束后选择方向。

第三，如果中枢突破后继续形成第三类买点，那么合理的做法就是观察是否进入背驰段。如果不出现背驰，就会形成一个新的中枢，这也就是趋势的延伸。如果出现背驰，那么背驰之后的三种转化方式，后面会详细讲解。

4. 对于上涨 + 盘整方式，熟悉形态理论的人都应该明白，典型的旗形整理就属于这种方式的具体形式。

投资微言

要在投资市场取得成功，心态、理念、技术、运气一样不可少。心态、理念、技术，可以在市场中磨炼。运气，就是市场之外的事了。如何取得好运气？套用一句古话：积善之家必有余庆，积恶之家必有余殃。

教你炒股票 19

学习缠中说禅技术分析理论的关键

(2006-12-27 15:18:10)

本 ID 看了看各位的问题，发现前面说了那么多，似乎真能看明白的没有几个。为什么？很简单，因为来这里的人大都没受过太严格的数学训练。如果受过严格的数学训练，本 ID 现在所说的，就是最简单不过的东西。

这里的整个推导过程，和几何里的推导方式毫无区别。初中学过几何的，都应该能看明白。所以要看明白理论，最好先把自己的数学神经先活动起来。

其次，请把以前学过的一切技术分析方法先放下。因为本 ID 的理论，和所有之前的技术分析方法的根本思路都不同。一般的技术分析方法，或者用各种指标，或者用什么胡诌的波段、波浪，甚至江恩、神经网络等，其依据都是一些神秘的先验前提。

例如波浪理论里的 5 波推动浪，3 波调整浪之类的话，似是而非，实战中毫无用处。特别是对于个股来说，更是没用。至于什么江恩理论，还有什么周期理论、神经网络之类的，都是把一些或然的东西当成必然，理论上讲起来头头是道，用起来就错漏百出。那些支持位、阻力位、通道线、第三浪之类的玩意，只能被庄家当作制造骗线的好工具。

如果真明白了本 ID 的理论，就会发现，其他技术分析里所说的现象，都能在本 ID 的理论中得到解释，而且还可以给出其成立的相应界限。例如，一只新股票上市后，直接向下 5 波后，反手就向上 5 波，形成 V 字形，按照波浪理论，就无法得到解释①。而用缠中说禅走势中枢定理，这是很容易解决的问题。

那些理论都不过是把复杂的走势标准化成某种固定的模式而已。对于庄家来说，他们对一般人所认识的技术分析理论，早就研究得比谁都精通。任何坐过庄的人都知道，技术图形是用来骗人的，越经典的图形越能骗人。但任何庄家，唯一逃不掉的就是本 ID 在分析中所说的那些最基本的东西。这些东西对于市场而言，本质上是“不患”的。只要是市场中的，必然符合这不患的基础，庄家也不能例外，这就像秦皇汉武都逃不掉生老病死的规律一样。

这里必须强调，技术分析系统在本 ID 的理论中，只是三个独立的系统之一，最基础的是三个独立系统依据概率原则所保证的数学上的系统有效性。技术分析系统之所以重要，是因为对于一个完全没有消息的散户来说，这是最公平、最容易得到的信息。技

① 浪理理论的基本模式是5浪推动，3浪调整，这就无法解释实际走势中下跌5浪、上涨5浪的情况。

术走势是完全公开的，对于任何人来说，都是第一手资料。这里没有任何的秘密、先后可言。

技术分析的伟大之处在于：利用这些最直接、最公开的资料，就可以得到一种可靠的操作依据。单凭对技术分析的精通与资金管理的合理应用，就完全可以长期有效地战胜市场。对于一般的投资者来说，如果你希望切实参与到市场之中，技术分析是一个最可靠的基础。

本ID觉得，如果你只是想挣点钱，那么没必要学习什么技术分析。在牛市里，买基金就可以了。特别是和指数相关的基金，这样你就至少能够跟上指数的涨幅。但市场操作不单单是为了挣钱而存在的，市场是一个最好的修炼场，人类的贪婪、恐惧、愚蠢，每时每刻都在资本市场里演绎着。在这个大染缸里修炼自己，这才是市场最大的益处。战胜市场，其实就是战胜自己的贪婪、恐惧、愚蠢。

本ID的理论，只是把市场扒光给各位看，而扒光一个人并不意味着征服一个人。但知道并不等于做到，更何况有些人连知道都很难。对于市场来说，其道理是一样的。不操作，不可能征服市场。对于市场来说，操作就是一切。技术分析的最终意义不是去预测市场要干什么，而是市场正在干什么。这是一种当下的直观。

在市场上，所有的错误都来源于用想象、用情绪来代替这当下的直观。例如直到现在，还有多少人为工商银行（601398）的上涨而忿忿不平，却不能接受这样一个当下最直观的事实。本ID多次反复强调，牛市第一波上涨的就是成分股，工行这最大的成分股不涨，还有谁涨？1996年的牛市，最大的成分股就是深发展A，那时候的上涨比这次厉害多了，工行的这点上涨算得了什么？

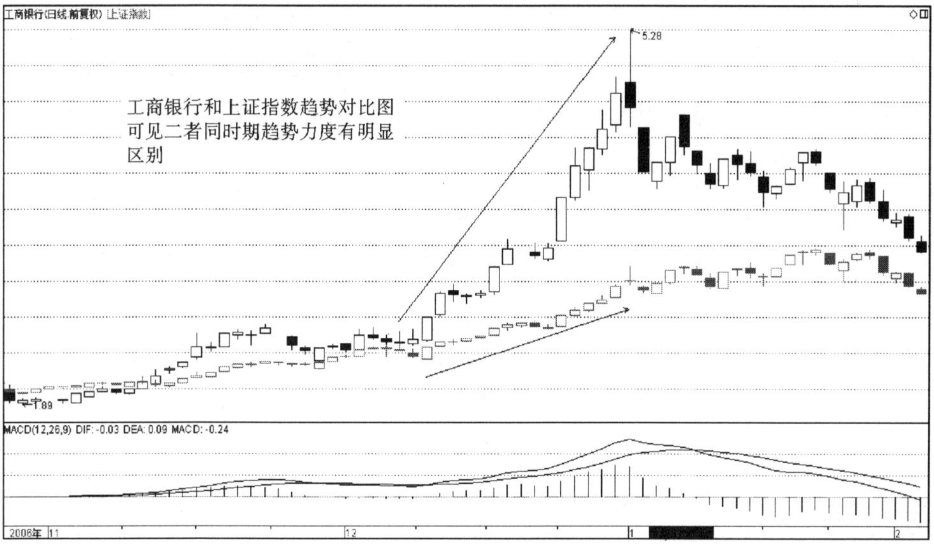

图 19-1　工商银行（601398）与上证指数 2006 年 12 月前后走势对比图

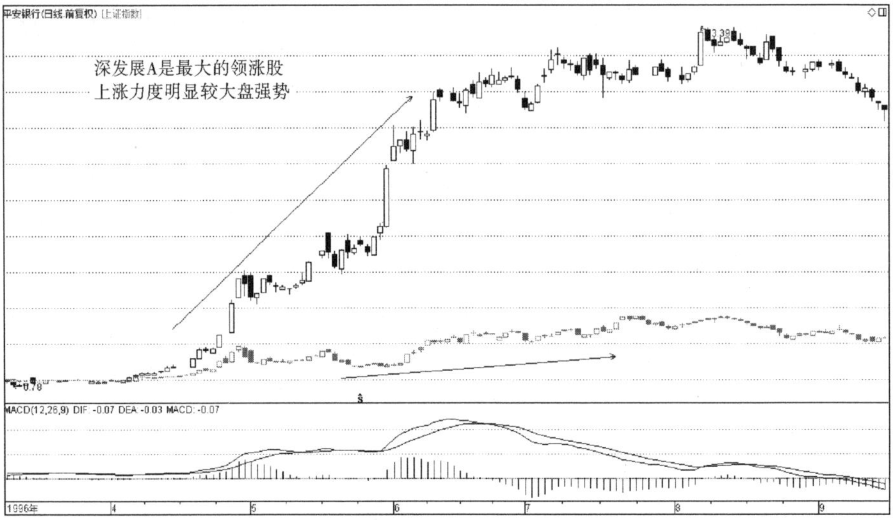

图 19-2 深发展 A（000001）与上证指数 1996 年上涨走势对比图

市场是有规律的，但市场的规律并不是显而易见的，而是需要严格分析才能得到的。更重要的是，市场的规律是一种动态的，在不同级别合力作用下显示出来的规律。企图用一些单纯的指标、波段、波浪、分型、周期等预测和把握市场，其结果只可能是错漏百出。但只要把这动态的规律在当下的直观中把握好，应用纯熟，踏准市场的节奏并不是不可能的。

缠论点睛

1. 学好缠论的关键之一：数学思维。数学，是理性的，讲究大胆假设，小心求证，而不是脱离当下去做预测，更不要用预测指导操作。数学，是逻辑的，严密的。依据你所依据的进行买卖，而后一旦你所依据的发生了变化，或者事先设定的边界条件被触发该怎么办？必须事先有一整套的计划。

2. 学好缠论的关键之二：缠论和一般技术指标的区别。一般技术理论多是从某种先验的前提出发做推论，缠论是纯逻辑推导的结果；一般技术理论，多是预测性的理论，大多成为制造陷阱的工具，缠论是当下的理论。

3. 学好缠论的关键之三：三个子系统关照下的技术分析。必须强调，技术分析只有在三个子系统的关照下，才能发挥最大的威力。

投资微言

市场之道，以正合，以奇胜。

教你炒股票 20

走势中枢级别扩张及第三类买卖点

(2007-01-05 15:23:22)

前面已经很明确地指出，缠中说禅走势中枢由前三个连续次级别走势类型的重叠部分确定。

中枢确定之后的走势有两种情况。

1. 该走势中枢的延伸。

2. 产生新的同级别走势中枢。

在趋势里，同级别的前后两个缠中说禅走势中枢之间是不能有任何重叠的，包括任何围绕走势中枢产生的任何瞬间波动之间的重叠。如果三个连续次级别走势类型的重叠区间不和前面的走势中枢有任何重叠，但围绕该中枢产生的波动触及前面走势中枢的某个瞬间波动区间，这时候，就不能认为该走势类型是趋势，而只是产生了一个更大级别的缠中说禅走势中枢。

这里必须严格区分两种情况。

1. 走势中枢的延伸。这种情况下，所有围绕走势中枢产生的前后两个次级波动，都必须至少有一个触及走势中枢的区间。否则必然产生一个新的三个连续次级走势类型的重叠部分离开原来的走势中枢，这是上涨而非中枢延伸。

2. 一个走势中枢完成前，其波动触及上一个走势中枢或延伸时的某个瞬间波动区间，由此产生更大级别的走势中枢。

一个简单的例子就能区别以上情况。例如，一只股票开盘立刻封涨停，那么只能算是 1 分钟级别上出现了走势中枢的延伸，无论这个延伸有多长时间，都不可能产生更大级别的走势中枢。

如果该股票第二天继续开盘涨停，那么就形成一个 1 分钟级别上的上涨趋势。这个趋势可以无限延伸下去，但只要依然只是形成 1 分钟的走势中枢，无论连续涨停多少天，都不足以形成即使是 5 分钟的走势中枢，除非中途有打开涨停的情况。

还有一种特殊的情况，就是所谓的庄股。如果有一个庄家特别有毛病，每天就成交一次，每次成交的价位都一样，这样也只是形成一个 1 分钟的走势中枢，而不能形成大级别的走势中枢。

换言之，在“走势中枢的延伸”与“不断产生新的走势中枢并相应围绕波动互不重叠而形成趋势”这两种情况中，一定不可能形成更大级别的走势中枢。

要形成一个更大级别的走势中枢，必然采取第三种的方式，就是“围绕新的同级别走势中枢产生后的波动，与围绕前中枢的某个波动区间产生重叠”。

由此可以马上得到一个重要的定理。

缠中说禅走势级别延续定理一：在更大级别缠中说禅走势中枢产生前，该级别走势类型将延续。也就是说，只能是该级别盘整或趋势的延续。

看看2005年指数的走势，就知道该定理的重要性。很多人总是说，怎么涨那么多了还涨？明白了这个定理，就应该知道，现在这种最多只出现过日线走势中枢的上涨走势，在周线走势中枢出现前不可能结束。从2006年8月份开始的走势，连日线的走势中枢都没有形成过，最多就是30分钟的中枢。要结束这种30分钟的上涨走势，首先要形成日线级别的中枢。

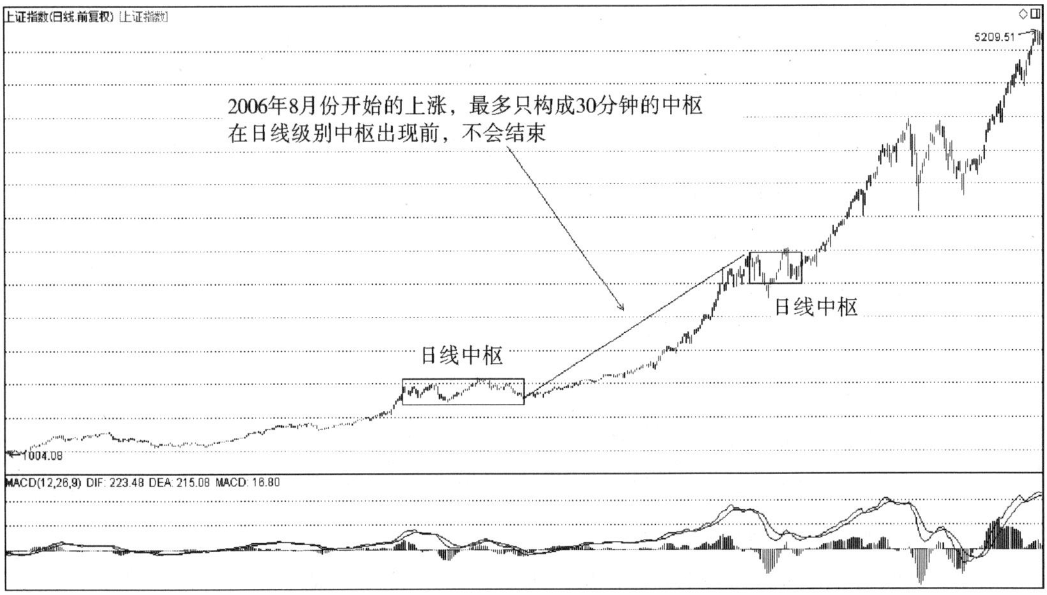

图 20-1 上证指数 2005 年开始的上涨走势分析图

明白了这个定理，就不会整天自己吓自己。这里由定理一很简单就能证明出一个更重要的定理，从而对走势类型的改变给出一个更精确的、预先的界定。

缠中说禅走势级别延续定理二：更大级别缠中说禅走势中枢产生，当且仅当围绕连续两个同级别缠中说禅走势中枢产生的波动区间产生重叠。

这里来一个比喻就好理解了。缠中说禅走势中枢就如同恒星，和围绕该恒星转动的行星构成一个恒星系统。而两个同级别恒星系统要构成一个更大级别的系统，必然要至少是其中的外围行星之间发生关系，这就是定理二说的东西。

有了上面的定理，就可以很精确地讨论走势中枢的问题了。

根据走势中枢的数学表达式：A、B、C 三个次级别走势类型，其高点、低点分别是 $a_1\backslash a_2, b_1\backslash b_2, c_1\backslash c_2$，则中枢的区间就是 [$\max(a_2,b_2,c_2)$, $\min(a_1,b_1,c_1)$]。而中枢的形成无非有两种情况，一种是回升形成的中枢，一种是回调形成的中枢。对于第一种有 $a_1=b_1$，$b_2=c_2$；对第二种有 $a_2=b_2$，$b_1=c_1$。但无论是哪种情况，中枢的公式都可以简化为 [$\max(a_2,c_2)$，$\min(a_1,c_1)$]。

显然，A、C 段，其方向与中枢形成的方向是一致的。由此可见，在中枢的形成与延伸中，中枢由与中枢形成方向一致的次级别走势类型的重叠区间确定。例如，回升形成的中枢，由向上的次级别走势类型的重叠区间确定，反之亦然。

为方便起见，以后都把这些与中枢方向一致的次级别走势类型称为 Z 走势段。按中枢中的时间顺序，分别记为 Zn 等，而相应的高点、低点分别记为 gn、dn。定义四个指标，GG=max(gn),G=min(gn),D=max(dn),DD=min(dn)，n 遍历中枢中所有 Zn。特别地，再定义 ZG= $\min(g_1、g_2)$,ZD=$\max(d_1、d_2)$，显然，[ZD，ZG] 就是缠中说禅走势中枢的区间。

由此有了如下定理。

缠中说禅走势中枢中心定理一：走势中枢的延伸等价于任意区间 [dn，gn] 与 [ZD，ZG] 有重叠。换言之，若有 Zn，使得 dn > ZG 或 gn < ZD，则必然产生高级别的走势中枢或趋势及延续。

缠中说禅走势中枢中心定理二：前后同级别的两个缠中说禅走势中枢，后 GG < 前 DD 等价于下跌及其延续；后 DD > 前 GG 等价于上涨及其延续。后 ZG < 前 ZD 且后 GG ≥前 DD，或后 ZD > 前 ZG 且后 DD ≤前 GG，则等价于形成高级别的走势中枢。

由定理一，可以得到第三类买卖点定理：一个次级别走势类型向上离开缠中说禅走势中枢，然后以一个次级别走势类型回试，其低点不跌破 ZG，则构成第三类买点；一个次级别走势类型向下离开缠中说禅走势中枢，然后以一个次级别走势类型回抽，其高点不升破 ZD，则构成第三类卖点。

例如，工商银行（601398）在 2006 年 12 月 14 日，就构成典型的日线级别第三类买点；北辰实业（601588）在 2006 年 11 月 14 日构成典型的日线级别第三类买点。

注意，第三类买卖点比第一类、第二类买卖点要后知后觉，但如果抓得好，往往不用浪费盘整的时间，比较适合短线技术较好的操作者。

一定要注意，必须是第一次回调或者回抽才构成第三类买卖点。而且第三类买卖点后，并不必然是趋势，也有进入更大级别盘整的可能。这种买卖之所以必然盈利，就是因为即使是盘整，也会有高点出现。

操作策略很简单，一旦不能出现趋势，一定要在盘整的高点出掉，这和第一类、第二类买点的操作策略是一样的。

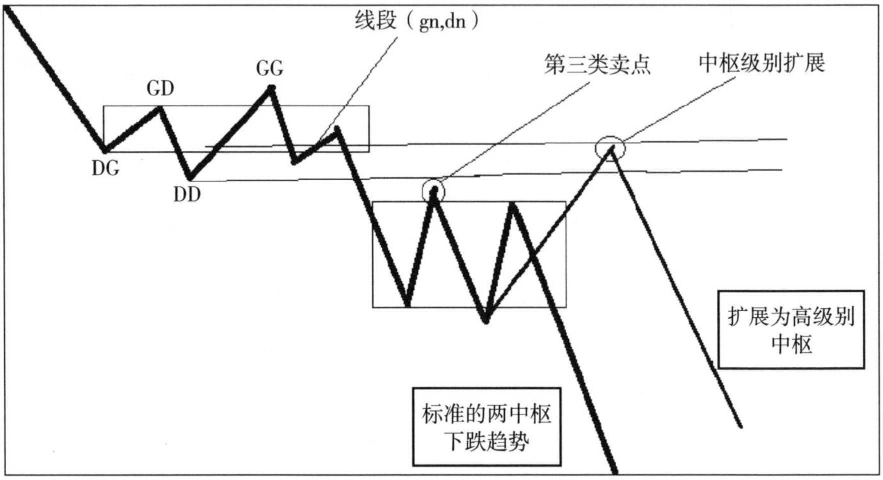

图 20-2　第三类卖点的形成以及中枢级别扩张示意图

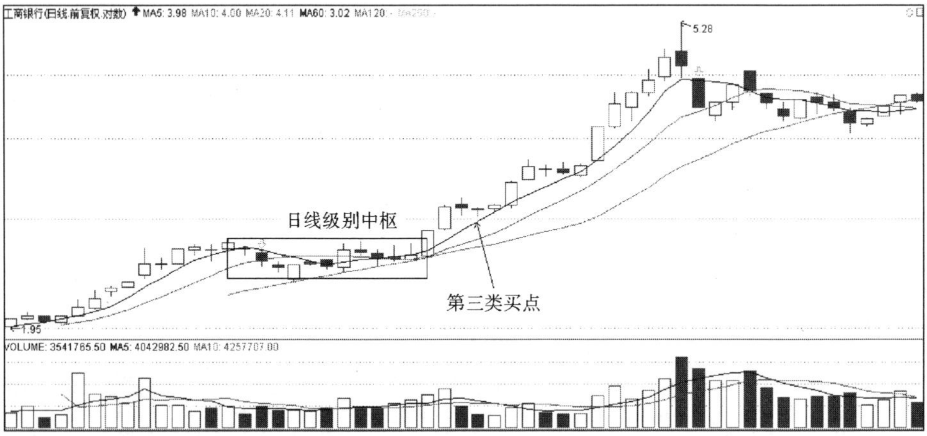

图 20-3　工商银行（601398）2006 年 12 月 14 日回调构成第三类买点

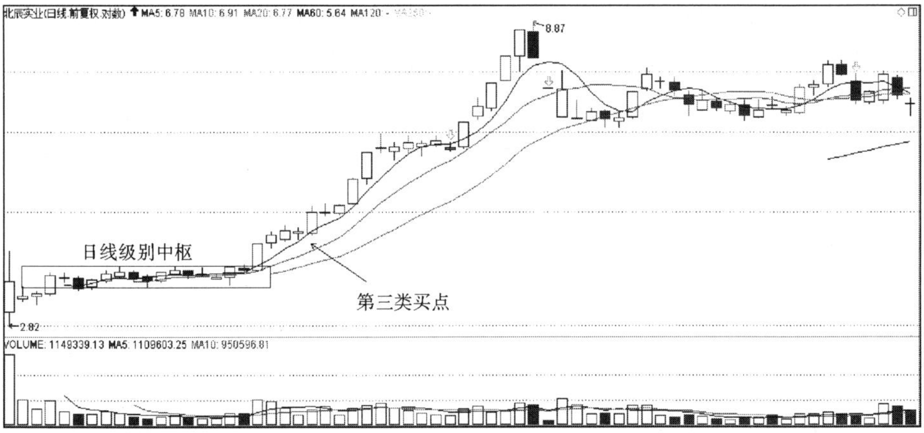

图 20-4　北辰实业（601588）2006 年 11 月 14 日回调构成第三类买点

思考题

1. 第三类买卖点有可能和同级别的第二类买卖点重合吗?

参考答案：有可能出现第二类、第三类买卖点重合的情况。出现这种情况，往往预示着后面的走势比较强烈。

2. 工商银行在2006年12月22日构成日线级别第三类买点吗?

参考答案：不构成第三类买点。对中枢的第一次回抽才构成第三类买点。

缠论点睛

1. 这段数学化的语言，主要描述了第三类买卖点的形成，以及趋势和中枢级别扩展的区别。需要注意的是，前三个次级别的重叠构成中枢，第一次回抽构成第三类买卖点，两个中枢的重叠造成中枢级别扩展。以下跌为例，上涨反之。

2. 第三类买卖点之后，不必然造成大幅度的涨跌，也有可能会立刻形成新的中枢或者形成中枢级别扩展。但无论是形成新的中枢，还是造成中枢级别扩展，必然有次级别高低点。以上涨为例，操作中，一旦形成第三类买点之后，次级别的上涨不能创出新高，或者创出新高之后力度衰减，就要卖出，下面至少要形成新的中枢，甚至是中枢级别扩展，也就是重新回探前面的中枢。下跌反之。

投资微言

“天地之间，其犹橐籥乎？虚而不屈，动而愈出。”天地如此，何况股票？涨跌、推动浪与调整浪、中枢与中枢之间的连接，尽在呼吸之间，这是根本的节奏。

教你炒股票 21

缠中说禅买卖点分析的完备性

(2007-01-09 15:03:58)

前面已经说过三类买卖点。一个很现实的问题，就是除了这三类买卖点之外，还有什么其他类型的买卖点没有？答案是否定的。

这里必须强调的是，这三类买卖点，都是被理论所保证的、100% 安全的买卖点。如果对这三类买卖点的绝对安全性没有充分的理解，就绝对不可能也绝对不会对缠中说禅技术分析理论有一个充分的理解。

市场交易，归根结底就是对买卖点的把握。买卖点的完备性就是理论的完备性，因此对这个问题必须进行概括性的论述。

所谓 100% 安全的买卖点，就是这点确认之后，市场必然发生转折，没有任何模糊或需要分辨的情况。市场交易，不能完全建筑在或然基础之上。市场的必然性，是交易中唯一值得信赖的港湾。

有人可能反驳说，世界上没有绝对的东西。那么，"世界上没有绝对的东西"这句话的绝对性，又是哪个上帝所保证的？股票操作，不是单纯的理论问题。

在理论上，虽然本 ID 可以向所有人揭示其买卖点的完备性，但买卖点不可能自动去实现，最终的交易是人去完成的。相同的工具，在不同的人手中可能就有了完全不同的结果。市场只看结果，任何人哭着喊着说自己所用的理论是完备的、最好的，都没用。是人使理论，而非理论使人，要让这人使理论达到理论一般完美，最终只能靠自己在市场中修炼。儒家讲的"修、齐、治、平"，同样适用于股票市场交易。

从上面一系列关于缠中说禅走势中枢的分析可知，在走势中的任何一个点，必然面临两种可能：走势类型的延续或转折。换言之，对于一个必然的买点，必须满足以下两种情况之一：一个向上的延续或一个由下往上的转折。对于延续的情况，只能是在一个上升的过程中产生，否则就无所谓延续了。

对于上升延续中产生的买点，必然有一个中枢在前面存在着。对于转折，被转折的前一段走势类型只能是下跌与盘整。无论下跌还是盘整，买点之前都必然有一个走势中枢存在。

归纳上述，无论前面的走势是什么情况，都唯一对应着一个中枢存在之后走势的延续或转折。这个分析对卖点同样有效。

因此所有买卖点都必然对应着与该级别最靠近的一个中枢。对于买点来说，该中枢下产生的买点必然对应着转折，中枢上产生的买点必然对应着延续。

中枢有三种情况：延续、扩张与新生。

如果是中枢延续，那么在中枢之上是不可能有买点的，因为中枢延续必然要求所有中枢之上的走势都必然转折向下，这时候，只可能有卖点。

中枢扩张或新生，在中枢之上都会存在买点，这类买点就是第三类买点。也就是说，第三类买点是中枢扩张或新生产生的。

中枢扩张导致一个更大级别的中枢，而中枢新生，就形成一个上涨的趋势，这就是第三类买点后必然出现的两种情况。

对于更大级别中枢的情况，肯定没有马上出现一个上涨趋势的情况诱人，所以对于实际操作者，如何尽量避免第一种情况就是最大的问题。但无论是哪种情况，只要第三类买点的条件符合，其后都必然盈利，这才是问题的关键。

对于中枢之下形成的买点，如果该中枢是位于上涨之中，那么在中枢之下并不能必然形成买点。中枢之下的买点，只可能存在于下跌与盘整的走势类型中。

换言之，一个上涨趋势确定后，不可能再有第一类买点与第二类买点，只可能有第三类买点。

对于盘整的情况，其中枢的扩张与新生，都不能保证该买点出现后必然产生向上的转折，因为其扩张与新生完全可以是向下发展的。而对于中枢延续的情况，中枢形成后随时都可以打破而结束延续，也不必然有向上的转折，所以盘整的情况中，中枢之下也不必然产生买点。因此只有在下跌确立后的中枢下方才可能出现买点。这就是第一类买点。

第二类买点是和第一类买点紧密相连的。因为出现第一类买点后，必然只会出现盘整与上涨的走势类型，而第一类买点出现后的第二段次级别走势低点，就构成第二类买点。根据走势必完美的原则，其后必然有第三段向上的次级别走势出现，因此该买点也是绝对安全的。

第二类买点，不必然出现在中枢的上方或下方。中枢下方出现的，其后的力度就值得怀疑了，出现扩张性中枢的可能性极大。在中枢中出现的，出现中枢扩张与新生的机会对半。在中枢上方出现，中枢新生的机会就很大了。但无论哪种情况，盈利是必然的。

显然，第一类买点与第二类买点是前后出现的，不可能产生重合。而第一类与第三类买点，一个在中枢之下，一个在中枢之上，也不可能产生重合。只有第二类买点与第三类买点是可能产生重合的。

这种情况就是：第一类买点出现之后，一个次级别的走势凌厉地直接上破前面下跌的最后一个中枢，然后在其上产生一个次级别的回抽且不触及该中枢，这时候就会出现第二类买点与第三类买点重合的情况。

虽然在理论上没有任何必然的理由确定第二类、第三类买点重合后，一定不会构成中枢的级别扩张。实际上，一旦出现这种情况，一个大级别的上涨往往就会出现。

一个最典型的例子，就是大盘1994年7月在底部跌到325点后，8月1日跳空高开，5分钟走势图上形成单边上涨，突破前面的30分钟中枢。第二天大幅上冲后突然大幅回洗，形成5分钟的走势级别回抽。那时候最高已经摸到快500点了，一天半上涨50%，又半天回跌15%。这样的回抽，一般来说是很恐怖的。如果明白第二类买点与第三类买点重合的道理，就知道这是最好的补进机会。结果第三天又开始单边上扬，第六天达到750点。

这是指数上最典型的一个例子，而且325点留下的缺口至今未补。从指数上看，这是一个最重要的缺口，将支持中国股市几十年甚至上百年的大牛市。

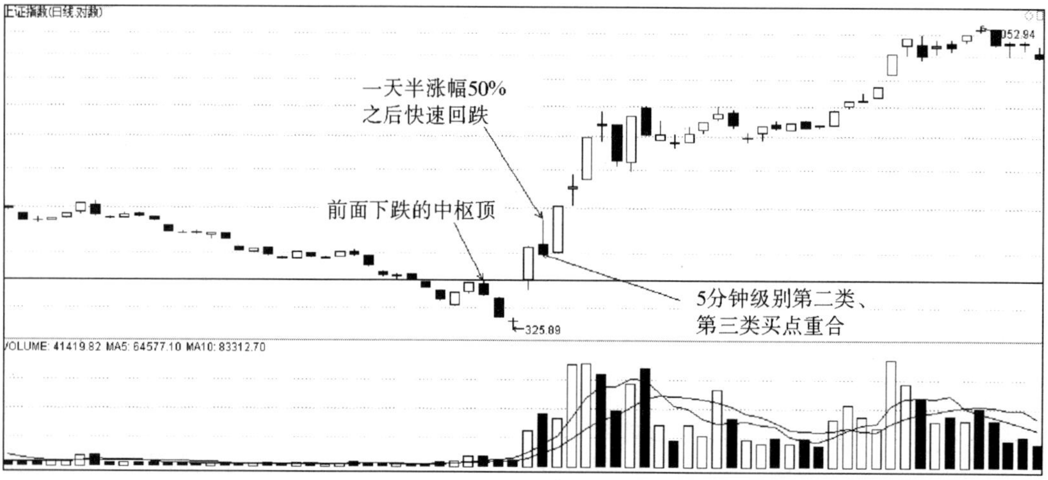

图21-1 上证指数1994年7月跌至325点之后日K线缺口引发的上涨分析图

补充一句，站在特大型牛市的角度看，中国股市就从来没有出现过熊市。大家打开上海的年线图就可以看到，从1992年到2005年，一个完美的年线级别缠中说禅中枢的三段次级别走势完成，时间刚好是13年，一个完美的时间之窗。

站在年线的角度，中国股市的真正大牛市才刚开始，因为该区间在998点到1558点的中枢，是中国股市第一个年线中枢。站在年线级别的角度看，在下一个年线级别中枢确立之前，中国股市的调整只可能出现一个季线级别的调整。而第一个出现的季线级别调整，只要不重新跌回1558点，就将构成中国股市年线级别上的第三类买点。

由此可见，本ID的理论是可以站在如此宏观的视角上判断大趋势的。目前中国股市没有任何可担心的地方，即使出现调整，最多就是季线级别的，其后反而构成第三类买点。

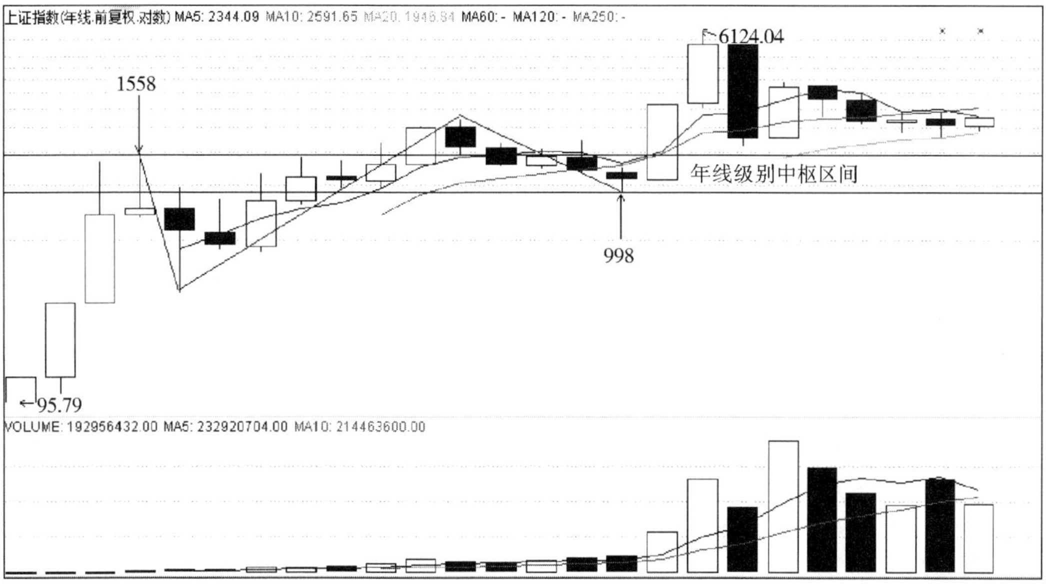

图 21-2 上证指数 998 点至 1558 点区间的年线中枢分析图

更重要的是，站在年线的级别看，目前还在第一段的次级别上扬中。要出现第二段的季线级别调整，首先要出现月线级别的中枢，目前连这个中枢都没出现。换言之，年线级别中枢的第一段走势还没有任何完成的迹象。这第一段走势完全可以走到 6000 点才结束。今后十几年中国股市的辉煌，用本 ID 走势必完美的原则，能够看得一清二楚。

对卖点的分析是一样的。

归纳起来，就有缠中说禅买卖点完备性定理：市场必然产生盈利的买卖点，只有第一类、第二类、第三类买卖点。

相同的分析，可以证明缠中说禅升跌完备性定理：市场中的任何上涨与下跌，都必然从缠中说禅三类买卖点中的某一类开始以及结束。换言之，市场走势完全由这样的线段构成，线段的端点是某级别缠中说禅三类买卖点中的某一类。

缠论点睛

1. 中枢扩展，一般来讲比趋势中的中枢新生力度弱，因此可以回避，但这不是绝对的。操作上，如果不做中枢扩展的股票，以买入为例，如果第一次回抽形成的第三类买点就导致中枢扩展，那么完全可以避开这只股票。如果是之后的回抽形成中枢扩展，那么在中枢中间上冲无力的时候，就该安排围绕中枢震荡的短差操作，一旦出现中枢扩展便不再回补。卖出反之。

2. 第一类买点，必然在前一个中枢之下产生；第三类买点，必然在前一个中枢之上产生。第二类买点的位置则不一定，可能在前一个中枢之上，这就是第二类、第三类买点重合的情况，这是力度最强的走势；也可能在中枢之中，这样一般会形成新的中枢；甚至低于第一类买点的位置，这种走势就比较弱了。

3. 要特别注意第二类、第三类买点重合的股票。这种股票，后面大概率会有一波较大的行情，特别是那种以跳空缺口方式跳过前面中枢顶，之后回抽不能回补缺口的股票。

4. 三类买点出来，走势必然转折，但不能过于执着自己的判断，因为你的判断存在出错的可能。例如第三类买点，你可以假设它是，如果后面跌回中枢，就证明中枢震荡仍将继续，可以在跌进中枢的时候卖出，等待中枢震荡的低点进行回补。或者干脆放弃，只操作中枢新生的股票。

投资微言

大胆假设，小心求证，这是投资市场正确的思维方式，一根筋在市场里是活不久的。

教你炒股票 22

将 8 亿大米装到 5 个庄家的肚里

(2007-01-11 15:10:32)

说了这么多买点，对于小资金来说，跟着买就可以了。但对于大资金来说，具体的情况要复杂点。一个大资金要进去，又不想变成庄家，这是需要很高的技巧的。

下面是本 ID 发的一个梦，各位就权当梦话听。如果现实中有任何对应物，那纯属巧合，本 ID 不背负任何的法律责任。

2006 年 12 月 20 日，天上突然掉下够 8 亿农民一人吃一口的大米，然后就玩了这样一个游戏，把这 8 亿大米装到 5 个庄家的肚子里：撑活他。首先，不能把 8 亿大米都一起塞进去，留了 1 亿机动，就是哪个庄家不听话，想折腾，就出手教训他。

这部分大米是不能固定在任何一个庄家肚子里的，要每天在 5 个庄家肚子里流动，有时候会变成 1.5 亿，有时候可能变成 5 千万，这都要根据盘面的情况来定。当然这都是后话，前提是另外那 7 亿已经塞到 5 个庄家的肚子里。

现在，医药类股票整体表现强势，因此首先要拥有药。这药，刚好是一个典型的第三类买点，而月线上一个典型的圆底也呼之欲出。

看着圆底上那高高的山崖，耳边一些精确的风声（指利好消息）不断地晃动，那还有什么可怕的！先把它拱到圆底的边缘再说，然后就大干起来。里面那家伙被搞得很冲动，不断有筹码喷涌出来，本 ID 就不断地接货。两天后，那家伙怕起来了，但周围那些基金蜂拥而至，这药又坚挺起来。一挺就挺到月线圆底的边缘，好性感的圆底呀。

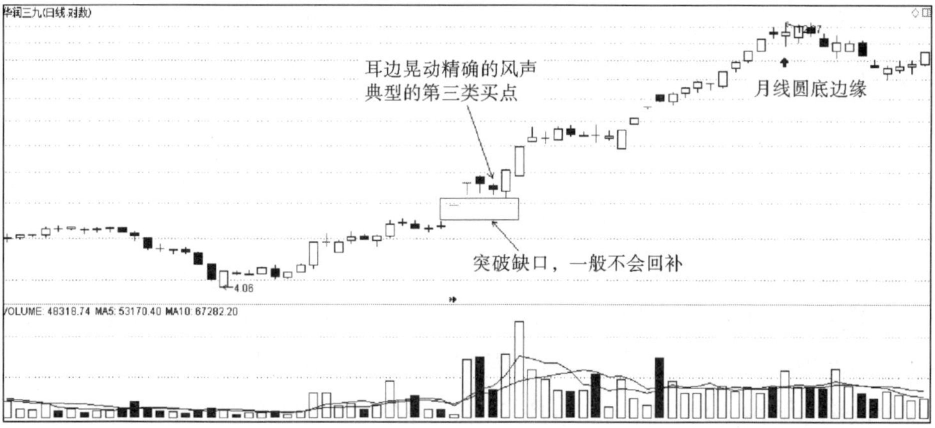

图 22-1 华润三九（000999）2006 年 12 月前后日 K 线走势图

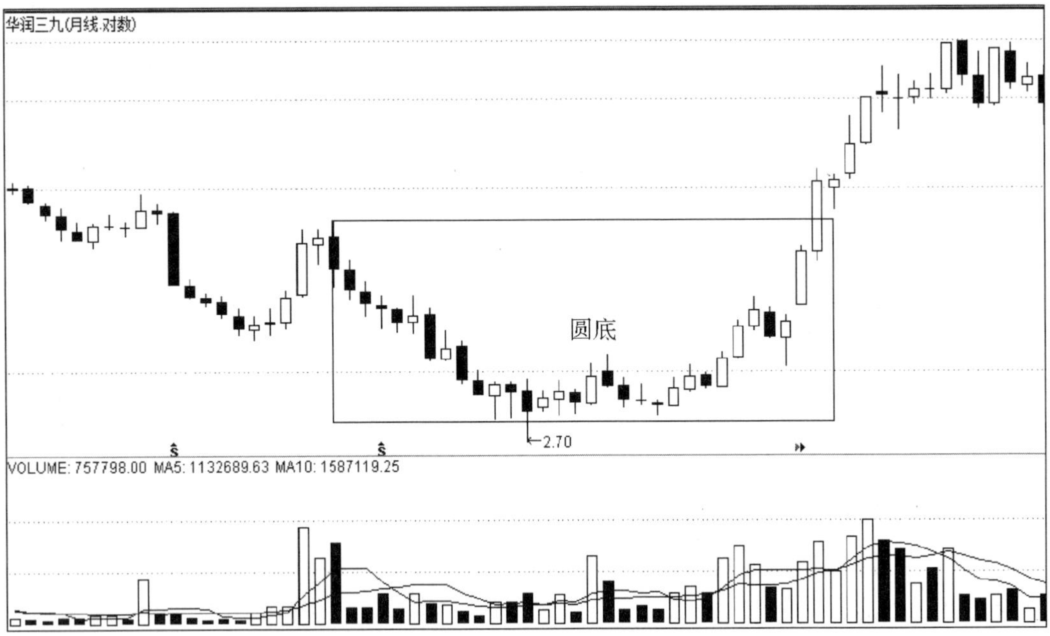

图 22-2 华润三九（000999）2006 年前后月 K 线走势图

第二个，五个手指夹着一个异物。本 ID 耳边传来该股票要整体上市的消息，该股还晃动着第三类买点，那不是天生就想挨揍吗？所以他就被揍了。

第一天轻轻碰了一下，没什么东西，这庄家够抠门的！第二天，轻轻突破一下，货多了点。其后两天，股价盘中上窜下跳的，但就是没有太多筹码流出。碰到一个更年期的主儿！

一般这种主儿不能硬搞，闪一个身，让他摆摆庄家的威风。一根吸管，顺着慢慢往下边走边吸。跌破某整数位后，那家伙也被吸得没了力气，下不去了。本 ID 突然晃动明晃晃的大刀，一副抢筹状，吓得这抠门的家伙飞一样就起来了。

对付这种抠门的家伙，就要这样以吸为主，偶尔恐吓。这种抠门的家伙，一般都以为自己的题材很牛，生怕自己损失了什么低价筹码，一恐吓就飞得比鸭子还快。对这种人，就要天天弄他的短差，砸得狠就顶死他，拉得狠就先躲在旁边，瞧好机会突然袭击他，让他难受。对这种庄家，要像蚊子一样不断地出击，更要像赶鸭子一样往上赶。

第三个和第一个的代码模式是一样的，只是这只股票比较秀气，是典型的江浙派，一看就不讨人喜欢。只是有人不断向本 ID 灌输它要整体上市，又有这个题材那个题材。

本 ID 想起 n 年前曾消费过他，突然心里一动，有了一种怀旧的感觉。因此就在一个小级别的第三类买点开始下手了。第一天没动手，对一个江浙派，太粗暴是不好的，先用目光杀死他。第二天，为了表示对他感情依旧，把他的代码当成买单输进去。买单扫过 n 个价位，砰地一声，成交上出现了他的代码。那江浙派被惊动了，窜动两下，开始在上面放单，本 ID 又轻轻扫了他几下。突然，本 ID 在下面放上一个 9999 的买单，对他们这类轻盈的体形，9999 已经足够耀目了。

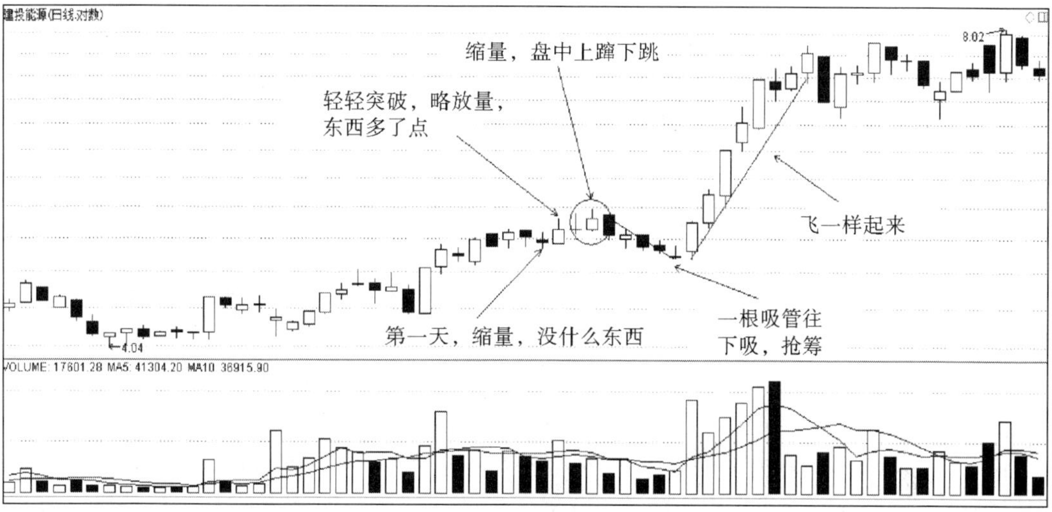

图 22-3　建投能源（000600）2006 年 12 月前后日 K 线图

江浙派定了一定，正想反应，突然那买单又没了。惊鸿一现，已经在江浙派身上留下了印记。一种被轻薄的感觉在江浙派身上晃动，他开始向下打压。本 ID 顺着打压的轨迹轻扫着，还真有点货。

第二天，江浙派没有从被轻薄的愤怒中清醒过来，继续往下打压，本 ID 的扫动越来越快。江浙派大概发现，这样继续下去，他就有被吸干的危险，于是尾盘几笔就拉了起来。

从第三天开始，江浙派开始挺立，但就是没什么牛劲，不断重复着每天尾市的游戏。

突然有一天，他也玩起打压恐吓的游戏。一个江浙派，水一样的男子，一副恐吓状，真是太滑稽了。前两天，本 ID 就看热闹，不管他。第三天本 ID 突然发狠，严重警告他，再乱恐吓就把他给杀了。江浙派果然是胆小之人，一碰到比他还凶恶的人，也只好温柔起来。

对于这种庄家，不能整天像蚊子一样咬，一定要在适当的时候突然狠狠地来一下，他就会惊恐地往相应方向惯性地走下去。一般来说，这种类型的庄家都是反应有点迟钝的，因此画出来的面相总是反反复复，缠绵不断。

第四天，和江浙派的代码几乎一样，唯一的不同就是一个在深圳，一个在上海。

第一天浮动筹码很多。十几个交易日前那两根大量暗示着，这只股票是刚启动没多久的。这样最好了，浮码多，水就混，藏点大米还不简单？这大米藏得又快又多，这种打乱仗的感觉真不错。

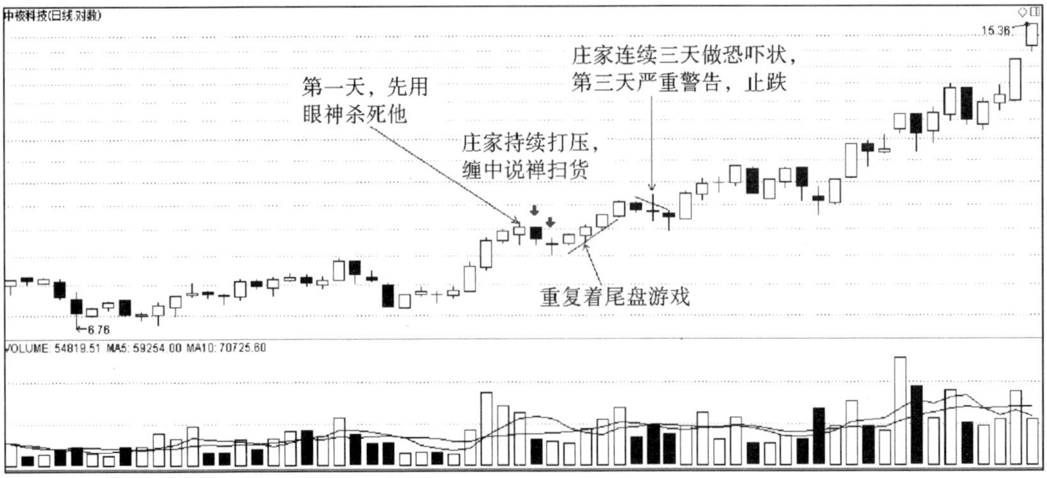

图 22-4　中核科技（000777）2006 年 12 月前后日 K 线走势图

一般来说，对于大资金而言，打乱仗是最好玩的。记得 n 年前那一次，把一只股票从 7 元多一下拉起了 n 倍，中途就在 20 多元换了一口气。四家人一直在打乱仗，其他人在周围进进出出地晃悠着，好玩透了。

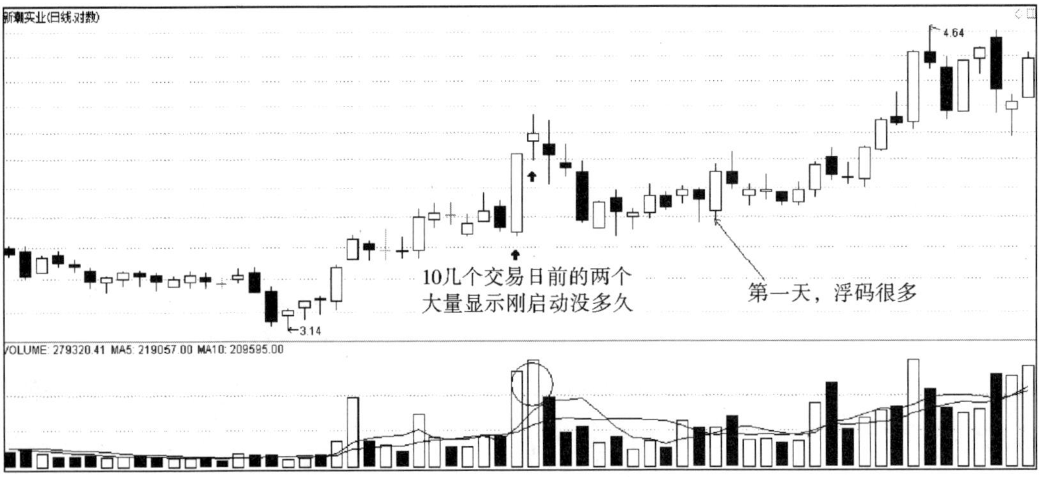

图 22-5　新潮实业（600777）2006 年 12 月前后日 K 线走势图

最后一个，虽然就和江浙派差一个尾数，但性格却相差很远。典型的山里男子，老实巴交的，没什么激情，但却很稳健，像个仆人。本 ID 随便就把大米藏好了。

为什么是他？仅仅是因为他和江浙派尾数差一个，而山东人是前面差一个，这样便于记忆。周线图上的中枢强烈地勾引着走势往上走。这种老实巴交的类型，不会有什么大的惊喜，却会让人放心。

一般在一个投资组合里，一定要放这样一个老实巴交的。万一其他股票出现什么特殊的情况，马上可以变现这个去增援，这样就一定不会出大乱子了。市场里，安全是第一位的。对于资金的总体安全来说，一定的快速变现能力是最重要的。

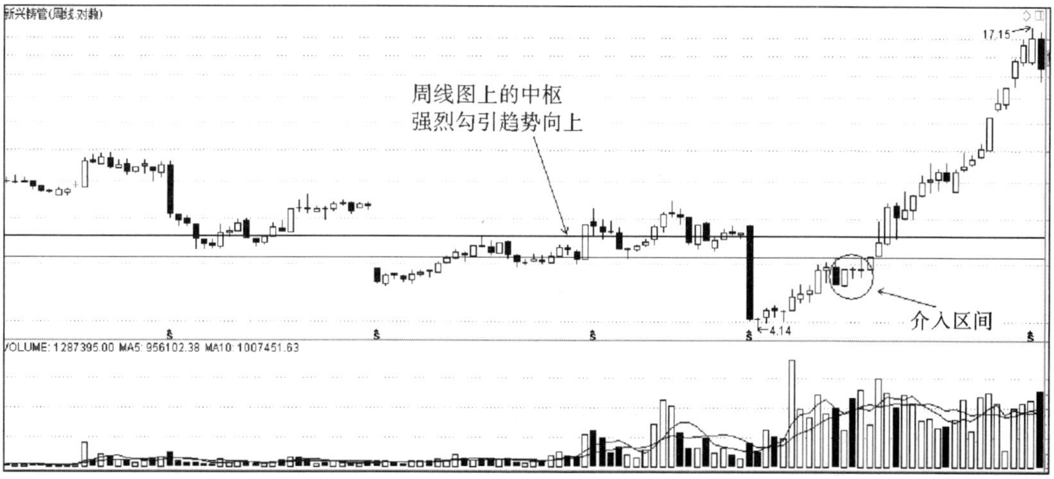

图 22-6 新兴铸管（000778）2006 年 12 月前后周 K 线走势图

本 ID 在这里梦话连篇，当然是有风险的。最直接的风险，就是里面的人看到了，气不过，狂洗盘。本 ID 还真不怕这个。正因为不怕，所以就继续梦话连篇，各位最好就当谎话连篇，千万别当真。

大资金不想当庄家，又想提高资金利用率，当然有很多的方法。一般来说，这种阻击，在一个低位的大级别第三类买点进行是比较安全的。首先，第一类买点不合适。你先进去，大家都看着你，找机会吃你，你还怎么潜伏下来？第二类买点是可以用来阻击的，但一般都采取比较温柔的办法，慢慢来。第三类买点介入，有点硬来的感觉，这要求有一定的功力，否则被吃了都不知道怎么死的。

这样的安全性在于，第一，时间利用率高。第三类买点等于箭在弦上了，你这样突然进去横插一刀，除非是主力实力特别强，所用资金没有什么期限，所弄的题材也没到迫在眉睫的地步，这样他会留下来和你折腾，从而变成持久战。

高手就高在一定要对盘中庄家的脾性有充分的感觉，对症下药，而且需要对阻击的目标有充分的了解，这样才能避免陷入持久战。当然，干耗其实也不怕，就是不断弄短差，把成本降下来，熬都熬死对方。

这样做的前提是资金必须绝对自由，没有期限。一笔自有的，没有利息压力的资金，是阻击的一个最安全的保障。阻击一定要控制好量，最失败的阻击就是阻击成了庄家。

为什么要在低位的第三类买点出手？这个位置，庄家的货已经不少了，而且成本还在附近，如果大力打压，你有实力在低位顶住，除非那庄家钱出问题了，否则不可能亏钱把所有的货倒给你。如果庄家真要赔钱把货倒给你，那就成全他算了。

对于第三类买点的阻击，资金实力是很重要的，关键就是要顶住突然变向的打压，所以要求只能在低位，不能与庄家的成本相差太远。

缠论点睛

1. 本课主要讲的是大资金的操作方法。大资金既想介入，又不想当庄家，因此比较复杂，而散户跟着买卖点走就行了。

2. 大资金操作就像打仗，必须留一部分资金作为机动部队，或者股票组合里，一定要留一只比较稳健的股票，以便随时变现。

3. 大资金阻击模式之一：一笔无风险、可以抵挡突然变盘压力的自有资金，在第三类买点介入。阻击必须控制好量，否则将遭到来自庄家的打压，从而陷入和庄家的内耗中。一旦陷入内耗，就要不断打短差降低成本。

4. 大资金阻击模式之二：第二类买点介入，利用之后的中枢不断降低成本。

5. 一定要对庄家的脾性有充分的了解，也要对所操作的股票有充分的了解，也就是要深入了解该股股性。

投资微言

没有不好的股票，只有不好的操作。

教你炒股票23

市场与人生

(2007-01-15 15:50:11)

技术不过是最粗浅的东西。同样的技术，对于不同的人，只要能正确地理解其内在的逻辑关系，完全把握是没有问题的，但在实际应用中就有极大的区别了。

市场充满了无穷的诱惑与陷阱，对应着人的贪婪与恐惧。单纯停留在技术层面，即使能在市场中得到一定的回报，最多也只是一部交易机器，这种回报是以生命的耗费为代价的。无论多大的回报，都抵不上生命的耗费。生命，只有用生命才能回报。生命是用来参悟的，而不是为了生不带来、死不带走的所谓回报。

有一种自命清高的人，自以为远离金钱、市场，就是所谓的道。他们所谓的道，不过是自渎的产物。道不远人，岂会与市场相违？人的贪婪、恐惧，市场的诱惑、陷阱，又哪里与道相远？

在当代社会中，不了解资本市场的人，根本没有资格生存。而陷在资本市场，只能是一种机械化的生存。当代资本主义社会，无论有多少可以被诟病的地方，但却构成了现实的存在。

了解并参与资本市场，除了以此兜住那天上的馅饼之类的小算计外，更是因为这资本、这资本市场是人类当下的命运。人类所有贪、嗔、痴、疑、慢[①]都在资本市场中聚集，不于此自由，何谈自由？不于此解脱，何谈解脱？

出淤泥而不染者，不过是自渎的产物。淤泥者又何曾被污过？染又何妨？真正的自由、解脱，是自由于不自由，解脱于不解脱，入淤泥而污之，出淤泥而污之，无淤泥可出而无处淤泥，无淤泥可入而无处不淤泥。

投资市场最终比的是操作者的修养与人格及见识。只从技艺上着手，永远只能是匠人，不可能成为真正的高手。古代有所谓的打禅七[①]。在现代社会，能找到7天时间来打禅七，已经是极其奢侈的事情了。但最好能每周抽出1个小时，抛开一切束缚，抛开一切人群，独自一个人，在房间里，在高山上，在河流中，在星空下，在山野的空谷回音中，张开没有眼睛的眼睛，没有耳朵的耳朵，俯视这世界，倾听这世界。

① 贪嗔痴疑慢：佛学术语，五种覆盖众生心识，使众生不能明了正道的烦恼。“贪”是在顺境出现；“嗔”是在逆境发作；“痴”则在不苦不乐时出现，引发人们胡思乱想，甚至想入非非；“慢”是傲慢，瞧不起人，自以为是；“疑”是怀疑，疑惑，谓众生无明暗钝，不辨真伪，犹豫之心，常无决断。

② 打禅七：禅宗的修行方式，是指在七日之中，除必要的饮食睡眠之外，专心参究。

缠论点睛

1. 技术只是最基本的东西，投资市场最终比的是修养与人格及见识。光从技艺上着手，永远只能是匠人，不可能成为真正的高手。

2. 深刻把握走势类型及其转化的逻辑关系，转贪嗔痴为戒定慧。

投资微言

东郭子问于庄子曰:“所谓道，恶乎在？”庄子曰:“无所不在。”东郭子曰:“期而后可。”庄子曰:“在蝼蚁。”曰:“何其下邪？”曰:“在稊稗。”……曰:“何其愈甚邪？”曰:“在屎溺。”东郭子不应。

——《庄子·知北游》

教你炒股票 24

MACD 对背弛的辅助判断

(2007-01-18 15:02:43)

首先，背弛同样有级别的问题。一个 1 分钟级别的背弛，在绝大多数情况下，不会制造一个周线级别的大顶，除非日线上同时出现背弛。但出现背弛后必然有逆转，这是没有任何商量余地的。

有人要问，究竟逆转多少？很简单，就是重新出现新的次级别买卖点为止。由于所有的买卖点，最终都可以归到某级别的第一类买卖点，而背驰与该种买卖点密切相关，所以可以这样说，任何逆转必然包含某级别的背弛。

用严格的方法，可以证明如下定理。

缠中说禅背驰－买卖点定理：任一背驰都必然制造某级别的买卖点，任一级别的买卖点，都必然源自某级别走势的背弛。

换句话说，只要你看到某级别出现背驰，必然意味着要有逆转，但逆转并不意味着永远持续下去。例如，日线上向上的背驰制造一个卖点，回跌后，在 5 分钟或 30 分钟出现向下的背驰，制造一个买点。然后由该买点开始，又可以重新上涨，甚至创新高，这是很正常的情况。

用 MACD 判断背驰，首先要有两段同向的趋势，同向趋势之间一定有一个盘整或反向趋势连接。把这三段分别称为 A、B、C 段，显然 B 的中枢级别比 A、C 段的中枢级别都要大，否则 A、B、C 就连成一个大的趋势或大的中枢了。A 段之前，一定是和 B 同级别或更大级别的一个中枢，而且不可能是一个和 A 逆向的趋势，否则这三段就会在一个大的中枢里了。

归纳上述分析，用 MACD 判断背驰的前提是，A、B、C 段在一个大的趋势里，其中 A 之前已经有一个中枢。B 是这个大趋势的另一个中枢，这个中枢一般会把 MACD 的黄白线（也就是 DIF 和 DEA 线）回拉到 0 轴附近。C 段的走势类型完成时，对应的 MACD 柱子面积（向上的看红柱子，向下看绿柱子），比 A 段对应的面积要小，这时候就构成标准的背驰。

估计有些人连 MACD 指标最基本的常识都没有，这里不妨多说几句。

首先，打开带 MACD 指标的 K 线走势图。MACD 上有黄白线，也有红绿柱子，红绿柱子交界的那条直线就是 0 轴。上面说的颜色都是系统通常使用的。如果你的行情系统颜色与此不一致，那么本ID只能说，上面两条绕来绕去的曲线就是黄白线，有时一组向上、有时一组向下的柱状线就是红绿柱。

图24-1 时代出版（600551）2014年1月前后日线级别背驰分析图

这样说有点抽象，下面用一个例子来说明，请看中国人寿（601628）的5分钟K线走势图。

2007年1月11日11:30到15日10:35，K线走势构成一个中枢。15日10:35到16日10:25构成A段。16日10:25到17日10:10，一个标准的三段1分钟级别的走势类型构成新的中枢，也相应地构成B段，同时MACD的黄白线回拉0轴。其后就是C段上涨，其对应的MACD红柱子面积明显小于A段，这样的背驰简直太标准了。

注意，看MACD柱子的面积，不需要C段的红柱子全出来。一般柱子伸长的力度变慢时，把已经出现的面积乘以2，就可以当成该段的面积。

实际操作中，根本不用回跌后才发现背驰，在上涨或下跌的最后阶段，结论就已经出来了。利用该方法，一般都可以抛到最高价位或买在最低价位附近。

上面是一种最标准的背驰判断方法。

那么在盘整中背驰有用吗？首先，为明确起见，一般不特别声明，背驰都是指最标准的趋势中形成的背驰。盘整中，利用类似背驰的判断方法，也可以有很好的效果。这种盘整中类似背驰方法的应用，称为盘整背驰判断。

上面以盘整中向上的情况作为例子，向下的情况亦然。

如果C段不破中枢，一旦出现MACD柱子C段面积小于A段面积，其后必定有回跌。比较复杂的是，如果C段上破B段中枢，但MACD柱子的面积小于A段，这种情况下怎么办？

图 24-2 中国人寿（601628）5 分钟 K 线走势图

这时候的原则是先出来。其后有两种情况，如果回跌不重新跌回B段中枢顶部以下，就在次级别的第一类买点回补，这里刚好构成该级别的第三类买点。反之就继续该盘整。

2007年1月17日上证指数5分钟K线走势图，就构成一个标准的盘整背驰。

2007年1月12日14:35到16日9:45构成A段，16日9:45到16日13:30构成B段，16日13:30到17日13:05构成C段。其中B段制造了MACD黄白线对0轴的回拉，C段与A段构成背驰。

下面对C段进行更仔细的分析。9:35的第一个红柱子，由于并没有创新高，所以不构成背驰。10:40的第二个红柱子，由于这时候C段还没有形成一个中枢，根据走势必完美，C段肯定还没有完成，所以要继续运行下去。13:05，出现第三个红柱子。这时候，把三个红柱子的面积加起来，也没有A段两个红柱子的面积之和大，显然出现背驰了，所以要走人。

随后的回跌，马上跌回大的中枢之内，所以不可能有什么第三类买点。不过站在超短线的立场，如果出现次级别的第一类买点，又可以重新介入了。

图 24–3 上证指数 2007 年 1 月 17 日 5 分钟 K 线走势图

那么有没有盘整背驰后回跌，形成第三类买点的例子？其实这种例子太多了。第三类买点，有一种情况就是这样构成的，例如万科 A(000002) 的 15 分钟 K 线走势图。

2006 年 12 月 15 日 10:45，构成一个盘整背驰，所以要出来。其后的次级别回跌并不重新回到前面的中枢里，就在 18 日 9:45 构成了标准的第三类买点，这时候就该重新回补了。

背驰与盘整背驰的两种情况中，背驰是最重要的。一旦出现背驰，其回跌一定至少重新回到 B 段的中枢里，看看前面讲解的中国人寿（601628）2007 年 1 月 17 日的回跌，就一目了然了。而盘整背驰，一般会在盘整中做短差时用到，如果其间突破中枢，其回跌必须分清楚上面的两种情况。

必须注意，无论背驰还是盘整背驰，只要满足上面相应的标准，其技术上都是绝对的，没有任何的或然。问题不在于这种技术的准确性，而在于操作者判断的准确性。也就是说，必须先把什么是背驰，什么是盘整背驰，它们之间的标准是什么弄清楚。如果连这些都搞不清楚，那是无法熟练应用这项技术的。

必须说明的是，由于 MACD 本身的局限性，要精确地判断背驰与盘整背驰，还是要从中枢本身出发。但是利用 MACD，一般人理解和把握起来比较简单，而这已经足够好了。

仅用 MACD 辅助判断，即使你对中枢不太清楚，只要能分清楚 A、B、C 三段，其准确率也应该在 90% 以上。如果再配合中枢，那么是 100% 绝对的，因为这可以用纯数学的推理逻辑地证明。

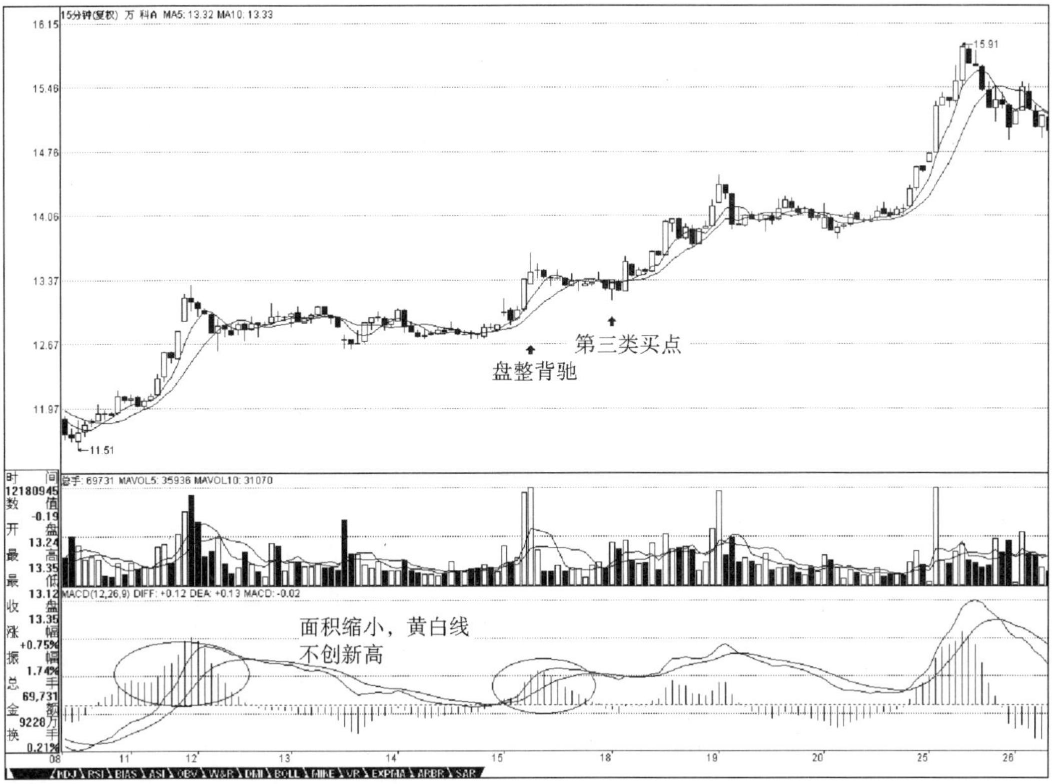

图 24-4 万科 A(000002)2006 年 12 月 15 日前后 15 分钟K 线走势图

缠论点睛

1. 背驰之后必有逆转。对于上涨背驰，逆转的幅度直到次级别第一类买点出现为止，下跌反之。

2. 某级别背驰不一定造成该级别的反趋势。以上涨为例，某级别背驰只能保证回跌到前一个中枢，从而导致中枢扩展。

3. 用 MACD 判断背驰，前提是必须在趋势中。根据缠中说禅趋势的定义，趋势至少有两个中枢。之后对两中枢连接段和离开最后中枢的背驰段做力度对比。这里的背驰段只是一种假设，即假定离开第二中枢之后的次级别走势为背驰段。背驰段可能被破坏，从而使得背驰不成立。

4. 用 MACD 判断背驰的方法。比较两个中枢连接段和背驰段对应的 MACD 红绿柱子面积。实际上不需要等到出现回跌，等到红绿柱子面积完全走出来才去判断。在 MACD 柱子开始缩短的时候，将当前红绿柱子面积乘以 2，可以近似地得到当前次级别走势所对应的 MACD 面积。

5. 用 MACD 判断盘整背驰的方法。以上涨为例，如果某级别中枢中的次级别上涨不破中枢顶且对应的 MACD 面积缩小，则必有回跌。如果突破中枢顶且面积缩小，原则上先出来，看看是否转化为第三类买点。

投资微言

是人使理论，不是理论使人。正确的理论和正确的人结合，才能发挥最大的效用。市场中的修炼，最终落到个人的修炼上。

教你炒股票 25

缠绕、MACD、背弛、中枢

(2007-01-23 15:13:13)

所谓“缠绕”，是和均线系统相关的。均线系统是对走势的简单数学处理，离不开或然率。这和中枢等概念是完全不同的，所以一定要搞清楚，不要把均线系统和中枢混在一起了。

均线系统，本质上和 MACD 等指标是一回事儿，只能是一种辅助性工具。由于这些工具比较通俗，掌握起来比较简单，不想研究太深的人，可以先把这些搞清楚。但“学如不及”，对事情如果不能穷根究底，最终都是“犹恐失之”，因此最终还是要把中枢等概念搞清楚。

MACD 作为一个辅助指标，还是很有用的。MACD 的灵敏度和参数有关，一般都取用 12、26、9 为参数，这对付一般的走势足够了。但对于一个太快速的走势，1 分钟图的反应也太慢了。如果操作超短线，那就要看实际的走势图。

例如，水井坊（600779）的 1 分钟走势图。从 16.40 元上冲 19 元的这段，明显是一个 1 分钟上涨的不断延伸，这种走势如何把握超短的卖点？

不难发现，MACD 的柱子伸长和乖离[①]有关，大致就是走势和均线的偏离度。打开一个 MACD 图，首先应该很敏感地去发现该股票 MACD 伸长的一般高度。在盘整中，一般伸长到某个高度，就一定回去了。而在趋势中，这个高度也是有极限的。一般来说，一旦触及这个乖离的极限，特别是两次或三次上冲该极限，就会引发因为乖离而产生的回调。这种回调因为变动太快，在 1 分钟图上都不能表现其背驰，所以必须用单纯的 MACD 柱子伸缩来判断。

注意，这种判断的前提是 1 分钟的急促上升，其他情况下，必须配合黄白线的走势来使用。

从该 1 分钟走势可以看出，17.50 元时的柱子高度是一个标杆，后面价格上冲时，在 18.50 与 19 元附近，两次柱子的伸长都不能突破该高度。虽然其形成的面积大于前面红柱子的面积，但这种两次冲击乖离极限而不能突破，就意味着这种强暴的走势要歇歇了。

---

① 乖离：常用在均线系统中，用来衡量偏离度，一般用乖离率来表示。对于参数为（12、26、9）的MACD指标，函数EMA（价格，周期）为某价格某周期的指数移动平均值。设DIF=EMA（收盘价，12）-EMA（收盘价，26），DEA=EMA（DIF,9），MACD=（DIF-DEA）×2。可以看出，以红绿柱子表示MACD的值，其实是短期均价与长期均价的差额相对于这个差额的平均数的乖离。

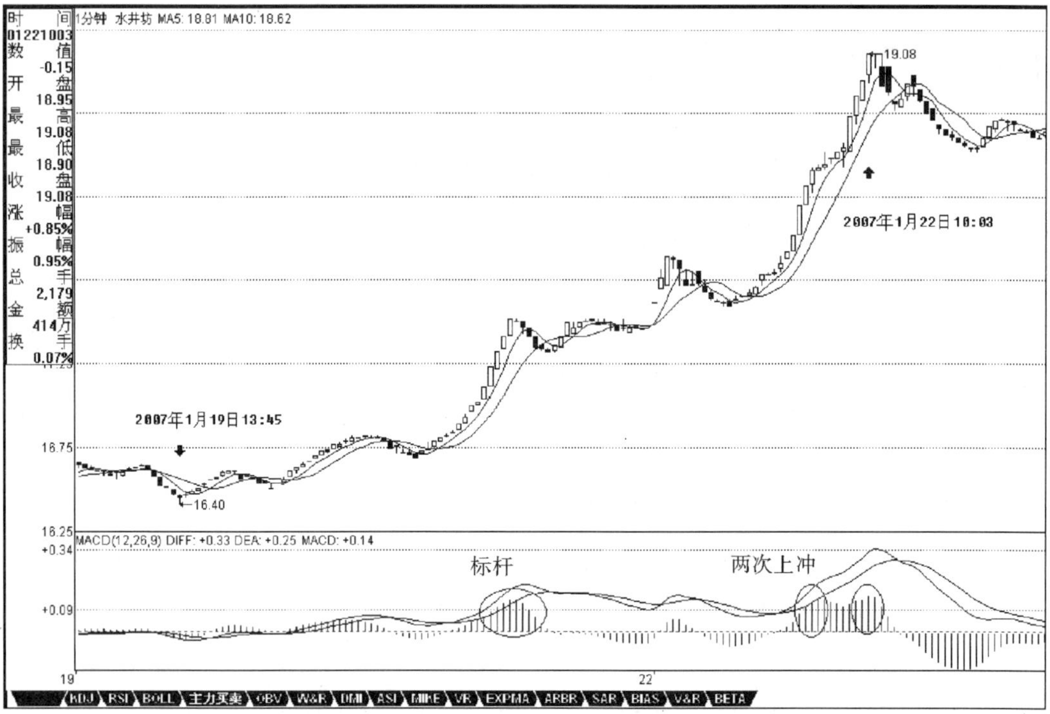

图 25-1　井坊（600779）2007 年 1 月 19 日前后水的 1 分钟 K 线走势图

还有就是不断一字涨停的股票。由于 MACD 设计的弱点，不断一字涨停的股票，在 1 分钟甚至 5 分钟图上，会出现一波一波类似正弦波动的走势。这时候不能用背驰来看，而应该用 1 分钟的中枢来看。只要中枢不断上移，就可以不管。直到中枢上移结束，就意味着要进入一个较大的调整了。而后再根据大一点级别的走势，来判断这种调整是否值得参与。用 MACD 配合判断，就用较高级别的走势图，例如 30 分钟的图形。

一般来说，这种走势，其红柱子都会表现出这样一种情况，就是红柱子回跌的低点越来越低，最后触及 0 轴，甚至稍微跌破，然后再次放红伸长，这就是警告信号。如果这时候在大级别上刚好碰到阻力位，一旦涨停封不住，出现大幅度的震荡就很自然了。

例如 ST 金泰（600385），在 2.92 元附近涨停，MACD 出现一点绿柱子。然后继续涨停，红柱子继续生长。3.28 元是前期的日线高位，而 3.22 元涨停没封住，于是就开始进入大幅度的震荡。

注意，如果这种连续的涨停是出现在第一段的上涨中，即使打开涨停后，震荡结束，形成一定级别的中枢后，往往还有新一段的上涨。必须在大级别上形成背驰，才会构成真正的调整。因此站在中线的角度，上面所说的超短线，其实意义并不太大，有能力就参与，没有能力就算了。关键是要抓住大级别的调整，不参与其中。

此外，一定要首先分清楚趋势和盘整，然后再清楚背驰与盘整背驰。盘整背驰里的三种情况，特别是形成第三类买点的情况，一定要搞清楚。

图 25-2 ST 金泰（600385）2007 年 1 月 16 日的 30 分钟 K 线走势图

注意，盘整背驰之后，并不一定都要大幅涨跌，否则怎么会有盘整背驰转化为第三类买卖点的情况。而趋势中产生的背驰，一定至少回跌到 B 段中，这样就可以预先知道最起码的跌幅。

背驰的回跌力度和级别很有关系。如果在日线上涨中段刚开始的时候，MACD 刚创新高，红柱子伸长力度强劲，5 分钟走势即使出现背驰，其下跌力度也很有限，所以只能打点短差，甚至可以不管。而在日线走势的最后阶段，特别是上涨的延伸阶段，一个 1 分钟的背驰足以引发暴跌，因此必须多级别地综合考察。绝对不能一看背驰就抛完，然后等待回跌 50% 买入，世界上哪里有这样的事情？

一般来说，一个标准的两个中枢的上涨，在 MACD 上会表现出这样的形态。

第一段，MACD 的黄白线从 0 轴下面上穿上来，在 0 轴上方停留的同时，形成相应的第一个中枢，同时形成第二类买点。

其后价格突破该中枢，MACD 的黄白线也快速拉起，这往往是最有力度的一段。一切的走势延伸，以及 MACD 绕来绕去的所谓指标钝化等，都经常出现在这一段。这段一般在一个次级别的背驰中结束，然后进入第二个中枢的形成过程，同时 MACD 的黄白线会逐步回到 0 轴附近。

最后，开始继续突破第二个中枢，MACD 的黄白线以及柱子都再次重复第一个中枢生成前后的过程。但这次黄白线不能创新高，或者柱子的面积或者伸长的高度不能突破创新高，之后出现背驰，这就结束了这个两中枢的上涨过程。明白这个道理，大多数股票的前生后世，一早就可以知道了。

用最近涨得最厉害的一个股票来说明，海马汽车（000572）。该股票的力度之所以强，是因为它在日线与周线上出现双重的第二类买点。相应地，就有了周线、日线级别的 MACD 同时在 0 轴停留形成第一个中枢的情况。

周线上，该股从 2005 年 12 月 9 日到 2006 年 7 月 14 日形成第一段，同时 MACD 也回到 0 轴上面。其后开始形成周线第一个中枢，最终在 2006 年 11 月 17 日形成第二类买点，同时黄白线在 0 轴附近横向盘整。之后价格开始逐步摆脱该中枢，黄白线也逐步拉起。

在日线上，这个过程也是一样的，2006 年 11 月 13 日到 2006 年 12 月 6 日，形成日线上涨的第一段，同时 MACD 回到 0 轴上面。然后三段回拉在 2007 年 1 月 4 日结束，形成第一个中枢。其后价格突破中枢，MACD 在 0 轴附近拉起，摆脱第一个中枢。

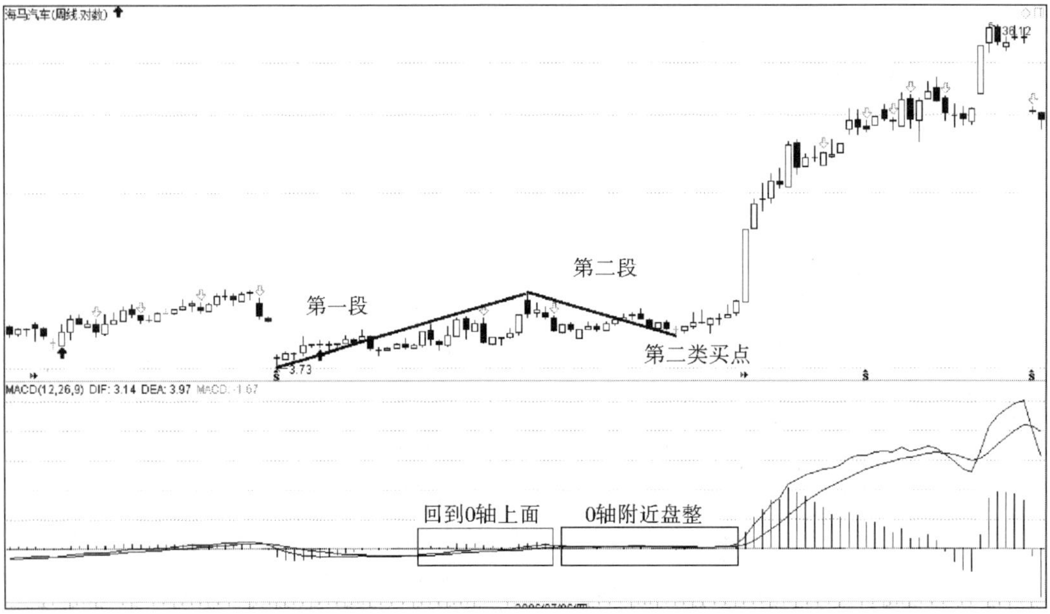

图 25-3 海马汽车（000572）2006 年周 K 线走势图

该股以后的走势就很简单了，首先要形成一个至少是日线级别的新中枢，同时 MACD 回抽 0 轴。然后再突破这个新的中枢，出现背驰，制造一个大级别调整，从而形成一个至少周线以上级别的中枢，使得周线级别 MACD 回拉 0 轴。然后再拉起来，出现大级别的背驰，其后的调整就大了，至少是月线级别的。

必须注意，MACD 在 0 轴附近盘整以及回抽 0 轴形成的中枢，不一定就是相应级别的中枢，而应该至少是该级别的中枢。例如日线 MACD 回拉 0 轴并盘整，至少构成日线

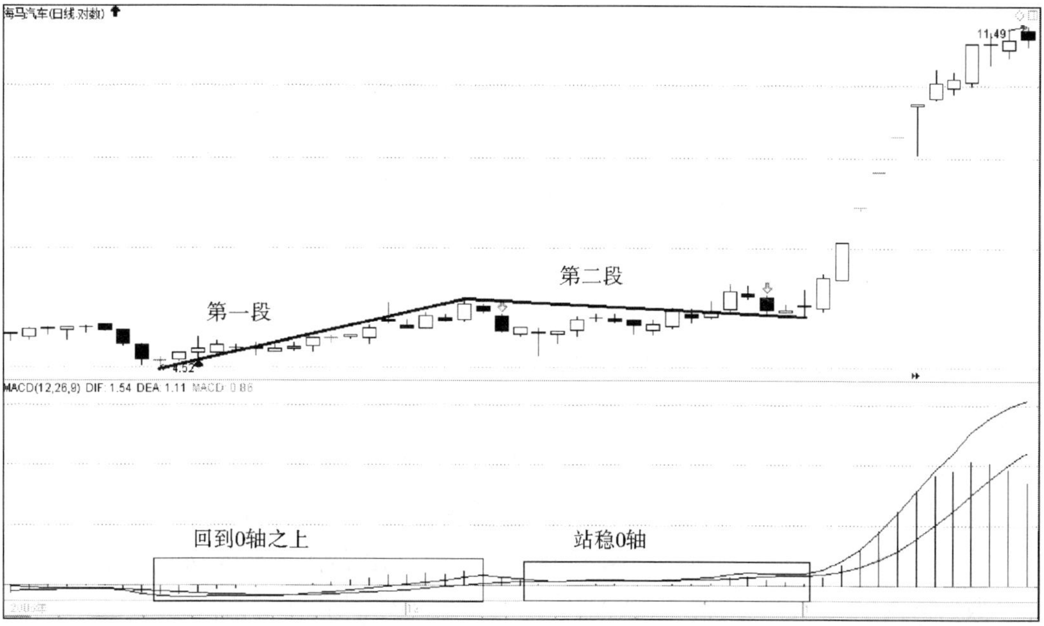

图 25-4 海马汽车（000572）2006 年 11 月前后日 K 线走势图

的中枢，但也可以构成周线的中枢，这时候就意味着日线级别将会出现三段走势。

缠论点睛

1. 走势类型、中枢是市场的根本。均线、MACD 只是辅助判断工具。

2. 对于太快速的走势，例如 1 分钟的上涨，可以用单纯的 MACD 红绿柱子来判断。一旦对应的 MACD 柱子高点不能突破前面 MACD 的高点，一般会引发回调。原因在于 MACD 一般和乖离率相关，而乖离率一般会有个极限值。一旦不能突破这个极限值，就意味着走势要调整了。

3. 小级别背驰的价值和所处大级别的位置是有关系的。以日线上涨为例，第一波日线上涨中的 5 分钟顶背驰意义不大，其后制造的回撤，顶多给你一个短差的机会，甚至可以不参与。如果背驰段中出现 5 分钟顶背驰，其意义就大了，可能会造成趋势的逆转。

4. 要特别注意，不是所有的趋势都有背驰段出现，以上涨为例，第二个中枢之后直接掉头向下形成第三类卖点的走势也经常出现。

投资微言

只有大级别，才有大利润。

教你炒股票 26

市场风险如何回避

(2007-01-30 15:09:57)

注意，这里不是粗略地谈论市场风险的回避问题，而是对这个问题进行一个根本性的分析。

首先要搞清楚什么是市场风险。关于风险，前面可以加上不同的定性，政策风险、系统风险、交易风险、流通风险、经营风险，等等。但站在纯技术的角度，一切风险都必然体现在价格的走势上。所有的风险，归根结底，都反映为价格波动的风险。例如，某些股票市盈率很高，但其股价就是涨个不停。站在纯技术的角度，只能在技术上衡量其风险，不用考虑市盈率之类的东西。

本 ID 理论成立的一个最重要前提，就是被理论所分析的交易品种，必须是在可预见的时间内能继续交易的。例如，一个按日线级别操作的股票，如果 1 周后停止交易，那就没有意义了，因为连最基本的前提都没有了。

当然，如果你是按 1 分钟级别去交易，那么 1 周后停止交易的股票即使有风险，也是技术上可以控制的。唯一不能控制的就是，不知道交易什么时候被突然停止，这种事情是技术上的最大死穴。因此本 ID 的理论也不是万能的，唯一不能的地方，就是某品种突然会被停止交易，理论成立的前提没有了。

当然，有一种更绝的就是交易不算了，这和停止交易是一个效果。这绝对不是天方夜谭，在不成熟的市场里一点都不奇怪，例如著名的 327 事件①。

---

① “327”是一个国债期货品种代号。由于该品种保值贴息具有不确定性，使该产品成为1995年期货市场最为热门的炒作品种，由此引发“327”国债事件。从1995年2月初开始，国内证券界“教父”级人物、时任万国证券总裁的管金生，联合辽国发等一批机构在“327”国债期货合约上坚定做空。有政府背景的中国经济开发总公司和大量散户以及中小机构坚定进场做多。1995年2月23日，财政部对“327”国债进行贴息的传言得到证实，此时万国证券的重要盟友辽国发突然翻空为多，联盟阵营的瓦解让空方始料不及。面对巨额亏损，管金生为了维护自身利益，大举透支卖出国债期货。从当日下午4:22分开始，在短短的8分钟时间内，指示万国证券共抛空“327”国债1056万口(共计2112亿元的国债)，导致当日开仓的多头全线爆仓，万国证券由巨额亏损转为巨额盈利。以中经开为代表的多头，则出现了约40亿元的巨额亏损。

面对这次激烈的多空绞杀，1995年2月23日晚上10点，上交所经过紧急会议后宣布：1995年2月23日16时22分13秒之后的所有交易无效，当日国债成交额调整为5400亿元，当日收盘价为万国证券违规交易前最后一笔交易的价格。也就是说，当日收盘前8分钟内空头的所有卖单无效，“327”国债产品兑付价由会员协议确定。上交所这一决定，使万国证券的尾盘操作收益瞬间化为泡影，万国证券因此亏损56亿人民币，濒临破产。“327”事件震撼了中国证券期货界，民间（英国金融时报说法）将1995年2月23日称为中国证券史上最黑暗的一天。“327”国债事件之后，各交易所采取了提高保证金比例，设置涨跌停板等措施以抑制国债期货的投机气氛。但因国债期货的特殊性和当时的经济形势，交易中仍然风波不断，并于当年5月10日再次酿出“319”风波。鉴于中国当时不具备开展国债期货交易的基本条件，5月17日，中国证监会作出了暂停国债期货交易试点的决定。至此，中国第一个金融期货品种宣告夭折。

本 ID 肯定是那次事件的最大冤家。本 ID 当天在高位把一直持有多天的多仓平了，因为按技术来看肯定要回调。在最后万国发疯打跌停时，本 ID 又全仓杀进去开多仓，价位 147.50 元，结果第二天竟然不算。

幸亏本 ID 反应快，在别的品种封停前抢进去了。后来都集中到 319 合约上，一直持有到 190 元附近平仓，然后马上转到股票上。刚买完，第二天就公布停止国债期货交易，股市从 500 多点 3 天上涨到 900 多点。所以本 ID 对国债期货是很有感情的，最主要的是因为一次被不算了。幸亏当时守纪律，不贪小便宜开空仓，否则麻烦就大了。还有就是最后一天走掉，免去了最后的所有麻烦，还赶了一个股票的底。

当时所谓的大户室里，都是有人专门报单的，直接打给场内的红马甲。行情不忙的时候，还可以和红马甲聊天，确实人性化，不像现在基本都是电脑对电脑，一点意思都没有。

本 ID 是刚上大学就开始炒股票，天天往证券部去，年龄不大，股龄可长了去了。可怜大学基本没上过一堂课，除了考试，基本就没见过老师，各位千万别学。

说了这么多，只是想说明一个道理，像交易不算，突然停止交易等，并不是本 ID 的理论可以控制的。像本 ID 最后一天在 319 平仓，决不是看图来的，只是 327 不算的经历，使得本 ID 得到严重教训，对当时管理层采取坚决不信任的态度，先出来，免得又来一次不算而已。但只要交易延续，交易是算的，那么本 ID 的理论就没有任何盲点需要特别留意了。

在应用本 ID 的理论时，唯一需要提防的风险，就是交易能否延续以及是否算数。对那些要停止交易的品种，最好别用什么理论了，直接去赌场算了。至于停牌之类的，不影响本理论对风险的控制。其他的一切风险，必然会反映在走势上。而只要走势是延续的，不会突然被停止而且永远没有了，那么一切的风险都在本 ID 的理论控制之中，这是一个最关键的结论，是应用本 ID 的理论首先要明确的。

更重要的是，停止交易不是因为市场的原因，而是因为自己的原因。任何交易都必须有钱，也就是交易的前提是先有资金。一旦资金是有限期的，那么等于自动设置了一个停止交易的时限，这样的交易，是所有失败交易中最常见的一种。以前很多人死在透支上，其实就是这种情况。

任何交易的资金，最好是无限期的。如果真有什么期限，也应该是足够长的，这是投资中极为关键的一点。一个有期限的资金，唯一的可能就是把操作的级别降到足够低，这样才能把这个期限的风险尽量控制起来。这只是一个没有办法的办法，最好别出现。

有人可能要问，如果业绩突然不好或有什么坏消息怎么办？其实这种问题没什么意义。即使在成熟市场里，这类影响都会事先反映在走势上，更不用说在中国社会里。什么消息没有任何人事先知道？你不知道不等于别人不知道，你没反应不等于别人没反应。这一切，无论你知道与否，都必然会反映到走势上。等消息明朗，一切都晚了。

走势是怎么出来的？是用钱堆出来的！在这个资本的社会里，有什么比用实在的钱堆出来的更可信？除了走势，又有什么是更值得相信的？而那些更值得相信的东西，又有哪一样不是建筑在金钱之上的？

资本市场就是一个金钱的游戏，除了钱，还是钱，只有钱是唯一值得信任的。钱在市场上运动的轨迹，就是走势。这是市场中唯一可以观察与值得观察的东西。一切基本面、消息面等分析，最终都要落实到走势上，要让实在的钱来说话，否则都是自渎而已。只要有钱的运动，就必然留下轨迹，必然在走势上反映出来。

市场中唯一的活动，其实就是钱与股票的交换活动。股票就是废纸一张，什么基本面分析，这价值、那价值的，归根结底都是胡诌。股票就是废纸，唯一的功能就是一张能让你把一笔钱经过若干时间后合法地换成另一笔钱的凭证。

交易的本质就是投入一笔钱，在若干时间后换成另一笔钱出来，其中的凭证就是交易的品种。本质上，任何东西都可以是交易品种。所谓股票的价值，不过是引诱你把钱投进来的诱饵。应用本 ID 理论的人，绝对要首先认清楚这一点。

对于你投入的钱来说，那些能让你在下一时刻变成更多的钱出来的凭证，就是有价值的。如果有一台机器，只要你投入 1 块钱，1 秒钟后就有 1 万亿块钱出来，那傻瓜才炒股票。可惜没有这种机器，所以只能在资本市场上玩。

市场上，对任何的股票都不值得产生感情，没有任何股票可以给你带来收益。能给你带来收益的，是你的智慧和能力，那种把钱在另一个时间变成更多钱的智慧和能力。

同理，市场的唯一风险，就是你投入的钱在后面的时刻不能用相应的凭证换成更多的钱。除此之外，一切的风险都是可控的。

任何的凭证，本质上都是废纸，以 0 以上的任何价格进行的任何交易，都必然包含风险，也就是说，都可能导致投入的钱在后面的某一时刻不能换回更多的钱，所以交易的风险永远存在。

那么有什么样的可能，使得交易是毫无风险的？唯一的可能，就是你拥有一个负价格的凭证。什么是真正的高手，永远不败的高手？就是有本事在相应的时期内把任何的凭证变成负价格的人。对于真正的高手来说，交易什么其实根本不重要，只要市场有波动，就可以把任何凭证在足够长的时间内变成负价格。

本 ID 的理论，本质上只探讨一个问题：如何把任何价格的凭证，最终都把其价格在足够长的时间内变成负数。

任何的市场波动，都可以为这种让凭证最终变成负数的活动提供正面的支持，无论是先买后卖还是先卖后买，效果是一样的。很多人只会单边运动，不会来回运动，这是坏习惯。

市场无论涨还是跌，对于你来说永远是机会，你永远可以在买卖之中。只要有卖点，就要卖出，只要有买点就要买入，唯一需要控制的，就是量。即使对于本ID这样的资金量来说，1分钟的卖点本ID也会参与，只是可能只卖5万股，跌出1分钟买点买回来。差价只有1毛钱，整个操作除了手续费，可能只有4000元的收入，但4000元不是钱？够一般家庭一个月的开销了。

更重要的是，这样的操作能让本ID的总体成本降低即使是0.000000001分，本ID也必须这样做。所以对于本ID来说，任何的卖点都是卖点，任何的买点都是买点，本ID唯一需要控制的，只是买卖的量而已。

级别的意义，其实只有一个，基本只和买卖量有关。日线级别的买卖量，当然比1分钟级别的要多多了。本ID可以用更大的量去参与买卖，例如100万股，1000万股，甚至更多。

对于任何成本为正的股票，本ID永远不信任，只有一个想法，就是要尽快搞成负数的。对权证也不例外，例如已经停掉的某认购权证，本ID在最后几天上涨到1块多完全出掉时，当时的成本是负的2块8毛多。

注意，本ID的仓位是一直不变的，最开始多少就是多少。持仓量上上下下，出现卖点的时候变少，出现买点的时候又恢复到原来的数量，但绝对不加仓，一开始就买够。

因此站在这个角度，股票是无须选择的，唯一值得选择的，就是波动大的股票，而这个是不能完全预测的。对于本ID来说，市场从来没有任何的风险，除非市场永远是一条直线。

当然，对于资金量小的投资者，完全可以全仓进出，游走在不同的凭证之间。这样的效率当然是最高的，不过这不适用于大资金，大资金不可能随时买到足够的量。

一般来说，本ID只在月线，最低是周线的买点位置进去。追高是不可能的，这样会让变负数的过程变得太长。而且都是在庄家吸得差不多时进去，一般都是第二类或第三类买点，这样可以骗庄家打压给点货，从散户手里买东西太累。一般不在月线的第一类买点进去，这样自己容易变成庄家了。

对于庄家来说，本ID是最可怕的敌人。本ID就像一台吸血的机器，无论庄家是向上向下，都只能为本ID制造把成本摊成负数的机会，他无论干什么都没用。庄家这种活，本ID早就不干了。庄家，无论是谁，只要本ID看上了，就要给本ID进贡。

一笔足够长的钱+本ID理论的熟练运用=战无不胜。市场，哪里有什么风险！？

缠论点睛

1. 应用缠论的一个重要前提，在于所分析的品种在可以预见的时间内可以被交易。不能被交易原因有两方面，一是市场的原因，一是自己的原因。市场的原因是不可控的，自己的原因关键在于你用于交易的资金必须是无期限的。如果你的资金有期限，那么就必须控制交易的级别，以降低这种风险。

2. 技术面反映一切，包括基本面、消息面等。

3. 市场活动的本质是金钱与筹码的交换，因此市场中唯一的风险，就是等量的钱经过一段时间之后，不能换回更多的钱。控制这个风险，就是要利用各级别的买卖点进行操作，不断降低成本以至于成为负价格。

4. 小资金快速成长的方法：一笔足够长的钱 + 对缠论的熟练运用，然后全仓游走于股票、期货等各个凭证之间。

投资微言

这个世界上任何生意都有风险，对于有技术且自控能力强的人来讲，证券投资生意的风险最小。

教你炒股票 27

盘整背驰与历史性底部

(2007-02-02 15:11:27)

趋势，一定有至少两个同级别中枢。对于背驰来说，肯定不会发生在第一个中枢之后，而是发生在至少是第二个中枢之后。对于那种延伸的趋势来说，很有可能在第 100 个中枢以后才出现背驰。当然，这种情况，一般来说 100 年见不到几次。

第二个中枢后就产生背驰的情况，一般占了绝大多数的比例。特别是在日线以上的级别，这种情况几乎达到 90% 以上。因此一个日线以上级别的第二个中枢之后，要密切注意背驰的出现。在小级别中，例如 1 分钟的情况下，这种比例要小一点，但也是占大多数。一般四五个中枢以后才出现背驰的，都相当罕见了。

如果在第一个中枢就出现背驰，那不会是真正意义上的背驰，只能算是盘整背驰。盘整背驰真正的技术含义，其实就是一个企图脱离中枢的运动，由于力度有限，被阻止而重新回到中枢里。

一般来说，小级别的盘整背驰意义都不太大，而且其价值必须结合其所在位置。如果是在高位，那么风险就更大了，往往是刀口舔血的活动。但如果是在低位，那意义就不同了，因为多数的第二类、第三类买点，其实都是由盘整背驰构成的，而第一类买点多数是由趋势的背驰构成。

一般来说，第二类、第三类买点，都有一个三段的走势。第三段往往都破掉第一段的极限位置，从而形成盘整背驰。注意，这里是把第一段、第三段看成两个走势类型之间的比较，这和趋势背驰里的情况有点不同。这两个走势类型是否一定是趋势，都问题不大，两个盘整在盘整背驰中也是可以比较力度的。

这里先补充一个定义，就是在某级别的某类型走势，如果构成背驰或盘整背驰，就把这段走势类型称为某级别的背驰段。

盘整背驰最有用的，就是用在大级别特别是周线级别以上的图表，这种盘整背驰所发现的买点，往往就是历史性的大底部。配合 MACD，这种背驰是很容易判断的。这种例子太多，例如万科 A（000002），谁都知道该股是大牛股，但这牛股的底部，如果学了本 ID 的理论，是谁都可以发现的。

请看该股的季线图，也就是 3 个月当成一根 K 线的图表。

1993 年第一季度的 36.70 元下跌到 1996 年第一季度的 3.20 元，构成第一段，刚好

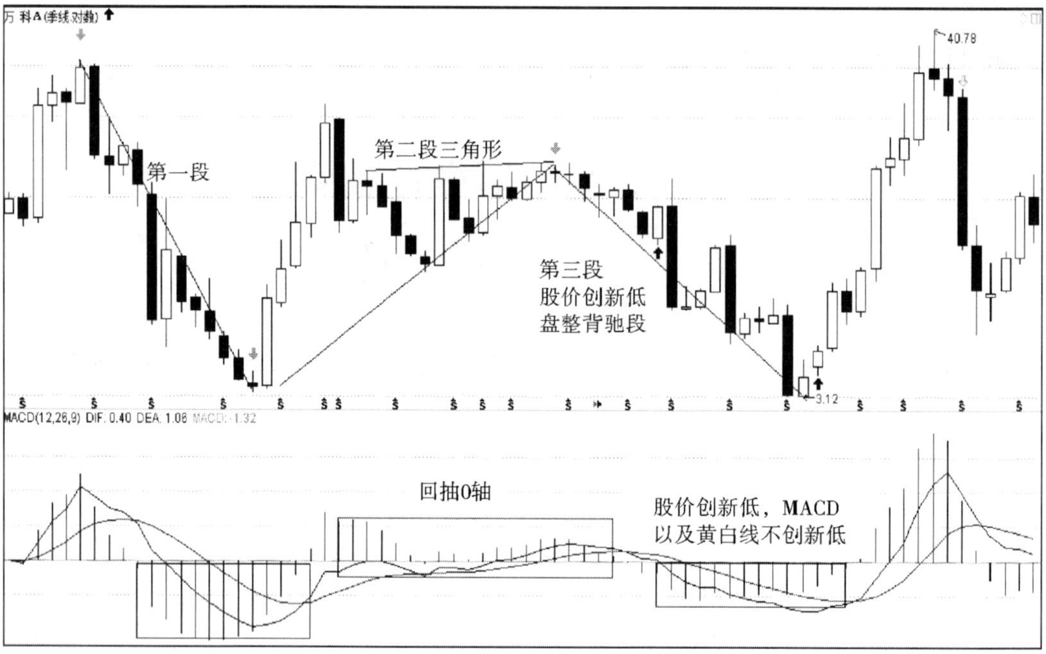

图 27-1 万科 A（000002）季线图

前后 13 个季度，这是一个神奇数字[①]。

1996 年第一季度到 2001 年第三季度的 15.99 元，构成第二段，这是一个典型的三角形。中枢的第二段出现三角形的情况很常见，前后 23 个季度，和 21 的神奇数字相差不大。

2001 年第三季度下跌到 2005 年第三季度的 3.12 元，前后刚好 17 周，神奇数字 34 的一半，也是一个重要的数字。

第一段跌幅是 33.50 元，第三段是 12.87 元，分别与神奇数字 34 和 13 极为接近。因为 13 的下一个神奇数字是 21，加上前面说过的 17，都不可能是第三段的跌幅，因此站在这种角度，万科 A 的 2.99 元附近就是铁底了。

不过这种数字分析意义不大，最简单的判断还可以用 MACD。第三段跌破第一段的 3.20 元，但 MACD 明显出现标准的背弛形态：回抽 0 轴的黄白线再次下跌不创新低，而且柱子的面积明显小于第一段。一般来说，只要其中一个符合，就可以是一个背弛的信号。两个都满足，就更标准了。从季度图可以看出，万科 A 跌破 3.20 元，就发出背弛的信号。

① 神奇数字：是指斐波那契数列里面的数字。斐波那契数列指的是这样一个数列：1、1、2、3、5、8、13、21、34……这个数列从第二项开始，每一项都等于前两项之和。斐波那契数列中的数字，常常作为重要的时间窗口出现，也被称为神奇数字。

实际操作中，光看季线是不可能找到精确的买点的，但对大资金来说，这已经足够了。大资金建仓本来就是越跌可以越买，只要知道其后是一个季度级别的行情就可以了。对于小资金来说，这太浪费时间，因此精确的买点可以继续从月线、周线、日线甚至30分钟一直找下去。

如果你的技术过关，你甚至可以现场指出，就在这1分钟，万科A见到历史性大底部。因为季线跌破3.20元后，这个背驰已经确认了。第三段的走势，从月线、周线、日线等可以一直分析下去，直到找到最精确的背驰点。

学过数学分析的，都应该对区间套定理有印象。这种从大级别往下逐级嵌套精确寻找大级别买点的方法，和区间套是一个道理。以万科A为例子，季度图上的第三段，在月线图上，可以找到针对月线最后中枢的背驰段。这个背驰段，一定在季线的背驰段里，而且区间比之小。把这个过程从月线延伸到周线、日线、30分钟、5分钟、1分钟，甚至是每笔成交，区间就会不断缩小。

理论上，甚至可以达到这样一种情况，就是明确指出就这一笔是万科A历史底部的最后一笔成交。这笔成交完成，意味着万科A一个历史性的底部形成与新时代的开始。当然，这只是最理想的情况。这些级别不是无限分解下去的，因此理论上并不能证明就是一个如极限一样的点状情况出现。但用这种方法去确认一个十分精确的历史底部区间，则是不难的。

推而广之，可以证明缠中说禅精确大转折点寻找程序定理：某大级别的转折点，可以通过不同级别背驰段的逐级收缩范围而确定。换言之，某大级别的转折点，首先找到其背驰段，然后在次级别图里找出相应背驰段在次级别里的背驰段，将该过程反复进行下去，直到最低级别，相应的转折点就在该级别背驰段确定的范围内。如果这个最低级别可以达到每笔成交，理论上，大级别的转折点可以精确到笔的背驰上，甚至就是唯一的一笔成交。

当本ID十几年前发现这个定理时，有一个坏毛病，总是希望在实际操作上也精确到笔，因此还发明了其他古怪的看盘方法，不过这些其实都意义不大。1分钟的背驰段，一般就是以分钟计算的事情，对于大级别的转折点，已经足够精确了，对于大资金基本没什么用处。

要理解本节，最好把高等数学里的区间套定理复习一下，它们的思路是一样的。当然，由于级别不是无限可分的，不可能达到数学上唯一一点的精度。

各位有时间可以参考一下，号百控股（600640）、深发展A（000001）、深振业A（000006）、深宝安A（000009）、深南玻A（000012）、爱建股份（600643）的季线图，看看历史底部是怎么形成的。当然，只有特别老的股票才可以用季度图。月线图的例子，下面看一下陆家嘴（600663），这是一个标准的例子。

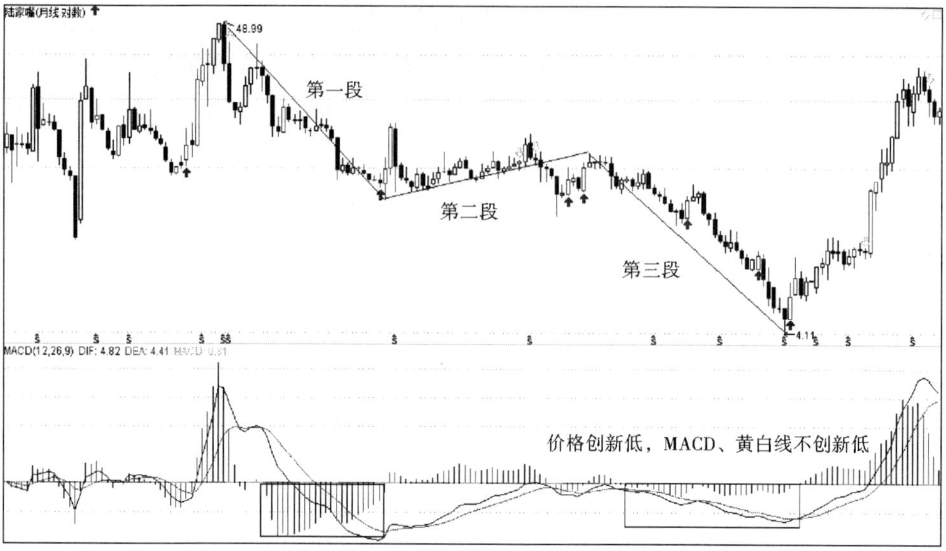

图 27-2 陆家嘴（600663）月线图

上面说的是背驰构成的买点。注意，第一类买点肯定是趋势背驰构成的。盘整背驰构成的买点，在小级别中意义不大，所以以前也没专门当成一种买点，但在大级别里，这也构成一种类似于第一类买点的买点。因为在超大级别里，往往不会形成一个明显的趋势。

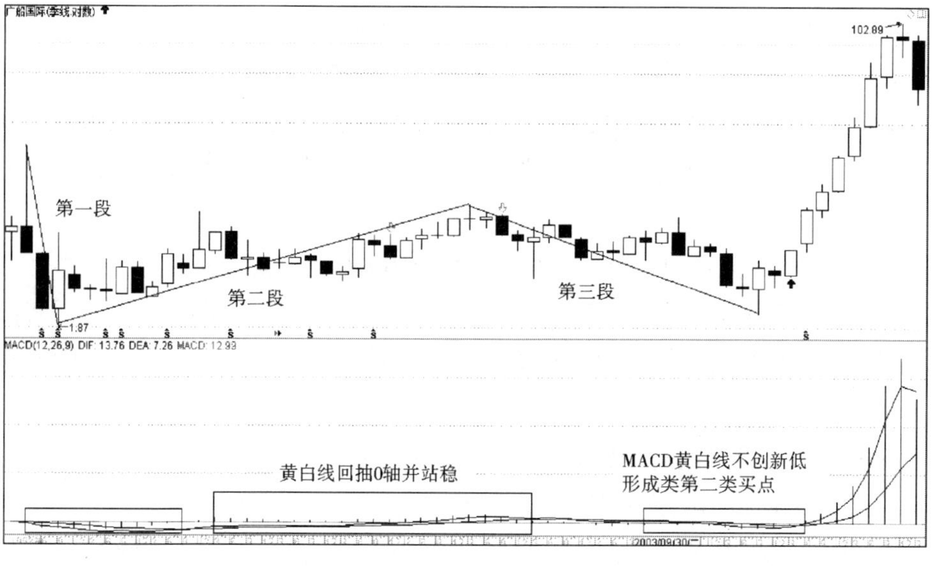

图 27-3 广船国际（600685）季线图

站在最大的级别看，所有股票都只有一个中枢，因此站在大级别里，绝大多数股票其实都是一个盘整，这时候就要用到因为盘整背驰而形成的类第一类买点了。这个级别，至少应该是周线以上。

类似地，在大级别里，如果不出现新低，但可以构成类似第二类买点的买点，在MACD上显示出类似背驰时的表现，黄白线回拉0轴上下，而后一柱子面积小于前一柱子的面积。一个最典型的例子，就是季线图上的广船国际（600685），2005年第三季度的2.21元，构成一个典型的类第二类买点。在实际操作中，寻找2.21元的相应区间，也是按前面级别逐步往下找背驰段的方法实现的。

这一课把找大牛市底部的一个方法说了，这个方法足以让你受用终生。以后随着股票越来越多，老股票越来越多，这种方法将在下一轮大牛市中大放异彩。这个大牛市搞不好是30年以后的事情了，30年以后，希望你还能记得这一课。

当然，如果按照周线级别，那就不用等30年了。不过周线级别上找出来的，不一定是历史性大底，可能就是一个比较长期的底部。如果把这种方法用在日线上，也是可以的，但相应的可靠性就不是那么绝对了。

缠论点睛

1. 日线级别的趋势中，两中枢之后就出现背驰占绝大多数。

2. 盘整背驰的意义在于一个试图离开中枢的运动，由于力度有限，重新被回拉到中枢里。市场走势在更大周期的角度上往往是个盘整，因此盘整背驰往往造成大级别的第一类、第二类买卖点。

3. 第一类买卖点多是趋势背驰造成的。第二类买卖点，多是盘整背驰造成的。以日线上涨为例，第二类买卖点，经常形成次级别一个中枢的三段走势，最后一段和之前的一段形成盘整背驰，从而造成第二类买卖点。

4. 区间套方法：大级别走势可以用更小的级别去观察其细部。例如，季线上的走势，可以用月线、周线、日线、30分钟线等更小级别去观察。季线上的盘整背驰段，以月线级别观察，可能是个趋势或者盘整，因此就从月线上观察其背驰段或者盘整背驰段。这样逐级递推，直到符合你的最小级别如30分钟级别。这种逐级嵌套的方法，称为区间套方法。区间套方法常常被用来寻找更为精确的买卖点。

5. 利用区间套方法，级别不宜过多。级别越多，其复杂程度越高。一般采用三级嵌套的方法，如周线、日线、30分钟等。

投资微言

高手过招，最重要的是眼界。对于看得远的人，最重要的品质是耐心。

教你炒股票 28

下一目标：摧毁基金

(2007-02-06 15:04:50)

基金，无论公募还是私募，说白了就是合法传销。本 ID 从来看不起任何基金，无论公募还是私募。理论上，只要这个合法传销无限延伸下去，那么最开始的人肯定要多牛有多牛了。

很多人爱用巴菲特说事儿，其实所谓价值投资，不过是一种传销手段而已。股票，归根结底就是一张废纸，而其传销本性决定了，股票的所谓价值可以是这样一个完美的圈套，就是在股票所代表的公司有 1 元的利润，在股票上就可以产生至少 10 元的增值，这无非就是资产虚拟化中的放大功能。因此任何一个空壳公司，理论上只要能合法地发行基金，然后用这传销得到的钱，部分地投在该空壳公司的资产上，就可以在股票上赚取 10 倍以上的增值。

只要有钱，什么优质资产不可以买入注入？只要有钱，什么优质资产不能被优先选购？然后投资这股票的基金就挣钱了，然后新一轮的传销又开始了，如此而已。

任何不承认股票废纸性质的理论，都是荒谬的。任何股票，如果是因为有价值而持有，都不过是唬人的把戏。长期持有某种股票的唯一理由，就是一个长期的买点出现后，长期的卖点还没到来。站在这个角度，年线图就是最长线的图了，因为任何一个人大概也就能经历 70 根、80 根的年 K 线。一个年线的第一类买点，加一个年线的第一类卖点，人基本就没了。把握好这两点，比任何价值投资的人都要牛了。那些人，最多不过是在年线图的买点与卖点间上下享受了一番而已。

站在中国股市的现实中，这轮牛市的一个大的调整，必然会出现基金的某种程度的崩溃。上一次牛市，毁了不少证券公司。这一次牛市，毁的就是基金。

投资的第一要点，就是“你手中的钱，一定是能长期稳定地留在股市的，不能有任何借贷之类的情况”。基金不过是所谓合法地借贷了很多钱而已，即使没有利息，但性质一样。一旦行情严重走坏，基金必然面临巨大的风险。一次大的赎回潮，就足以让很多基金永不超生。

传销，通常只有一个后果：归零。基金，至少对大多数基金来说，结果是一样的。这是基金的一个最大、最严重违反投资要点的命门：它的钱都不是它的。对于开放式基金，这一点更严重，因为这种赎回是可以随时发生的。中国的开放式基金就更可怕，中国人的行为趋同性极为可怕。国人一窝蜂去干一件事的后果是什么，大概也见过不少了，无论政治、经济、学术上，无一例外。

由基金这个大命门，派生出一个必然的小命门，就是所谓的基金经理必然要以净值为标准，就像当官的以 GDP 为标准一样。而基金又有一个搞笑的规定，一只基金持有某只股票是有一定比例限制的。也就是说，在这点上，基金连庄家都不如。一旦超配，唯一的办法就是找其他基金帮忙拉一把，几家基金一起持有，其实就是联合坐庄。万一都超配了，或者一时各基金都无暇他顾，那就构成了一个很好的阻击机会。

站在本 ID 的立场上，基金就是傻大个儿，短差弄不来，又不能随时护盘砸盘，它持有的实际效果，就是让股票的盘子相对变小了。就算不用一些非市场的手段，一些在中国肯定效果一流的桌底游戏，一次设计合理的阻击，足以让这基金轻的吃点哑巴亏，重的让它清盘走人。注意，这个市场是开放的，不是本 ID 心狠手辣，而是只要有命门，必然有人攻击。难道本 ID 不攻击，这命门就不存在？

和傻大个儿玩游戏，如果它能熬得住，大不了就弄了一次出色的短差，等于傻大个儿持有的筹码人间蒸发了一段时期。投资中，唯一重要的其实就是成本。成本比傻大个儿低，再起来时，傻大个儿就更危险了，一次搞不死，还不能搞两次、三次？总有搞死的时候。一旦往下搞，基金的净值熬不住，那基金经理就可以走人了，然后那些筹码就可以信达、东方一番了。

如果在一个大级别的例如月线中枢的调整中，一个集中的攻击，打破一个点，把一个基金公司集中搞跨，所有的基金公司都将面临严重的赎回潮，然后整个市场都可以严重地信达、东方一番了。吃散户有什么意思呀！基金就是散户打包，让人一口吃，少麻烦。

最近，一个小的周线中枢震荡，就足以让本 ID 去试验一下。一个 20% 都不到的回调，一个就算跌停也就 5% 的股票，一个基本面面临严重好转的个股，已经让某些人坐不住了。某些傻大个儿超配了，找人护也没人有空了。看看上周基金的净值，这种局面再维持一周，估计就有人熬不住了。当然，现在的基金还有实力，一棍子肯定打不死的。这次只是闹着玩一次，感觉不错，最次就是权当洗了一次盘，弄了一个出色的短差。本 ID 可没有这次就把人击倒的想法！ 12 元不行，难道不可以 20 元才搞死？只要短差出来了，死的一定是没弄短差的人！

本 ID 对散户可从来都是很仁慈的，在高位已经严重提醒要洗盘了，听不见可不是本 ID 的问题。现在的股票，并不是每一个都有庄家的，基金成了越来越重要的阻击目标。这个目标是现实存在的，任何道德说教都没用。你不搞，还怕没人搞？至于这个命门如何化解，如何不让其成为外国游资的重大突破目标，那就不可能是管理层所能明白的。

对于这种事情，本 ID 的态度一向很明确，不干白不干，干了白干。本 ID 只是按照技术提示来做，买点买，卖点卖。任何有命门的，都可以产生利润，都可以抽血，为什么不可以玩玩？有罪的不是本 ID 废了其命门，而是谁让如此存在命门来招惹攻击？

市场经济，永远伴随着血腥，这一切都由资本的虚拟化所决定。一个虚拟的资本，就如同僵尸，不吃血，怎么活？对于这一点，必须有清楚的认识。市场打开，就必然要面对各种攻击。下一个死的，一定是基金。在一个月线级别的调整中，这一幕必然上演。

现在唯一有疑问的是，不会连一个周线级别的调整，都会有好戏提前上演吧？这个可能性是不大的。如果真出现，这基金也太弱了。对于这么弱的对手，本 ID 是没兴趣了，对手越强越好玩。

投资，就当独行客，所有事情自己去承担。而本 ID 的理论，是一个客观的描述，和任何的主观分析无关。就如同阳光、空气，不管你是否认识，都存在着。不理解这一点，是不可能明白本 ID 的理论的。

缠论点睛

1. 基金最大的命门在于其借钱炒股的本质。特别是对于开放式基金，一个大的赎回潮，就足以让其遭受沉重打击。

2. 基金的合法传销本质，使其必然以基金净值为重要的指标。加之资金在某只股票上有持股比例的限制，使其不能随便护盘砸盘，这也成为其易受攻击的命门。

3. 任何股票都逃不了废纸的本质。所谓价值投资，不过是基金的营销手段而已。能在大级别的买点买，卖点卖，就是最牛的价值投资。

投资微言

精通缠论，就要忘记盈亏，专注于各级别走势类型和买卖点。

教你炒股票29

转折的力度与级别

(2007-02-09 15:08:08)

在某级别的盘整中，或者说围绕某级别中枢的震荡、延续中，不存在转折的问题。除非站在次级别图形中，才有转折问题的探讨。对于上涨的转折，有两种情况：下跌与盘整；对于下跌的转折，也有两种情况：上涨与盘整。

转折是有级别的，关于转折与背驰的关系，有如下定理。

缠中说禅背驰—转折定理：某级别趋势的背驰将导致该趋势最后一个中枢的级别扩展、该级别更大级别的盘整或该级别以上级别的反趋势。

该定理的证明有点抽象，估计大多数人都没兴趣，那就用一个例子来说明，也可以大致知道证明的轮廓。更重要的是，这样可以让各位对走势的形成有一个更深刻的认识。

例如，一个5分钟背驰段的下跌，最终通过1分钟以及1分钟以下级别的精确定位，最终可以找到背驰的精确点，其后就发生反弹。注意，反弹只是一般的术语，在本ID的理论中，对反弹会有一个很明确的界定，包括以下三种情况：(1) 该趋势最后一个中枢的级别扩展。(2) 该级别更大级别的盘整。(3) 该级别以上级别的反趋势。

首先来看第一种情况：该趋势最后一个中枢的级别扩展。

对于5分钟级别趋势发生背驰的情况，那么这个5分钟级别趋势里所具有的中枢，都是5分钟级别的。假设共有n个中枢，显然这个$n \geqslant 2$。

考虑最后一个中枢的情况，最后的背驰段跌破该中枢后，该背驰段显然是一个1分钟以下级别的走势，否则就和该中枢是5分钟级别趋势的最后一个中枢的前提矛盾了。

该背驰段出现第一类买点发生反弹，显然该反弹一定触及最后一个中枢的DD=min(dn)，也就是围绕该中枢震荡的最低点，否则如果反弹连这里都触及不了，就等于在下面又至少形成一个新的5分钟中枢，这与前面的中枢是最后一个的前提矛盾。这种只触及最后一个中枢的DD=min(dn)的反弹，就是背驰后最弱的反弹。这种反弹，将把最后一个中枢变成一个级别上的扩展，例如把5分钟的中枢扩展成30分钟甚至更大的中枢。

前面说过，第一类买点是绝对安全的，即使是这样一种最低级别的反弹，也有足够的空间让买入者获利。一般这种情况出现得特别少，是很特殊的情况，但理论上是要完全精确的，不能放过任何一种情况。如果不幸碰到这种情况，在资金利用率的要求下，当然是要找机会马上退出，否则就会浪费时间了。

注意，这种情况和盘整背驰中转化成第三类卖点的情况不同。那种情况下，反弹的级别一定比最后一个中枢低，而这种情况，反弹的级别一定等于或大于最后一个中枢。因此这两种情况不难区分。

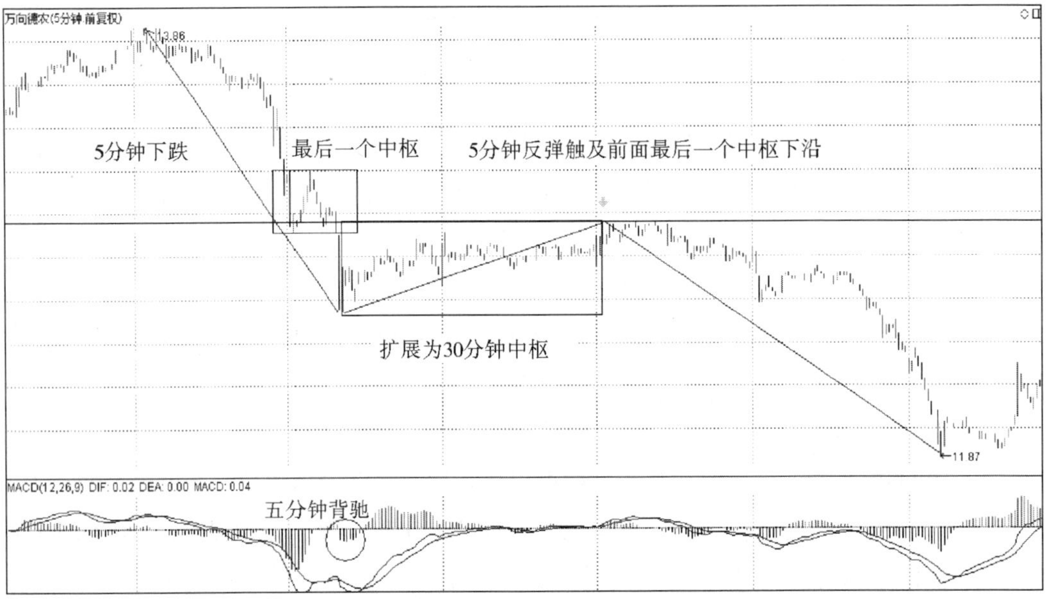

图 29-1 万向德农（600371）5 分钟背驰引发中枢级别扩展

对于第二种情况——该级别更大级别的盘整，以及第三种情况——该级别以上级别的反趋势，这两种情况就是发生转折的情况。它们的原理是一样的，只是相应的力度有区别。

当反弹至少要重新触及最后一个中枢，这样将发生转折，也就是出现盘整与上涨两种情况。对于上面 5 分钟下跌的例子，就意味着将出现比 5 分钟级别更大的盘整或 5 分钟级别以上的上涨。两段走势类型的连接，就有两种情况出现：下跌 + 盘整或者下跌 + 上涨。

注意，这里盘整的中枢级别，一定大于下跌中的中枢级别，否则就和下跌的延伸或第一种情况——该趋势最后一个中枢的级别扩展搞混了。而上涨的中枢，不一定大于下跌中的中枢。

例如，一个 5 分钟级别的下跌后，反过来是一个 5 分钟级别的上涨，这是很正常的。但如果是盘整，那就至少是 30 分钟级别的。

有人总是搞不明白，为什么“下跌 + 盘整”中，盘整的中枢级别一定大于下跌中的中枢级别。这里不妨用一个例子说明一下。

图 29-2 中航电子（600372）5 分钟下跌转折为 30 分钟盘整

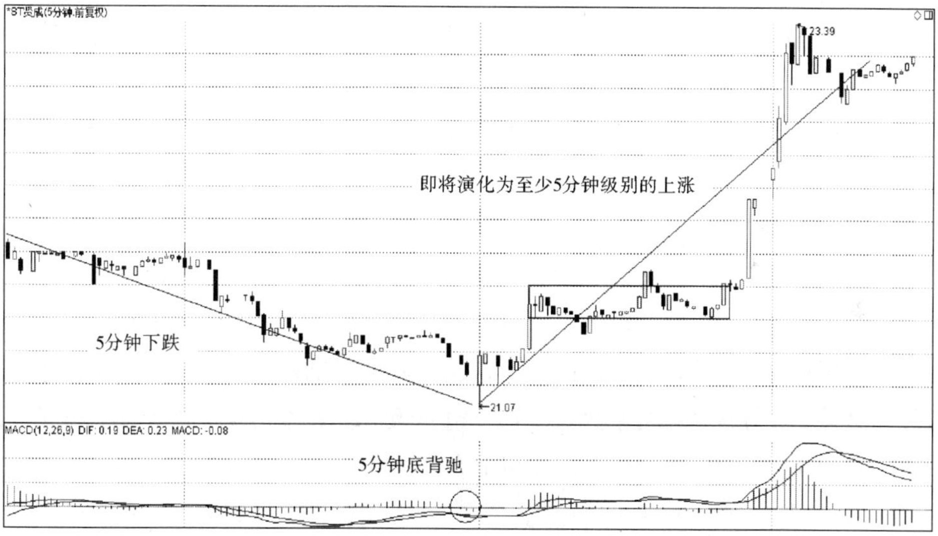

图 29-3 *ST 贤成（600381）5 分钟下跌演化为至少 5 分钟级别上涨

例如，还是一个 5 分钟的下跌，那么至少有两个中枢。整个下跌，最一般的情况就是 a+A+b+B+c，其中的 a、b、c，其级别最多就是 1 分钟级别的，甚至最极端的情况，可以是一个缺口。而 A、B 由于是 5 分钟级别的中枢，那么至少由 3 段 1 分钟的走势类型构成。如果都按 1 分钟级别的走势类型来计量，而且不妨假设 a、b、c 都是 1 分钟的走势类型，那么 a+A+b+B+c 就有 9 个 1 分钟的走势类型。

一个 30 分钟的盘整，至少有 3 个 5 分钟的走势类型，而 1 个 5 分钟的走势类型，至少有 3 个 1 分钟的走势类型。也就是说，一个 30 分钟的盘整，就至少有 9 个 1 分钟的走势类型，这和上面 a+A+b+B+c 的数量是一致的。

从数量平衡的角度，就知道为什么“下跌 + 盘整”中盘整的级别，一定比下跌的级别大了。如果级别一样，例如一个 5 分钟的盘整，只有 3 个 1 分钟的走势类型，那和 9 就差远了，也不匹配。当然，“下跌 + 盘整”中盘整的级别一定比下跌的级别大，最主要的原因还不是这个，而是上面说到的，如果该级别一样，那么只有两种情况，下跌延伸或下跌最后一个中枢扩展，和“下跌 + 盘整”是不搭界的。

有人可能还有疑问，如果下跌最后一个中枢扩展，例如 5 分钟扩展成 30 分钟，那和 5 分钟级别下跌和 30 分钟级别盘整有什么区别？这区别大了，因为在“5 分钟级别下跌 +30 分钟级别盘整”，也就是“下跌 + 盘整”中，下跌和盘整都是完成的走势类型，这意味着是两个走势类型的连接。而下跌最后一个中枢扩展，是一个未完成的走势类型的延续，还在一个走势类型里。

例如，在上面提到的 a+A+b+B+c 里，如果 B+c 发生中枢扩展，从 5 分钟扩展成 30 分钟级别，那么 a+A+b 就是一个 5 分钟的走势类型，把 a+A+b 用 a' 表示，而 B+c 发生中枢扩展用 A' 表示，那么整个走势就表示成 a'+A'。其后的走势还可以继续演化，形成 a'+A'+b'+B'+c'，也就是扩展成一个 30 分钟级别的下跌，当然还可以有其他的演化。总之，扩展后的走势类型必须完成，这和“下跌 + 盘整”的情况显然是不同的。

以上三种情况，就完全分类了某级别背驰后的级别与力度，也就是某级别的第一类买点后将发生什么样的情况。第一类卖点的情况是一样的，只是方向相反。

注意，这里说的是最精确的情况。由于第一种情况很少发生，且和第二种情况类似，所以也可以粗糙地说，背驰以后就意味着盘整和反趋势。

如何区分这几种情况，关键就是看反弹中第一个前趋势（指反弹前的趋势）最后一个中枢级别的次级别走势（例如前面的下跌是 5 分钟级别，就看 1 分钟级别的第一次反弹，图 29-3 中，5 分钟背驰之后的第一次 1 分钟反弹，就凌厉地突破前面 5 分钟下跌最后一个中枢，那么中枢扩展的情况就不可能存在了），是否重新回抽到最后一个中枢里。如果不能，那么第一种情况的可能性就很大了，而且也证明反弹的力度值得怀疑。当然这种判别不是绝对的，但有效性很高。

例如，上证指数 2007 年 2 月 6 日的反弹，用 5 分钟背驰段，然后考察 1 分钟以及 1 分钟以下级别的背驰进行精确定位，可以极为精确地把握这个底部。实践中，很多人按照本 ID 的理论都把握住了。那么其后的反弹，第一波是 1 分钟走势马上回到从 2980 点开始的 5 分钟下跌的最后一个中枢里，这样就意味着第一种即最弱情况的可能性完全排除了。其后 1 分钟的走势继续完成，扩展成一个 5 分钟的上涨。

在 2007 年 2 月 7 日 11：00 前后，一个 1 分钟的背驰制造了上涨的结束，其后进入一个中枢的震荡中。这个中枢，按照本课的定理，可以断言至少是 5 分钟级别的，实际上演化成一个30分钟级别的中枢。这意味着，一个快速的5分钟上涨的可能性就没有了，后面只有两种演化的可能，就是一个30分钟以上级别的盘整，或者是一个30分钟级别以上的上涨。至于到底是哪种情况，必须看后面走势的演化来当下地决定。

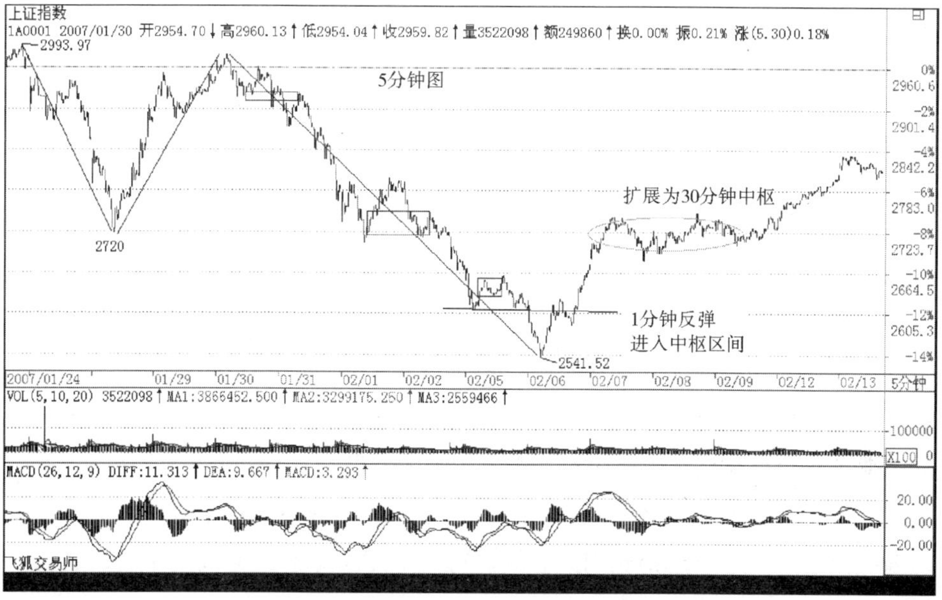

图 29-4 上证指数 2007 年 2 月 6 日前后 5 分钟 K 线图

对于实际的操作，这两种情况并没有多大的区别。不管是盘整还是上涨，关键看突破第一个中枢后是否形成第三类买点。操作中，投资者应该在第一类、第二类买点先买了，然后观察第三类买点是否出现，出现就继续持有，否则就可以抛出。因此在操作上，不会造成任何困难。

当然，如果资金量特别小，或者是对本ID的理论达到小学毕业水平的投资者，那么完全可以在突破的次级别走势背驰时先出掉，然后再看回试是否形成第三类买点。形成第三类买点就回补，不形成就不回补，就这么简单。

当然，要达到这种境界，首先要对本ID的理论达到小学毕业水平，否则根本分辨不清楚盘整背驰与第三类买点的转化关系，怎么可能操作？而且这种操作必须反复看图，实际操作中才可能精通、熟练。当然，如果真精通、熟练了，除了同样是本ID理论小学已经毕业的人，也几乎没有人是你的对手了。

实际操作中，怎样才能达到最高的效率。一个可被理论保证的方法就是：在第一次抄底时，最好就是买那些当下位置离最后一个中枢的DD=min(dn)幅度最大的，所谓的超跌股票。因为本课的定理保证，反弹一定达到DD=min(dn)之上。然后在反弹的第一波次级别背驰后出掉。如果这个位置还不能达到最后一个中枢，就放弃该股票。当然，这可能有例外的情况发生，但发生意外的可能性很小。

之后在反弹第一次的次级别回试后买入那些反弹能达到最后一个中枢的股票，而且最好是突破该中枢且回试后能站稳的股票。根据走势必完美的原则，一定还有一个次级别向上的走势类型。如果这个走势类型出现盘整背驰，那么就要出掉。如果不出现，那就意味着你买到了一个所谓V形反转的股票，其后的力度当然不会小。

缠论点睛

1. 某级别趋势的背驰将导致该级别最后一个中枢扩展、该级别更大级别盘整或者该级别以上级别反趋势。其中第一种情况出现的概率较低，因此可以通俗地说，某级别趋势背驰将导致盘整或者反趋势。

2. 某级别趋势的背驰导致该级别最后一个中枢扩展的，其后的反抽必然进入最后一个中枢的震荡区间，从而与围绕该中枢产生的次级别走势出现重合。否则将重新沿着原趋势方向形成新的中枢，这与“该级别最后一个中枢”的前提矛盾。

3. 某级别趋势的背驰导致该级别更大级别盘整的，盘整的中枢级别必然至少等同于前面的趋势中最后一个中枢的级别。否则将形成原趋势方向上同级别中枢的新生，或者原趋势最后一个中枢的级别扩展。

4. 某级别趋势的背驰导致该级别以上级别反趋势的，这个反向趋势至少与前面趋势的级别一致。

5. 判断这三种情况，关键看某级别趋势背驰之后第一次的次级别回抽，是否到能够进入前面趋势中最后一个中枢的中枢区间。例如对于30分钟下跌，要看第一个回抽的5分钟走势类型是否能够进入前面30分钟下跌的最后一个中枢。如果不能进入，发生级别扩张的可能性就比较大了，否则可能发生盘整或者反趋势。如果第一次的次级别回抽能够进入甚至突破前面趋势的最后一个中枢，且形成第三类买卖点，例如第一个回抽的5分钟走势类型突破了前面30分钟中枢，量能有效放大，且回调形成了第三类买点，那么形成反趋势的可能性就比较大。实际操作中，对于某级别趋势背驰后的次级别回抽不能进入中枢区间的，不予考虑。对于能进入中枢区间的，利用第二类买卖点介入。之后按照中枢震荡的方式操作，直到出现第三类买卖点。当然，还要参考更大级别的走势类型来综合把握。

投资微言

学如不及，犹恐失之。

教你炒股票30

缠中说禅理论的绝对性

(2007-02-13 15:07:02)

市场价格是否完全反映所有信息，可以随意假定。但无论何种假定，都和实际的交易关系不大。交易中，你唯一需要明确的，就是无论市场价格是否完全反映信息，你都必须以市场的价格交易，而你的交易也将构成市场的价格。

对于交易来说，除了价格，一无所有（成交量可以看成是在一个最低的时间段内按该价格重复成交形成的交易单位）。这一切，和市场价格是否反映所有信息毫无关系，因为所有价格都是当下的。

如果当下的信息没有被市场反映，那它就是没被市场当下反映的信息。至于会不会被另一个时间的价格反映，那是另外的事情了。站在纯交易的角度，价格只有当下，当下只有价格。除了价格与依据时间延伸出来的走势类型，市场的任何其他东西都是可以忽略不计的。

价格也和人是否理智无关。无论你是否理智，都依价格做交易，这是任何理论都必须接受的事实：交易，只反映为价格；以某种价格在某个时间交易，这就是交易的全部。至于交易后面的任何因素，如果假定其中一种或几种因素决定了交易的价格，无论这种因素是基本面、心理面、技术面、政治面还是其他什么，都是典型的上帝式思维。

其实，对于价格来说，时间并不需要特别指出，因为价格轨迹中的前后，就意味着时间的因素。也就是说，交易是可以按时间排序的，这就是交易另一个最大的特征：交易是有时间性的，而这个时间是不可逆的。

在物理界还在探讨时间是否可逆时，对于交易空间的探讨，这最困难的时间问题，就已经有了最不可动摇的答案。而本ID的理论，当然也是以这交易时间的不可逆性为前提。如果今天的交易可以变成昨天的或者干脆不算了，那么本ID的理论马上土崩瓦解。

交易，当然是有规律的，而且这规律是万古不变的。归纳上述就是：交易以时间的不可逆性为前提完全等价地反映在价格轨迹上。当然，这万古不变也有其可变之处，例如交易突然因为某种原因可以随便更改等。因此在逻辑上更严谨的说法就是，把满足该条规律的市场称为价格充分有效市场。本ID的理论，就是针对这种价格充分有效市场的，而这种市场，至少对应了目前世界上所有正式的交易市场。

那么非价格充分有效市场是否存在？当然有。例如，你昨天1亿元钱买了一块石头，今天卖石头的黑帮老大拿枪顶着你说，昨天的交易不算了，钱不给你了，石头也收走了。这种存在类似交易的市场，当然不可能是价格充分有效的市场。

以前所有市场理论的误区，都在于去探讨交易背后决定价格的因素。交易是人类的行为，没有什么可探讨的。人类就像疯子一样，其行为即使可以探讨，在交易层面也变得没有什么可探讨的价值。所有企图解释交易动机、行为的理论，都是没有交易价值的。

不管人类的交易有什么理由，只要交易就产生价格，就有价格的轨迹，这就足够了。站在纯交易的角度，唯一值得数学化探讨的就是这个轨迹。其他的研究都是误区，对交易毫无意义。

那么价格是随机的吗？这又是一个上帝式的臆测。决定论和随机论，其背后的基础都是永恒因素论、永恒模式论。也就是说，价格行为被某种神秘的理论所永恒模式化。无论这种模式是决定论还是随机论，这种假设的荒谬性是一样的。

交易，只来自现实。因此价格是被现实的交易所决定的。相应地，上面的顾虑就可以扩充为：交易是现实的行为，交易以时间的不可逆性为前提完全等价地反映在价格轨迹上。

交易的现实性是交易者唯一可以依赖的基础。那么交易的现实性反映了什么，有什么可能的现实推论？

首先，人的反应是需要时间的，就算是脑神经的传输，也是需要时间的。

其次，社会结构的现实多层性以及个体的差异性，决定了任何的群体性交易都不具有同时性。

也就是说，即使是相同原因造成的相同买卖，都不可能同时出现，必然有先后。也就是说，交易具有延异性，不会完全地趋同，这是交易能形成可分析走势的现实基础。

由于交易具有延异性，没有绝对的同一性，那么即使对于严格一种因素决定交易行为的系统，也依然能产生可分析的价格轨迹。任何群体性的交易行为，不会出现完全的价格同一性。也就是说，不会永远出现所有人同一时刻的同一交易。

一个完全绝对的趋同交易，就等价于一个赌博，所有的买卖和买大小没有任何区别。这样的系统是否存在？理论上是存在的。例如一个庄家百分之百地把所有股票都吃了，而且任何一笔交易都只有他一个人参与，没有任何别的人参与，这时候，其走势等价于一个买大小的赌博。

只要有人买入或还持有这股票的1股，一个不完全绝对趋同的交易就产生了，这个交易就可以用本ID的理论来描述。本ID理论的另一个界限就在此。

本ID的理论只有这两个界限，只要是价格充分有效市场里的非完全绝对趋同交易，那么本ID的理论就永远绝对有效，这种绝对性就如同压缩影射不动点的唯一性对完备的距离空间一样。

至于有多少人学习、应用这个理论，对理论本身并没有任何实质的影响，因为即使所有人都应用本ID的理论，由于社会结构以及个体差异，依然不会造成一个完全绝对趋同交易，这样本ID的理论就依然有效。

更重要的是，本ID的理论，并不是一个僵化的操作，都是永远建立在当下之上的。例如，一个日线级别走势被判断进入背弛段，由于某种当下的绝对突发事件，例如突然有人无意按错键，又给某个国家捎去一千几百颗原子弹，使得小级别产生突发性结构破裂最终影响到大级别的结构。这时候的整个判断，就建立在一个新的走势基础上了。往往这时，实际的交易并没有发生，除非你运气忒好，你刚按买入，那原子弹就飞起来了。

一般人总习惯于一种目的性思维，往往忽视了走势是当下构成中的。本ID的理论判断，同样是建筑在当下构成的判断中，这是本ID理论又一个关键的特征。

使用本ID的理论，最终比的是操作者本身。就像乾坤大挪移的第八重肯定打不过第九重，而任何非乾坤大挪移的武功，肯定打不过乾坤大挪移第八重一样。有一种武功是高出其他孤峰之上的，因为其起点已经大大超越了其他武功。其他那些起点就错了的，又怎么能与之相比？

显然，不可能所有人都相信并应用本ID的理论，因此那些不用本理论的人，就成了本ID理论吸血的对象。现实中，这种对象不是太少，而是太多了。如果有庄家、基金偷学了这种方法，这就等于乾坤大挪移比第几重了。

对于大资金来说，至少水平要比散户高出两重，才可能和散户打个平手。资金大，没有更高的功力，怎么能挪移起来？更重要的是，级别越大，企图控制干扰走势所需要的能量就越大。对于周线级别之上的走势，基本就没人能完全控制了。

如果真出现个个庄家、基金争学本ID理论的情况，那么除了在小级别比功力外，功力浅的完全可以把操作级别提高来加强安全性。更重要的是，应用相同的理论，在现实中也不会有相同的结果。

现实是一个典型的非完全绝对趋同系统，就像同样的核理论，并不会导致德国和美国同时造出原子弹一样。同样的理论，在不同的资金规模、资金管理水平、选股策略、基本面把握、交易者性格、气质等情况下，自然地呈现不同的面貌，这就保证了同一理论交易的非完全绝对趋同。

对于本ID理论，有一点是必须明确的，就是本ID理论是对价格充分有效市场下非完全绝对趋同交易的一个完全的数学公理化的理论。唯一需要监控的，就是价格充分有效市场与非完全绝对趋同交易这两个前提是否还存在。

更重要的是，这归根结底是一套关系到人本身的理论，只能不断地在交易中修炼，最后比的是每个人的功力。例如，就算是背驰这么简单的事情，即便是同一种方法，当成为群体性行为时，比的就是心态与功力了。心态不好，出手早或出手迟的，就会在价格上留下痕迹。甚至当趋同性较强时，会使得级别的延伸不断出现，那就让功力深的人得到一个更好的买入或卖出价格。这些细微的差别积累下来，足以使得操作者的盈利水平天差地别。这也是为什么本ID可以把理论公开的一个深层原因。

本ID的理论是对价格充分有效市场中非完全绝对趋同交易的一个客观理论，即使公开了，也不会让这个理论有任何改变，就像牛顿力学不会让万有引力改变，美国的原子弹爆炸不会影响中国的原子弹按照同样的理论出现一样。至于理论可能造成的趋同交易增加，也早在本ID理论的计算中，这里比的是当下的功力。

无论你用什么交易方法，只要是在价格充分有效市场非完全绝对趋同交易里，你就在本ID理论的计算中。要在本ID的理论里功力日增，首先要成为一个顶天立地的人。这也是本ID让各位多看本ID所解释的论语的原因。

交易，不过是人类行为的一种。要成为成功的交易者，首先要对人类的行为穷其源，得其智慧。否则，一个糊涂蛋用什么理论都是白搭。本ID理论的基础部分，只是把现实的真相解剖出来，但这远远不够。看明白与行得通，那是两回事情。当然，看都看不明白，是不可能真正行得通的。而行，就是修行，“见、闻、学、行”，缺一不可。

本ID的理论如同大道，不需要私藏着。谁都可以学，谁都可以行。但使用者能否达到不退转的位置，是否最终还是“学如不及，犹恐失之”，那就要靠每个人自身的修行了。

理论，只是把现实解剖了，真正的功力都在当下。不光要用理论的眼睛看清楚现实，更要逐步让自己和走势合一。

行的初步功力是什么？归根结底就是“恰好”。这个“恰好”是动态的，无论多少人，把每个人的行为当成一个向量，所有人的行为最终构成了走势的向量。而所谓的“恰好”，就是这个总向量本身。

如何才能永远和这个总向量一致？首先要把自己变成一个零向量。只有当一个零向量加入到任何一个向量叠加系统里，才不会影响到最终的总向量。把自己的贪婪与恐惧去掉，让市场走势如同自己的呼吸一般，看走势如同看自己的呼吸，慢慢就可以下单如有神了。

你的交易，就是顺着市场总向量的方向增加其力度而已，这才是真正的顺势而为。只有这样才算初步入门，才能逐步摆脱被走势所转的可悲境地，才能让自己和走势合一，和那永远变动的总向量一致而行。至于走势分析的学习，只不过是门外的热身而已。

有人可能要追问，如果所有人都变成零向量，那又如何？交易市场存在的基础，就是人的贪婪与恐惧。如果所有参与交易市场的人都没有贪婪与恐惧，那市场就没了，资本市场就没了，货币就被消灭了。那时候，本ID的理论自然就不存在了。只有对这个以人的贪婪、恐惧为基础的市场进行“不着相”的分析，才能长期有效地吸这市场的血。

本ID理论的基础部分，在人类历史上第一次把交易市场建筑在严密的公理化体系之上，就是要把市场的本来面目还原，让人的贪婪、恐惧无所遁形。只有明确地知道市场当下的行为，才可能逐步化解贪婪与恐惧，把交易行为建筑在一个坚实的现实基础上，而不是贪婪、恐惧引发的臆测上。只有智慧才可以战胜贪婪、恐惧。

缠论点睛

1. 缠论的前提：价格充分有效市场，非完全绝对趋同交易。所谓价格充分有效，是指交易以时间的不可逆性为前提，完全等价地反映在价格轨迹上。所谓非完全绝对趋同交易，是指不会永远出现所有人同一时刻的同一交易。

2. 缠论是当下的理论。所谓当下思维，是摒弃那种目的性的思维，专注于当下的走势，为走势设定不同的边界条件，让走势自己选择，从而做到不测而测。

3. 缠论技术分析只是整个交易最基础的部分。要想更好地利用理论，首先要做个顶天立地的人，对人类的行为穷根溯源，得其智慧。最终做到忘掉贪婪与恐惧，眼里只有买卖点，只在买点买，卖点卖，这就是“下单如有神”的境界。

投资微言

摒弃自己的贪婪与恐惧，专注于走势类型及其转化。

教你炒股票 31

资金管理最稳固的基础

(2007-02-15 15:16:12)

对于小资金来说，资金管理不算一个特别大的问题。随着盈利的积累，资金越来越多，资金管理就成了最重要的事情。

一般来说，只要有好的技术，从万元级到千万元级，都不是什么困难的事情。但达到千万元级别以后，就很少有人能稳定地增长上去了。所有的短线客，在资金发展到一定规模后，都很可能进入滞涨状态，一旦出现大级别的调整，就会被打回原形。

这种事情本 ID 见得太多了。因此在最开始交易时，就要养成好的资金管理习惯，这是极为重要的事情。投资是一生的游戏，被打回原形是很可悲的事情。好的资金管理，才能保证资金积累的长期稳定。在某种程度上，这比任何技术都重要，而且是随着资金量的扩大，变得越来越重要。对于大资金来说，最后比拼的，其实就是资金管理的水平。

资金，必须长期无压力，这是最重要的前提。有人借钱投资，盈利后还继续加码，结果到后来一场游戏一场梦。

1996 年，本 ID 认识一位东北朋友，大概是从不到 10 万元开始起步。当时可以高比例透支，1 比 2、1 比 3 很普遍，1 比 10 也很常见。当时的疯狂，不是现在的人能想象得到的。在 1996 年的牛市中，他很快就从不到 10 万元变成 2 千多万元。当时透支的比例也降到了 1 比 1 多一点。

如果他当时把所有透支的资金还了，就没有后来的悲剧了。对于他来说，1996 年最后 3 周，一定是最悲惨的时候，股票在 3 周内从 12 元急跌到 6 元以下。

有人可能要问，那他为什么不先平仓？市场里的老人都知道，那次下跌是突然的转折，瀑布一样下来的。如果高位没有走，下跌过程中根本没有走的机会。到最后能走的时候，由于快触及平仓点，证券部要收钱，他的仓位从 6 元多往下一直平下去，根本没有拒绝的可能。最后，还了透支，只剩下不到 20 万元，基本上又回到原点。真是一场游戏一场梦。

这还不是最戏剧性的，最悲惨的是，这只股票从他平完仓的当天开始，到 1997 年 5 月，不到 5 个月的时间，股价从 6 元一直涨到 30 元以上，成了最大的黑马。这只股票是深圳本地股，后来又从 30 多元反复下跌，2005 年跌到了 3 元以下。该股票目前的价位在他被迫开始平仓的位置，6 元多一点儿。

一笔无压力的资金，是投资的第一要点。虽然前面反复说过，但说完上面的例子，还是要再次强调。另一个重要的前提，就是自己的资金一定不能交给别人管理。自己的盘子，一定要自己负责，不能把自己的命运交给别人。

再讲一个故事，这是1992年的事情。这位朋友1992年已经有了几千万元的资金，在当时也算可以了。结果因为家里有事处理，把盘子交给一个朋友管理。那人还是后来特别出名的人，说出名字，市场里的老人应该都知道。

当时大盘从1400多点回跌，已经跌了很多，这家伙以为到底部了，于是就自作主张透支抄底，但大盘却一直下跌。等这位朋友过了两三周回来，一切早已灰飞烟灭。那次大盘一直跌破400点才到底部，半年内一共下跌了1000多点。后来又从400点以下启动，不到4个月，创出1558点的历史高位。

市场就是这么残酷，把命运交给别人，就是这样的结局。

不能把自己放在一个危险的境地。所谓背水一战，置之死地而后生，都不是资本市场应该采取的态度。这样的态度，可能一时成功，但最终必然失败。

技术分析最重要的意义在于，让你知道市场究竟在干什么，市场在什么位置该干什么；让你知道，一个建立的仓位如何持有，如何把一个小级别的持有逐步转化为大级别的持有，又如何退出。所有这一切，最终都是为资金管理服务的。

投资最终的目的不是股票本身，而是资金。没有收回资金，一切都没有意义。股票就是废纸，对资金的任何疏忽，都会造成不可挽回的损失。

任何人必须首先明确的是，无论多大的资金，在市场中都不算什么。资金是按比例损失的，1万亿元和1万元，按比例损失，变成0的速度是一样的。无论多大的资金，要被消灭，都可以在举手之间。因此永远保持最大的警觉，这是资金管理最重要的一点，没有这一点，一切管理都是无用的。

一个最简单又最有效的资金管理方法，就是当股票成本为0以前，努力把成本变为0；当成本变成0以后，就要尽可能多地挣股票，直到股票见到历史性大顶，也就是至少出现月线以上级别的卖点。

最坏的习惯，就是随着股票的不断上涨而不断加仓，这样一定会出问题。买股票，宁愿不断跌不断买，也绝对不往上加码。投入资金买一只股票之前，必须有仔细、充分的准备。这就如同军队打仗，不准备好怎么可能赢？

在基本面、技术面等方面都研究好了以后，介入就要坚决，一次性买入。如果你连一次性买入的信心都没有，证明你根本没有准备好，那就一股都不要买。

买入以后，如果你技术过关，马上上涨是很正常的。如果你没有这个水平，股票下跌了，除非你买入的理由没有了，技术上出现严重的形态，否则一股都不能抛，反而可以用部分机动资金去弄点短差（注意，针对每只买入的股票，都要留一部分机动资金，例如 1/10），让成本降下来。每次做短差，一定不能增加股票的数量，这样成本才可能真正地降下来。

有些人喜欢越买越多，倒金字塔方式加仓，这其实不是什么好习惯。这只股票该买多少，该占总体资金的多大比例，一开始就应该研究好，投入以后就不能再增加。

股票开始上涨以后，一定要找机会把股票的成本变成 0。除了途中利用小级别调整不断作短差之外，还要在股票达到 1 倍升幅附近找一个大级别的卖点出掉一半，把成本降为 0。这样，原来投入的资金就全部收回来了。

有人可能要说，如果那只股票以后还要上涨 10 倍呢？这没有什么问题，当股票成本为 0 以后，就要开始挣股票，也就是利用每一次短差的机会，上面抛了的股票，下面再全部回补回来，这样股票就会越来越多，而成本还是 0。这么做，股票就算再上涨 100 倍也不怕，价格越涨你的股票越多，而成本永远为 0，这才是最可怕的吸血。

庄家、基金无论如何洗盘，都只能使你的股票越来越多，而你的成本却是 0。然后等待一个超大级别的卖点，一次性把它砸死，把那庄家、基金给毁了。成本为 0 的股票，在历史大顶上砸起来是最爽的。

这就是资金管理中针对每只股票的最大原则。按照这个原则，你不仅可以得到最安全的操作，而且可以赢得最大的利润，特别是到了挣股票的阶段。

一只股票，一般盘整的时间都会占整个走势一半以上。如果一只股票在上涨之后出现大型盘整，只要超大级别卖点没有出现，这个盘整会让你不仅把抛掉的股票全部挣回来，而且比底部时持有的数量还要多。一旦该股票再次启动，你就会拥有比底部还多但成本为 0 的股票，这才是最大的黑马，也是最大的利器。

一个合理的持仓结构，就是拥有的 0 成本股票越来越多，一直到大级别上涨结束前，才把所有股票全部清仓。随着资金越来越大，可以不断增加参与的股票种类，把这个程序不断地继续下去。

这样针对某只股票的操作资金不会增加，特别是对大资金而言，不会经常被迫去当庄家，或钱太多，买了没人敢进来。这样也就不会增加操作的难度，只是所操作股票的种类越来越多，而成本却都是 0。这才是资金管理最稳固的基础。

缠论点睛

1. 资金必须长期无压力。自己的盘子，必须自己负责，绝对不能交给他人代管。投资是一生的事业，所谓背水一战，孤注一掷，终究是要失败的。

2. 技术分析是为资金管理服务的。其最重要的意义是让你知道市场在干什么，你该干什么。让你知道一个建立的仓位如何持有，如何把一个小级别的持有逐步转化为大级别的持有，又是如何退出的。

3. 缠论资金管理策略：在一个大的上涨趋势中的买点买进，成本降低到0之前，根据小级别买卖点做差价。在保持总股数不变的前提下，不断降低成本。在股票达到1倍升幅附近找一个大级别的卖点出掉一部分，把成本降为0。兑现出的资金，就可以同样的程序参与其他股票的操作。成本为0之后，小级别卖点兑现多少钱，买点就用多少钱买股票，在成本为0的前提下，不断增加股票的数量。直到这上涨趋势结束，将所有股票抛出。至于买卖量，则应该根据相应的级别来控制，一般的原则是“级别越大，买卖量越大”。

投资微言

“夫未战而庙算胜者，得算多也；未战而庙算不胜者，得算少也。多算胜，少算不胜，而况于无算乎！”

——《孙子兵法》

教你炒股票 32

走势的当下与投资者的思维方式

(2007-02-28 08:44:37)

投资者最大的毛病，就是只有一种思维方式，把自己的喜好当成市场的现实。按照这种逻辑，做多的就永远要做多，做空的就永远要做空，那不是有毛病吗？

就像这次2007年春节前的走势，为什么要做多，是因为技术上有形成中枢第二段的要求，这就是做多的客观条件。当第二段出现背弛时，就意味着做多的客观条件没有了，继续硬撑着不是有毛病吗？牛市是快跌慢涨，熊市是快涨慢跌，这最基本的节奏不应该不知道。

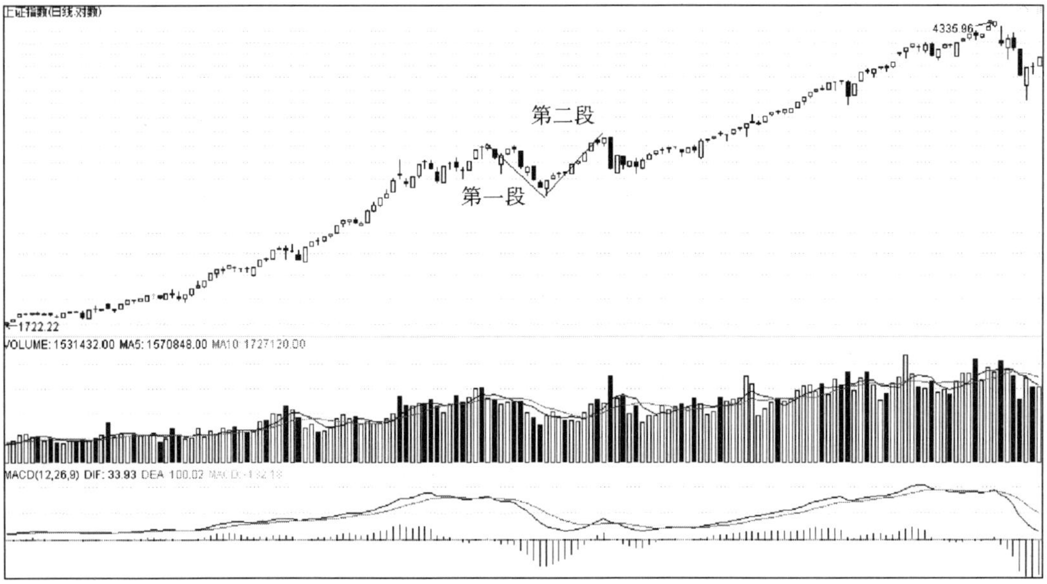

图 32–1 上证指数 2007 年 2 月前后日 K 线走势图

很多人有一种更坏的毛病，就是涨了才高兴，一跌就哭丧着脸。请问光做多，怎么能把成本降为0？股票都是废纸，光涨光做多，头上不是永远顶着一个雷？！前面的文章已经多次强调，只有0成本的股票才是真正安全的。如果死多死空的思维不改变，永远都是股票的奴隶。

跌完以后涨得最快的是什么？就是跌出第三类买点的股票，看看民生控股（000416）

2007年1月26日之前的那一跌，跌出来一个完美的第三类买点。后面是一个月100%幅度的上涨，中间还带了一周的假期。

大跌，就把眼睛放大，去找会形成第三类买点的股票，这才是股票操作真正的节奏与思维。本ID的理论里没有风险的概念，风险是一个不可操作的上帝式概念。本ID的眼里只有买点、卖点，只有背驰与否。这些都是有严格定义的、可操作的买卖点，这才是让股票当你奴隶的唯一途径。

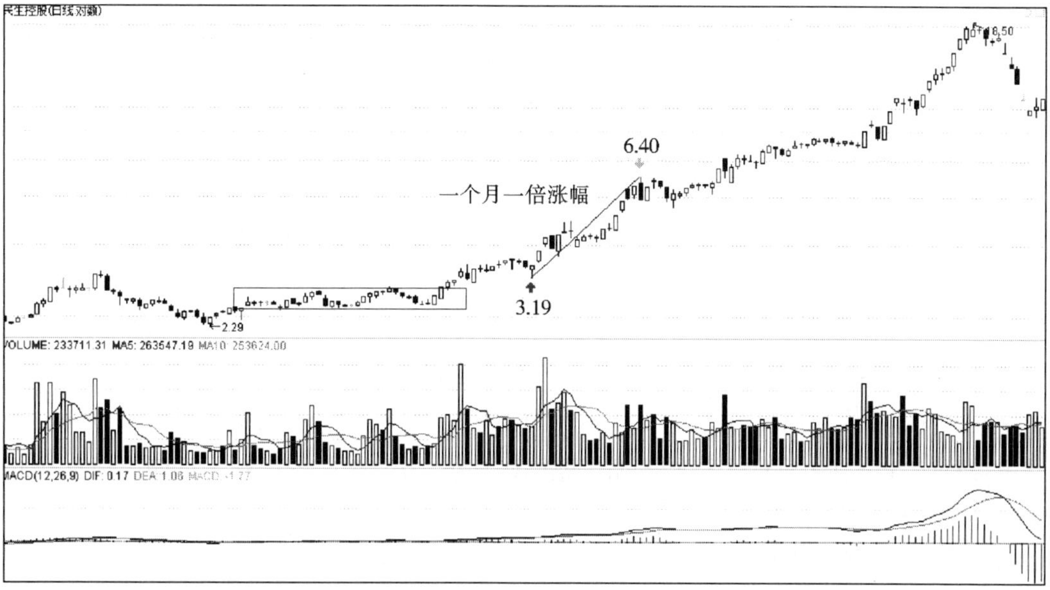

图32-2 民生控股（000416）2007年1月26日前后日线第三类买点走势图

有人可能要反问本ID，你不是说中国的地盘中国人做主吗？请问，难道中国人做主，就只能做多的主，不能做空的主？这还算什么主？如果你把握了本ID的理论，严格按买点买，卖点卖，那你就是股票的主人。

所谓汉奸，不过是希望通过他们的伎俩来把中国的血给吸走。如果你有本事让汉奸低卖高买，那汉奸就死定了。

前面本ID说过，n年前干过一个阻击，从14元一直阻击到25元，之后全部出掉，算起来也就10来个交易日，一分钱没花，为什么？就是把某些人的节奏给搞乱了。

股票，如同跳舞，关键是节奏。节奏一错，就没法弄了。买点买，卖点卖，就是一个最合拍的节奏。任何不符合这个节奏的操作，都要出乱子。例如，你是按30分钟级别操作的，明明顶背驰了，你不卖，一定要想着还会更高。然后底背驰的时候忍不住了，杀了出去。这样下来，你很快就不用玩股票了，因为股票很快就会玩死你。

走势有其节奏，操作股票，如同和股票跳舞，你必须跳到与股票心灵相通，也就是和前面说的合力一致，这样才是顺势而为的操作，才是出色的舞者。如果不明白的，今天去跳一下舞，找一个舞伴，把她的节奏当成股票的节奏感应一下，就能有所体悟。

感应是当下的，如果当下你还想着前后，那你一定跳不好舞。股票操作也一样，永远只有当下的走势状态。股票的走势，没有一个必然的、上帝式的意义，所有的意义都是当下赋予的。

例如，一个30分钟的a+A+b+B+c的向上走势，你不可能在A段走出来后，就说一定有B段，这样等于是在预测，等于假设一种神秘的力量在确保B必然存在，而这是不可能的。那么怎么才能知道b段里卖还是不卖？

这不需要预测，因为b段是否卖，不是由你的喜好决定的，而是由b段当下的走势决定的。如果b段和a段相比，出现明显的背驰，那就意味着要卖，否则就不卖。

参考b段的5分钟以及1分钟级别的图表，你会明确地感觉到b段是如何生长出来的，这就是一个当下的结构。只要这个当下的结构没有出现任何符合区间套背驰条件的走势，那么就一直等待着。走势自然会在30分钟级别上延伸出足够的力度，使得背驰成为不可能。这都是自然发生的，无须预测。

详细地说，在上面30分钟的a+A+b+B+c的例子里，A是已出现的30分钟中枢，这可以用定义严格地判别，没有任何含糊、预测的地方。

b段一定不可以出现30分钟的中枢，因为其中枢级别最多只能是5分钟级别的。如果b段一个5分钟级别的上涨刚开始，就已经使得30分钟的图表中不可能出现背驰的情况，那么你就有足够的时间去等待走势的延伸，等待一个5分钟级别中枢的形成。一直到5分钟级别的走势出现背驰，这时候就意味着B段要出现了，一个30分钟的新中枢要出现了。是否卖出，和你的资金操作有关。

如果你喜欢短线，你可以走一点，等这个中枢的第一段结束之后回补。第二段高点看5分钟或1分钟级别的背弛出现之后卖出，第三段下跌结束之后再回补，然后就看这个中枢能否继续向上突破，从而走出c段。

注意，c段并不是一定要有的，就像a也不是天经地义一样要有。要出现c段，如同要出现b段，都必须有一个针对30分钟中枢的第三类买点出现，这样才会有。所以你的操作就变得很简单了，每次5分钟的向上离开中枢之后，一旦背驰，就要出来。其后如果一个5分钟级别的回拉不能回到中枢里，就意味着第三类买点产生，这时就要回补，等待c段的向上走势。

c段和b段的操作是一样的，是否要卖，完全可以按当下的走势来判断，无须任何预测。不背驰，就意味着还有第三个中枢出现，以此类推。

显然，上面的操作不需要你去预测什么，只需要你能感应到走势当下的节奏，这种感应也没有任何神秘的地方，按照定义去观察就能判断。

那么30分钟的a+A+b+B+c模式的上涨里，B段一定等同于A段的级别吗？假设这个问题，同样是不理解走势的当下性。

当a+A+b出现时，你是不可能预先知道B段的级别的。不过你却知道，如果b段不背驰，那么B的中枢级别至少和A段是相同的，但B段的中枢级别完全有可能比A段的级别大。这时候就不能说a+A+b+B+c就是某级别的上涨了，而是a+A+b合并成为一个a'，走势就转化为a'+B的模式了。但无论是何种意义，在当下的操作中都没有任何困难。

例如，如果B段扩展成日线级别的中枢，就要在日线图上探究其操作的意义。其后如果有c段，那么就用日线的标准来看其背驰，这一切都是当下的。

至于中枢的扩展，其程序都有严格的定义，按照定义操作就行了。在中枢里，是最容易打短差降低成本的，关键在于利用好各种次级别的背驰或盘整背驰。

一切预测都是无意义的，当下的感应和反应才是最重要的。你必须随时读懂市场的信号，这是应用本ID理论最基础也是最根本的一点。如果你连市场的信号、节奏都读不懂，其他一切都是无意义的。

还有一点很重要，就是你读懂了市场，但却不按信号操作，这就是思维的问题了。老抱着侥幸心理，这样也是无意义的。

按照区间套的原则，可以一直追究到盘口的信息里。如果在一个符合区间套原则的背驰中发现盘口的异动，那么你就能在最精确的转折点操作成功。

本ID的理论不废一法，盘口工夫同样可以结合到本ID理论中来，但关键是在恰当的地方，并非任何盘口的异动都是有意义的。本ID的理论是从市场的根子上去考察市场，如果你把握了，就可以综合各种理论，综合基本面、政策面、资金面、庄家等因素来操作。这些因素如何起作用，有效与否，都会反映在这市场的基本走势框架上。

市场是当下的，因而投资者具有的思维也应该是当下的。任何习惯于幻想的操作者，都是把幻想当成当下而掩盖了对当下真实走势的感应。市场中关键的是操作，而不是吹嘘、预测。

有人可能要反问，怎么这里也经常会说些类似预测、吹嘘的话？例如前两天本ID说让汉奸砸中国联通（600050）的盘。请问汉奸可能有几十亿股联通的股票吗？汉奸砸盘本ID就要接吗？本ID为什么不可以先砸？为什么一定要在顶背弛的时候接砸盘？本ID又没有毛病，汉奸如果有砸盘的爱好，最好在底背弛的时候砸，本ID一定欢迎。

对于本ID来说，如果有些话能当百万兵，本ID凭什么不说？本ID也没兴趣知道，中国联通（600050）2007年2月27日9:36到9:45推出5.52元是谁中风了，竟然勇敢地顶出一个顶背弛来？那时候，本ID只看到了卖点，如此而已。

就算不知道本ID的理论，最简单的，难道连2007年1月4日和2007年1月30日高点的连线在哪里都看不清楚？

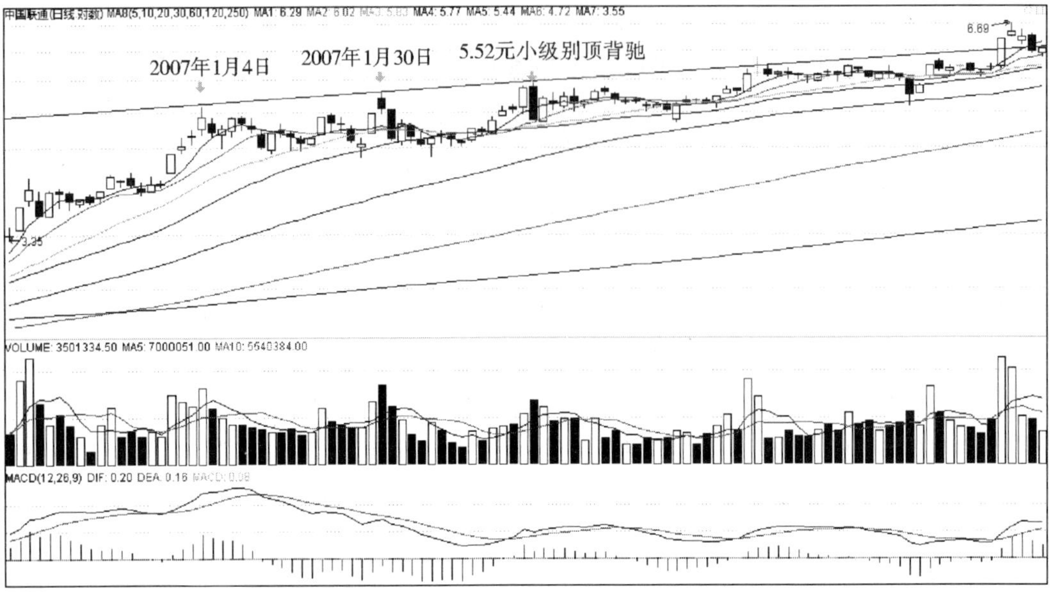

图 32-3 中国联通（600050）2007 年 2 月 27 日前后日 K 线走势图

所有非汉奸、非奸细的各位朋友请注意了，这里奸细少不了。如果你把这里当成一个纯粹的课堂，那就太小看这里了。但有一点是毋庸置疑的，就是一旦你掌握本 ID 的理论，你根本无须听任何人的话。

无论谁的话是废话，走势永远是第一位的。牛顿不能违反万有引力，本 ID 也不能违反本 ID 的理论，这才是最关键的地方。只有这样，才有可能有一个正确的思维基础。

你无须尊重本 ID，甚至你学会本 ID 的理论，还可以专门和本 ID 作对，尝试在市场上挣本 ID 的钱。但是你必须尊重本 ID 的理论，就像你必须尊重万有引力一样，否则市场的走势每分每秒都会给你足够的教训。

缠论点睛

1. 对于一个 30 分钟的“a+A+b+B+c”上涨走势，首先，a 是必然出现的。这个 a，可以选择趋势逆转的那一笔。如果 a 段是无力的，无法突破前面下降或者关键的阻力位，从而改变走势的性质，那么就可以不参与。

2. 对于一个 30 分钟的“a+A+b+B+c”上涨的走势，a 之后，必然会产生一个 A。因为无论是趋势还是盘整，都会有一个中枢。A 之后，不必然有 b，完全可以出现第三类卖点而后确认是一个中枢的盘整而结束这个走势类型。是否出现 b，要看 A 中枢的次级别走势能否非盘整背驰性地向上脱离该中枢 A。当然，也不能排除盘整背驰转化为第三类买点的可能。也有可能出现 A 中枢直接级别扩展的情况。

3. 对于一个30分钟的"a+A+b+B+c"上涨的走势，如果出现b段脱离A中枢，那么之后要看这b段是否结束。如何看，就是要观察b段的内部结构。如果5分钟走势确认b段结束。那么就要出现B中枢了。你不能事先判定b一定是5分钟级别的，也有可能是1分钟级别的情况，甚至是个缺口。唯一可以肯定的，b必然是30分钟以下级别的。

4. 对于一个30分钟的"a+A+b+B+c"上涨的走势，B中枢至少有三段，那么就可以利用第一次下跌进行买入，因为后面至少还有一段上涨。至于B中枢是30分钟级别的，还是会扩展为日线级别，这一切都不是先验的，要根据当下的走势来确定。

5. 对于一个30分钟的"a+A+b+B+c"上涨的走势，B中枢之后，也不一定会出现c段。B中枢之后直接出现第三类卖点从而掉头向下，也是可能存在的。

6. 中枢扩展了，你可以按照扩展后的走势类型去换挡操作。也可以不管这种扩展，继续按照原来的级别去操作。

投资微言

远离聪明，机械操作；远离妄想，当下操作。

教你炒股票 33

走势的多义性

(2007-03-02 15:20:37)

如果市场都是标准的 a+A+b+B+c 模式，A、B 的中枢级别一样，那么这个市场也太标准、太不好玩了。市场总是有其复杂的地方，使得走势呈现一种多义性，就好像诗词中文字的多义性一样。如果没有多义性，诗词都如逻辑一样，那也太没意思了。而所有走势的多义性，都与中枢有关。

例如，5 分钟级别的中枢不断延伸，出现 9 段以上的 1 分钟次级别走势。站在 30 分钟级别的中枢角度，3 个 5 分钟级别的走势重合就形成了。而 9 段以上的 1 分钟次级别走势，每 3 段构成一个 5 分钟的中枢，这也可以解释为一个 30 分钟的中枢。这种情况，只要对中枢延伸的数量加以限制，就可以消除多义性。

一般来说，中枢的延伸不能超过 5 段。也就是说，一旦出现 6 段延伸，加上形成中枢本身的 3 段，就构成更大级别的中枢了。

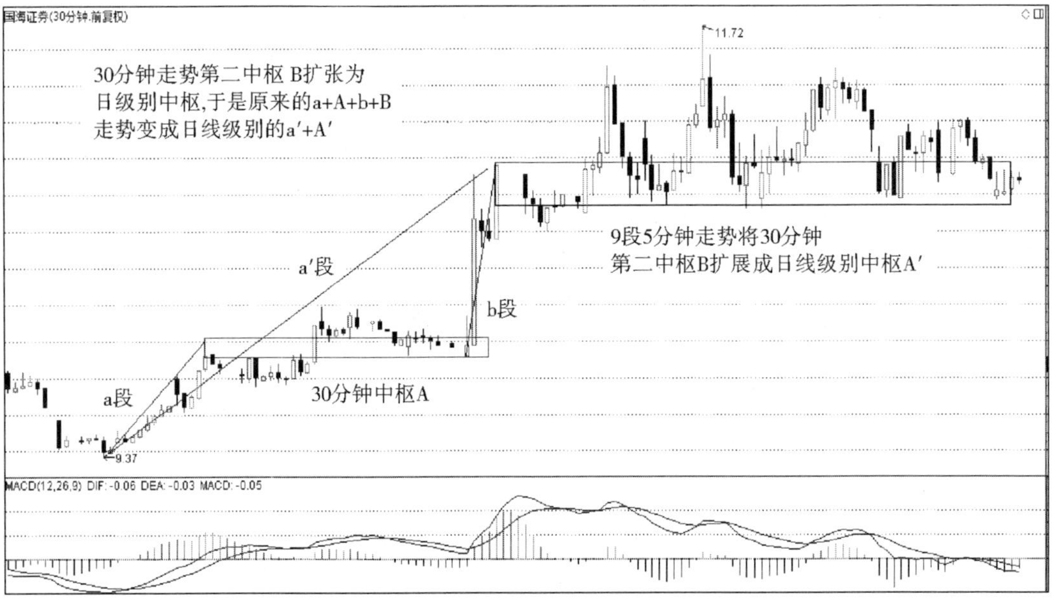

图 33–1 国海证券（000750）9 段 5 分钟走势扩展为日线级别中枢

另外一种多义性，是因为模本的简略造成的。不同级别的图表，其实就是对真实走势不同精度的一种模本。例如，一个年线级别的图表，当然没有一个分笔图表的精确度高，很多重要的细节都不可能在大级别的图里看到。而所谓走势的级别，从最严格的意义上说，可以从每笔成交构成的最低级别图形开始，不断按照中枢延伸、扩展等定义精确地确认出来。这是最精确的做法，不涉及什么 5 分钟、30 分钟、日线等图表。但这样会相当累，而且也没这个必要。

用 1 分钟、5 分钟、30 分钟、日线、周线、月线、季线、年线等的级别安排，只是一个简略的方式，最主要的是，现在可以查到的走势图都是这样安排的。当然，有些系统可以按照不同的分钟数显示图形，例如，弄一个 7 分钟的走势图等。

这样，你完全可以按照某个等比数列来设计一个级别序列。不过，可以是可以，但没必要。因为图表的精确度并没有太大的实质意义，真实的走势并不需要如此精确地观察。

当然，一些简单的变动是可以接受的，例如去掉 30 分钟，换成 15 分钟和 60 分钟，形成 1 分钟、5 分钟、15 分钟、60 分钟、日线、周线、月线、季线、年线的级别安排，这也是可以的。

虽然没有必要精确地从最低级别的图表逐步分析，但如果你的系统缩放功能比较好，当你把分笔图或 1 分钟图不断缩小，看到的走势便会越来越多。这种从细部到全体的逐步呈现，会让你对走势级别的不断扩张有一个很直观的感觉，这种感觉，对你以后形成市场感觉还是有点儿帮助的。

在某个阶段，你可能会形成这样一种感觉：你如同站在重重叠叠的走势中，当下的趋向，仿佛照亮着层层叠叠的走势。那时候，你就可以忘记中枢之类的概念。所有的中枢，按照各自的级别，仿佛都变成大小不同的迷宫关口，而真正的路只有一条，你的心可以当下直观地感应到迷宫的出口。

当有了这种对市场清晰的直觉，你才算到门口了。那时候，看走势就如同看一首诗，如果还从语法等角度去分析，就如同还用中枢等去分析一样。真正有感觉的读者，是不会计较于各种字句的纠缠的，整体的直观当下就呈现了。

一首诗就如同一个自足的世界，你当下就全部拥有了。市场上的直觉，其实也是一样的。只要那最细微的苗头一出来，就当下地领悟了，这才算是对市场走势这伟大诗篇的一个有点儿合格的阅读。

在一名能当下感应的阅读者眼里，多义性是不存在的。在这种最敏锐的直觉还没出现之前，对走势多义性的分析依然是必要的。换句话说，如果玩不了超逻辑的游戏，就只能继续在逻辑的圈子里晃悠。

图 33-2 亿利能源（600277）日 K 线走势多义性分析

除了上面两种多义性之外，还有一种有实质意义的多义性，就是走势分析中的多种合理释义。这些释义都符合理论内在的逻辑，因此这种多义性不但不是负担，而且还可以用多角度对走势进行综合的分析。

例如，对 a+A+b+B+c，a 完全可以有另一种释义，就是把 a 看成是围绕 A 这个中枢的波动。虽然 A 其实是 a 之后出现的，但不影响这种看法的意义。同样，c 也可以看成是针对 B 的一个波动。这样的话，整个走势其实就简化为两个中枢与两者之间的连接段。

在最极端的情况下，a+A+b+B+c 的走势模型里，a 和 c 并不是必然存在的，而 b 完全可以是一个跳空缺口。这样，整个走势就可以简化为两个孤零零的中枢。

把这种看法推广到所有的走势中，那么任何走势图，其实就是一些级别大小不同的中枢。把这些中枢看成不同的星球，当下位置之上的星球，对当下位置产生向上的力；当下位置之下的星球，对当下位置产生向下的力。所有这些力的合力，构成一个总的力量。

市场当下的力，也就是当下买卖产生的力，买的是向上的力，卖的是向下的力，这也构成一个合力。前一个合力是市场已有走势构成的一个当下的力，后一个是当下的交易产生的力。研究这两种力之间的关系，就构成了市场研究的另一个角度，这也是一种释义的过程。

现在先别管什么力不力的，可以从纯粹中枢的角度，给背驰一个另外的释义。对 a+A+b+B+c，背驰的大概意思就是 c 段的力度比 b 的小了。不妨先假设 b+B+c 是一个向上的过程。站在 B 这个中枢的角度上，b 可以看成是向下离开中枢 B，而 c 可以看成是向上离开中枢 B。所谓顶背驰，就是最后这个中枢，向上离开的力度比向下离开的力度要弱。

中枢有这样的特性，就是对无论向上还是向下离开的力，都具有相同的回拉作用。

既然向上离开比向下离开要弱，而向下离开都能拉回中枢，那么向上的离开当然也能拉回到中枢里。对于 b+B+c 向上的走势，就构成顶背驰。对于 b+B+c 向下的走势，就构成底背驰。对于盘整背驰，这种分析也一样有效。

其实，站在中枢的角度，盘整背驰与背驰，本质上是一样的，只是力度、级别以及在走势中出现的位置不同而已。

同样，站在纯中枢的角度，a+A+b+B 中，其中 B 级别大于 A 的这种情况就很简单了。这时候，并不必然地 B 后面就接着按照原方向继续，而是可以进行反方向的运行。

例如，a+A+b+B 是向下的，而 a+A+b 其实可以看成是对 B 的一个向上离开的回拉。对于中枢来说，并没有要求所有的离开都必须按照上 - 下 - 上下的次序，一次向上的离开后，再一次出现向上的离开，完全是允许的。站在这个角度，从 B 直接反转向上，就是很自然的事情。

如何判断这个反转是否能够成功？不妨把这个后续的反转写成 c，那么只要比较一下 a+A+b 与 c 这两段的力度就可以了。因为中枢 B 对这两段的回拉力度是一样的，如果 c 比 a+A+b 弱，当然反转不成功，也就意味着一定要重新回到中枢里。在最强的情况下，至少也有一次回拉，以确认能否构成一个第三类买点。

a+A+b 与 c 的力度比较，与背驰的情况没什么分别，只是两者的方向不同而已。

如果用 MACD 来辅助判别，背驰比较的黄白线和柱子面积，都在 0 轴的一个方向上，例如都在上面或下面。而 a+A+b 与 c 就分别在不同的方向上，因而不存在黄白线回拉的问题。但有一点是肯定的，就是黄白线至少要穿越一次 0 轴。

这几天大盘的走势，就是对这种情况的一个最标准的演示。下面简略分析一下。

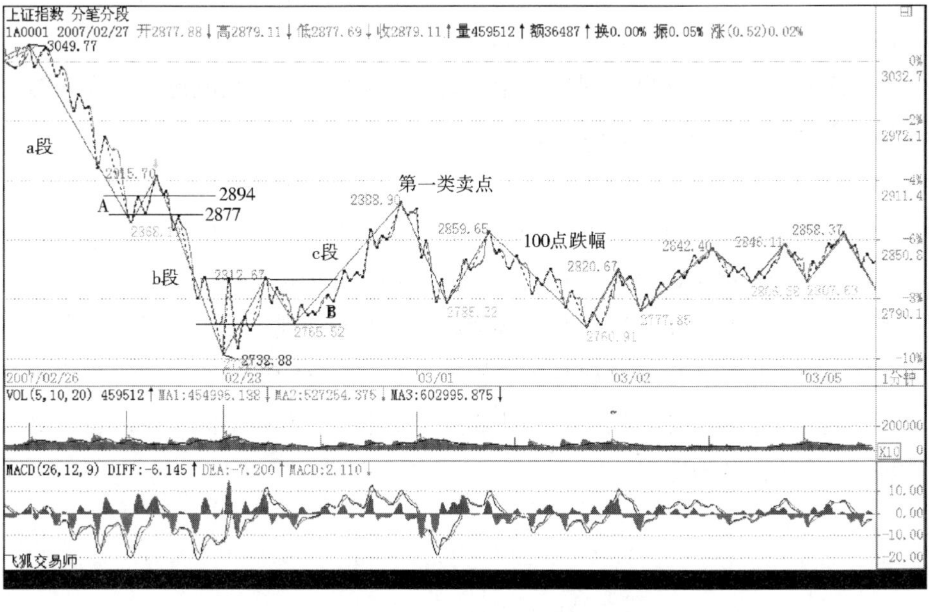

图 33-3 上证指数 2007 年 2 月 27 日前后走势多义性分析

大盘2007年2月27日9:45运行到2月28日9:45，刚好4小时，构成a+A+b。其中的A，在15分钟图上看不清楚。在1分钟图上，是2007年2月27日13:06到2月27日13:37，中枢的区间是2877到2894点。中枢波动的高点，也就是b的起跌点是2915点。

c段大致从2007年2月28日11:00算起，这个c要反转成功，其力度在相同级别内至少不能比b的力度小。这可以用MACD指标来辅助分析，也可以从一个最直观的位置来分析，就是价格必须能重新回到b的起跌点。

这就如同向天上抛球，力度大的如果还抛不高，那怎么能算力度大？至于c能不能回到b的起跌点，可以分析c内部的小级别。如果c出现顶背驰时还达不到该位置，那么自然达不到了。

这种分析都是当下的，不需要预测什么。有人问为什么要看2915点，道理就在这里。至于还让大家看5日均线，只是怕大家看不懂而给出的一个辅助办法。有了这么精确的分析，所有的均线其实都没什么意义了。

如果c的力度不够，那么自然就要回到B里，所以后面的走势就是极为自然的。站在这个角度，2888点的第一卖点没走，那么2007年3月1日11:00的2859点也该走了。这也可以看成是对B的再次离开，这次力度显然更小。

走了之后，要等回跌以后，看情况再决定是否回补。后面又出现了100点的回跌，然后出现底背驰，当然就是一个完美的回补点了。

总体来说，围绕中枢的操作原则很简单。每次向下离开中枢，只要出现底背驰，那么就可以介入了。然后看相应回拉出现顶背驰的位置，是否能超越前面一个次级别向上段的顶背驰高点，不行一定要走。行也可以走，但次级别回抽一旦不重新回到中枢里，就意味着第三类买点出现了，就一定要买回来。

如果从底背驰开始的次级别回拉不能重新回到中枢里，那么就意味着第三类卖点出现，这时必须走，然后等待下面形成新的中枢，之后重复类似过程。

围绕中枢的操作，其实就这么简单。当然，没有本ID的理论，是不可能有如此精确的分析的。就像没有牛顿的理论，人们只能用神话去讲述一切关于星星的故事一样。

不过上面的分析都是针对指数的，个股的情况必须具体分析。

很多个股，只要指数不单边下跌，就会活跃，不爱搭理指数，所以不能完全按指数来操作。其实对于指数，最大的利益在期货里。不过期货的情况有很大的特殊性，因为期货是可以随时开仓的，和股票交易凭证数量的基本稳定有所不同，所以在力度分析等方面，就有很多不同的地方。

缠论点睛

1. 某级别中枢出现 6 段延伸，可以认为该中枢出现了级别扩展。6 段延伸加上形成中枢的 3 段，一共 9 段，这就相当于 3 个本级别中枢重合，所以就形成了更高级别的中枢。

2. 本课给出了背驰和盘整背驰的另外一种释义。对于“a+A+b+B+c”类型的上涨，考察最后一个中枢 B。B 对 b 段向上回拉且回到中枢之中，那么对 c 段也有向下回拉作用。一旦 c 的力度比 b 弱，那么力度比 c 段更大的 b 段都能重新回到中枢 B 之中，则 c 段也必然会回到中枢。对于盘整背驰的分析亦复如是。

3. 本课给出了“a+A+b+B+c”走势中一旦 B 出现中枢级别扩展的另一种释义。以向下的 30 分钟趋势为例，出现级别扩展后,B 扩展为日线级别中枢。根据走势的结合律，该走势等价于 (a+A+b)+B+c，其中 a+A+b 可以看做是被 B 中枢回拉进中枢的走势。这里的 c 段，必然是 B 中枢次级别的走势。一旦 c 段向下力度比（a+A+b）弱，那么 c 段结束后的回抽，必然会回到扩展的中枢 B 之中。c 段不必然向下，如果 c 段向上但是力度弱于（a+A+b），那么 c 结束之后，大概率是要回到中枢 B 之中的。当然，不排除类似盘整背驰转化为第三类买点的情况，就是 c 段虽然力度比 (a+A+b) 弱，但一个回抽之后形成对中枢 B 的第三类买点。

投资微言

股票，可以不做，不做就不会有损失。但是绝对不能在你不舒服的地方做。你舒服的地方，那是你知识、经验转化为直觉后的当下直观，这是最弥足珍贵的。

教你炒股票34

宁当面首，莫成怨男

(2007-03-07 15:09:54)

面首，一种职业；怨男，一种自虐。面首常有，怨男更常有。怨男，无分贵贱，无关学问。李后主，一国之君，人生长恨水长东地成就一代怨词，也算怨得有点声色。

站在消费者的角度，面首总比怨男可爱得多。最不可爱的，当然就是怨男里的面首或面首中的怨男。股市中的失败男人，只有两种——面首与怨男，当然也就包括其中最不可爱的两者交集。

面首，被股票所消费着，被股票所玩弄着，被股票忽悠着从高位到低位间不断晃悠着。非怨男的面首有一个好处，就算是被股票玩弄了却还是很敬业，想方设法也要找点所谓宝典、秘笈，又可以继续傻忽忽、乐呵呵地敬业了。怨男，只会用嘴忽悠的人，或者去当股评骗骗人，或者每天对着股市这面镜子顾影自怜，或者就编编故事，对着往昔的梦境在梦里兴奋一把。总之，都不能玩真的，都是些企图用口眼就能制造快感的发育不良者。要快感就真刀真枪地来，总是当医疗器械的免费宣传者，那算什么事儿?

无论面首还是怨男，最大的共同点就是喜欢被玩弄。当一种面首或怨男的密码被输入后，这面首或怨男的程序就开始自动运行。其人，不过是傀儡而已，但竟然也乐在其中，也算天下之奇事。不摆脱这被各种情绪操控的傀儡命运，就无人可言。但更可怕的的是，很多人却深陷其中而不能自拔，甚至不能自知。

很多人，从一开始就自闭其路，一开始就是死路一条。例如，自以为高明地把股市当赌场，这样一双赌眼看股市，怎么闹都是一条赌命，其命运就由其最开始的所谓高明所决定了。“闻、见、学、行”，有如此闻，而有如此见，复有如此学，终有如此行。如此，股市就因各人自渎的想象而变成了众多股市参与者的坟墓。

正闻、正见、正学、正行，无此四正，想要在股市里有所成就，终究是无有是处。正，不是正确的意思。所谓正确，不过是名言之争辩。正，是正是，是当下。只有当下，才是正是。要当下闻，当下见，当下学，当下行，才是正闻、正见、正学、正行。

对于股市来说，只有走势是当下的。离开走势，一切都与当下无关。一切“闻、见、学、行”，只能依当下的走势而“闻、见、学、行”，离开这当下的走势，都是瞎闹。不符合当下走势的操作，上帝说正确也白搭。

由此可知，进入股市的人，首先要把所有面首、怨男的情绪和基因抛掉，化掉。如何能办到？也离不开当下，离不开在当下走势中的磨炼。当下的走势就是一切，一切股市的秘密就在其中。这秘密是大道，没有任何的遮掩，对任何人都一视同仁、明明白白地彰显着，你还向外求什么？而无数的人，还要争着玩骑驴找驴的游戏。

在股市中，初始资金的大小根本不重要，亏损是按百分比来的。所有的钱，无论你是从哪里涨起来的，在任何一个位置，变成0的几率是一样的。这个几率是当下存在的，任何人、任何时候都不可能摆脱。当下的走势，就如同一把飞速滚动的屠刀，任何与之相反的操作者，都在被屠杀之列。对与之顺着操作的人而言，那被屠的血就成了最好的盛宴。

也就是说，一旦你的操作陷入一种与当下走势相反的状态，任何该种状态的延续都意味着死亡。一旦进入这种状态，唯一正确的选择就是离开。

当然，走势是千变万化而有级别的。任何的当下，并不只是意味着1秒种的变化，而是根据你的资金以及操作级别来决定的。一直所说的操作级别，就是针对此而说的。例如，你根据资金等情况，决定自己的操作级别是30分钟的，那么30分钟所有可能发生的走势，都应该在你的计算之中。一旦你已有的操作出现与30分钟实际当下走势相反的情况，那么就意味着你将进入一个30分钟级别的屠杀机器里。这种情况下，只有一种选择，就是用最快的时间退出。

注意，这不是止损，而是一种野兽般的反应。

走势如同森林，野兽在其中有着天生的对危险的直觉。这种危险的直觉，总是出现在危险发生之前。而野兽更伟大的本事在于，一旦危险过去，新的觅食又将开始，原来的危险过去就过去了，不会有任何心理阴影，只是让自己对危险的知觉更加强大。

没有任何走势是值得恐惧的。如果你还对任何走势有所恐惧，有所惊喜，那么就表明你还是面首、怨男级别的，就应该继续在当下的走势中磨炼，让这一切恐惧、惊喜灰飞烟灭。这里只需要正闻、正见、正学、正行。

缠论点睛

1. 要摆脱被股票玩弄的命运，只有专注于当下。当下闻，当下见，当下学，当下行，才是正闻、正见、正学、正行。

2. 定好你的操作级别，这是前提。回避任何你操作级别上与你的头寸方向相反的运动。譬如你操作30分钟级别的上涨，那么任何30分钟的下跌都要回避。

投资微言

市场不会理会你的看法，只会根据合力的方向前进。

教你炒股票35

给基础差的同学补补课

(2007-03-09 11:51:34)

前面的课程，最基础的东西无非两个方面:（1）中枢;（2）走势类型及其连接。这两方面是相互依存的。如果没有走势类型，中枢无法定义；而没有中枢，走势也无法分出类型。

如果理论就此打住，那么一个循环定义就不可避免。要解决该循环，级别的概念是不可缺少的。有了级别，一个严格的递归式定义才可以展开。

所谓最低级别，就如同量子力学的量子概念。物理世界不是想当然地可以被无限细分的，市场交易同样如此。

在最严格的定义中，每笔交易是最低级别的，连续3笔相同价位的交易，就构成最低级别的中枢。有一个最低级别中枢的走势，就是最低级别的盘整走势类型；有两个最低级别中枢的走势，就是最低级别的趋势；如果第二个中枢比第一个高，就是上涨趋势，反之就是下跌趋势。

一般来说，假设依次存在着n（n>2）个中枢，只要依次保持着第n个中枢比第n–1个高的状态，就是上涨走势类型的延续；依次保持着第n个中枢比n–1个低的状态，就是下跌走势类型的延续。

显然，根据上面的定义，在最低级别的上涨里，只要也只有出现依次第n个中枢不再高于(即等于或低于)第n–1个中枢的状态，才可以说这个最低级别的上涨结束。最低级别下跌的情况与此相反。

上面就用最低级别的中枢，把走势在最低级别上进行了完全的分类。3个连续的最低级别走势类型之间如果发生重叠关系，也就是说3个连续最低级别走势类型所分别经过的价格区间有交集，那么就形成了高一级别的缠中说禅中枢。

有了该中枢定义，依照在最低级别上的分类方法，同样在高级别上可以把走势进行完全的分类。这个过程可以逐级上推，然后就可以严格定义各级别的中枢与走势类型，并且不涉及任何循环定义的问题。

如果严格按照定义操作，必须从最低级别开始逐步确认其级别，这样做太麻烦，在操作上也没有多大意义，所以才有了后面的1分钟、5分钟、15分钟、30分钟、60分钟和日、周、月、季、年的级别分类。在这种分类的前提下，可以不太严格地说，3个连续 1 分钟走势类型的重叠，构成 5 分钟的中枢；3 个连续 5 分钟走势类型的重叠，构成 15 分钟或 30 分钟的中枢。在实际操作中，这种不大严格的说法不会产生任何原则性的问题，而且很方便，所以就采用了这种说法。对此必须再次明确。

以上这些内容，前面都反复提到过。但很多人好像还是糊涂，不妨最后再说一次。

显然，站在任意一个固定级别里，走势类型都是可以被严格划分的。例如，一个 5 分钟的走势类型，显然不可能包含 30 分钟的中枢。因为按照定义，一个单独的 5 分钟走势类型无论如何延续，也不可能出现一个 30 分钟的中枢。要形成一个 30 分钟的中枢，显然只能是 3 个以上 5 分钟走势类型的连接才可能。

走势类型与走势类型的连接，这两个概念不可能有任何含糊的地方。5 分钟走势类型，必须包含也最多包含 5 分钟级别中枢。至于是 1 个还是 5 个，都不影响 5 分钟走势类型的性质，只不过可以被分类成 5 分钟级别的盘整类型还是趋势类型而已。

显然，一个高级别的走势类型，必然是由几个低级别的走势类型连接而成，但不一定都是次级别的走势类型。例如，a+B+b，B 是 30 分钟中枢，由 3 个 5 分钟走势类型构成，a、b 是 1 分钟走势类型，那么 a+B+b 这个 30 分钟走势类型就能分解成 2 个 1 分钟走势类型和 3 个 5 分钟走势类型的连接。但我们还可以通过拆散重分，使得一个高级别的走势类型，必然是由几个次级别的走势类型连接而成。

由于中枢里至少有 3 段次级别走势类型，所以就有了缠中说禅走势分解定理二：任何级别的任何走势类型，都至少由 3 段以上次级别走势类型构成。

例如，还是上面 a+B+b 的例子，估计很多人怎么都看不出为什么这个分解定理一定成立。其实不妨假设 B 中有 3 段 5 分钟走势类型，分别表示为 B_1、B_2、B_3，那么 $a+B+b=a+B_1+B_2+B_3+b=(a+B_1)+B_2+(B_3+b)$，显然（$a+B_1$）、$B_2$、（$B_3+b$）都是 5 分钟走势类型，这就是该分解定理所说的东西。用抽象的话说，就是走势类型的连接这种运算是符合结合律的。但走势类型的连接运算不符合交换率，这就是该运算的特别之处。

只要明白了走势类型连接运算的结合性，那么就不难明白缠中说禅走势分解定理一：任何级别的任何走势，都可以分解成同级别的盘整、下跌与上涨三种走势类型的连接。

走势是客观的，而用什么级别去分析走势却是主观的。根据缠中说禅走势分解定理一，任何级别的任何走势，都可以分解成同级别盘整、下跌与上涨三种走势类型的连接。那么就意味着，按某种级别去操作，就等于永远只处理三种同一级别的走势类型及其连接。

还是上面 a+B+b 的例子，站在 5 分钟级别的角度，这里有 3 个走势类型的连接；站在 30 分钟级别的角度，就只有一个走势类型。

前面反复强调首先要确定自己操作的级别，就是要确定自己究竟是按什么级别来分析、操作的。例如，5 分钟级别上 – 下 – 上三段，意味着在 5 分钟级别上有 2 个底背驰、2 个顶背驰，按买点买、卖点卖的原则，就有 2 次完整的操作；而按 30 分钟级别看，这里就没有买卖点，所以无须操作。

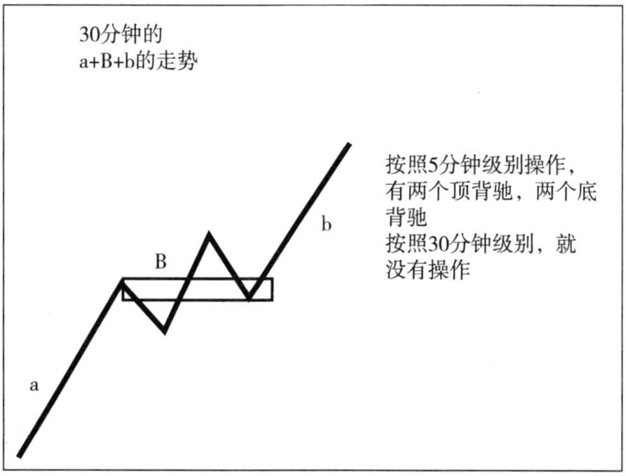

图 35–1 30 分钟的 a+B+b 走势

从纯理论的角度说，操作级别越低，相应的效率越高。但实际操作级别是不可能随意低的，究竟按什么级别来分析、操作，和你的资金量大小等具体条件相关。

例如在 T+1 的情况下，按照 1 分钟以下级别去操作，就面临着不能顺利兑现的风险。系统的操作，要把所有可能的情况都考虑在内，因此完全按 1 分钟以下的级别去操作是不可能的，除非是 T+0。

此外，操作级别越小，平均的买卖点间波幅也越小。那些太小的级别，不足以让交易成本、交易误差等相对于买卖点的波幅足够小。这样的操作，从长期的角度看，是没有意义的。

所谓交易误差，可以包括很多，例如你看见买点，到你实际操作完成，必然有一个时间差，因此也就有了价位上的差别。这种差别对于大级别操作来说无所谓，但对特别小的级别来说，就需要特别精确，从长期来说，这是不可能达到的。

因此要根据各种情况，相应地定好自己的操作级别，这样就可以按照相应的级别来分析、操作。也就是说，一旦该级别出现买卖点，你就必须进入或者退出。也就是说，在你的操作级别上，你是不参与任何盘整或下跌走势类型的。

有人曾问本 ID，为什么 2001 年后 4 年都不看股票？很简单，就因为在本 ID 的操作级别上出现了卖点，所以就全部退出了，等有了相应的买点再考虑介入。

制定了相应的级别，是否按照次级别以下进行部分操作，那是操作风格的问题。实际上是应该安排这种操作的，特别是当进入一个你的操作级别的次级别盘整或下跌，这是你可以忍受的最大级别非上涨走势，当然要操作一下，以降低自己的成本。

如果你的操作级别很大，那么其次级别的次级别，也可以用来进行部分的操作。这样整个操作就有了一定的立体性，从而能进行把成本降低这唯一能降低风险的活动。只有当成本为 0 时，才算真正脱离风险。

根据缠中说禅走势分解定理，很容易就能证明缠中说禅买卖点级别定理：大级别的买卖点，必然是次级别以下某一级别的买卖点。

还用上面的例子来说明：$a+B+b=a+B_1+B_2+B_3+b=(a+B_1)+B_2+(B_3+b)$，最后的$(B_3+b)$形成 30 分钟的买卖点，那么自然其极限点在 b 上。对 b 进行分解，如果该极限点不是 b 的买卖点，那么就意味着 b 还没有完成，还要延伸下去。那么这极限点自然也不会是(B_3+b)的极限点，这就矛盾了。

但是大级别的买卖点不一定就是次级别的买卖点。在这个例子里，b 可以是 1 分钟级别的走势类型，就不是 30 分钟级别的次级别了。所以只能说是次级别以下某一级别的买卖点。这也是有时候一个 1 分钟级别的顶背驰，就会引发大级别下跌的原因。在最规范的走势中，该大级别的买卖点刚好是下面所有级别的买卖点。

缠论点睛

1. 走势类型由中枢确定，而中枢又由次级别走势类型确定。为了避免循环定义，必须设定最低级别。最低级别上的走势类型，是由分型、笔、线段来确定的。操作上，投资者应该按照自己的资金状况、技术水平、反应速度等，来设定自己的最低级别以及操作级别。

2. 一个高级别的走势类型，必然是由几个低级别的走势类型连接而成的，但不一定都是次级别的走势类型。因此可以说。大级别的买卖点必然是次级别以下某一级别的买卖点。

3. 理论上说，级别越低，资金利用率越高。但由于国内 A 股实行 T+1 的交易制度，级别越小，越容易被堵到交易通道中无法兑现。加上小级别的波幅小，以及交易误差的存在，会使你按照小级别操作的差价无法抵消交易成本。而且操作越频繁，出错的概率越高。因此太小的级别是无意义的。

4. 对于较大级别的操作，比如周线级别，安排日线甚至是 30 分钟的短差是必要的，否则如何能把成本降低到 0！

投资微言

机会不是天天有，过度投机，只会事倍功半。

教你炒股票36

走势类型连接结合性的简单运用

(2007-03-13 09:00:49)

上节课提到走势类型连接运算的结合性，也就是走势类型的连接符合结合律，即A+B+C=（A+B）+C=A+（B+C），A、B、C的走势类型级别可以不同。站在多义性的角度，根据该结合律，就不难知道，任何一段走势，都可以有很多不同的释义。

必须注意，多义性不是含糊性。一个含糊的理论，其分类、概念等呈现的含糊性，只能证明该理论基础的含糊。而多义性，是站在一个严格、精确的理论基础上，用同一理论的不同视角对同一个现象进行分析。

一个最简单的释义角度就是级别。任何一段走势，都可以根据不同的级别进行分解，不妨用An−m的形式表示根据n级别对A段进行分解的第m段，就有 $A=A_{1-1}+A_{1-2}+A_{1-3}+\cdots+A_{1-m1}=A_{5-1}+A_{5-2}+A_{5-3}+\cdots+A_{5-m5}=A_{30-1}+A_{30-2}+A_{30-3}+\cdots+A_{30-m30}=A_{日-1}+A_{日-2}+A_{日-3}+\cdots+A_{日-m日}$，显然这些分解都符合本ID理论。而根据某级别进行操作，站在纯理论的角度，无非等价于选择该等式列中某个子式进行操作，这在上一课中已经有具体说明。

还有一种应用，就是关于走势的当下判断。当下判断，其基础在于采取的分解方式。例如，一个按5分钟分解的操作角度，与一个按30分钟分解的操作角度，在同一时间看到的走势意义是不同的。更重要的是，在5分钟分解中完成的走势，在30分钟却不一定完成。

例如A+B，A、B都是5分钟的走势类型，那么A+B走势，对于30分钟的分解就是未完成的，因为一个完整的走势类型必须至少有三段次级别走势类型。根据走势必完美的原则，未完成的走势必完成。也就是说，站在不同的分解角度，可以在当下看到不同级别的未完成走势根据走势必完美原则产生的运动。

还有一种应用，就是把走势重新组合，使得走势更加清晰。

很多人一看走势就晕，最主要的是不了解走势连接的结合性。任何走势，在结合律上都可以重新组合，使得走势显示明显的规律性。

假设A+B+C+D+E+F，A、C、E是5分钟级别的，B、D、F是30分钟级别的，其中还有延伸等复杂情况。这时候，就可以把这些走势按5分钟级别重新分解，然后按中枢的定义重新组合走势。按结合律的方法，把原来的走势分解变成A'+B'+C'+D'+E'+F'，使得 A'、B'、C'、D'、E' 都是标准的 30 分钟级别，最后的 F' 变成在 30 分钟意义上未完成的走势。这样进行分析，就会很明晰了。当然，具体的组合有很多种可能，如何根据当下的走势选择一种最有助于指导操作的组合，就是考功夫的事情。

这种根据结合律的最佳组合，是根据市场当下走势随时变化的，而所有的变化，都会符合理论要求，而且不会影响实际操作，同时又对实际操作提供更有力的帮助。

如图 36–1，在上证指数 2007 年 3 月份的走势中，30 分钟图上，2760 点到 2858 点形成了一个 30 分钟中枢，2007 年 3 月 8 日 10：00 的 5 分钟回抽，确认了一个第三类买点。其后继续走出一个新的 30 分钟中枢，而 2007 年 3 月 8 日 10：00 的 5 分钟回抽低点 2871 点，比上一中枢的最高点 2888 点要低。后来出现的 2007 年 3 月 7 日 13：30 开始的这个 30 分钟中枢出现延伸，这样我们就可以对这个分解进行重新组合，给出一个更清晰的组合方法。

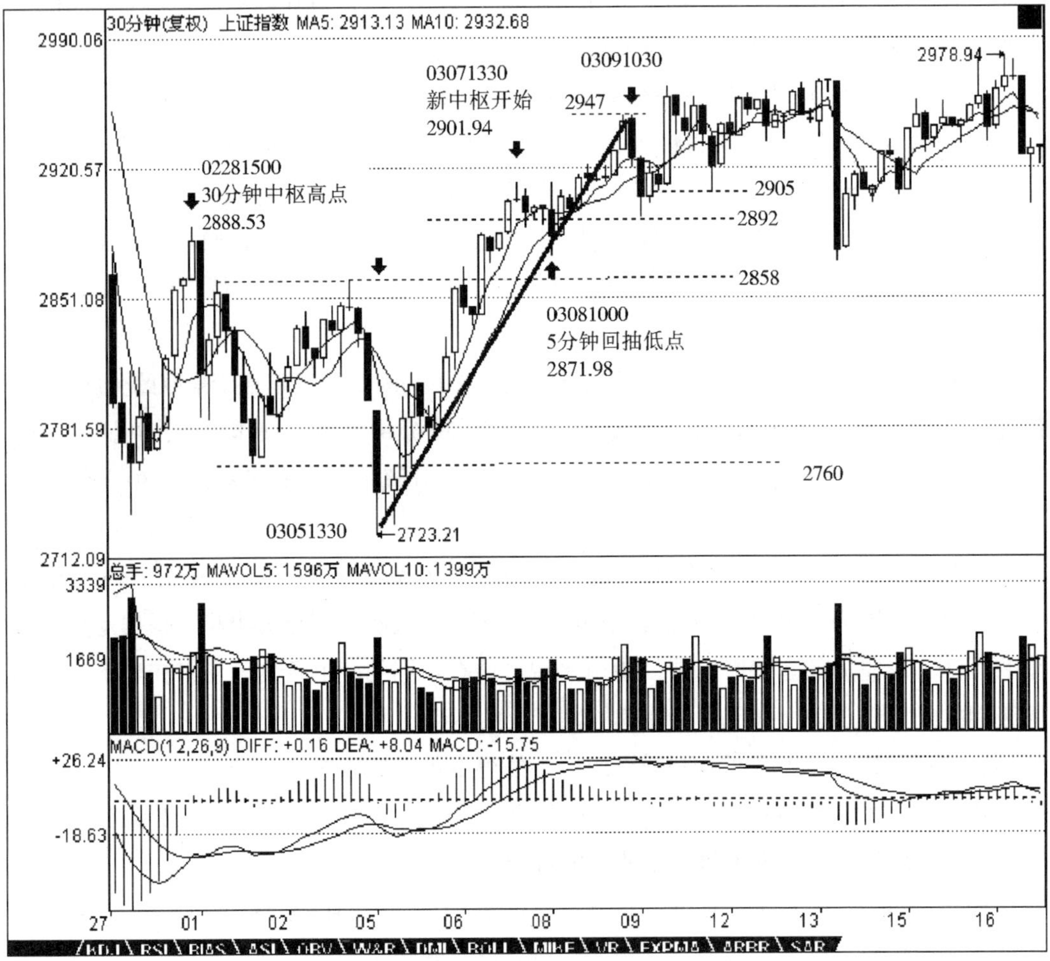

图 36–1 上证指数 2007 年 3 月 30 分钟 K 线走势图

2007年3月8日10:00的5分钟回抽组合，到2007年3月5日13:30开始的这段5分钟走势，形成一个5分钟的上涨，然后新的30分钟中枢就从2007年3月9日10:30开始。

这样分析的优点在于，这个中枢震荡的低点2892点比2888点高。如果其后的震荡不出现跌破2888点的走势，那么一个30分钟的上涨走势就形成了。但在这个新的中枢被一个新的第三类买点有效突破前，依然存在震荡跌破2888点甚至最终确认中枢扩展的可能。这样的重新组合，对看图就有了帮助。

当然，站在纯中枢的角度，依然可以坚持让新中枢从2007年3月7日13:30开始，这样对具体的操作也没有太大影响，但在判断上就没有重新组合后看起来方便了。

注意，这种重新组合，不涉及任何预测性。

有人可能要问，为什么不一开始就把2007年3月8日10:00的5分钟回抽，组合到2007年3月5日13:30开始的这段5分钟走势中？因为这样组合不利于操作。站在这种组合下，2007年3月8日10:00回抽的第三类买点的意义并没有被揭示，而是仅仅局限在一个小的5分钟走势范围内。按照这种组合，就会很恐慌地等待背驰。

之所以出现这样的问题，是因为对走势的理解不够深刻，看不到不同组合反映的意义。当然，任何组合的反映都是有意义的，对这些组合意义的全面把握，就是一个工夫上的长进了。

此外，组合的一个要点在于尽量避繁就简。中枢扩展比较复杂，如果有组合能使得不出现中枢扩展，当然采取这种组合更有意义。

有人可能要问，那么中枢扩展的定义是否不适用？当然适用！中枢扩展的定义是在两个中枢都完全走出来的情况下定义的。实际操作中，往往第二个中枢还没有走完，还在继续延伸中，除非出现明确的、符合理论定义的破坏，可以根据有利于判断、操作的原则，对走势进行当下的组合。

必须强调的是，当下采取什么组合，就要按该种组合的具体图形意义来判断和操作。例如，现在把2007年3月9日10:30当成新的30分钟中枢的起点，那么中枢的位置就变成2947点到2905点，这样后面第三类买点的位置就有了新的标准。

当然，你依然可以继续按2007年3月7日13:30开始的30分钟中枢分析，这样中枢的位置就是2911点到2892点，那么第三类买点的位置可能也就不同了。

还有一种更重要的应用，就是在中枢的震荡中，围绕中枢的震荡不一定都是次级别的。例如，一个日线中枢，围绕它的震荡完全可以是30分钟以下的任意级别，甚至是一个跳空缺口。

比如有些股票，完全可以今天一字涨停，明天一字跌停，跳来跳去的。这种走势，一般人看着就晕了。但如果明白走势连接的结合性，就知道无论怎么跳，最终都要形成更大级别的走势。只要不脱离这个日线中枢，最后都至少会形成30分钟级别的走势。

任何围绕日线级别中枢的震荡，最终都必然可以按如下方式进行分解：$A_{30-1}+A_{30-2}+A_{30-3}+\cdots+A_{30-m30}+a$，a是未完成的30分钟走势类型。只要a依然围绕日线中枢继续震荡，那么a一定最终会完成30分钟的走势类型。显然，这里$m_{30}<9$，否则就会变成周线的中枢了，这样整个分解就要按日线来进行，道理则是一样的。

不过，更有实际意义的是，上面的a如果不再围绕日线级别中枢震荡，例如，假设a是一个5分钟级别的走势类型，而且其后一个5分钟级别的反抽也不回到中枢里，按照日线中枢来分析，这并不构成第三类买卖点。但对于A_{30-m30}，可能就构成30分钟的第三类买卖点。

由于走势都是从未完成到完成，都是从小级别不断积累而来，因此对于真正的日线第三类买卖点来说，这A_{30-m30}的第三类买卖点，肯定在时间上出现得要早。对于A_{30-m30}来说，这样操作绝对安全，但是对于日线却不一定，因为这个A_{30-m30}的第三类买卖点后完成的30分钟走势，可以用一个30分钟走势又重新回到日线中枢里继续围绕中枢进行震荡。

这个A_{30-m30}的第三类买卖点依然有参与的价值，因为如果其后的30分钟走势出现趋势，最后真的出现了日线的第三类买卖点，往往就在30分钟级别的第二个中枢附近就形成了，根本回不到这个A_{30-m30}的第三类买卖点位置。因此这样的买卖点，即使不符合你的操作级别，例如，如果你是按日线级别操作的，但一旦出现这样的A_{30-m30}第三类买卖，至少要引起你足够的重视，完全可以适量参与了，一旦其后出现趋势类走势，就要特别注意了。

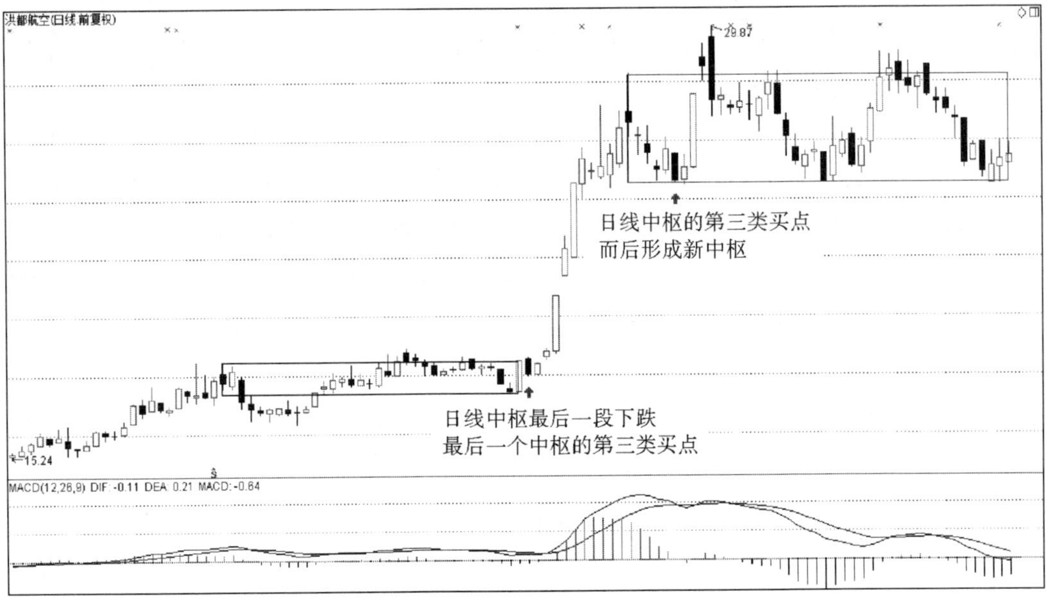

图36-2 洪都航空（600316）2014年8月前后日K线走势图

不应该对走势进行任何预测，但所有已经走出来的走势，却可以根据级别与结合律等随意组合。无论如何组合，在该组合下，都必然符合本ID的理论。而任何最终的走势，都在所有组合中完全符合本ID的理论，这也是本ID理论的神奇之处：无论你怎么组合，都不会出现违反本ID理论的情况。

能否找到最合适的组合以适应操作，以及根据不同的组合对走势进行综合分析，这就和经验有关了。这些最适合的分解，都是有相应答案的，关键是你能否看出来，而这根本不涉及任何预测，只是对已有走势的分解，与对理论的把握和图形的熟悉度相关。

这些都是最基本的工夫，但必须在当下的走势中不断磨炼，才能真正掌握。

缠论点睛

1. 任何一段走势都可以根据不同级别进行分解，从而寻找最有利于操作的那个级别。

2. 走势类型可以通过结合律进行重新组合，然后根据市场的当下走势和避繁就简的原则，选择最有利于操作的组合。

3. 围绕中枢震荡的走势，不一定都是次级别的，有的甚至可能是最低级别的缺口。但只要不脱离中枢，总能组合成次级别的走势类型。

4. 以日线上涨为例，一旦中枢被比次级别更小级别的走势类型，比如5分钟的上涨突破，且5分钟的回抽不进入日线级别中枢区间，这虽然不能形成标准的日线第三类买点，但这30分钟级别的第三类买点意义更大。级别越小，其能量越大。这种情况下，往往会加速上涨，从而出现第三类买点远离中枢的情况。特别是对于那些大阳线、缺口等强有力的方式突破中枢的股票，不能傻等所谓的本级别第三类买点，这时候就要切换级别，根据小级别的买点介入。

投资微言

要杜绝一根筋思维，保持一定的灵活性。但灵活也要适度，过犹不及。

教你炒股票 37

背驰的再分辨

(2007-03-16 11:51:32)

背驰的问题说过多次，但发现还有很多误解。不妨用最典型的 a+A+b+B+c 为例子，把一些经常被混淆的细节予以说明。

没有趋势，就没有背驰，不是任何 a+A+b+B+c 形式的走势都有背驰的。当说 a+A+b+B+c 中有背驰时，首先要确认 a+A+b+B+c 是一个趋势。作为一个趋势，就意味着 A、B 是同级别的中枢，否则就只能看成是其中较大中枢的一个震荡。

例如，如果 A 的级别比 B 大，就有 a+A+b+B+c=a+A+（b+B+c），a 与（b+B+c）就是围绕中枢 A 的一些小级别波动。这样是不存在背驰的，最多就是盘整背驰。

当然，对于最后一个中枢 B，背驰与盘整背驰有很多类似的地方，用多义性，可以把 b、c 当成 B 的次级波动。但多义性只是多角度分析，不能有了把 b、c 当成 B 的次级波动这一个角度，就忘了 a+A+b+B+c 是趋势，且 A、B 级别相同这一现实。多义性不是含糊性，不是怎么分都可以，这是必须不断反复强调的。

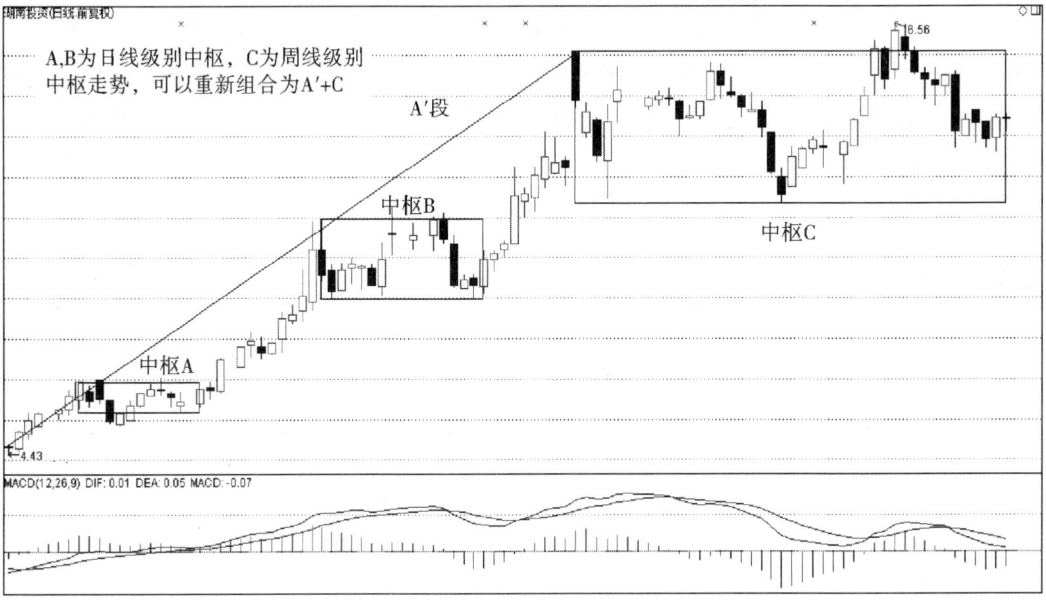

图 37–1 湖南投资（000548）日 K 线图中的走势重新组合

其次，c 必然是次级别的，并且至少包含对 B 的一个第三类买卖点，否则就可以看成是 B 中枢的小级别波动，完全可以用盘整背驰来处理。而 b 是有可能小于次级别的，力度最大的就是连续的缺口。

也就是说,b 在级别上是不能大于 c 的。例如，如果 b 是次级别，而 c 出现连续缺口，即使 c 没有完成，最终也会延续成次级别，但 c 出现背驰的可能性就很小了。就算出现背驰，也要特别留意，因为出现最弱走势的可能性极大。

还有，如果 a+A+b+B+c 是上涨，c 一定要创出新高;a+A+b+B+c 是下跌，c 一定要创出新低。否则，就算 c 包含 B 的第三类买卖点，也可以对围绕 B 的次级别震荡用盘整背驰的方式进行判断。

对 c 的内部进行分析，由于 c 包含 B 的第三类买卖点，则 c 至少包含两个次级别中枢，否则满足不了次级别离开后次级别回拉不重回中枢的条件。这两个中枢构成次级别趋势的关系，是最标准最常见的情况。这种情况下，就可以继续套用 a+A+b+B+c 的形式进行次级别分析，确定 c 的内部结构里次级别趋势的背驰问题，形成类似区间套的情况，这样对其后的背驰就可以更精确地进行定位了。

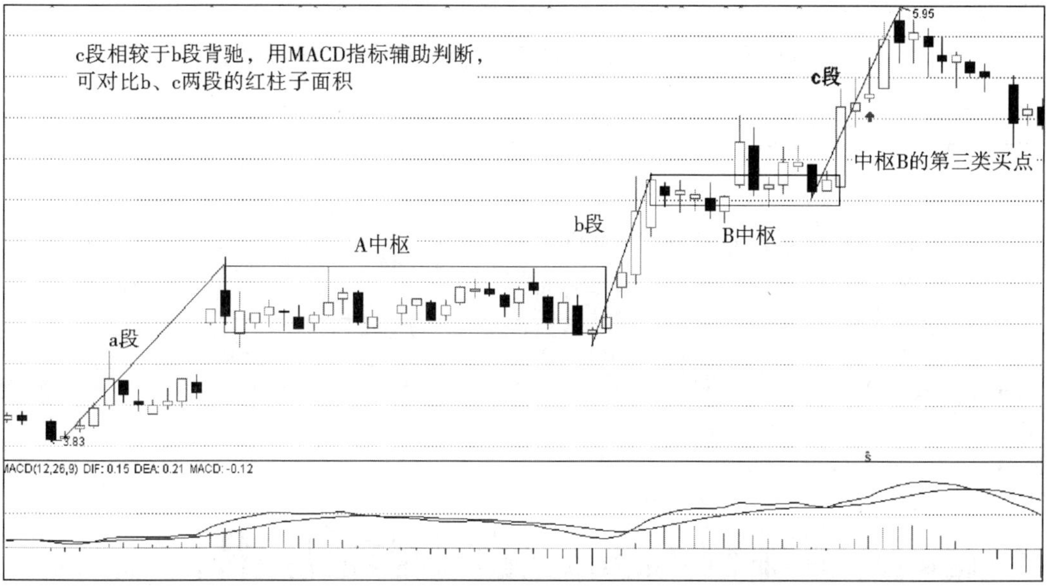

图 37–2 a+A+b+B+c 形式的上涨中，标准的背驰判断

大盘 2007 年 3 月 16 日的走势，当前来看，如果要摆脱目前的中枢，没有金融股的配合，基本上是不可能的。但由于某类人对金融股掌控得比较厉害，短线的攻击没问题，要来一个持续的攻击就有点困难了。

不过站在中线角度，金融股依然还是一大早的观点。用工商银行（601398）为例子来进行说明，就是围绕 5 元上下的一个大级别震荡。要大跌，打压的人是要付出代价的。

顺便说一句，中国银行（601988）里的空头实力小点儿。中行有奥运概念，业绩也比较好一些，能否改造成一个反空头的武器，成为一个突破口，还需要很大的努力。

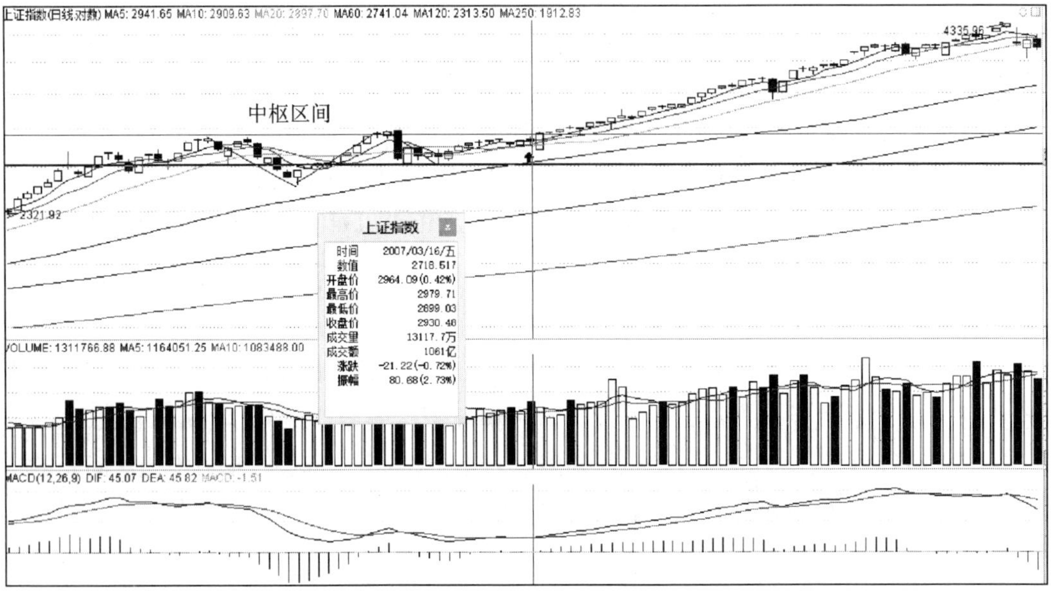

图 37-3　上证指数 2007 年 3 月 16 日前后 K 线走势图

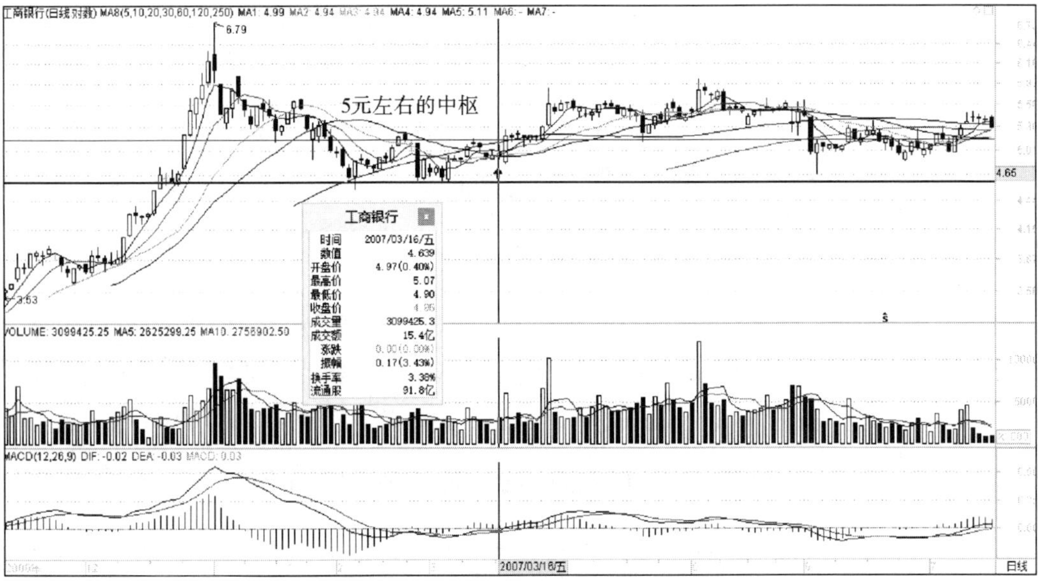

图 37-4　工商银行（601398）2007 年 3 月 16 日前后 K 线走势图

其实这种改造已经不是一天两天的事情，中行这几天已经连续比工行股价高了，这就是成绩。斗争是残酷的，是复杂的，不能赤膊上阵，要用最充分的耐心去消耗空头的实力。

大盘走势，很简单，在第三类买点出现前，继续震荡。这种走势已经反复很多次了，应该熟练应对了。

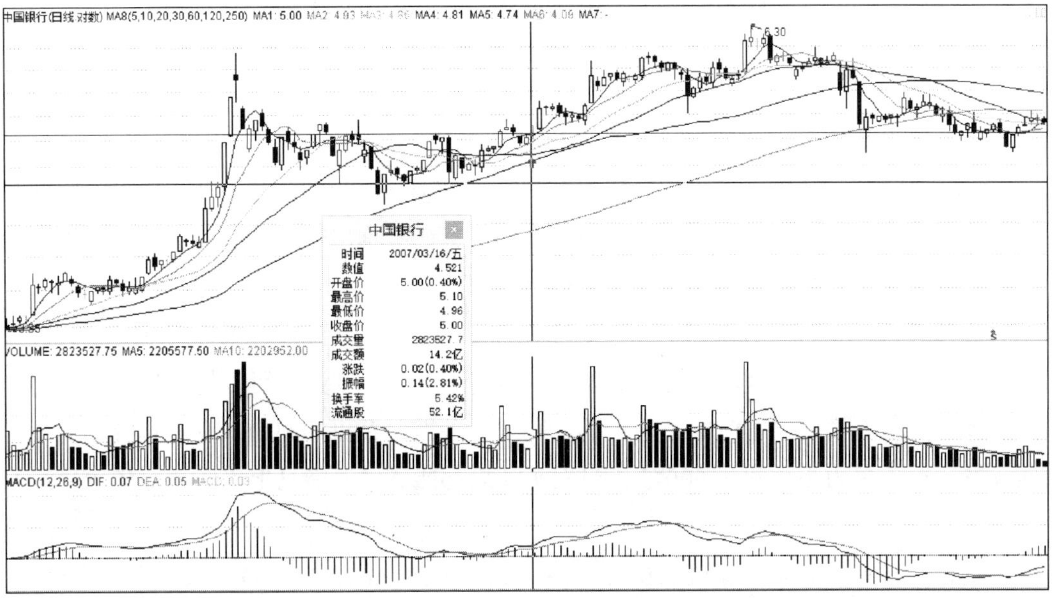

图 37-5 中国银行（601988）2007 年 3 月 16 日 K 线走势图

缠论点睛

1. 要出现背驰，至少要有两个同级别的中枢。以 30 分钟 a+A+b+B+c 形式的上涨为例，A 和 B 必须是同级别的中枢；c 段必须包含一个 B 中枢的第三类买点，否则可以按照盘整背驰来处理；c 段必然是次级别的，而 b 段则可以是次级别以下级别的；c 段必然创出新高，这里的新高是指 a+A+b+B+c 这段走势类型的新高。

2. 很多情况下，趋势最后一个中枢的盘整背驰，就会造成该趋势反转。这需要特别引起注意。

投资微言

在市场中漫天撒网是不足取的，集中精力分析几种股票，操作起来更容易。

教你炒股票38

走势类型连接的同级别分解

(2007-03-21 15:23:21)

站在纯操作的角度，由于任何买卖点归根结底都是某级别的第一类买卖点，因此只要搞清楚如何判断背驰，然后选好适合的级别，当该级别出现底背驰时买入，出现顶背驰时卖出，就“一招鲜”，也足以在市场上混好了。

不过任何事情都应究底穷源。这有点儿像练短跑，跑到最后，提高0.01秒都很难。越往后，难度和复杂程度就会越深。如果一时啃不下来，就选择可以把握的，先按明白的选择好的操作模式。等市场经验多了，发现更多需要解决的问题，有了直观感觉，再回头看，也不失为一种学习的方法。当然，如果都能看懂并能马上实践，那样效果最好了。

前面谈了有关走势类型连接的多义性问题。虽然已经多次强调多义性不是含糊性，但不少人依然会产生误解，认为走势可以胡乱分解，这是不对的。

多义性是与走势的当下性密切相关的，对已经完成的走势类型进行相应的分解，就如同解决问题设定不同的参数。虽然参数的设定有一定的随意性，但一个好的参数设定，往往会使问题的解决变得简单。根据结合律，如何选择一种恰当的走势分解，对把握当下的走势极为关键。

一个好的分解，在其分解规则下，必须保证分解的唯一性，否则这种分解就绝对不可能是好的分解。其中最简单的分解方法，就是同级别分解。所谓同级别分解，就是把所有走势按照某个固定级别的走势类型进行分解。根据缠中说禅走势分解定理，同级别分解具有唯一性，不存在任何含糊和胡乱分解的可能。

同级别分解的应用，前面已多有论述。例如，以30分钟级别为操作标准的，就可以用30分钟级别的分解进行操作。对任何图形，都分解成一段段30分钟走势类型的连接，操作中只选择其中的上涨和盘整类型，避开所有的下跌类型。

对于这种同级别分解视角下的操作，永远只针对一个正在完成着的同级别中枢。一旦该中枢完成，就继续关注下一个同级别中枢。

注意，在这种同级别的分解中，不需要中枢延伸或扩展的概念。对于30分钟的走势类型来说，只要5分钟级别的三段上－下－上或下－上－下类型有价格重合的区间就构成中枢。如果5分钟的走势类型延伸出6段，那么就当成两个30分钟盘整类型的连接。在这种分解中，是允许“盘整 + 盘整”的情况出现的。

注意，以前说不允许“盘整 + 盘整”的连接方式，其前提是非同级别的分解，不要把二者搞混了。

有人可能马上会问，同级别分解的次级别分解，是否也是同级别分解的。答案是，不需要。这在思维上可能很难转过弯，因为一般人都喜欢把一个原则在各级别中统一运用。实际上，你完全可以采取这样的分解形式，就是只在某级别中进行同级别分解，而继续用中枢扩展、延伸等确定其次级别。这里只涉及一个组合规则的问题，而组合的规则是为了方便操作以及判断，只要不违反连接的结合律以及分解的唯一性，就是允许的。问题的关键在于是否明晰，并且易于操作。

说得深入一点，走势分解、组合的难点在于：走势有级别，而高级别的走势是由低级别构成的。处理走势有两种最基本的方法，一种是纯粹按照中枢来，一种是纯粹按走势类型来，但更有效的是在不同级别中组合运用。因此可以完全合理、不违反任何理论原则地制定出这样的同级别分解规则：在某级别中，不定义中枢延伸，允许该级别上的盘整 + 盘整连接；与此同时，规定该级别以下的所有级别都允许中枢延伸，不允许盘整 + 盘整连接。至于该级别以上的级别，根本不予考虑，因为所有走势都按该级别给分解了。

用结合律很容易证明，按照以上同级别分解规则，对走势类型的划分是唯一的。这种分解，对于机械化操作十分有利。这里无所谓牛市熊市，如果分解的级别规定是 30 分钟，那么只要 30 分钟级别上涨就是牛市，否则就是熊市。

在这种分解的视角下，市场被有效地肢解成一段段 30 分钟走势类型的连接。如此分解，如此操作，如此而已。

注意，这种分解方法是可以结合在更大的操作系统里运用的。例如，你的资金有一定规模，那么你可以设定某个量级的筹码，按某个级别的分解来操作；另一个量级的筹码，则按另一个更大级别的分解来操作。这就如同开了一个分区卷钱的机器，机械地按照一个规定的节奏去吸市场的血。这样不断地机械操作下去，成本就会不断降低。这种机械化操作的力量是很大的。

其实，根本无须关心个股的具体涨幅有多少，只要股性足够活跃，上下振幅大，这种机械化操作产生的利润是与时间成正比的。只要时间足够长，就会比任何单边上涨的股票产生更大的利润。你甚至可以对所有股票按某级别走势的幅度进行数据分析，把所有历史走势都计算一次，选择一组历史上某级别平均震荡幅度最大的股票，不断地操作下去，这样的效果更好。

这种分解方法，特别适合于资金量小且时间充裕的投资者进行全仓操作，也适合于大资金进行一定量的差价操作，更适合于庄家的洗盘和降低成本的操作。当然，以上各种情况在具体应用时，方法会有所不同，但道理是一样的。

具体的操作程式，按照最一般的情况列举如下。注意，这是一种机械化操作，按程式操作就行。

不妨从一个下跌的底背驰开始，以一个 30 分钟级别的分解为例子。按 30 分钟级别的同级别分解，必然首先出现向上的第一段走势类型。根据其内部结构，可以判断其背驰或盘整背驰的结束点，先卖出。

之后必然有向下的第二段走势类型，这里有两种情况：（1）不跌破第一段低点，重新买入。（2）跌破第一段低点，如果与第一段前的向下段形成盘整背驰，也重新买入。否则继续观望，直到出现新的下跌背驰。

在第二段重新买入的情况下，之后出现向上的第三段，相应地面临两种情况：（1）超过第一段的高点。（2）低于第一段的高点。对于第二种情况，一定是先卖出。

第一种情况又分两种情况：（1）第三段对第一段发生盘整背驰，这时要卖出。（2）第三段对第一段不发生盘整背驰，这时候继续持有。

这个过程可以不断地延续下去，直到这一段向上的 30 分钟走势类型相对于前一段向上的走势类型出现不创新高或者盘整背驰为止，这就结束了向上段的运作。

向上段的运作，都是先买后卖的。向上段的运作结束后，就进入向下段的运作。向下段的运作刚好相反，是先卖后买。从刚才向上段结束的背驰点开始，所有操作刚好反过来就可以了。

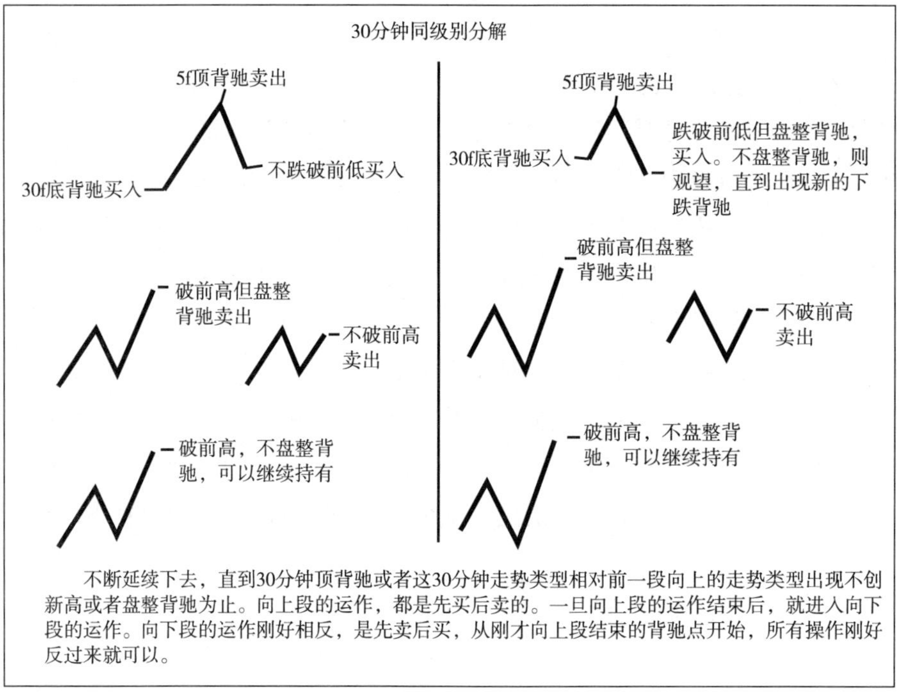

图 38-1　同级别操作程式示意图

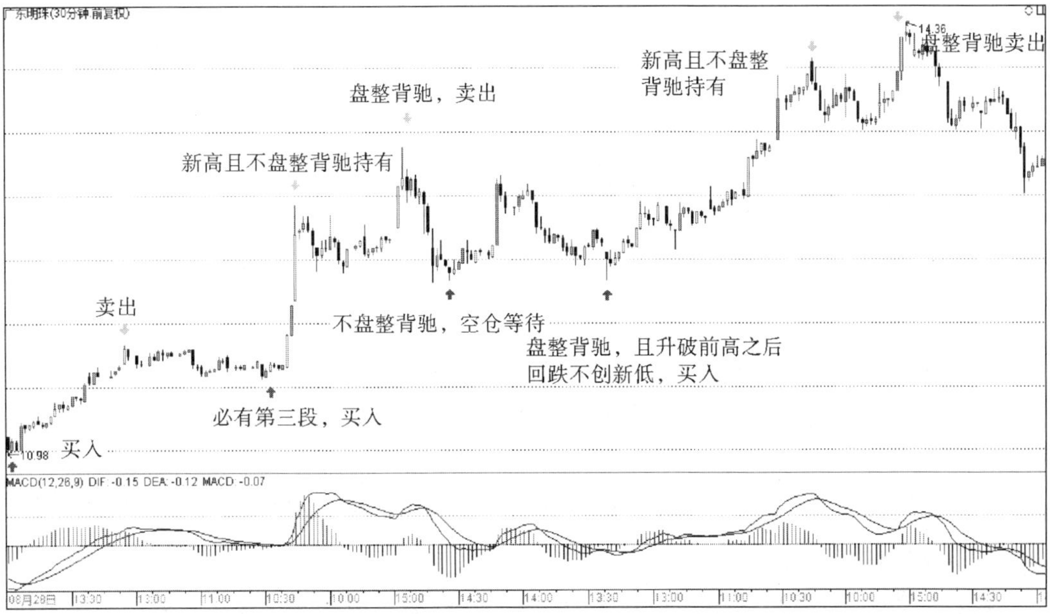

图 38-2 广东明珠（600382）30 分钟上涨走势的同级别分解操作案例

缠论点睛

1. 走势的同级别分解和一般性分解，最大的区别是不考虑中枢扩展的情况。中枢扩展，就超越了同级别，这和同级别分解的前提是矛盾的。换言之，同级别分解中，无论中枢延伸出多少段，都可以看做“盘整 + 盘整 + 盘整……”的模式。

2. 走势的同级别分解中，关于次级别以下级别，继续使用中枢扩展、延伸的方式，构造次级别的走势类型。

3. 使用同级别分解进行操作，关键在于寻找振幅大的股票。只要时间足够长，就会比操作任何单边上涨的股票产生更大的利润。

投资微言

级别的选择和走势类型的分解，关键在于明晰且易于操作，这是最考验功夫的。

教你炒股票 39

同级别分解再研究

(2007-03-23 15:16:51)

股票都是废纸，有钱还怕买不着废纸？对于任何操作来说，只要赚钱卖出，是无所谓错误的。反过来说，股票是吸血的凭证，没有这个凭证，至少在股票市场里是吸不了血的。因此只要卖了能在低价位回补回来，就无所谓错误。至于卖了可能还接着涨，回补之后可能还继续跌，这是技术精度的问题。就像练习短跑，如果你永远只会撒腿乱跑，那你不可能达到高层次。

基础的练习都是很枯燥的，100 米中，每段怎么跑，要跑多少步，都要按照一个机械的要求来做，最终形成一个韵律，这才有可能达到高层次。股票的操作也一样，首先要培养这样一个韵律。不排除在培养、训练的初始阶段，还比不上以前撒腿乱跑的速度，但坚持下去，等韵律感形成了，那么进步就不是撒腿乱跑能比的了。

上节课说了一个机械操作的程式，这是一个基本的韵律，就是向上段先买后卖与向下段先卖后买的韵律。如果这个韵律错了，那么操作就会一团糟。很多人买卖其实都是靠天吃饭。买了，赌的就是上下两面，因此不管位置，不管时间，不管当下的走势结构，胡乱瞎买，然后又胡乱瞎卖。

大的韵律把握住了，再就是每个向上向下段中小段间操作的韵律。显然，只要其中一步错了，舞步就会乱。这时候唯一正确的选择就是停止操作，先把心态、韵律调节好了再继续。

当你按照这个机械的节奏不断地操作下去，你身体的生物节奏都会慢慢有所感应，甚至可以达到这种程度，就是那种该操作的图形出现时，生理上就仿佛有感应一般。其实这一点都不神秘，就好像有些人睡觉，无论多晚，早上到点都会自动醒来。股票的操作，都有一定的紧张度。同级别走势类型分解的节奏，也大致有一定的周期性，长期坚持下来，生理上有自然的反应就一点都不奇怪了。

下面的分析，对数学推理陌生的人，大概会犯迷糊，所以请先准备好纸和笔。对着画图，才能搞清楚。

按同级别分解操作，还可能有更广泛、更精确的应用。对 5 分钟的同级别分解，以最典型的 a+A 为例。

一般情况下，a 并不一定就是 5 分钟级别的走势类型，但通过结合运算，总能使得 a+A 中，a 是一个 5 分钟的走势类型。A 也可以分解为 m 段的 5 分钟走势类型，则 $A=A_1+A_2+\cdots+Am$。

先考虑 a+A 是向上的情况。显然，当 i 为奇数时，Ai 是向下的，偶数时是向上的。开始先有 A_1、A_2 出现，而且 A_1 不能跌破 a 的低点。如果 A_2 升破 a 的高点而 A_3 不跌回 a 的高点，这样可以把 $a+A_1+A_2+A_3$ 当成一个 a'，还是 5 分钟级别的走势类型。这里可以一般性地考虑 A3 跌破 a 的高点情况，这样 A_1、A_2、A_3 必然构成 30 分钟中枢。因此这一般性的 a+A 的情况，都必然归结为 a 是 5 分钟走势类型，A 包含一个 30 分钟中枢的情况。

把 a 定义为 A_0，则 A_i 与 A_{i+2} 之间就可以不断地比较力度，用盘整背驰的方法决定买卖点。这和前面说的围绕中枢震荡的处理方法类似，但那不是站在同级别分解基础上的。注意，在实际操作中，下一个 A_{i+2} 是当下产生的，但这不会影响所有前面 A_{i+1} 的同级别唯一性分解。

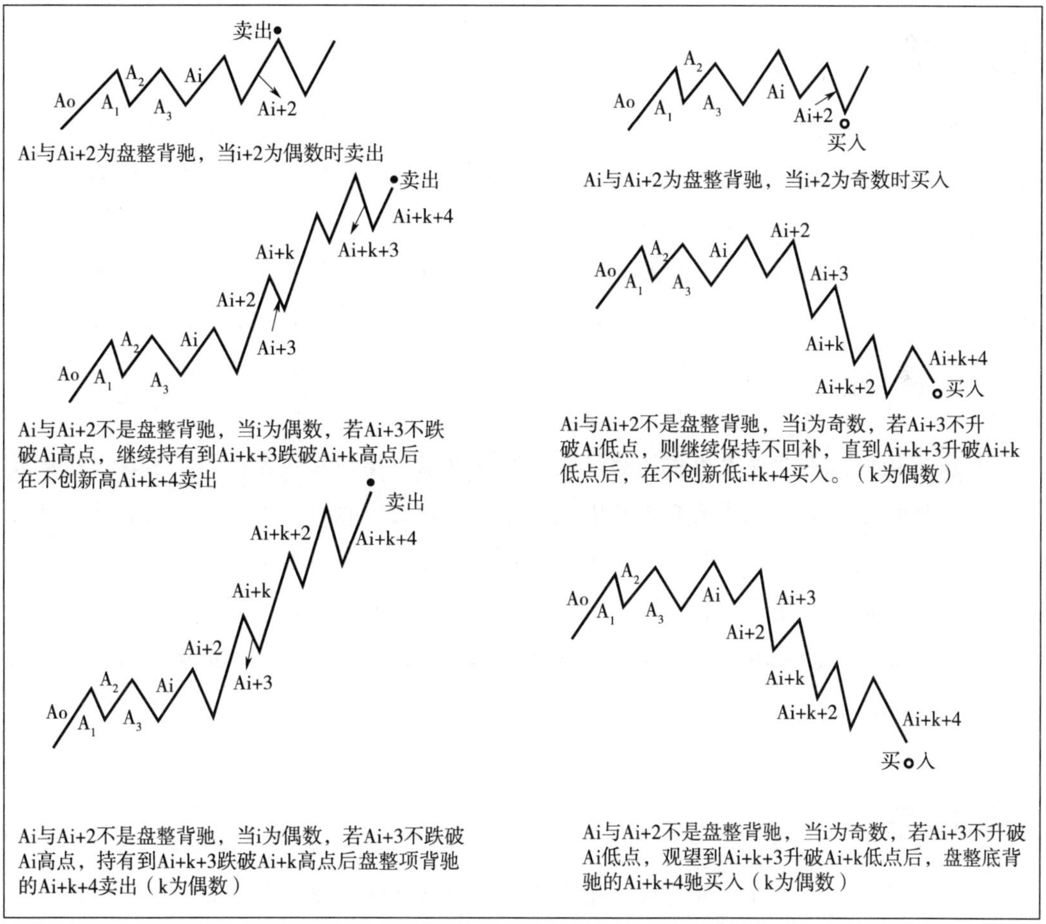

图 39-1　走势同级别分解操作程式示意图

这种机械化操作，可以一直延续下去。比如，该中枢可以从 30 分钟一直扩展到日线、周线甚至年线。这种操作不管这么多，只理会一点，就是 A_i 与 A_{i+2} 之间是否出现盘整背驰。只要出现盘整背驰，就在 i+2 为偶数时卖出，为奇数时买入。

如果没有出现盘整背驰，当 i 为偶数，若 A_{i+3} 不跌破 Ai 高点，则继续持有到 A_{i+k+3} 跌破 A_{i+k} 高点后，在不创新高或出现盘整顶背驰的 A_{i+k+4} 卖出，其中 k 为偶数。

当 i 为奇数，若 A_{i+3} 不升破 A_i 低点，则继续保持不回补，直到 A_{i+k+3} 升破 A_{i+k} 低点后，在不创新低或出现盘整底背驰的 A_{i+k+4} 回补。

看完上面这段内容，90% 以上的人都会心跳加速，头晕眼花。不过没办法，这是最精确的表述，画了图应该不难明白的。

以上方法的最大特点，就是在同级别分解的基础上，将基本图形分为两类：一类是"A_i 与 A_{i+2} 之间盘整背驰"；一类是"当 i 为偶数，A_{i+3} 不跌破 A_i 高点"，或"i 为奇数，A_{i+3} 不升破 A_i 低点"。对这两种情况采取不同的操作策略，就构成了一种机械的操作方法。

缠论点睛

1. 按照向上段先买后卖与向下段先卖后买的基本韵律操作，这是第一位的。操作不熟练的，有可能出现买了就跌或者卖了就涨的情况，那是操作精度的问题，需要在实践中不断提高。

2. 在上涨中，不考虑中枢扩展的情况，围绕中枢的操作程式为：向上不突破前高或者盘整背驰，就卖出。向上突破前高且不盘整背驰，若之后的第一次回调跌破前高，且之后的再一次上涨不到新的前期高点或者盘整背驰，就卖出；如果不跌破前期高点，那就持股，直到上面形成新的中枢，然后按照之前的模式重复操作。

3. 在下跌中，不考虑中枢扩展的情况，围绕中枢的操作程式为：向下不跌破前低或者盘整背驰就买入。向下跌破前低且不盘整背驰，若之后的第一次回抽升破前低，且之后的再一次下跌不到新的前期低点或者盘整背驰，就买入；如果不升破前期低点，那就持币，直到下面形成新的中枢，按照之前的模式重复操作。

4. 在盘整中，向上不突破前高或者盘整背驰就卖出；向下不跌破前低或者盘整背驰就买入。

投资微言

缠论不废一法，均线、趋势线、形态等模型依然有效。重点是根据不同的当下走势选择不同的模型。

教你炒股票 40

同级别分解的多重赋格

(2007-03-27 12:53:22)

投资，往往碰到这样两难的事情，就是一个小级别的买点进入，结果出现大级别的上涨，这时候怎么办？

有两个选择。

1. 继续按小级别操作。这样的代价是相当累，而且小级别操作对精确度要求比大级别高，资金容纳程度低。

2. 升级为大级别操作的基础上，部分保持小级别操作。

对于资金比较大的投资者来说，后者是比较实用的方法。

上节课中的"A_i 与 A_{i+2} 之间盘整背驰"，将演化出"当 i 为偶数，A_{i+3} 跌破 A_i 高点"，或"i 为奇数，A_{i+3} 升破 Ai 低点"，从而演化出高一级别的中枢。例如在该例子中，A_{i+1}、A_{i+2}、A_{i+3} 就是 30 分钟的中枢。

所有更大的中枢，当然是先有高一级别的中枢才有可能产生，否则连 30 分钟的中枢都没有，哪里来日线、周线、月线级别的中枢？这个现象就保证在同级别分解下，一个小级别的操作，是可以按一个自动模式换档成为一个高级别的操作的。

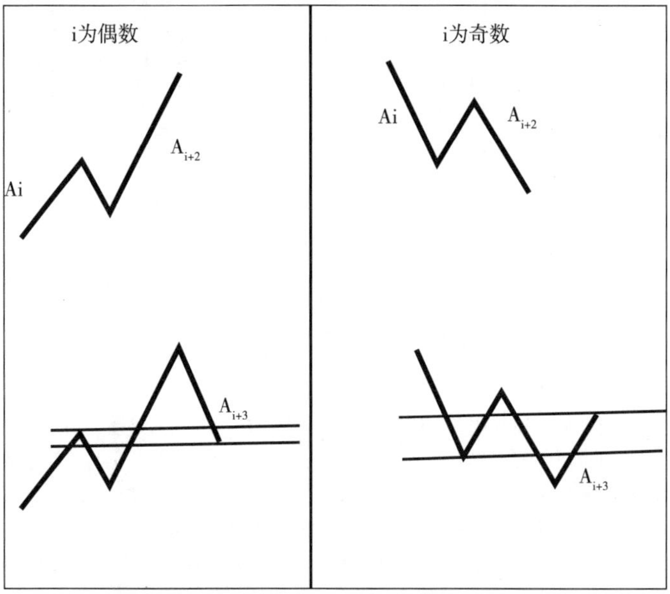

图 40-1 盘整背驰导致中枢形成的两种情况示意图

一般情况下，在上面 5 分钟同级别分解的例子中，只要从 A_0 开始到某个 At，使得 $A_0+A_1+\cdots+At=B_1+B_2$，后者是 30 分钟级别的同级别分解，这时候就可以继续按后一种分解进行相应的操作。

当然，是否换档成为后一种级别的操作，与你的时间限制、操作风格、资金规模有关。但本 ID 还是建议进行这种短线变中线的操作。即使你的资金量很小，如果出现一种明显的大级别走势，这种操作会让你获得稳定的大级别波动的收益。根据当下的情况决定是否换档，就如同开车时根据路况等决定档位一样。

对于大资金来说，这种级别的换挡操作可以一直延伸下去，最终变成 N 重层次的操作，每一重都对应着一定的资金与筹码，相应地对应着不同的节奏与波动。

对古典音乐有点了解的人应该知道，这就如同赋格[①]曲，简单的动机、旋律在 N 个层次上根据不同的转位、移位、对位等原则运动，合成统一的乐曲。市场的走势，其实就是这样的多重赋格，看似复杂，其实脉络清晰，可以有机地统一在多层次的同级别分解操作中。

图 40-2 盛和资源（600392）30 分钟走势同级别分解换挡操作案例图

① 赋格是盛行于巴洛克时期的一种复调音乐体裁，又称“遁走曲”，意为追逐、遁走。赋格的结构与写法比较规范。乐曲开始时，以单声部形式贯穿全曲的主要音乐素材称为“主题”，与主题形成对位关系的称为“对题”。之后该主题及对题可以在不同声部中轮流出现，主题与主题之间也常有过渡性的乐句作音乐的对比。按照主题的数目分类，单一主题的就称为单赋格或简单赋格。有两个主题的称为二重赋格，可以两个主题作为赋格的主题和对题同时进入，也可以两个主题分别呈现和发展，然后在再现的时候同时出现，形成对位。依此类推，三个主题的赋格就称为三重赋格，等等。实际上，四重赋格已经非常罕见。

在这种同级别分解的多重赋格操作中，可以在任何级别上进行操作，而且都遵守该级别的分解节奏与波动，只是在不同级别中投入的筹码与资金不同而已。

对于大资金所具有的整体筹码与资金来说，就永远在进行一种有活动的多重赋格。实际的市场操作，成了一首美妙的乐曲演奏，能应和上的知音，就能得到最大的利益与享受。每一层次的操作都是独立但又在一个整体的操作中，对这种操作如果没有什么直观感觉，那就去听听巴赫的音乐，那不仅是音乐的圣经，对操作股票同样有益。

缠论点睛

1. 级别越小，其买卖点对精度的要求越高，资金容纳程度越低。

2. 对于资金量较大的投资者，根据级别的大小安排筹码与资金，进行同级别分解的多重赋格操作是必要的。

投资微言

大级别的变化是从小级别开始的，但大多数小级别走势都会服从大级别走势。看大做小，这是最基本的原则。

教你炒股票41

没有节奏，只有死

(2007-03-30 15:17:22)

市场的节奏只有一个：买点买，卖点卖。而能遵守这个节奏的人却少之又少。是什么阻止你倾听市场的节奏？是你的贪婪与恐惧。买点，总在下跌中形成，但恐惧阻止了你；卖点，总在上涨中形成，但贪婪阻止了你。一个被贪婪与恐惧支配的人，在市场中唯一的命运就是死。

市场中，买点之上的股票就是好股票，卖点之上的股票就是坏股票。除此之外的好坏分类，都是瞎掰。你的命运，只能自己去把握，没有任何人是值得信任的，甚至包括本 ID。市场的声音，市场的节奏，才是唯一值得信任的，需要你用心去倾听，用一颗战胜贪婪与恐惧的心去倾听。

市场的声音，永远是当下的。任何人，无论前面有多么辉煌，在当下的市场中什么都不是。只要有一刻被贪婪与恐惧阻隔了对市场的倾听，那么这人就走入了鬼门关。除非此人能猛醒，否则等待他的只有死亡！记住，1 万亿元与 1 万元，变成 0 的速度是一样的，前者甚至可以更快。

买点买。买点只在下跌中，没有任何股票值得追涨，如果你追涨被套，那是活该。卖点卖。没有任何股票值得杀跌。如果你希望瘦身，那就习惯砍仓杀跌吧。即使你搞不懂什么是买点卖点，至少有一点是必须懂的，那就是不能追涨杀跌。就算是第三类买卖点，也是分别在回调与反弹中形成的，哪里需要追涨杀跌？

买卖点是有级别的。大级别能量没耗尽时，一个小级别的买卖点引发大级别走势的延续，是最正常不过的情况。如果一个小级别的买卖点和大级别的走势方向相反，而该大级别走势没有任何衰竭的迹象，这时候参与小级别买卖点，就意味着要冒着大级别走势延续的风险，这是典型的刀口舔血。

市场中不需要频繁买卖。战胜市场，需要的是准确率，而不是买卖频率，只有券商与税务部门才喜欢高频率的买卖。

市场不是赌场，市场的操作是可以精心安排的。

当你买入时，你必须问自己，这是买点吗？这是什么级别的什么买点？大级别的走势如何？当下各级别的中枢如何分布？大盘的走势如何？该股所在板块如何？

卖点的情况类似。

图 41–1 波导股份（600130）日线下跌，30 分钟级别出现第一类买点分析图

你对这只股票的情况分析得越清楚，操作起来就越得心应手。

至于如何提高买卖点判断的精确度，那是一个理论学习与不断实践的过程，但这一套程序与节奏是不会改变的。精确度可以提高，但节奏不可以乱，节奏比精确度更重要。无论你判断买卖点的水平如何，即使是初学者，也必须以此节奏来要求自己。如果你还没有市场的直觉，那么就强迫自己去执行，否则就离开。

对于初学者，一定不能采取小级别的操作。你对买卖点判断的精确度不高，如果还用小级别操作，不出现失误，就真是怪事了。对于初学者，按照 30 分钟级别来进出是比较合适的，操作基本上怎么也不能小于 5 分钟。5 分钟没有进入背驰段，就不能操作。级别越小，对判断的精确度要求越高。频繁交易导致的频繁失误，只会使心态变坏，技术也永远学不会。先学会站稳，再考虑行走。一开始就要跑，可能吗？

节奏永远只有市场当下的节奏。无论是谁，只要与此节奏对抗，等待他的只有痛苦与折磨。一定要注意，所谓的好心态，不是如被虐狂般忍受市场节奏错误后的折磨。很多人，错了就百忍成钢，这种态度在市场中是完全错误的。

市场中永远有翻身的机会，前提是你还有战斗的能力。一旦发现节奏错误，唯一正确的对策就是跟上节奏。例如，错过第一类买卖点，还有第二类买卖点。如果你连第三买卖点都错过了，连错三次，死了也活该。

为什么有三类买卖点？市场太仁慈了，给你三次改错的机会。你如果连这样都不能改正，那就休息去，喝茶去。三次机会都不能抓住，还犯同样的错误，不休息，不喝茶，还能干什么？

那些一只股票上涨 n 倍后还问能不能买，甚至还追高买的人，还能说什么？难道上涨 n 倍还看不到买点吗？看着很多散户，在连续拉升后还赌后面的所谓涨停，本 ID 只能毫不客气地说：死了活该！

市场是残酷的，对于企图违反市场节奏的人来说，市场就是他们的死地；市场是美好的，市场就是巴赫的赋格曲，那里有生命的节奏。

节奏，永远是市场的节奏，一个没有节奏感的市场参与者，等待他的永远都是折磨。抛开你的贪婪、恐惧，去倾听市场的节奏。周末了，放下一切，去倾听大自然的节奏，生命的节奏，音乐的节奏，然后再回来倾听这市场的节奏。

与市场共舞，你的贪婪与恐惧会被一一剥落，你会变得光明无比。

缠论点睛

1. 买点，总在下跌中形成；卖点，总在上涨中形成。买点买，卖点卖，这就是市场的节奏。

2. 对于初学者，操作级别不能太小。因为级别越小，要求的精度越高，而频繁操作，也容易使人的心态变坏。一般来说，30 分钟是比较合适的级别。

3. 采用小级别操作的，一定不能和大级别逆向而行，那是典型的刀口舔血。

4. 市场的操作应该是精心安排的。介入之前必须对大盘、板块、个股的走势有充分的了解，并对以后的可能性有完全的估计。情绪化操作，无论现在多么辉煌，最终必然走向衰亡。

投资微言

投资如同对弈，爱之便顷刻不能释手者，恨之便弃之如敝履者，胜一局就忘乎所以者，败一局就气急败坏者，不足以坐而论道。

教你炒股票 42

有些人是不适合参与市场的

(2007-04-04 15:31:30)

2006 年竟然可以在中国证券市场中亏损累累，最后被迫转战香港，这种奇人绝对是 2006 年市场中最大的奇迹。前几天，本 ID 有幸听闻此人后，真有一睹为快的冲动。当被告知此人为一名 50 岁的北京老男人后，才打消此念头。

细想，这其实也不奇怪，一个心态极端有问题的人，确实是不难创造 2006 年全年严重亏损奇迹的。例如，一洗盘就砍仓，开涨的时候不敢买，一买就买个顶，然后又砍……这样来回几次，不严重亏损就怪了。

最奇的是，此人到香港后竟然能挣点钱了。他的招数就是，一旦看到国内拉某股票，就去买香港相应的股票，然后 T+0 出来，绝对不敢过夜。这市场还有这样的妙人，也算有趣。

本 ID 曾反复强调过心态的磨炼对于市场操作的重要性，但这种事情要分开看。有些人心态就是这样的，天性如此，改无可改，到了关键时刻就是顶不住。例如，明明脑子里知道不能买了，但手就是发痒，像毒瘾发作一般，不受控制。

现在的买卖操作又特别简单。最早的时候，无论机构还是大户，都有报单、红马甲之类的。现在随便一个散户，在网上 1 秒种就可以完成买卖。只要扛不住那 1 秒，什么技术、理论都白搭。

这时候怎么办？最好的办法就是去“戒毒”。“戒毒”必须从最基础的心理训练开始，这不是任何人都有条件办到的。还有就是远离股市。股市只是生活的一部分，一个没有股市的生活依然是生活，活着就好。还有就是换一个环境，例如像上面那奇人那样，到了香港，找到一个偏方，病虽好不了，但至少不那么难受了。

从某种意义上说，操作并不是一定能磨炼心态的。对于心态不好的人，最好的办法就是退出，这样至少不会被江湖郎中反复欺骗而花冤枉钱。当然对于是否适合市场，也只有当下的意义，并不是说现在不好就永远没救了。但有些心态特别差的人，确实不适宜留在市场中治疗，必须先远离市场一段时间，彻底洗心革面，才有可能改善。

这里不妨给出几种不适合在市场中生存的类型。

1. 耳朵控制大脑型。这种人一旦听到什么，就可以完全不经过大脑，立即由耳朵直接操纵手。如果你每一次的买卖都是这样完成的，那你根本不适合在市场中生存。

2. 疯狂购物型。这种人最大的特点就是，可能只有几万元的资金，但竟然可以拥有十几甚至几十只股票。什么股票都想拥有，什么股票涨了，都说我也有，以此来安慰自己。这种人，根本不适合在市场中生存。

3. 不受控制型。每次操作，明明知道不对，就是控制不住自己，心里有一股顽劲。一到需要抉择的关键时刻，永远掉链子。这种人根本不适合在市场中生存。

4. 永远认错型。典型的永远认错，死不改错。同样的毛病，可以永远犯下去，却永远改不了。在市场中，一个毛病就足以致命，一个死不改错的人，是不适合市场的。

5. 祥林嫂型：这种人永远就是哀声叹气，甚至会演变成特别享受这种悲剧情调。参与市场不是来受罪的，何必这么折腾？市场外的天空广阔得很，离开吧。

6. 赌徒型：对于他们来说，市场就是赌场。这种人根本没必要留在市场里。不说远的，现在澳门新开不少赌场，珠海的某个岛建桥连过去，该岛将建成大型度假地，白天过桥就可以赌，晚上回来睡觉。参与该建设的，其背景是美国某大型集团的人，在国内刚收购某大型旅游企业，以后是一条龙服务，很方便的。

7. 股评型。市场中喜欢吹嘘的人多了去了。有些人明明亏的一塌糊涂，但就是爱吹。市场对于他来说不是用来操作的，是用来侃、用来吹的。这种人不适合在留在市场中，当股评家去吧。

8. 入戏太深型。这种人把股市的波动当成电视连续剧，每一个细微的变动都可以让他情绪失控。上涨失控，下跌失控，盘整也失控。开盘 4 小时，就煎熬 4 小时。这种人在市场中太累，还是回家看肥皂剧好。

9. 偏执狂型。这种人就爱认死理，万牛拉不回。偏执，对搞理论或其他事情可能影响不大，甚至有好处，但在万变的市场中，偏执狂是没有活路的。

10. 赵括型。市场操作不同于纯粹的理论研究。市场就是市场，就如同战场，赵括之流同样是没有活路的。

以上 10 种类型，是特别不适合在市场中生存的。当然，并不是有这种表现的人就一定要永远离开市场，关键是先要调节过来。所谓功夫在诗外，市场中的操作也是一样的。真正能在市场中登顶并长期领先的，有可能是一个大傻瓜或心理有顽疾的人吗？

所谓性格决定命运，这两节课没讲有关技术的问题，说了些似乎无关的话，其实是大有相关的。要认清市场，首先要认清自己，知道自己的弱点在哪里。自己在市场中的每个行为，都要清楚地意识到。每天收盘后，找出 10 分钟的时间，把自己当天的操作以及看盘时的心理过程复一次盘，这是十分必要的。

缠论点睛

1. 心态的磨炼对于市场操作是至关重要的。对于心态不好的人来说，市场就是最好的训练场。对于上面的 10 种类型，对号入座，看看自己到底有哪些方面的不足。

2. 养成良好的投资习惯。每天收盘，要把当天的走势以及自己看盘时的心理进行复盘，这对心态的养成与技术的学习都是十分有益的。

投资微言

投资和投资学是完全不同的概念，投资学研究得再好，不能赚钱也是白搭。

教你炒股票 43

有关背驰的补习课

(2007-04-06 15:31:28)

转折必然由背驰导致，但背驰导致的转折并不一定是同一级别的。

在“教你炒股票 29：转折的力度与级别”中，有缠中说禅背驰—转折定理：某级别趋势的背驰将导致该趋势最后一个中枢的级别扩展、该级别更大级别的盘整或该级别以上级别的反趋势。

这是一条十分重要的定理。这条定理说明了什么？就是某级别的背驰必然导致该级别原走势类型的终止，进而开始该级别或以上级别的另外一个走势类型。

由于不允许存在上涨 + 上涨、下跌 + 下跌的情况存在，所以这个定理对实际操作就很有意义了。例如，一个 1 分钟级别的顶背驰，意味着其后必然会出现一个至少 1 分钟级别的盘整或下跌走势类型。这就为背驰以后可能的走势以及级别，给出了很明确的划定。

经常有人问，为什么 1 分钟顶背驰后还涨？这没有什么奇怪的。1 分钟顶背驰之后，只要有一个 1 分钟的盘整，就可以继续上涨，这是 1 分钟顶背驰后可能的情况之一。当然还有其他可能的情况，最极端的可能就是制造出一个年线级别的下跌。但你不能说这个年线级别的下跌是由于 1 分钟顶背驰造成的，而是 1 分钟顶背驰后，形成的盘整或下跌逐步扩张级别，最后才慢慢形成的。

如果随便看到一个 1 分钟顶背驰，就说要形成年线级别的大调整，那就是脑子水太多了。如果市场的转折与背驰都有这种级别上一一对应的关系，那么这市场也太没意思，太刻板了。正是由于这种小级别背驰导致大级别转折的可能性存在，才使得市场充满当下的生机。

注意，这两种不同转折方式的区分是十分关键的。所有的转折都与背驰相关，但加上背驰的级别与当下走势级别的关系，就有了这两种不同的转折方式。由于背驰的级别不可能大于当下走势的级别，例如一个 30 分钟级别的背驰，只可能存在于一个至少是 30 分钟级别的走势类型中，所以就有这两种不同转折方式的明确分类。

1. 背驰级别等于当下的走势级别。

例如，一个 30 分钟的走势类型，出现一个 30 分钟级别的背驰，那么这个背驰至少把走势拉向该 30 分钟走势的最后一个中枢，当然就会跌破或升破相应的高点或低点。

注意，这种情况包括进入背驰段的情况。例如，一个30分钟的走势类型，在30分钟级别进入背驰段，这个背驰段并不一定演化成背驰，因为小级别的延伸足以使得大级别最终摆脱背驰，这与当下的走势判断相关。

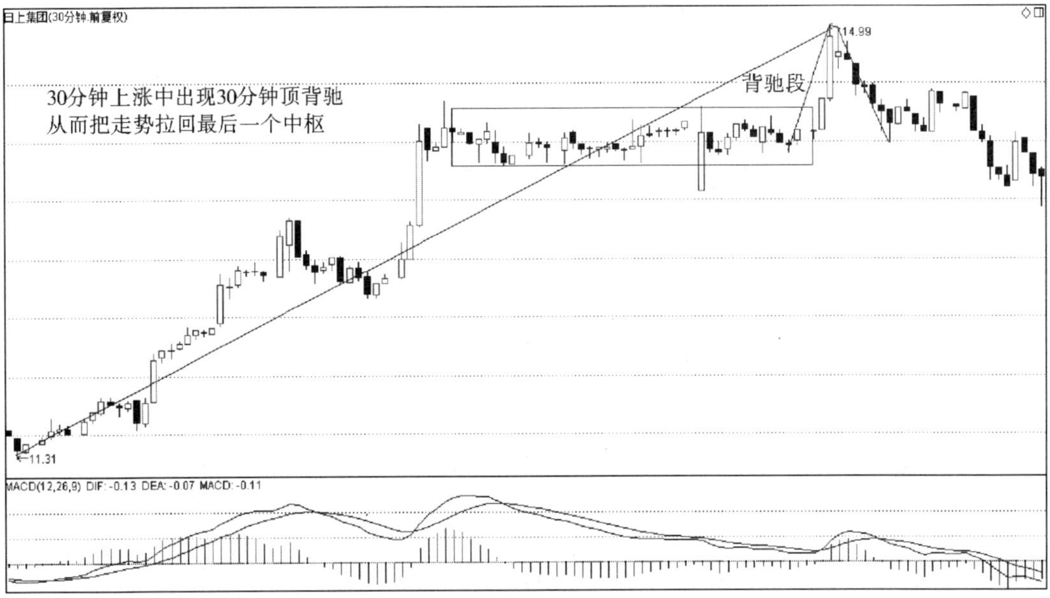

图 43-1 日上集团（002593）背驰级别等于当下走势级别的情况

2. 背驰级别小于当下的走势级别。

这种情况下，走势明显没有出现相应级别的背驰。例如，一个30分钟的走势类型，明确显示没有出现30分钟的背驰，也就是背驰段最终不成立，但却出现一个1分钟级别的背驰。

用一个最简单的形式来说明：向上的a+A+b+B+c，A、B是30分钟中枢。在c中出现1分钟背驰，而c对b在30分钟级别并没有出现背驰，这时候并不必然保证c的1分钟转折的最终走势就一定不跌回B里。但即使这个回跌出现，其形式也和第一种情况不同。这第二种情况，必然要先形成一个比1分钟级别要大的中枢，然后向下突破，最终回跌到中枢B中。

有人可能要问，背驰级别等于当下走势级别的情况中，如果是5分钟级别的回跌，也会形成一个比1分钟级别大的中枢，那和背驰级别小于当下走势级别的情况有什么区别？

这里区别太大了。在前一种情况中，其回跌是必然的。后一种情况，在形成一个比1分钟大的中枢后，并不必然回跌，还可以往上突破，使得a+A+b+B+c继续延伸。这种小级别背驰引发大级别转折的情况，在趋势走势的冲顶或赶底中是最值得注意的。这种情况下的小级别背驰，一般都会引发大级别的转折。

图 43-2　广州发展（600098）背驰级别小于当下走势级别案例图

以上两种情况，对走势的分解也是很有意义的。例如，一个 30 分钟的走势类型，其完结也同样有相应的两种情况。最普通的一种，就是出现一个 30 分钟的背驰，从而完成一个 30 分钟级别走势类型。在这种情况下，对该走势类型的分解，就不存在任何含糊的地方。前后两个走势类型，就以该背驰点作为分界。

小级别背驰引发大级别转折的情况比较复杂，但分解的原则是一致的。

缠中说禅走势类型分解原则：一个某级别的走势类型中，不可能出现比该级别更大的中枢。一旦出现，证明这不是一个某级别的走势类型，而是更大级别走势类型的一部分或几个该级别走势类型的连接。

上面第二种情况下的分解方法分析如下。

不妨还是以上面所说的向上 30 分钟级别的 a+A+b+B+c 为例子。在 c 中出现一个 1 分钟级别的背驰，不妨假设后面演化出一个 30 分钟中枢 C。如果 C 和 B 没有任何重叠，那就意味着原来的 a+A+b+B+c 并不是一个完成了的 30 分钟走势类型，该走势类型将延伸为 a+A+b+B+c+C，相应的分解要等到该走势类型完成之后才可以进行。

如果 C 和 B 有重合，那么 a+A+b+B+c+C=a+A+b+（B+c+C），其中（B+c+C）必然演化成一个日线中枢，那么 a+A+b+B+c 只是一个日线级别走势类型的一部分。如果一定要按 30 分钟级别来进行同级别分解，那么该分解点就是那个 1 分钟的背驰点，a+A+b+B+c+C=（a+A+b+B+c）+C。

有了以上的例子，就对如何用背驰分解走势的基本原则有了一个大概的了解。熟悉了这些分解方法，市场的走势图就不会是天书了，而是如自己的掌纹一样清晰可辨。

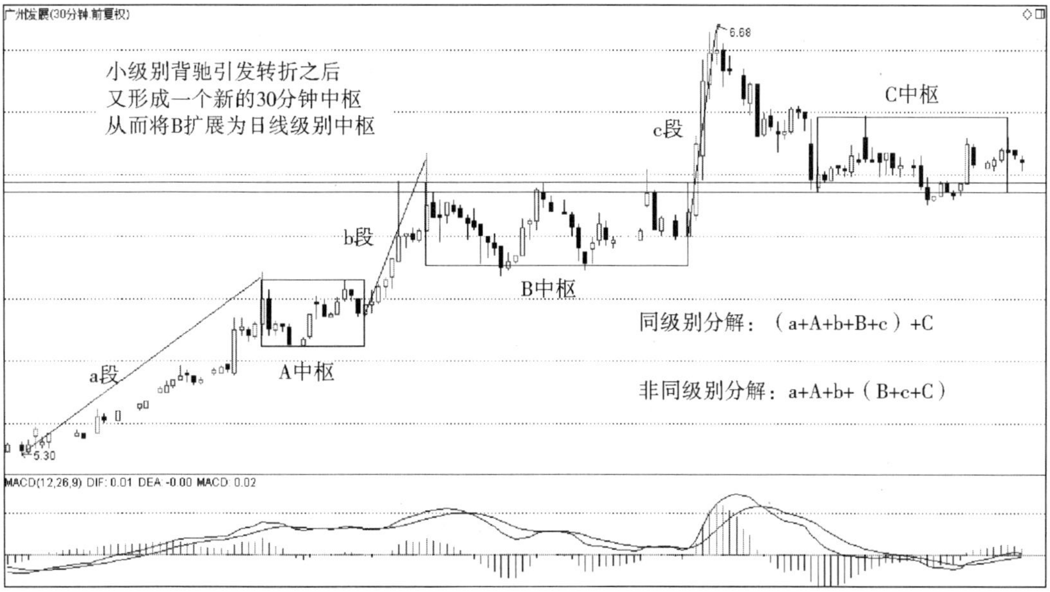

图 43-3 广州发展（600098）小级别背驰引发转折之后的走势分解方式

缠论点睛

1. 对于同级别背驰引发的转折，该背驰将导致该趋势最后一个中枢的级别扩展、该级别更大级别的盘整或该级别以上级别的反趋势。也就是至少保证跌破或者升破相应的高点或者低点。

2. 同级别背驰引发转折的情况下对走势进行分解，就是以背驰点为分界点对走势进行划分。

3. 对于小级别背驰引发的转折，一般是该小级别背驰之后引发的盘整或者下跌逐级扩展而形成的。以 30 分钟 a+A+b+B+c 形式的上涨为例，c 中出现 1 分钟背驰，必然首先形成 5 分钟中枢，而后跌破中枢，进而回跌到 B 里。

4. 小级别背驰引发转折的情况下对走势进行分解，关键在于小级别背驰引发的转折是否进入前一个中枢。能够进入，则为中枢级别扩展；不能进入，则为中枢新生，趋势延伸。

5. 在趋势走势的冲顶或赶底中，小级别的背驰常常会逐级扩展为大级别的转折。

投资微言

趋势转折有三种形式：背驰引发转折、最后一个中枢的盘整背驰引发转折、小级别背驰引发大级别转折。

教你炒股票44

小级别背驰引发大级别转折

(2007-04-10 15:23:46)

有了上一课，对“背驰级别等于当下的走势级别”这最一般的情况，应该是很好把握了。唯一可能出现困难的，就是“背驰级别小于当下的走势级别”这种情况，也就是所谓的小级别转折引发大级别转折。对于这种情况，还要进行进一步的分析。

还是以向上30分钟级别的a+A+b+B+c为例子。如果c中出现1分钟级别的背驰，最终引发下跌拉回B中枢，这时候c里究竟发生了什么事情？

首先，c至少要包含一个5分钟的中枢，否则中枢B就不可能完成，因为这样不可能形成一个第三类的买点。

不妨假设c'是c中最后一个5分钟的中枢，显然这个1分钟的顶背驰，只能出现在c'之后，而这个顶背驰必然使得走势拉回c'里。也就是说，整个运动都可以看成是围绕c'的一个震荡。这个震荡要出现大的向下变动，显然要出现c'的第三类卖点。因此对于那些小级别背驰后能在最后一个次级别中枢正常震荡的，都不可能转化成大级别的转折。

这个结论很重要，可以归纳成如下定理。

缠中说禅小背驰—大转折定理：小级别顶背驰引发大级别向下的必要条件，是该级别走势背驰段的最后一个次级别中枢出现第三类卖点；小级别底背驰引发大级别向上的必要条件，是该级别走势背驰段的最后一个次级别中枢出现第三类买点。

注意，这种情况只有必要条件，没有充分条件。也就是说，不能有一个充分的判断使得一旦出现这种情况，就必然导致大级别的转折。小级别顶背驰后，背驰段的最后一个次级别中枢出现第三类卖点，并不一定必然导致大级别的转折。也就是说，在上面的例子里，并不必然导致走势一定回到最后的该级别中枢B里。

显然，这个定理比起“背驰级别等于当下的走势级别”必然回到最后一个该级别中枢的情况要弱一点，但这是很正常的，因为这种情况毕竟比较少见，而且复杂得多。在具体操作中，必须有更复杂的程序来应对这种情况。而对于“背驰级别等于当下的走势级别”这种情况，如果你刚好设定该级别为操作级别的，只要在顶背驰时直接全部卖出就可以了。

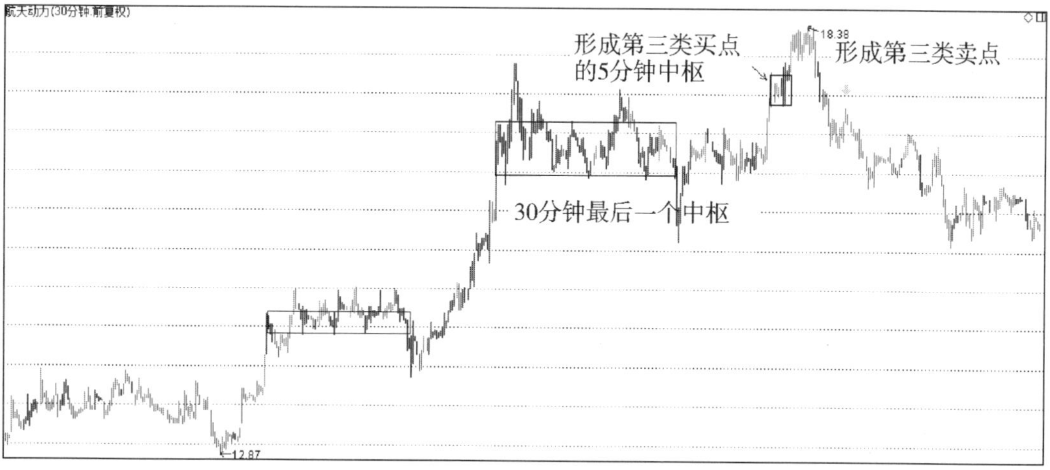

图 44-1　航天动力（600343）背驰段小转大形成最后中枢第三类卖点案例图

对于“背驰级别小于当下的走势级别”这种情况，为了简单起见，不妨还是用上面的例子。对于一个按 30 分钟级别操作的投资者，一个 5 分钟的回调，必然在其承受的范围之内，否则你可以把操作的级别调整到 5 分钟级别。

对于一个 30 分钟的走势类型，一个小于 30 分钟级别的顶背驰，必然首先至少导致一个 5 分钟级别的向下走势。如果这个向下走势并没有回到构成最后一个 30 分钟中枢的第三类买点那个 5 分钟向下走势类型的高点，那么这个向下走势就不必理睬，因为下跌在可接受的范围内。

当然，在最强的走势下，这个 5 分钟的向下走势，甚至不会接触到包含最后一个 30 分钟中枢第三类买点那 5 分钟向上走势类型的最后一个 5 分钟中枢，这种情况就更无须理睬了。如果那个向下的 5 分钟走势跌破构成最后一个 30 分钟中枢的第三类买点那个 5 分钟回试的 5 分钟走势类型的高点，那么任何的向上回抽都必须先离开。

以上是全仓操作的处理方法。如果筹码较多，那么当包含最后一个 30 分钟中枢第三类买点那 5 分钟向上走势类型的最后一个 5 分钟中枢出现第三类卖点，就必须先出掉一部分筹码，然后在出现上一段所说的情况时再出清。当然，如果没有出现上一段所说的情况，就可以回补，权当做了一个短差。

有人可能会问，为什么那个 1 分钟背驰的时候不出去？这是与你假定操作的级别相关的，而走势不能采取预测的办法，这是不可靠的。由于没有预测，所以不可能假定任何 1 分钟顶背驰都必然导致大级别的转折。

其实这种情况并不常见，你不可能按 30 分钟操作，而一见到 1 分钟顶背驰就全部扔掉，这就变成按 1 分钟级别操作了。如果你的资金量与操作精度能按 1 分钟级别操作，那就没必要按 30 分钟操作。而按 1 分钟操作，操作的程序和按 30 分钟操作是一样的，只不过级别不同而已。

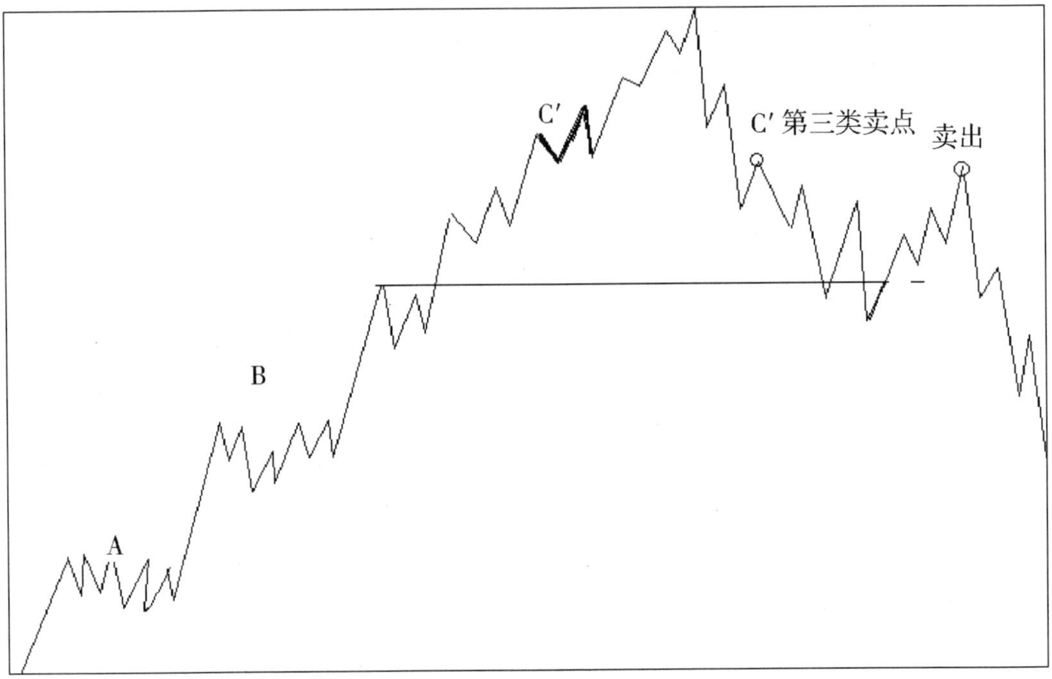

图 44-2 操作小级别背驰引发大级别转折的方法

当然，对于有一定量的资金来说，即使按照 30 分钟操作，当见到 1 分钟顶背驰时，也可以把部分筹码出掉，然后根据后面的回调走势情况，决定是回补还是继续出货。这样的操作，对有一定量的资金来说是唯一可行的，因为这种资金不可能在任何一定级别的卖点都全仓卖掉。

至于底背驰的情况，将上面操作的反过来就可以。

缠论点睛

1. 以 30 分钟级别的 a+A+b+B+c 形式的上涨为例，c 段必然出现次级别也就是 5 分钟的一个中枢，否则不能形成第三类买点。下跌反之。

2. 以上涨为例，对于小级别背驰引发大级别转折的情况，必然出现走势背驰段最后一个中枢的第三类卖点。但反之则不必然，不能说形成背驰段最后一个中枢的第三类卖点，必然导致小转大的情况。下跌反之。

3. 以 30 分钟级别的 a+A+b+B+c 形式的上涨为例，对于小转大的情况，如果你是全仓操作的，那么若走势类型不能跌破 c 段形成中枢 B 的那个第三类买点的次级别中枢的高点，则不予理睬。若跌破该中枢高点，则应在任何反弹中走人。如果你是分仓操作的，那么走势类型对 c 段最后一个中枢形成第三类卖点时，则先出一部分。之后如果跌破形成中枢B第三类买点那个中枢的高点，则在反弹中出清，否则就应该视情况回补。下跌反之。

投资微言

小级别背驰引发大级别转折，一般只会在冲顶或者赶底的时候，或者在走势连续暴涨暴跌之后出现。每日纷繁复杂的走势在装神弄鬼，但操作者不需要疑神疑鬼。

教你炒股票 45

持股与持币，两种最基本的操作

(2007-04-12 15:39:04)

发现很多人都有这样的糊涂概念，以为买入卖出才是股票的操作，是股票操作的全部。其实对于每一笔交易来说，买入卖出，1 秒都不到就完成了，更多、更长时间的，填充在买入与卖出之间两种最基本的操作，也就是持股与持币，才是更重要的操作。

假设你是按 30 分钟级别操作的，那么在一个 30 分钟的买点买入后，就进入一个持股的操作中。根据本 ID 的理论，你很明确地知道，一个 30 分钟的卖点必然在前面等着，这个卖点宣告从 30 分钟买点开始的走势类型结束。在这个卖点到来之前，你就在持股这个唯一的操作里。当这个 30 分钟的卖点出现时，卖出，然后进入持币的操作里，直到下一个 30 分钟的买点出现。

持股与持币，归根结底就是一种等待，等待那个被理论绝对保证的买卖点出现。所有的股票操作，归根结底只有两个字：等待。

等待市场的买卖点，和等待彗星的到来不同。后者可以很精确地知道具体的时间，而市场的买卖点是生长出来的。买卖点的生长过程，就是一个具体走势类型的生灭过程。这些过程不妨用一个 30 分钟第一类买点 a 开始的 30 分钟走势类型如何生灭为例子进行说明。

一个 30 分钟的走势类型，至少要形成一个 30 分钟的中枢。一旦这个中枢形成，该走势类型随时结束都是符合理论的。这样一来，最弱的走势类型就是该中枢一完成就结束。

在该例子里，就是从 a 点开始，三段重叠的 5 分钟走势类型结束后，该 30 分钟走势类型就结束了。用 A_1、A_2、A_3 来依次代表这三段 5 分钟走势类型，显然从 a 开始的这个 30 分钟走势类型，就可以用 $A_1+A_2+A_3$ 表示。

那么在实际操作中，如何事先知道是否真的将形成这种最弱的走势？答案是无法知道。不仅不可能事先知道是否真的要出现这种最弱的走势类型，而且走势类型的任何可能性都不可能被事先确认。这说明什么？说明预测是毫无意义的。

走势是市场合力的结果，而不是被上帝事先确定的。市场中没有上帝，市场的方向由所有参与者的合力决定。大资金或高技巧，可以用自己的力量去引导市场，按照自己的剧本来演绎，但没有上帝可以完全事先确定市场走势类型完成的所有细节。

图 45–1　大橡塑（600246）30 分钟 K 线走势的当下思维案例图

如果一切都不可以预测，那么本 ID 理论的意义何在？一切虽然不可以预测，但一切走势类型的可能结构与类型，却是可以分类的，每一类之间都有着明确的界限。因此你唯一需要做的，就是观察市场当下的走势，让市场去选择可能的结构与类型，然后根据市场的选择来操作。

注意，这对于大资金来说是一样的。无论任何规模的资金，归根结底都只是市场的分力。不是合力本身，企图把自己当成合力本身，把自己装扮成上帝，最终的结局都是死无葬身之地。只要是分力，就要观察市场当下的反应，根据市场反应的当下选择来操作。

例如，本 ID 可以点火二线股，可以把超级大盘股编写在剧本里，但本 ID 从来就不觉得自己就是上帝，自己在操控市场，本 ID 不过是在和市场互动。一旦市场某方面的能量被耗尽，自然就要选择相反的操作来和市场互动。这是一个复杂的当下感应过程，必须敏锐地察觉市场能量的变动。

今天的课程，是一个思维上的关键，必须明确以下两点。

1. 买卖点操作后，等待是一个很关键的过程。必须密切关注相应走势类型的生长与分类选择，这一切都是当下的。

2. 买卖点本质上是由走势类型的生长状况与分类决定的。反过来，某些买卖点的出现，又使得走势类型的生长状况分类有一个明确的界定，这些都是观察市场细节的关键之处。

缠论点睛

1. 预测毫无意义。市场是合力的结果，大资金或者技巧高的，也只能引导市场，但不能控制市场所有细节。那些所谓的庄家论，不过是流行性的谬误。

2. 选定你的操作级别，而后买点买，卖点卖，买卖点之间就持股或者持币等待买卖点，这是最重要的原则。

3. 某级别的买卖点，是观察市场细节的关键之处，往往成为走势类型生长状况分类的明确界限。

投资微言

耐心之树，结黄金之果。

教你炒股票 46

每日走势的分类

(2007-04-18 15:36:09)

如果是严格按照某级别操作，具体每天怎么走是关系不大的。走势不会因为交易是按天来的，就有什么本质的不同。但针对每天的走势进行一些分类，至少是一个良好的辅助。

一天的交易时间有 4 个小时，相当于 8 个 30 分钟 K 线组成的一个系统。把 3 个相邻 30 分钟 K 线的重叠部分当成每天走势的一个中枢，那么一般来说，显然任何一天的走势，无非只有三类:(1)只有一个中枢;(2)两个中枢;(3)没有中枢，其力度依次趋强。

1. 只有一个中枢。

这种走势是典型的平衡市。一般情况下，开盘后前 3 根 30 分钟 K 线，就决定了全天的波动区间。而且全天波动的极限位置，大概率上至少有一个会出现在前 3 根 30 分钟 K 线上，不是创出当天高点，就是创出当天低点。当然，这不是绝对的，因此可以对这种情况进行更细致的分类。

（1）在前 3 根 30 分钟 K 线出现当天高点。这可以称为弱平衡市，其中最弱的是以当天低点收盘。这和当天是否红盘收盘无关，高开最后红盘报收，也可以形成这种弱平衡市。次弱是收盘价在中枢之下。收盘价在中枢区间，是一般的弱平衡市。在当天高点附近收盘，走势是最强的一种。

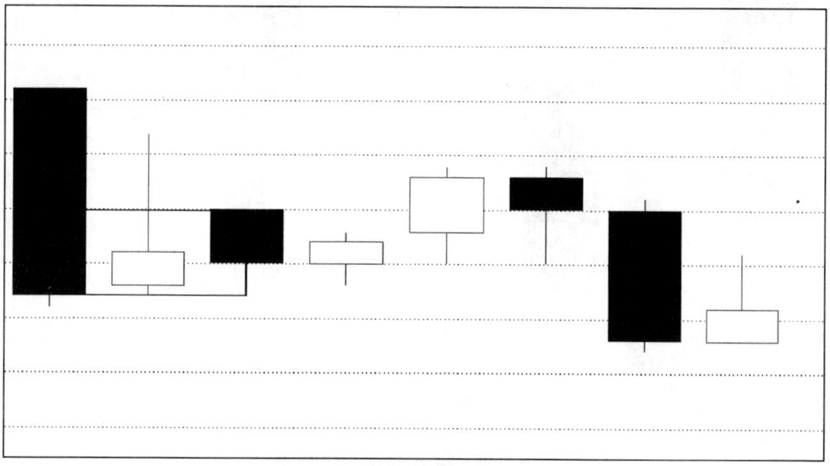

图 46–1 弱平衡市示意图

（2）在前 3 根 30 分钟 K 线出现当天低点。这可以称为强平衡市，其中最强的是以当天高点收盘。同样，这与当天是否红盘无关。次强是收在中枢之上，收在中枢区间的是一般的强平衡市。收在当天低点附近是最弱的一种。

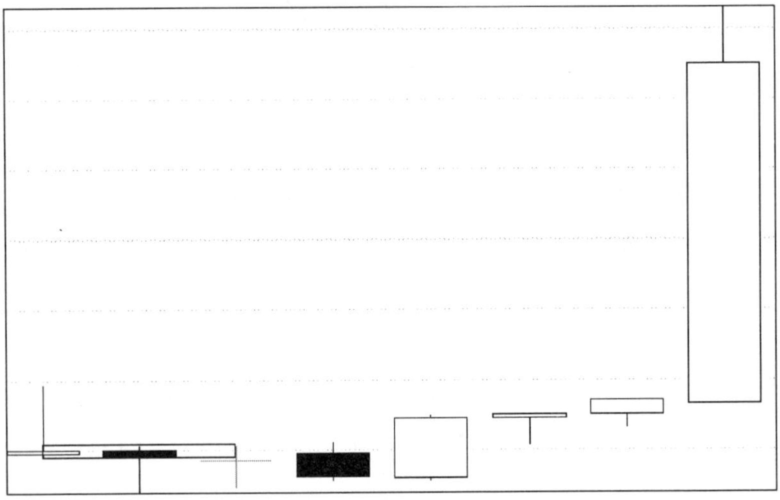

图 46-2　强平衡市示意图

（3）在前 3 根 30 分钟 K 线不出现当天高低点。这可以称为转折平衡市，同样可以像上面的情况一样，根据收盘价的位置定义其强弱。

注意，以上三种情况，中枢的位置不一定是前 3 根 30 分钟 K 线的重叠，可以是后面某连续 3 根 30 分钟 K 线的重叠。

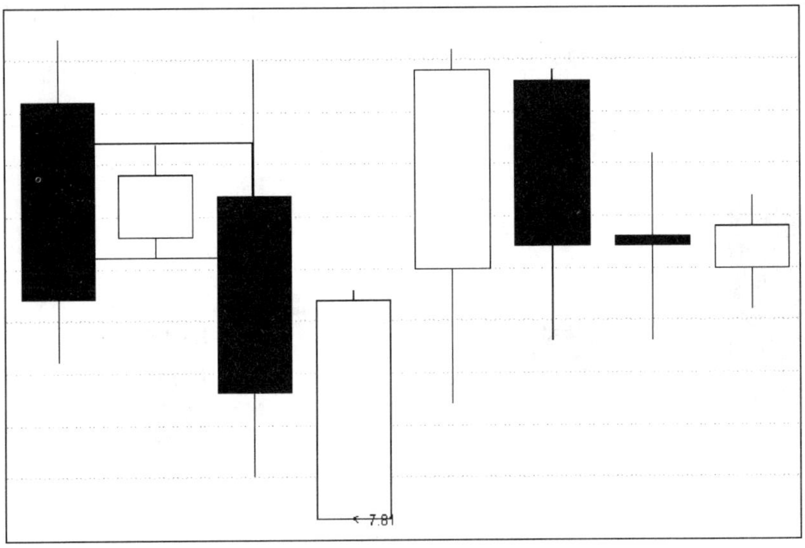

图 46-3　转折平衡市示意图

2. 两个中枢。

显然，根据两中枢的前后方向，可以分为向上、向下两种。一般地，讨论向上的情况，向下的情况反过来就是。

两个中枢，显然不能有重叠的地方，否则就会转化成上面的情形。因此这种形态最大的特点，就是这两个中枢之间至少有一个 30 分钟 K 线，其中有部分区间是不属于两个中枢的任何一个。这个区间称为单边区间，这是这种走势最重要的特点，是其后走势的关键位置。

注意，具有单边区间的 K 线不从属于任何一个中枢。

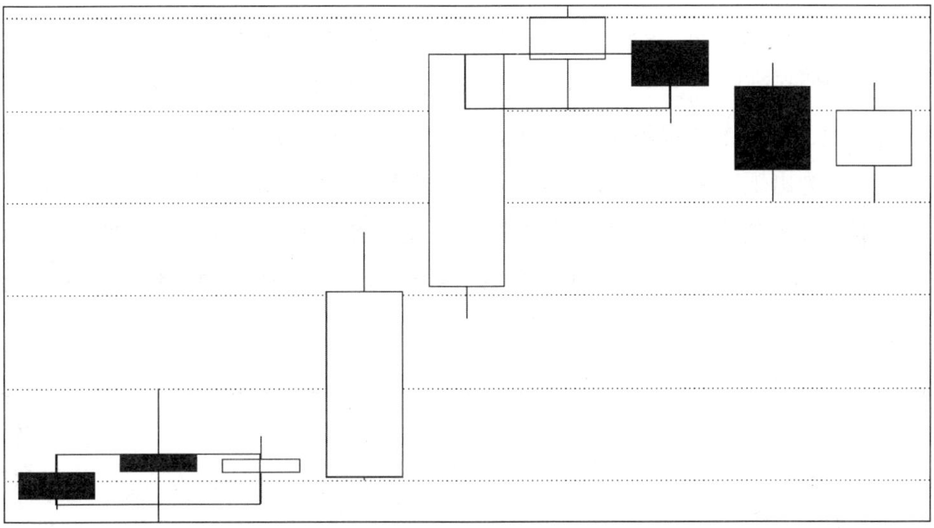

图 46-4　两中枢上涨示意图

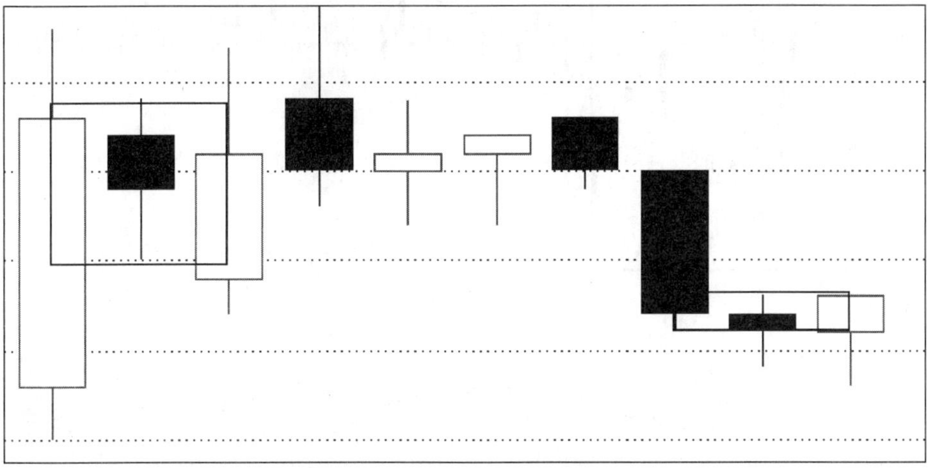

图 46-5　两中枢下跌示意图

由于只有 8 根 30 分钟 K 线，根据单边区间所在位置，无非有两种可能:（1）单边区间在第 4 根 30 分钟 K 线。（2）单边区间在第 5 根 30 分钟 K 线。由此知道，为什么所有出现单边走势的时候，变盘时间都在中午收盘的前后 30 分钟之内。

当然，第 4 根、第 5 根 30 分钟 K 线，可以同时具有单边区间。如果只有第 4 根 K 线具有单边区间，那么第 8 根 K 线有可能出现穿越单边区间的情况。

显然，对于上涨的情况来说，最强的走势就是收盘在第二中枢的上方。最弱的，就是出现第 8 根 K 线穿越单边区间的情况，最终收在第一个中枢之下。然后根据收盘的位置，可以依次定出其他的强弱。

3. 没有中枢。

这是最强的单边走势。8 根 K 线，没有相邻 3 根是有重叠部分的。一旦出现这种情况，就是典型的强烈走势。出现这种走势，该日 K 线都是具有重要意义的。

一般来说，这种走势很不常见。例如，大盘 2007 年 2 月 27 日那天的走势就是这种类型。但别以为出现这种走势，趋势就一定会继续，很多骗线往往就是故意用这类走势构成。特别是在大的日 K 线中枢中出现这种情况，更大可能是骗线，例如大盘 2007 年 2 月 27 日的 K 线。当然，如果是在一个第三类买卖点后出现这种走势，出现大级别的强势趋势的可能性就极大了。

图 46-6 上证指数 2007 年 2 月 27 日前后日 K 线走势图

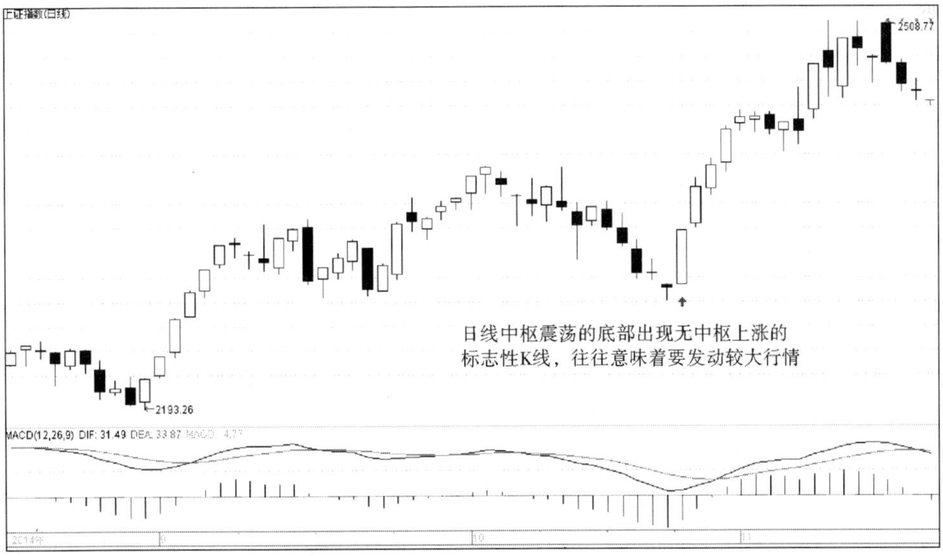

图 46-7　上证指数 2014 年 10 月 28 日前后日 K 线走势图

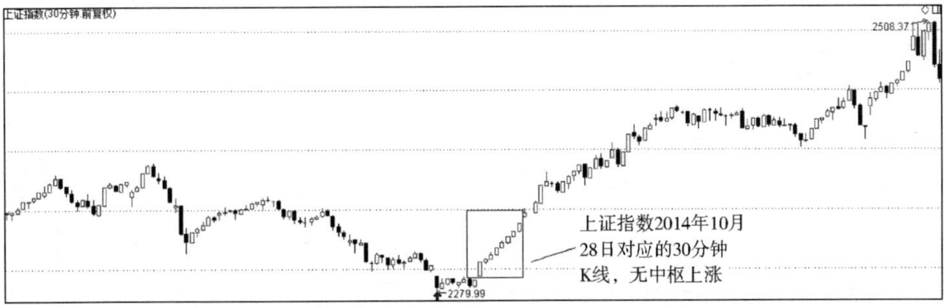

图 46-8　上证指数 2014 年 10 月 28 日 30 分钟 K 线走势图

缠论点睛

1. 一天之中，开盘后、收盘前的半个小时，以及午盘收盘前后的半个小时，是最容易发生异动的时间段，对于短线操作者来说，必须高度警惕。

2. 对于没有中枢的日内走势，从日 K 线形态上来看，一般对应着大阳线或者大阴线。当这种标志性 K 线出现在买卖点附近时，一般都具有重要的价值。追涨，也只有追这种买卖点附近的标志性 K 线才有意义。

投资微言

散户总是亏钱的。知道散户的做法，并和他们反着做，你盈利的概率就大大提升了。

教你炒股票 47

2007 年 4 月 19 日行情分析

(2007-04-20 08:51:58)

一个很显然的道理，对市场了解得越多，对走势的把握就越精确。

例如 2007 年 4 月 19 日的行情，跌破 5 日线后有一个反抽，在 11：08 刚好构成对前一天中枢的第三类卖点，这就是最后的、被本 ID 理论所保证的离开机会。在该点位后面走的，就与本 ID 的理论无关了。

在一个下跌里，除了最后那一个位置，所有的卖出都是对的，但这和本 ID 的理论无关。这类似赌博，就赌离开的点位不是最后的位置。当然，赌博也是一种方法，但这种方法不在本 ID 的讨论范围内。

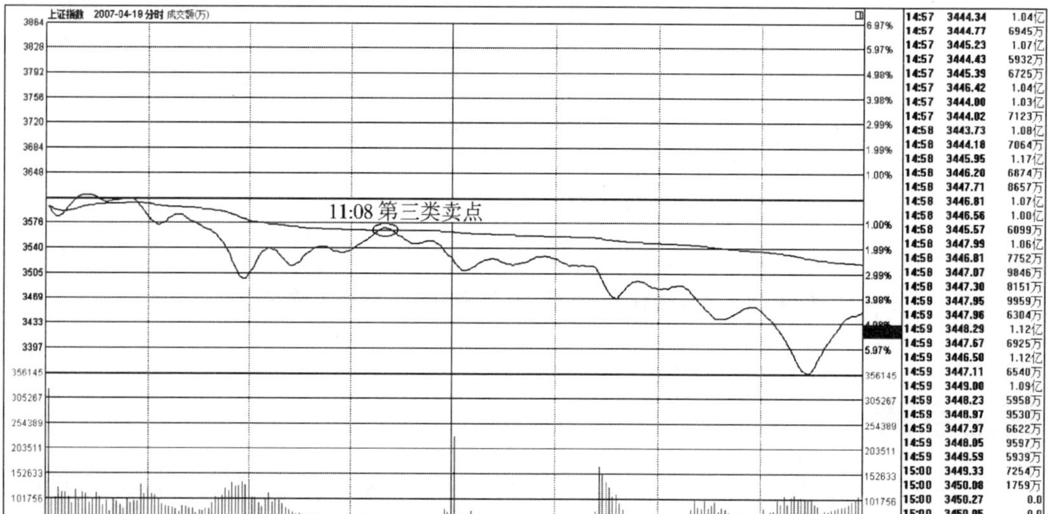

图 47–1　上证指数 2007 年 4 月 19 日跌破 5 日均线之后回抽形成第三类卖点走势图

有人可能要问，就算跌破 5 日线，也可能存在很快就拉起来的情况，如何处理？这种可能性确实存在，但市场是否选择这种可能性，都是当下的。如果很快拉起来，那自然会有一个符合本 ID 理论的买点出现，这需要市场自己去选择。既然已经卖出，就耐心等待。

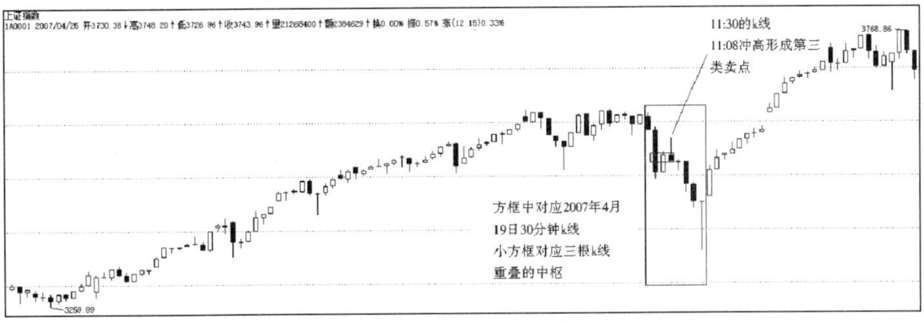

图 47-2　上证指数 2007 年 4 月 19 日 30 分钟 K 线走势图

图 47-3　上证指数 2007 年 4 月 19 日 5 分钟 K 线走势图

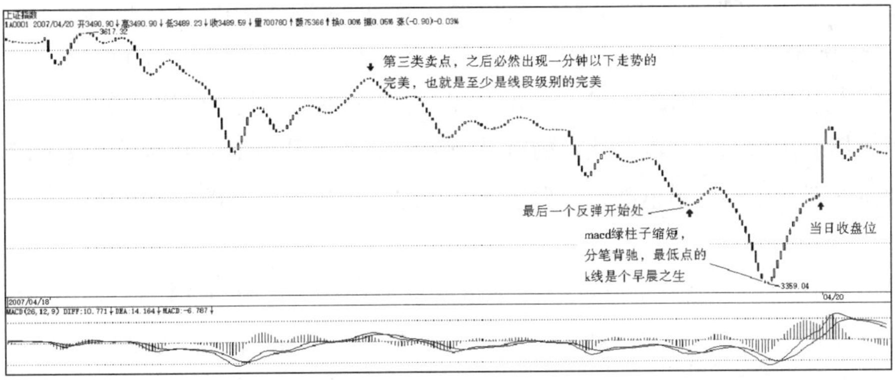

图 47-4　上证指数 2007 年 4 月 19 日 1 分钟 K 线走势图

这当然与分析的精确度有关。有些人分析不到位，会回补早了，这也很正常。技术更熟练的人，当然应该享受更精确的买点。但节奏是更重要的，站在小级别操作的角度上，就算你回补早了，也比没走傻看着强。补早了，就多总结经验，不断提高自己的技术精确度。

不过必须强调的是，上面都是针对资金比较小，操作级别比较小的投资者来说的。如果真是按日线操作的投资者，就应该从1000多点一直拿着，这些震荡根本无须理会，因为日线级别的卖点并没有出现，那就等出现第一类、第二类卖点再说。以周线级别操作的大资金，就更无所谓了。

这里只是以指数为代表来讲解一种方法，个股的分析是一样的。

其实，如果你对市场理解得更多点，2007年4月19日走势的低点其实是很容易把握的，这和上节课所说的当日走势分类有关。最后一个第三类卖点对5日线进行反抽出现在11:08，前面3个30分钟K线没有重叠。也就是说，下面的走势显然不可能是存在两个中枢的单边走势。

上节课说的三种情况中，第二种是不可能出现了。对于第一种，平衡市走势，最好的情况只能是当日中枢出现在11:00后那个K线范围内。如果出现在后面的K线之中，显然位置更低了。至于出现第三种情况，也就是没有中枢的走势，意味着后面将会有巨大的跌幅。

第三类卖点后面，至少都会出现一个次级别的跌势，也就是一个1分钟以下级别的向下走势是必须完美的。所以站在纯理论推理的角度，可以百分之百确定地安排后面可能出现的回补，也就是说，从11:08开始的向下走势，必然要出现走势的完美。

注意，这些分析在11:08之后就可以马上给出，并不需要预测或事后编排，都是可以根据本ID理论严格分析出来的。

下午开盘后，到13:30，就知道第三种无中枢的走势已经不可能存在了，因为当日一个连续3根30分钟K线的重合已经出现，即当日的中枢出现了。也就是说，到13:30，市场已经给出了自己选择：不可能出现2007年2月27日那天的无中枢下跌，最多就是一个弱的平衡市。因此，10:30到13:30这个中枢，就是最值得关注的。

用中枢震荡的观点，需要比较的就是10:30前的下跌与13:30后的下跌力度。这时候大盘还没有真正对该中枢破位，但已经百分之百地知道一旦破位，需要去看什么来决定买卖点。

用MACD辅助，显然1分钟图并不适合看，因为10:30到13:30前，这个MACD已经有绿柱子了，这样看起来费劲。可以选择5分钟的图。在5分钟图上，10:30前的下跌刚好构成一个绿柱子面积，而10:30到13:30刚好出现回拉，虽然黄白线没有明显回到0轴，但红柱子有了。

用中枢震荡的看法，后面的下跌，出现的背驰不会是5分钟级别的，只能是5分钟以下级别的，甚至就是分笔级别的最小背驰，然后引发大幅度回拉该中枢附近。当然，如果是特小级别的背驰，并不一定有足够力度决定其一定能拉回该中枢，但由于该中枢存在，回拉力度是可预期的。

上面的分析，在大盘13:30没真正继续破位前，就可以百分之百明确地给出，里面都是纯逻辑的推理，和任何预测无关。假设你是小级别操作者，而且已经在11:08的第三类卖点出去了，那么你需要的就是回补。

有了如上分析，你就可以耐心等待，看5分钟图去比较其力度了。而且你应该知道，强力的回拉，并不一定需要一个1分钟的背驰。在大幅度的下跌后，一个分笔的背驰就足以引发走势大幅回拉该中枢。特别地，由于10:30前的下跌引发的反抽也是一个分笔的背驰造成，一般来说，中枢震荡都有对称性，虽然不是绝对的，但已经足以让你不会忽视分笔背驰引发大级别转折的可能（分笔背驰一般可以用1分钟MACD柱子的长度来辅助判断）。

在大盘再次进入下跌时，你已经有足够的准备去等待。而且你可以很明确地知道，价格跌破10:30到13:30的中枢之后，首先会有一个小的第三类卖点。小的第三类卖点之后有两种演化的可能：一种可能是变成一个大一点级别的盘整，另一种可能是形成下跌，至少再有两段向下。对于第一种情况，在这个盘整出现后，有足够的时间选择介入，所以不用着急。而后面市场的真实选择是第二种，在一个小的第三类卖点后，再次出现两波下跌。

对于一个跌破中枢的下跌来说，第三类卖点后再来两波就可以随时完美。由于该下跌是1分钟以下级别的，因此不能以1分钟的底背驰去确认买点，只可能根据分笔背驰来确认买点。根据预先知道的中枢震荡看法，唯一需要确认的是13:30后的下跌与10:30前下跌的力度比较。从5分钟MACD两柱子面积的比较可以看到，后者的力度并不比前者大，参考深圳成指的图就更明显了。因此可以断言，这次13:30开始的下跌，一定会有强力回拉。

实际走势是，在第二波的分笔背驰（看1分钟图14:43的MACD柱子，该K线还是所谓的早晨之星）后，大盘出现大幅度回拉，这其实是理论百分之百保证的事情。

注意，并不是下跌的分笔背驰就一定存在大幅回拉，这个大幅回拉是由当日平衡市走势类型的中枢位置与时间决定的。而且，反抽的最低位置也很清楚，就是这下跌最后一个反弹开始处，结果收盘也真的收在该位置，这其实也是理论所保证的。

当然，如果你懂的东西更多，对确定开始反弹的位置是可以很精确的。首先，日线的布林通道中轨和20天均线都在3351点，按照一般的技术分析，这是一个强力支持位置，而实际低点在3358点。另外，1分钟图上的下降通道下轨也在该位置，几个因素相互配合，该位置出现反抽就完全在把握中了。

后面的走势很简单，关键是那个中枢。由于分笔背驰只能保证回抽到下跌最后一个反弹处，并不能百分之百支持对该中枢的完全回拉，所以理论上依然存在继续跌出一个更大级别的背驰而后再回拉的可能。当然也可以直接上去，这必须由市场来选择。但无论哪种情况，该中枢都是一个新的中枢形成前的判断关键。而 2007 年 4 月 20 日当天中枢的位置，就决定了今后走势可能的演化方式。

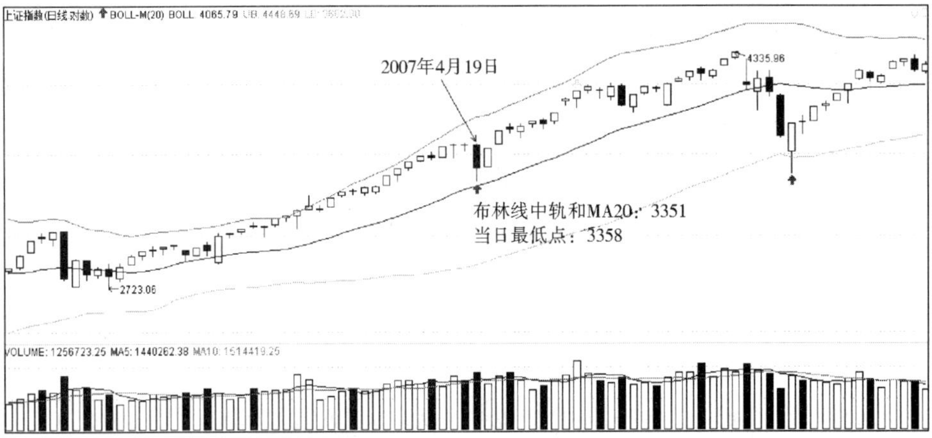

图 47–5　上证指数 2007 年 4 月 19 日带布林通道的日 K 线走势图

以上是一个分析的范本，这些分析都是可以当下进行的，里面不涉及任何预测。市场当下走势的每一步，都应该给出尽可能完整的分析。对本 ID 理论熟悉的操作者，其实 1 秒就可以把当下情况分析清楚，然后采取最正确的操作。但必须强调，这只是为了说明如何去分析，并不是鼓励所有人都去弄这种超级短线。

当然，如果你连这么精确的分析都能当下完成并指导自己的操作，那么那些大级别的操作就更没有问题了。对于小资金来说，如果有 T+0，这种分析就是绝对有实战意义的事情。在 T+1 的环境下，就算 3358 点买的，在第二天仍然有出不掉的风险。如果是 T+0，这种风险就不存在了。因为对于超级短线来说，回拉到最后一个反弹开始的位置就可以出来，然后看市场下一步的走势，然后选择下一买点。

再次强调，这只是为了说明理论，并不鼓励大家都按照这么小级别去操作。只不过大级别的分析方法和小级别是一样的。

当然，如果你对当日走势的辅助判断有更深入的了解，那么用当日对冲的方法来降低成本，也是可以做到的。有时间可以去研究一下与大盘节奏不同的个股的走势，感受一下大盘这种外在因素对个股的影响是如何必须首先有个股的内在原因的。例如，大盘的下跌反而使得某些股票构造出第二类、第三类买点，而中枢上移强力延伸的股票，甚至不搭理大盘。也可以去参考一下那些随大盘下跌的股票，它们本来就是存在卖点的，大盘只是加大了卖点后向买点运动的幅度，但并不会改变卖点与买点的内在逻辑结构。

缠论点睛

1. 本节课的分析当中，综合运用了K线、布林线、通道以及均线等技术。买卖点出现在这些关键支撑位的概率是很大的，特别是各种技术指标发生共振的点位上。

2. 个股的买卖点有其内在的逻辑结构，大盘这个外在因素只是影响了个股买卖点转化的时间与幅度。

3. 大盘的涨跌是由个股带动的，大盘反过来对个股产生影响。这是一个动态平衡的过程。

投资微言

多年的交易经验告诉我，假如我没能在某个趋势一开始的时候把握时机及时入场，我就无法从中获得巨大利润。因为我错过了积蓄利润的黄金时段。

——杰西·利弗摩尔

教你炒股票 48

牛市行情中的暴跌

(2007-04-24 08:52:02)

对于空头日夜盼望的暴跌，其实永远与他们无关。因为即便真的跌了，空头也只是心理上满足一下。人的思维惯性，使得空头永远没机会在他们满意的地方获得满意的筹码。牛市中的暴跌猛烈而刺激。但实质上，突然的暴跌之后，上涨趋势还是要延续的。

牛市中调整能量的积聚需要宣泄。这种宣泄与熊市最大的不同，就是下跌总是猛烈而疯狂的。牛市中的调整，来就狂风暴雨，这和熊市中的大反弹性质是一样的。

最出名的熊市大反弹，大概就是暂停国债期货交易那一次，指数 3 天之内从 550 点不到翻到 920 点之上，其后依然继续下跌回来。

牛市中的暴跌，最出名的应该算是 1996 年 12 月那一次，由于政策打击，指数连续跌停，几天之内从 1250 点以上跌到 850 点附近，其后依然继续上涨。

所有真正的大顶，都是反复冲击出来的，有足够的时间让你去反应和判断。那种 V 形顶，在大型走势中基本不会构成真正的顶部。

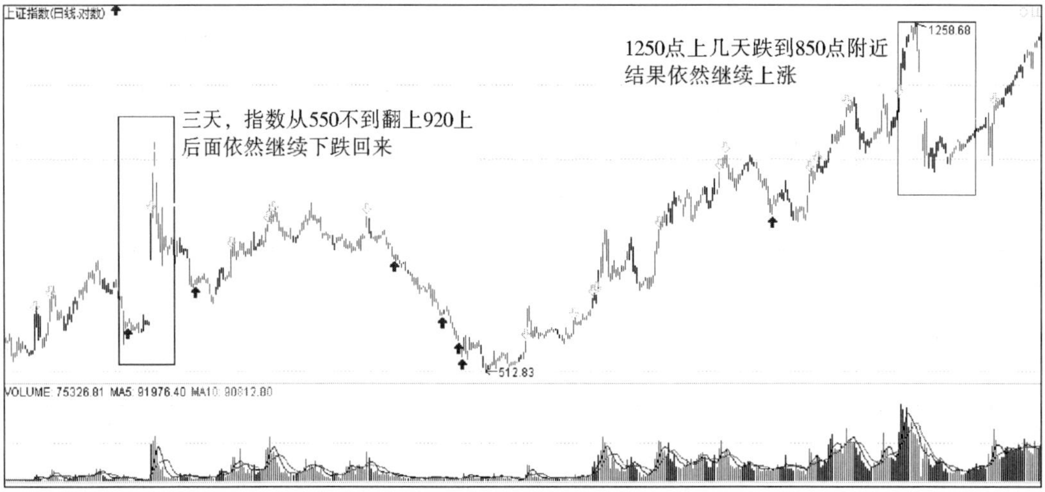

图 48-1 上证指数 1996 年前后日 K 线走势图

对风险有一种错误的认识，仿佛股价、市盈率高了风险才大，股价、市盈率低风险就小，却不知道股价、市盈率都是一些变动的因素，并没有任何绝对的意义。

本ID曾多次强调，风险对于市场是绝对的，任何时候都在风险之中。如果你对本ID的理论能有所理解，那么你不仅能将风险置于操作级别的绝对控制之中，而且还能利用风险降低成本。无风险是可以创造出来的，0成本就是绝对的无风险。如果不理解，那么最简单的均线系统就可以控制住风险。

站在社会财富增长的绝对性上，最大的风险就是你的财富增长赶不上社会平均财富的增长。站在资本市场这个子系统上，道理是一样的。因此在一个大牛市中，筹码的积累甚至更重要。一个大的上涨，3元有1万股，到4元只有1千股，后来到了30元，一股也没有，这就是最大的风险，因为市场的上涨并没有为你制造应有的总体利润。你的筹码丧失了，没有筹码，在市场中就没有盈利的准入证。

在没有做空机制的市场中，做空最后还是为了做多，除非你永远退出市场。特别是在牛市行情依旧的情况下，这一点更重要。没有筹码，用嘴是盈利不了的。

最好的情况，当然就是前面所说的，在成本为0前不断降低成本，在成本为0后不断挣筹码。这样股价越上涨，你的筹码越多，你的真正市值才会越来越大。有人问本ID，你以后怎么出货，本ID反问，为什么要出货？每一次震荡，都成了本ID降低成本、增加筹码的机会。知道最高的境界是什么吗？就是等大牛市真正结束那天，你拥有的股票数量最多而成本是0，然后……市场从来不是慈善场所，要战胜市场，必须有正确的大思路与总体的方法。

学会正确对待震荡、调整。很显然，当大盘中短线能量耗尽后，会出现较大规模的调整。如果说2007年2月27日、2007年4月19日的下跌都是在日线上暴跌，那么在周线上、月线上、季线上，甚至年线上出现暴跌的可能性，在这轮长达至少20年以上的大牛市中，都是绝对存在的。但这决不是空头用嘴欢呼的借口，而是操作者真正降低成本、增加筹码的大好时机。

操作的精确度是一个技术问题，技术高的，就能把成本降得更低，筹码增加得更多，这是绝对正常的事情。技术高的人就应该有更好的收益，这是天经地义的。精确度是可以用市场磨炼来达到的，如果思路、方法错误，则是不可救药的，这才是问题的根源。

站在纯技术的角度，把握暴跌的级别很重要。一个日线上的暴跌与一个年线上的暴跌，显然力度不一样。在这次从2005年中开始的大牛市行情中，至今为止，本质上，在周线上都没有出现过暴跌。周线上两次大的调整，周跌幅都是7%，还赶不上2007年2月27日的单日跌幅。月线上更是连一次真正有意义的下跌都没有，但为什么这么多人依然天天如惊弓之鸟一般？

如果你把握不住日线的暴跌，就去把握周线、月线的暴跌，它们对技术精确度的要求要低一些。给自己安排一些力所能及的活动，暴跌也是有级别的，能否在各级别的暴跌中游刃有余，是对你技术把握度的考验。

缠论点睛

1. 真正的大级别顶底，都是反复冲击形成的，特别对于底部。

2. 下跌对于多头和上涨对于空头都构成风险。不存在只涨不跌或者只跌不涨的走势，因此风险是绝对的，除非你的成本为零。控制风险的关键在于对趋势的判断与成本的控制。

投资微言

牛市中，在控制成本的前提下积累头寸是最重要的思路。至少你不能丢掉你的头寸。

教你炒股票 49

利润率最大的操作模式

(2007-04-26 08:16:56)

一个人拿着钱准备入市，首先要明确自己按什么级别来操作。这个问题前面已经反复说过了，这里不妨假设这个级别是 30 分钟。那么进到市场之后，打开走势图，首先要找什么？就是找当下之前最后一个 30 分钟中枢。这其实对任何新进的股票来说都是一样的。例如你出了某股票，重新选择一只新的目标，就会面对相同的情况。

显然，这将会出现三种情况：(1) 当下在该中枢之中；(2) 当下在该中枢之下；(3) 当下在该中枢之上。注意，这最后的 30 分钟中枢，是一定可以马上确认的，无须任何预测。

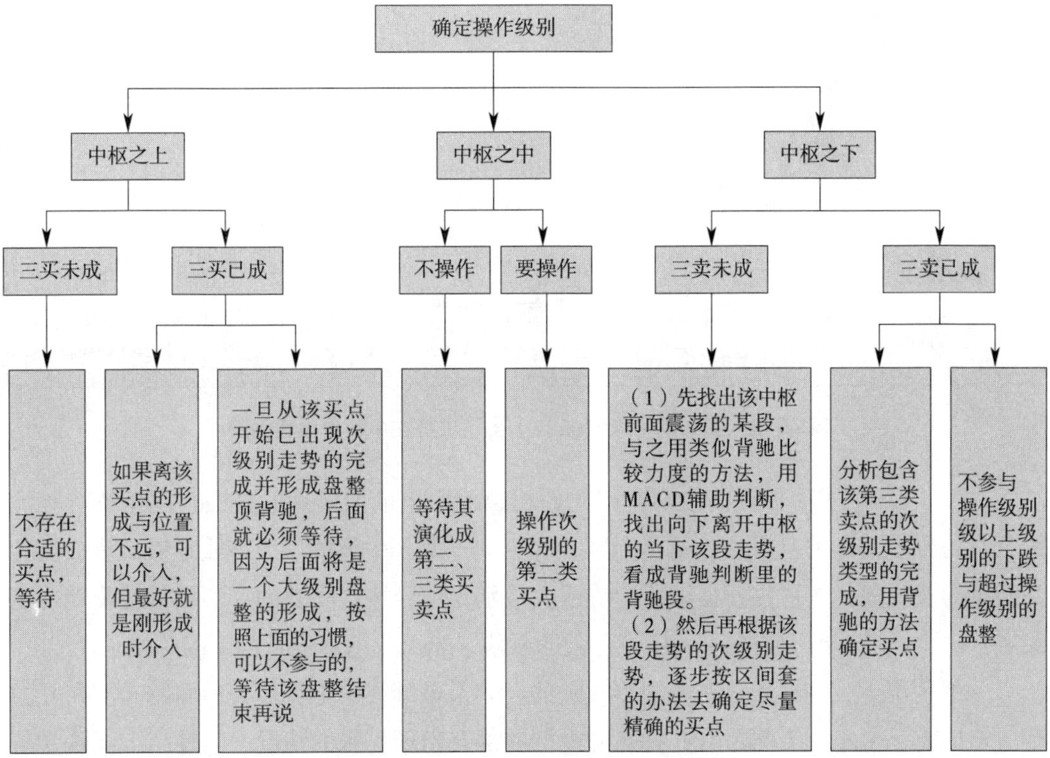

图 49-1　围绕中枢的操作程式

对于第一种情况，显然这个中枢在延伸中。后两种情况，分别可以用第三类买卖点分为两小类。对第二种又有两种情况：2A. 当下之前未出现该中枢第三类卖点。2B. 当下之前已出现该中枢第三类卖点（正在出现也包括在这种情况下，按最严格的定义，最精确的卖点是瞬间完成的，而具有操作意义的第三类卖点，其实是一个包含该最精确卖点的足够小的区间）。对于第三种，类似地也有两种情况：3A. 当下之前未出现该中枢第三类买点。3B. 当下之前已出现该中枢第三类买点。

对于第一种情况，因为在中枢里，由于这时候怎么演化都是对的，不操作是最好的操作，等待其演化成第二种、第三种走势。当然，如果你技术好点，可以判断出次级别的第二类买点，这些买点很多情况下都是在中枢中出现的，那当然也是可以参与的。但如果没有这种技术，那就等有了再说了。只把握你自己当下技术水平能把握的机会，这才是最重要的原则。

图 49–2　奥拓电子（002587）当下走势在中枢之中案例图

对于 2A，由于中枢震荡依旧，因此先找出该中枢前面震荡的某段，用盘整背驰比较力度的方法，以 MACD 指标辅助判断，找出向下离开中枢的当下该段走势，看成背驰判断里的背驰段，然后再根据该段走势的次级别走势，按区间套的办法尽量精确地确定买点。注意，最标准的情况下，用来比较的某段，当然是前面最近向下的一段。

一般情况下，中枢震荡都是逐步收敛的。如果是继续中枢震荡，后面的向下离开力度一定比前一个小。当然还有些特殊的中枢震荡会出现扩张的情况，就是当下下跌走势的力度比前一个下跌的力度还要大，但这并不必然一定会破坏中枢震荡，最终形成第三类卖点。这个问题比较复杂，在后面谈论中枢的各种图形形态时，才能详细说到。一般来说，对于这种情况，用各种图形分解与盘整背驰的方法就可以完全解决。

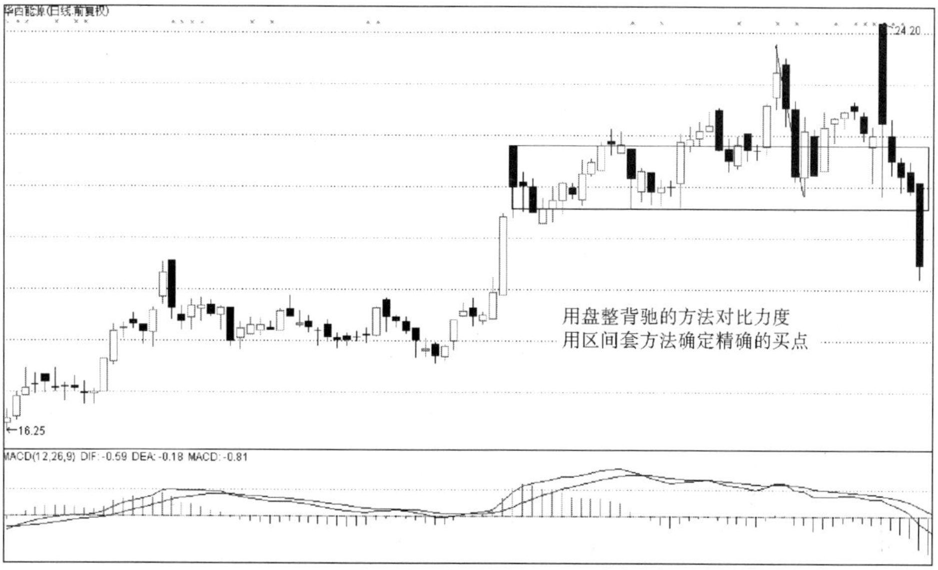

图 49-3 华西能源（002630）当下在中枢之下且无第三类卖点示意图

对于 2B，由于该中枢已经结束，那么就去分析包含该第三类卖点的次级别走势类型的完成，用背驰的方法确定买点。当然还有更干脆的办法，就是不参与这种走势，因为此后只能是形成一个新的下跌中枢，或者演化成一个更大级别的中枢。实际操作中，完全可以等待这些完成后，再根据那时的走势来决定介入时机。这样可能会错过一些大的反弹，但“不参与操作级别及以上级别的下跌与超过操作级别的盘整”，这种习惯必须养成。

图 49-4 华海药业（600521）当下在中枢之下且形成第三类卖点案例图

对于3A，这时候不存在合适的买点，合理的行动就是等待。对于3B，如果离该买点形成的位置不远，可以介入，但最好就是刚形成时介入。若从该买点开始已经出现次级别走势的完成，并形成盘整背驰或者顶背驰，就必须等待，因为后面将形成一个大级别的盘整。按照上面所说的操作习惯，可以不参与，等待该盘整结束再说。

当然，如果整个市场都找不到值得介入的股票，而又希望进场操作，那么可以根据这些大一点儿级别的中枢震荡来操作，这样也可以获得安全的收益。

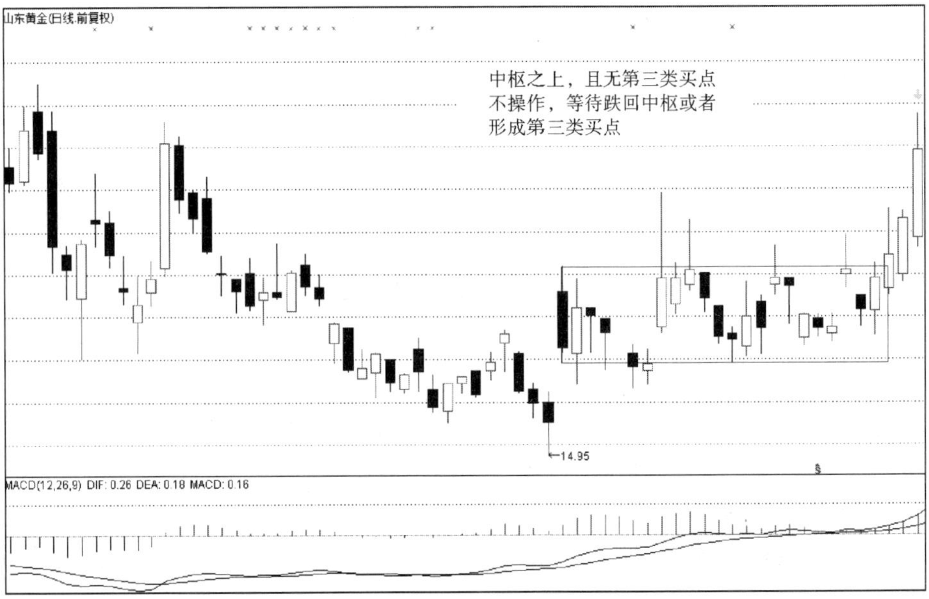

图 49-5 山东黄金（600547）当下在中枢之上且没有第三类买点案例图

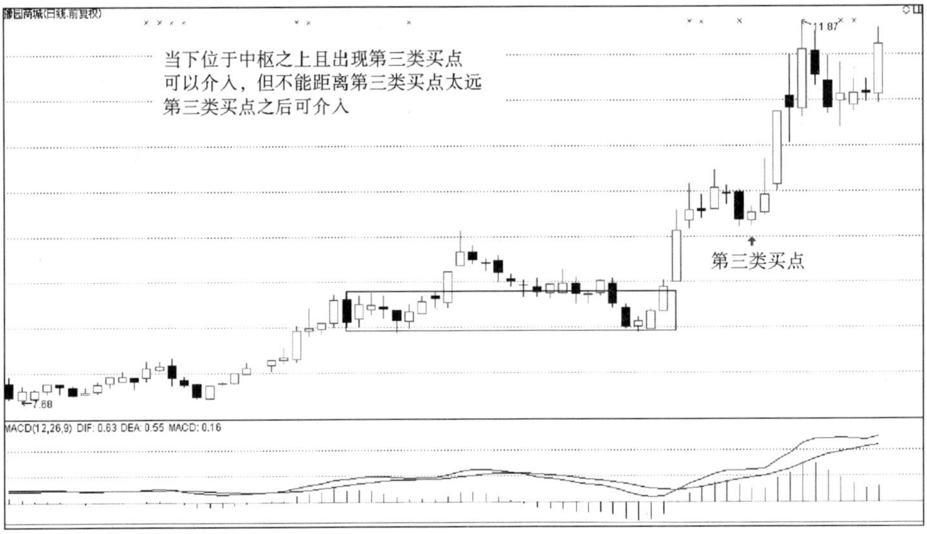

图 49-6 豫园商城（600655）当下位于中枢之上且出现第三类买点案例图

上面已经把一个固定操作级别的可能操作情况进行了完全分类与相应分析。显然，对于一个中枢来说，最有价值的买点就是其第三类买点，以及中枢向下震荡力度出现背驰的买点。

前者，最坏的情况就是出现更大级别的中枢，这可以用其后走势是否出现盘整背驰来决定是否卖出。如果不出现这种情况，就意味着一个向上走势去形成新中枢的过程，这种过程当然是最能获利的。至于后面一种情况，就是围绕中枢震荡做差价的过程，这是降低成本，增加筹码的好机会。

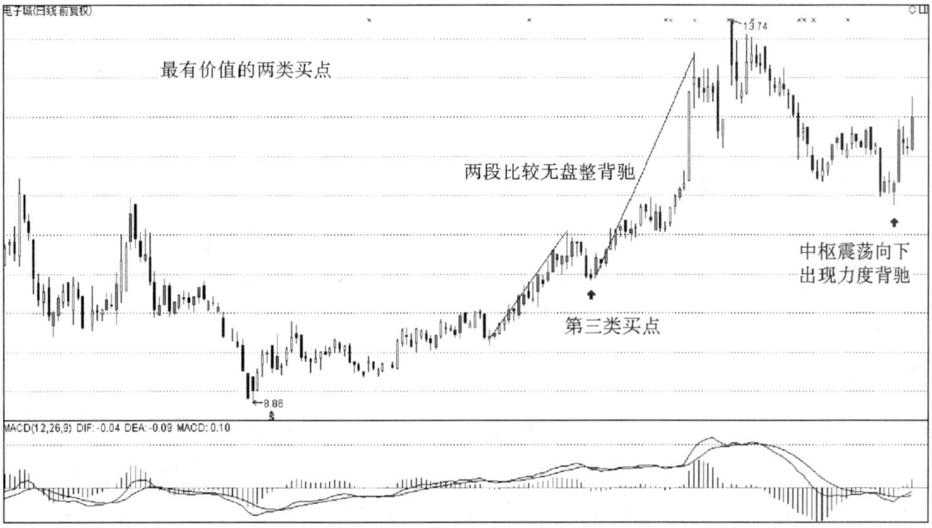

图 49–7　电子城（600658）最有价值的两类买点分析图

一定要注意，很多人不知道怎么去做差价，似乎所有机会都可以去做。从最严格的机械化操作意义上说只有围绕操作级别中枢震荡的差价才是最安全的，因为差价肯定能做出来，而且绝对不会丢失筹码。在成本为 0 后，挣筹码操作的道理是一样的。

也就是说，在确定了买卖级别后，那种中枢完成后向上移动时的差价是不能做的，中枢向上移动时应该满仓，这才是最正确的仓位。

围绕中枢做差价时，在中枢上方仓位减少，在中枢下方仓位增加。注意，做差价的前提是中枢震荡依旧。一旦出现第三类卖点，就不能回补了。用中枢震荡力度判断的方法，完全可以避开其后可能出现第三类卖点的震荡。

如果这个中枢完成之后的向上移动出现背驰，就要把所有筹码全部抛出。背驰意味着这个级别的走势类型完成了，要等待下一个买点了。如果不背驰，就意味着有一个新中枢形成。

小级别背驰引发大级别转折其实并不复杂，一样可以看成一个新中枢，只是该中枢有可能和前面的中枢重合，而趋势中是不可能出现中枢重合的。该中枢可以继续用中枢震荡的方法做短差，中枢完成后再继续向上移动，直到该级别趋势出现背驰。

其实可以用严格的方法证明缠中说禅第一利润最大定理：对于任何固定交易品种，在确定的操作级别下，以上缠中说禅操作模式的利润率最大。

该模式的关键在于只参与确定操作级别的盘整与上涨，对盘整用中枢震荡方法处理，保证成本降低，筹码不丢失（成本为0后是增加筹码。当然，对于小级别的操作，不会出现成本为0的情况）。在中枢第三类买点后持股，直到新中枢出现，继续中枢震荡操作，中途不参与短差。最后，在中枢完成的向上移动出现背驰后抛出所有筹码，完成一次该级别的买卖操作，等待下一个买点出现。

这里必须注意，中枢震荡中出现的类似盘整背驰的走势段，与中枢完成后向上移动出现的背驰段是不同的，两者分别出现在第三类买点的前后。在出现第三类买点之前，中枢未被破坏，当然有所谓的中枢震荡。第三类买点之后，中枢已经完成，就无所谓中枢震荡了。这二者是有严格区分的，不能搞糊涂了。

在中枢震荡中，本质上是应该全仓操作的，也就是在中枢上方抛出全部筹码，在下方如数接回。当然，这需要较高的技术精度。如果对中枢震荡判断错了，就有可能抛错。所以不熟练的操作者，可以不全仓操作。

不全仓操作有一个风险，就是中枢震荡后，不必然出现第三类买点，可以直接出现第三类卖点就跌下去，这在理论与实际中都是完全允许的。这种情况下，如果在中枢震荡上方没有完全走掉，那么就可能有一部分筹码需要在第三类卖点处走掉，从而影响总体利润。如果完全按照以上缠中说禅操作模式，就不存在这个问题了。至于能否达到缠中说禅操作模式的要求，是技术精度的问题，需要在实际中不断磨炼。

有一种磨炼方式是可行的，就是宁愿抛错了，也要严格按照方法来。毕竟就算你的技术判断能力为0，抛错的几率也就是50%，况且后面还有一个第三类买点可以让你重新买入。如果抛对了，那么每次的差价可能就是10%以上。别小看中枢震荡的力量，中枢震荡弄好了，比所谓的黑马来钱快而且安全，可操作的频率更高，实际产生的利润更大。

以上方法是对固定操作品种来说的，也就是不换股操作。

还有一种更激进的操作方法，就是不断换股，也就是不参与中枢震荡，只在第三类买点买入，一旦形成新中枢就退出。例如你的操作级别是30分钟，那么中枢完成向上时，一旦出现一个5分钟的向下走势，其后的下一个向上的5分钟级别走势不能创新高，或出现背驰与盘整背驰，那么一定要抛出。为什么？因为后面一定会出现一个新的30分钟中枢。用这种方法，往往会抛在该级别向上走势的最高点区间。当然，实际上能否达到，那是技术精度的问题，需要多实践才能操作好。

其实，同样可以用严格的方法证明缠中说禅第二利润最大定理：在不同交易品种的交易中，在确定的操作级别下，以上激进的缠中说禅操作模式的利润率最大。

注意，并不是说第二定理就比第一定理更牛更有意义，这里所说的利润率，是指每次操作的平均利润 / 占用资金的平均时间。真正能产生总体利润的，还与操作的频率有关。

第二定理虽然激进，但也需要有激进的市场机会。如果市场没有可操作级别的第三类买点，那也只能干等。第一定理不需要这么强的市场条件，基本上除了最恶劣的连续单边下跌，连大点儿的中枢都没有的品种，都可以操作。在实际操作中，两者不能偏废。

显然，对于大资金而言，以上方法需要有特殊的处理。资金越大，利润率显然越低，因为很多级别的操作不可能全仓参与，这就影响了资金的总体利用率。一般来说，小资金的增长是可以极为迅速的，用本 ID 的方法，无论牛市熊市，最笨的人，完全随机挑股票，完全不用找所谓的黑马，每年保持 200% 以上的利润，是一点问题都没有的。

如果你的技术精度高，即使在熊市里，每年来个 500% 的增长也是不难的。因为在熊市里，中枢震荡的机会反而更多，而且大的反弹本质上也就是大级别中枢震荡，处理好了，并不比牛市来钱慢。但这种增长只能维持几年，一旦资金大到一定程度，就会遇到资金增长瓶颈。如何突破该瓶颈，这是另一个问题，以后会说到。

缠论点睛

1. 首先确定好你的操作级别，明确当下级别的趋势。对于多头，参与上涨趋势，避开下跌趋势，可以酌情参与盘整。空头反之。

2. 只有在中枢震荡中才存在短差机会，参与中枢移动中的差价，是刀口舔血的行为。

3. 某级别中枢的第三类买点或者中枢震荡向下出现力度背驰的买点，是最有价值的买点。卖点反之。

4. 理论上，最精确的买卖点是瞬间完成的，而具有操作意义的买卖点，其实是一个包含该最精确卖点的足够小的区间。

5. 虽然理论上说，激进的缠中说禅操作模式的利润率最大，但在实际操作中，技术不高、反应不快的人频繁换股，只会导致失误连连。要了解自己，不是每个人都能在市场中 100% 地快速盈利的。

投资微言

对于操作而言，第一重要的是级别，第二重要的是趋势方向，第三重要的是时机。

教你炒股票 50

操作中的一些细节问题

(2007-04-27 08:42:51)

任何理论，最终都要落实到操作。而操作中的一些细节问题，是必须要搞清楚的。

首先，无论如何你都应该能看到走势图，至于最小只能看到 1 分钟图还是分笔图，甚至连 5 分钟都看不到，问题都不是太大。

其次，只要是正常的软件，没有不能看 MACD 指标的。有一个很重要的问题，很多人搞不清楚，就是究竟该看几分钟图的 MACD？

必须明白一个道理，就是 MACD 的计算方法决定了 1 分钟级别和 30 分钟级别的 MACD 之间并没有实质性的区别，只是计算的周期不同而已。相应的计算是线性的，只是 1 分钟级别的 MACD 指标稍微灵敏，30 分钟的 MACD 指标略显迟钝而已。除此之外，没有太大的区别。

问题的关键是，MACD 指标只是力度比较的辅助手段，因此应该先定好比较哪两段走势，然后才去选择是看 1 分钟的还是 30 分钟的 MACD 指标更适宜辅助判断（关系到灵敏度）。

例如，两段走势，在 1 分钟图上形成很复杂的 MACD 柱子和黄白线变化，而在 30 分钟图上，是很明显的两个柱子面积以及标准的黄白线变化，那当然就选择用 30 分钟图来看。

虽然 MACD 与 K 线价格相关，30 分钟级别的走势变化经常对应在 30 分钟的 MACD 上，但不能因此而改变“先根据中枢与走势类型进行分析，然后选出需要比较力度的走势段，最后才用 MACD 辅助判断的顺序”这一原则。

以上是一些小的技术细节，更重要的是操作心理上的细节。

操作上，投资者最开始一定都是患得患失的。为什么一定要把理论搞清楚？就是先从根子上解开自己的疑惑，知道为什么本 ID 的理论是如几何般精确的，否则你对平面三角形内角之和为 180 度的证明都有疑惑，一定要去丈量每一个平面三角形，证明一下才舒服，这样就永远有心理阴影，是无法去进行正常操作的。

理论的探讨，是为了树立操作的信心。当然，还为了对走势有一个精确的分析去指导操作，但其心理层面的意义也是极为重要的。这绝对不能迷信，因为相信本 ID 而相信本 ID 的理论，那绝对是脑子进水了。要从道理、逻辑等方面彻底搞清楚，这样才能毫无疑问地操作，不用瞻前顾后。

明白本ID理论对走势的分析以及操作的绝对性之后，需要解决的都是操作精确度的问题。一个正确的理论，应用到实践中，特别是面对瞬息万变的市场，因为应用者的经验与心理状态的不同，其结果自然有很大的差异。

如何提高操作的精确度，是一个长期实践的问题。但无论如何，只有在操作中才能解决这个问题，否则永远都是纸上谈兵，那是毫无意义的。

一个最常见的心理问题是：看到买点或卖点并动手了，但买了还跌，卖了还涨，所以下次就不敢尝试了。这在操作不熟练的人中太正常了。

开始时，对买卖点的判断一定都达不到理论所要求的精确度。毕竟是人，人总有盲点与惯性。例如对于习惯性多头来说，经常就是买早卖晚；而习惯性空头，就是买晚卖早。就算对理论在认识上没有问题了，这种习惯性的因素也会导致真正的操作与理论所要求的操作有偏差。要改变这种习惯性的力量，不可能是一天两天的事情。

一般来说，应用理论开始实际操作前，要先看懂所有曾经的走势，能用理论对已有的走势进行分析。如果这个要求都达不到，当下的操作一定会乱。这基础性的一步达到后，先不用真正买卖，可以先进行一定时期的模拟操作。

市场一周5天开着，当下去模拟操作，每次的操作都记录下来，然后不断根据后面的走势来总结，从中发现自己对理论当下理解上的问题，不断修正。当模拟操作有足够的把握后，再开始真正的买卖操作。

如果一开始就真正买卖，那么绝大多数人在真的投入后都会方寸大乱。无论操作成功还是失败，都会迷失在输赢上，并因此忽略了操作上的问题。

首先要把静态的、已有的图形分析清楚，然后再进行动态的、当下的分析把握，最后才是实际的操作，这样就比较稳妥了。当然，这个过程不是一两天能够完成的，所以本ID在2006年12月下旬开始说了一些股票，目的是让各位能够安心学习。买了就扔在那里，边赚钱边学习。

本ID不需要各位交学费，但各位实际操作的时候，可能会交给市场一些学费。本ID说些股票让各位拿着，就是把可能要交给市场的学费都给各位准备好了。毕竟实际的操作还是要靠各位自己，在市场上学习，先交点学费，然后不断进步，最后应用自如，都是很正常的过程。

各位心态要平稳点儿，不要整天去计算诸如今天少挣多少之类的问题。说白了，如果你没有一套有效的方法，那么只要你在市场里，你赚的钱从本质上来说就不是你的，只是暂时存在你那里。要把自己培养成一部赚钱机器，就如同前锋把自己培养成射门机器一样。方法学了都会，却不一定都能成为神射手，这需要更多的努力。

市场的技术是需要磨炼的，关键是真正掌握技术。只要掌握了技术，赚钱就成了自然的事情。只要有足够的时间，就自然产生足够的钱。为什么？因为这已经被本 ID 的理论如几何般严密地保证了。

另外，学本 ID 的理论，并不荒废任何其他的方法。但那些东西都只能起辅助作用。你可以去听消息，去追炒概念，怎么都可以，但不能违反本 ID 的理论。为什么？因为本 ID 的理论是市场真实的直接反映，违反本 ID 的理论，最终都会被市场教训。如果不相信，那你就在本 ID 理论的第一类买点卖，第一类卖点买。如果你按照一个较大级别去操作，一般来说，N 次以后，你就可以离开市场了。有了本 ID 的理论，就算去跟风，追炒，都会有章法，都会进退自如。

缠论点睛

1. 在使用 MACD 指标辅助力度对比之前，首先要明确走势类型、中枢。其次要搞明白到底是哪两段之间力度的对比。例如背驰的判断，是用背驰段和中枢连接段的对比；而盘整背驰的判断，是用中枢震荡中同方向的相邻两个次级别走势做对比。

2. 如果没有一套行之有效的方法，你赚的钱只不过是暂时存在你那里的；反之，你亏的钱都是暂借给市场的。不要去计算每日赚了多少或者亏了多少，那样做除了搞坏你的心态，没有任何意义。

投资微言

技术的学习好像修炼上乘武功，从无招到有招，再到无招胜有招，每一步都是一次蜕变。

教你炒股票51

短线股评荐股者的传销把戏

(2007-05-09 08:30:16)

国人的赌博心理特别重，一个六合彩就可以横扫大半个中国，连那些偏僻的山村都为之痴狂。这里包含的某种特点，正是任何群体性运动的基础。股票市场中，那些短线股评荐股者，如传销一般，也利用这种群体性的癫狂来达到目的。

有一种最弱智的把戏，就是为所谓的庄家出货卖嘴。这种把戏长久不了，一两次后就没戏了，只能改换门庭。由于这种把戏没有可持续性，所以不值得专门研究。而且靠找人卖嘴才能出货的庄家，智力水平太低，没资格让本 ID 去谈论。

现在说的是这样一种具有可操作性的把戏。不妨假设有一个痴呆儿，在一个每天浏览量超过 10 万次的网站或电视上，随机地推荐短线股票。有 5% 的人相信并尝试第二天开盘半小时内买入，也就是有 5000 人买入，每人平均的买入量是 2000 股，一共有 1000 万股的买入量。这个买入量，对于绝大多数股票来说，足以使得该股票具有极大的支持而呈现大涨。

对于另外 95% 的人，有些因为高了而拒绝买入，但至少会留下一个印象，这只股票推荐得真准。在下次荐股游戏中，这些人就是新的资源。有一部分胆子大的人，会在更高的价位买入，这样一个资金的流动输入就产生了。而买入挣钱的人，都爱到处忽悠，所以相应的人群就会不断增加，直到资金的流入与筹码的松动达到平衡。

这样一个系统，可以改进成组织更严密的传销：先建立核心的第一级会员。会员当然都要交会费，得到的回报是可以先买到第一批的货，在广泛向外推荐前，可以优先得到购买权。更加精细的系统，可以把会员分为不同的等级，这样可以让购买的资金流量得到一个更好的控制，从而达到逐步扩散的传销效果。

这种有精细结构的传销系统，可以支持一个较长时间的操作，大致就演化成一个庄家行为，只是这庄家是由很多不同等级的人构成的一个有联系的组织。这个组织比一般的庄家有一个好处，就是不存在一个人挂一大堆虚假账号的监管风险。坏处之一，就是这样一个结构的稳定性是有问题的，一旦碰到困难，很容易树倒猢狲散。

特别是对于短线，经常换股的传销系统，由于最终必然会导致大量的人被套，因此来回几次之后，就会使得外围的传销者资源逐步枯竭，最终导致整个系统崩溃。所以那些在电视、网站上每天推荐 N 股的人，一般来说其流传的寿命都不会长，一轮大的调整下来，就可以消灭一大批。当然，每轮行情起来，都可以看到类似的人出现，然后消失，如此循环往复。

比较长线的，有着更精细结构的传销系统，就会逐步演化成所谓的私募基金。这是比上述传销系统更稳定、更能持久的结构。这就是市场里这类无聊把戏的生命演化进程。

市场中绝大多数人，都不过是在参加一种无意识的传销游戏，为最终的炮灰提供足够的尸骨。

在基金等层面上，那是另外一种游戏，但由于其天生存在弱点，因而有许多可以被攻击的地方，因此基金会逐步演化成对冲基金或更稳定的合伙制结构。这种结构对赎回或者对风险的忍受程度更大，因此有着更高层次的市场生命。

市场如同大海，里面有各种生命形态。本 ID 之所以说这些，是要让各位对市场中各类资金的生存状态有一定的认识。这些生存方式都会存在，不会出现某种形式一统天下的状态。

可能有人要问，本 ID 属于哪种形态？本 ID 哪种形态都不是，如果一定要说，那么本 ID 属于那种猎鲸者。你必须对所有猎杀对象都有最清楚的认识，这样才能找到最好的攻击点，然后猎杀之。本 ID 只对大海里最大的生物感兴趣，本 ID 只猎鲸，特别是对鲸群有兴趣。一次只猎杀一头鲸的游戏，早就玩腻了。

有人又要问，本 ID 不也推荐过股票吗？那只是本 ID 为了让各位能专心学习才说的。除了那 14 只，还有一些超大盘的股票，但都明确地告诉各位，那些只是用来打架的，散户没必要介入。最后明确说过的，就是创投股大众公用（600635，5 元多说的）和旅游股北京旅游（000802，10 元多说的）。

从 2007 年 3 月 19 日加息到现在，从来没有说过任何具体的股票。为什么？因为来这里的人越来越多，本 ID 再说具体的股票，就成了传销或被人利用成传销了，本 ID 又不需要任何人来抬轿子。本 ID 是猎鲸的，不是那鲸鱼。

当然，本 ID 说过的股票，都会负责到底，因为本 ID 自己依然在猎鲸中，绝对不是说让各位现在才去追高买入的那些股票。其实对本 ID 猎鲸的对象或非猎鲸对象的股票，方法是一样的。本 ID 是要把“渔”的方法告诉各位，让各位自己去找鱼吃。关键是有什么级别的买卖点，而不是对象。

至于刚好发现本 ID 也在猎着的有买点的股票，各位当然也可以介入，但不是让各位集体无意识地都聚集在本 ID 的猎鲸对象上，这样做不又成了变相的基金了？猎鲸船本来就比鲸鱼大，把本 ID 变成鲸鱼，那不是太小看本 ID 了？

本 ID 做事情从来都不想含糊，加上大众公用（600635）、北京旅游（000802），总共 16 只股票，依然是本 ID 猎鲸船所追杀的目标。实际上，本 ID 这猎鲸船追杀的目标，还不只这 16 只，具体的结构，当然不能说了。

这里的空头这么多，记得2000多点时那位美国老头胡诌，本ID说要把他打到满地找牙夹空他时说过什么吗？把这16只分类一下，最早一批是2006年12月底说的，最后一只是2007年3月中旬说的，现在是2007年5月初。按说过以后的涨幅大致分类一下，就可以看得很清楚。这不是为了炫耀，而是让后面来的人知道本ID猎杀的介入位置，从中也可以发现一些技巧性的问题。

本ID介入的位置和说的时候的位置大致一样，先来的人在本ID说的时候买的股票，基本上和本ID的成本是一样的。因为本ID的货多，当然买入成本不可能比各位低。但是现在可就不一样了，因为本ID的成本在不断地下降，这种最厉害的方法，本ID在课程里可是毫无保留地说过的，有多少人能够办到，就不得而知了。

涨幅基本在200%及以上的股票：民生控股（000416）、中核科技（000777）、三九医药（000999）、吉恩镍业（600432）、大众公用（600635）、京能电力（600578）、中信海直（000099）。

涨幅在150%以上的股票：新兴铸管（000778）、新潮实业（600777）、山大华特（000915）。

涨幅在100%以上的股票：建投能源（000600）、城投控股（600649）。

涨幅在50%以上的股票：北京旅游（000802）、航天动力（600343）、清华紫光（000938）、隆平高科（000998）。

股票不过是小道，但条条小道通大道。本ID在这里浪费口舌，第一个目的是希望这里能有人通过学习以及自我磨炼，最终成为猎鲸者。其次，更重要的，是希望各位能够通过小道进而大道。至于想把这里变成传销场所或希望来这里找点传销玩意儿的，那就入错门了。

本ID这里不需要太多人，那些希望小道而大道或至少有志于成为猎鲸者的人，如果觉得有更好的地方，也没必要留在本ID这里，本ID门前草深三尺也无妨。

缠论点睛

1. 自己的盘子，最好自己负责。其他任何人都不能像你一样对自己的账户负责，基金也不能。至于那些所谓股评，不过是做着卖嘴的生意而已。

2. 一赚二平七亏损的定律是客观存在的，因此成功的投资者注定都是独行客。

投资微言

一定要养成只看图操作的习惯。

教你炒股票52

炒股票就是真正的学佛

(2007-05-18 08:49:05)

本ID一直强调无须预测，并不是说市场走势就绝对不可预测。相反，市场走势当然可以绝对预测。不过这里的预测和一般所说的预测并不是同一意义。一般的预测是建立在一个机械的、上帝式的思维基础上。这种思维，把市场当成一个绝对的、不受参与者的观察与操作所干扰的系统，由此形成一套所谓的预测标准，一个建立在错误思维基础上的标准。这种预测本来就不存在。

市场的预测者、观察者、参与者，恰好又是市场走势的构成者，这就是市场预测最基本的起点。因此市场的走势模式，归根结底就是市场预测者、观察者、参与者行为模式的同构。这意味着，唯一并绝对可以预测的，就是市场走势的基本形态。

不学无术之辈喜欢谈论所谓的点位，却不知道点位只是基本形态演化的一个结果，是当下中形成的。形态是“不患”的，点位是“不患”之“患”，只要把握了这“不患”，其“患”自然就在当下的把握中。

追求对点位的非当下把握的人，绝对是脑子进水了，因为点位都是当下形成的，这是“不患”的。企图逃离这个“不患”而谋其“患”，不是脑子进水是什么？正因为点位都是在基本形态的演变中当下形成的“不患”，才有点位的“不患”之“患”。

明白了这个道理，才算是有了市场预测的“正眼”。无此“正眼”，都是瞎掰。实际操作中，最基础的就是对基本形态的把握，这是“不患”的。只有立足于这“不患”，才有对点位之“患”当下的把握。

说白了，所有的操作练习，归根结底就是在此之上。所以本ID说自己只是一个训练者，引导者，因为当下只能是你的当下，离开你的操作当下，市场根本是不存在的。

由此不难理解另外一个操作上的“不患”，就是你事先确立的操作级别。市场归根结底只是你的市场，就像一只只能看到花的眼睛，那自然看花就是花，不会把花看成猴子。

所有的市场，都必然只能是你当下观察、操作中的市场，离开你当下的观察、操作，市场对于你来说并不存在，或者说毫无意义。而你的观察、操作，必须有一个“不患”的前提，就是你的操作级别。这个操作级别，等于一个把花看成花或把花看成猴子的眼睛。在你的世界里，把花看成花与把花看成猴子所包含的基本模式是同构的，关键是这个模式，而不是花还是猴子的不同设定。

本ID的理论，适用于任何操作级别的人，因为不同级别之间的基本模式是同构的，这是市场的一个基本特征。注意，这特征并不是理所当然的，这个特征之所以存在，归根结底，就是市场参与者有着基本相同的结构。这结构，归根结底，就是贪、嗔、痴、疑、慢。

甚至可以这样说，对六道轮回[①]中任何的类市场形态，本ID的理论都适用，因为这贪、嗔、痴、疑、慢是同构的。所以本ID理论的种子在你的心中种下后，就算你轮回到其他五道上，而且那里恰好有一个股票市场，你也可以在其中如鱼得水。

那么市场的基本形态是什么？最基本的，就是以中枢、级别为基础的趋势与盘整，而背驰的级别一定不小于转折的级别，则是市场预测的最基础手段。

例如你是一个30分钟级别的操作者，那么任何30分钟级别的下跌及30分钟级别以上的盘整，你都没必要参与。因此当一个30分钟级别的顶背驰出现后，你当然就要完全退出。为什么？因为这个退出是建立在绝对预测的基础上的，就是后面必然是一个至少30分钟级别下跌或扩展成30分钟级别以上的盘整，这就是最有用、最绝对的预测。这预测是被本ID的理论绝对保证的，或者说是被市场参与者的贪、嗔、痴、疑、慢所绝对保证的。

本ID的理论，归根结底就是研究贪、嗔、痴、疑、慢的。由此也就知道，为什么市场的操作，归根结底就是人自身的比较，为什么本ID可以把理论大肆公开而不会影响本ID自己的操作。因为只要这世界依然有贪、嗔、痴、疑、慢存在，本ID的理论就如鱼得水。

有人整天痴谈学佛，其实炒股票就是真正的学佛。不在这贪、嗔、痴、疑、慢的大烦恼中如鱼得水，得大自在，你那佛，有何用！

缠论点睛

1. 操作级别、基于级别之上的基本形态是不患的，点位是不患之患。

2. 所谓的某级别基本形态，是指基于中枢的趋势与盘整。不同级别的基本形态是同构的。

3. 背驰之后形成的走势类型的级别，一定大于或者等于背驰的级别，这是市场预测的基本手段。小级别背驰可能引发大级别转折，但大级别背驰一定不会仅仅引发小级别的转折，而是会引发中枢扩展、本级别以上级别盘整或者比本级别更大级别的反趋势。

---

① 六道轮回：佛教用语。六道是指天道、人道、阿修罗道等三善道，与畜生道、饿鬼道和地狱道等三恶道。佛教认为六道是众生轮回的六大去处，即在这六道中轮回生死。

投资微言

满腹佛经而不能明心见性，没用；满口理论而不能稳定盈利，没用。

教你炒股票53

三类买卖点的再分辨

(2007-05-23 08:47:18)

首先，一定要搞清楚中枢的递归定义，这是基础中的基础。连这都搞不清楚，那理论的学习根本就不可能继续下去。

再者，关于级别的问题，如果想不明白，可以类比为用不同倍数的显微镜去看一滴水，由此当然会看出不同的精细度，级别之与走势也一样。

一个最简单的例子，3个5分钟级别的走势重叠，构成一个30分钟中枢。站在30分钟级别的角度，5分钟的走势都可以看成是没有内部结构的线段，线段的高低点就是对应5分钟走势的高低点。站在5分钟的次级别1分钟的角度上看，每段5分钟的高低点不绝对是在5分钟走势的结束或开始位置。

当然，按照1分钟的级别用结合律重新组合，总能让高低点分别在开始或结束的位置，但站在分笔成交的级别上，这又不行了。为什么？因为当我们用1分钟的级别重新组合时，其实就先把分笔上的级别都看成没有结构的线段了。

这是十分自然的，就像我们研究猴子的行为时，如果还考虑其中的每个细胞里包含的分子里的原子里的电子的走势问题，那猴子就不是猴子了。所以这个原则是必须明确的。例如你决定用30分钟来操作、观察时，其实就已经先假定把所有完成的5分钟走势都看成线段了。

注意，这和区间套定理是没有冲突的。当30分钟进入背驰段，为了更精细地定位，用倍数更大的显微镜去看这段走势是极为自然的，只要知道该在什么时候用什么倍数的显微镜去看就可以了。

再例如，在看30分钟的第三类买卖点时，由于要涉及次级别5分钟的判断问题，所以就不能光用30分钟级别的显微镜，同样要转换成5分钟的显微镜来观察。但无论这些显微镜如何转换，一个原则是不变的，就是当你用一个级别的显微镜时，就等于先把次级别的走势当成线段了。也就是说，次级别不在该级别的观察中。

当然，最精细最严格的方法，就是从最低级别的分笔开始逐步组合分析上来，这样就不存在上面的问题了。但这样做太累，而且毫无必要。理论是用来用的，只要不违反理论的基础与绝对性，当然要选择更简单的用法。这个问题必须要了解，否则一下30分钟，一下1分钟，一下又年线，非把自己换晕了不可。

图 53–1 级别问题分析图

其次，对于背驰与盘整背驰，前者有着最基础的意义，后者只是利用前者相应的力度分析方法进行的推广应用，主要用在与中枢震荡相关的力度比较中。注意，a+B+c 中，a 和 c 盘整背驰，其实都可以看成是围绕 B 的中枢震荡，虽然 a 存在时 B 还没有出现，但也不妨这样看。

至于第一类、第二类、第三类买卖点，归根结底都可以归结到第一类买卖点上去，只是级别不同而已。那么为什么不只说第一类买卖点？因为这样做会涉及不同的级别，等于同时用不同级别的显微镜去看走势，实际用起来太乱。不同级别买卖点的意义是不同的，因此要在同一个级别上研究，这才有了三类买卖点的分别。

当然，最充分的操作，就是按分笔的买卖点操作，这样所有最细微的波动都可以把握了。但由于人需要反应的时间，交易有成本等原因，按照分笔成交操作，在实际中是不可能做到的。因此忽略掉某些波动，按更大的级别统一操作，就是客观条件的必然要求。

本 ID 的理论不是什么先验理论，而是根据客观条件所充分反映的当下可能的充分可操作的理论，这一点必须要彻底明确。三类买卖点都不能偏废，不能说哪一个更重要，站在同一级别上，三者都重要。

第一类买卖点，就是该级别的背驰点，这足以应付大多数的情况。但有一种情况是不可以的，就是前面反复强调的小级别背驰引发大级别转折的情况。为什么？因为当小级别背驰时，并未出现该级别的第一类买卖点，所以无须操作。对于这种情况，就需要第二类买卖点来补充。

第二类买卖点不是专门针对这种小转大情况的。一般来说，高点开始一个次级别向下后一个次级别向上，如果不创新高或盘整背驰，都构成第二类卖点。买点的情况反过来就是了。所以在有第一类买卖点的情况下，第一类买卖点是最佳的，第二类买卖点只是一个补充。但在小级别转大级别的情况下，第二类买卖点就是最佳的买卖点，因为在这种情况下，没有该级别的第一类买卖点。

站在中枢形成的角度，第二类买卖点的意义就是必然要形成更大级别的中枢。也就是说，后面至少还有一段次级别走势且必然与前两段有重叠。

对于第三类买卖点，其意义就是对付中枢结束的。某级别的中枢结束，无非面对两种情况，转成更大的中枢或形成新的该级别中枢。第三类买卖点就是用来应对什么时候发生这种事情的。在第二类、第三类买卖点之间，都是中枢震荡，这时候是不会有该级别的买卖点的。如果要参与其中的买卖，用的都是低级别的买卖点。

实际操作中最干脆的做法，就是不参与中枢震荡，只在预先设定的买卖点上买卖。但对于大资金或者对于有足够操作时间和熟练度的资金来说，中枢震荡当然是可以参与的，而且如果中枢震荡的级别足够，其产生的利润往往更大而且稳定。

在趋势的情况下，一般小级别的买卖点并非一定要参与，但如果是大资金或者技术特别好，同样可以参与。这只是为了提高资金的利用率，加快成本变为0或增加筹码的过程。这种小级别的参与，与该级别能容纳的资金量有关，这就涉及到仓位调配控制的问题了。

缠论点睛

1. 关于中枢的递归定义，首先要确定好自己的最低级别，以及最低级别上的走势类型，然后通过中枢、中枢扩展等逐级定义出更高级别的走势类型。

2. 小级别描述走势的细部，大级别描述走势的轮廓。当以某个级别操作的时候，该级别的次级别走势类型可以简化为线段。当某级别走势进入背驰段或者盘整背驰段等关键时期，以小级别观察其细部是必要的。

3. 第一类买卖点是某级别趋势结束的点。由于任何走势类型至少包含一个中枢，而中枢至少有三段，那么第一类买卖点之后的第二段的终点，就构成第二类买卖点。中枢形成之后必然会结束，该中枢结束的点，就是第三类买卖点。

4. 对于第一类买卖点，一般情况下可以用背驰对付。对于小级别背驰转为大级别转折的情况，则要专注于第二类买卖点。

投资微言

炒股很简单，投资者太复杂；市场先生很笨拙，投资者太聪明。

教你炒股票 54

一个具体走势的分析——图解分析示范（一）

(2007-05-24 01:37:31)

注意，看下面的分析之前，不能太饿，也不能太饱，不能太兴奋，也不能太不兴奋，否则一定会晕。由于一般的图都没有这么复杂，所以看完下面的分析之后，信心千万别受到打击，而是应该信心百倍。

知道只要精通本 ID 的理论，这么细微、古怪的图，都可以当下精确地分析并指导操作，从而对本 ID 理论关于走势的绝对把握有一个更清楚的认识。后面就是多看图，多磨炼的问题了。

如果对本 ID 理论的基本概念不清楚，看到这样的图，基本都要晕头转向。好了，大家开始深呼吸，放松脑筋。

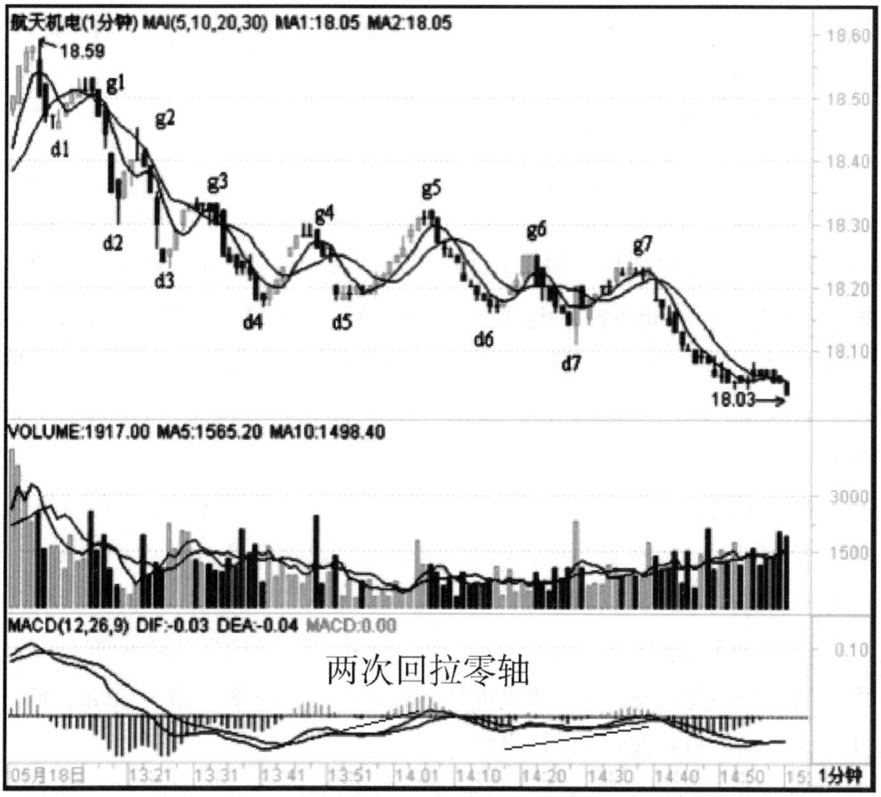

图 54–1 航天机电（600151）具体分析图

看这张图有个条件，就是$d_1=g_2$，$d_2=g_4$。其实这个条件有无，并不影响分析。有了这些条件，会增加分析的难度。这里就从 18.50 元（设为g_0）开始分析。

前面说到，当你以某级别分析图形时，就先假设了该级别的次级别是内部无结构的线段。上面的图中，每一个d_ng_n、g_nd_{n+1}的级别都是 1 分钟以下的，所以都可以看成是没有内部结构的线段。

我们就从g_0开始，当下地进入图形中。显然，当下走到g_1时，由于只有两段 1 分钟以下的走势，所以不形成任何中枢。当然，如果你是一个分笔操作者，那么g_1就构成一个第二类卖点。

当走势发展到d_2时，一个 1 分钟级别的中枢就形成了，区间是$[d_1,g_1]$。后面出现的线段，就要以该区间来决定是中枢震荡还是第三类买卖点。由于$d_1=g_2$，那么d_2g_2这段就属于$[d_1,g_1]$中枢的震荡。而到了d_3g_3这段，显然已经不能触及$[d_1,g_1]$，所以g_3就是$[d_1,g_1]$中枢的第三类卖点。当然，如果前面$d_1>g_2$，那么g_2就是第三类卖点了。

由于$d_1=g_2$，所以当行情发展到d_3时，可以当下地运用结合律对走势进行多样性分析。这时候，有如下等式：

$g_0g_3=(g_0d_1+d_1g_1+g_1d_2)+d_2g_2+g_2d_3=g_0d_1+(d_1g_1+g_1d_2+d_2g_2)+g_2d_3$

括号里的是中枢。从后一式子来看，该中枢区间就是$[d_1, g_2]$，也就是一个价位，这并不影响前面关于g_3是第三类卖点的分析。这种分解方式比较符合一般的习惯，所以是可以采用的。

显然，用 MACD 辅助判断，力度上，$g_1d_2>g_2d_3>g_3d_4$。相对来说，后者都是前者的盘整背驰。当然，在 1 分钟图上，这种背驰都没有什么操作意义。但如果是在日线甚至年线级别的图上，就有意义了。

有一个图形分解的原则是必须知道的：两个同级别中枢之间，必须有次级别的走势连接。例如，$g_0d_4= g_0d_1+(d_1g_1+g_1d_2+d_2g_2)+$（$g_2d_3+d_3g_3+g_3d_4$），这样的分解是不被允许的，因为括号中的两个同级别中枢之间没有次级别走势相连接（注意，这与下面 3 个同级别中枢相连接扩展成高一级别中枢的情况不同。那种情况下，是允许 3 个括号相加而之间没有次级别的）。

当行情当下走到d_4点时，根据上面的原则，无非有下面两种可能的分解。

$g_0d_4= g_0d_1+$（$d_1g_1+g_1d_2+d_2g_2$）$+g_2d_3+d_3g_3+g_3d_4= g_0d_1+d_1g_1+g_1d_2+$（$d_2g_2+g_2d_3+d_3g_3$）$+g_3d_4$

d_4g_4是盘整背驰后的正常反弹。

针对上面第一种分解，这只是第三类卖点后向一个新的同级别中枢移动或形成更高级别中枢的一个中间状态，g_4d_5这段也是。针对第二种分解，由于$g_4=d_2$，所以d_4g_4是（$d_2g_2+g_2d_3+d_3g_3$）的中枢震荡，d_5g_5这段也是。

有人可能要问，在这种情况下，应该采取哪种分解方式？其实哪一种都可以，但第一种分解方式，由于处在中间状态中，没有一个确定的标准，所以对短线操作指导不足。第二种分解方式，由于是中枢震荡，操作起来就有明确的指导意义了。从方便操作的角度来说，可以用第二种分解方式。这就是反复强调分解多样性的好处。

一般来说，对于具体操作，一定要选择当下有明确意义的分解，例如是中枢震荡的，或有第三类买卖点的。一定要注意，所有的分解必须符合分解的原则，否则就乱套了。

对于第二种分解方式，d_5g_5 这段属于中枢震荡，但对于第一种分解方式，d_5g_5 这段就有了一个重大的意义。因为那种第三类卖点出现后的中间状态，在 d_5g_5 这段出现后就彻底消除了，一个更大级别的中枢确定了。具体如下。

$g_0g_5= g_0d_1+[（d_1g_1+g_1d_2+d_2g_2）+（g_2d_3+d_{3g3}+g_3d_4）+（d_4g_4+g_4d_5+d_5g_5）]$

3 个小括号里的 1 分钟中枢重叠，构成了中括号里的 5 分钟级别中枢，中枢的区间是 $[d_2，g_5]$。注意，这时候要把 1 分钟的走势当成线段。小括号里的都是线段，高低点就是线段的端点。

这样一来，后面的走势就十分简单了。例如，g_7 就是一个第三类卖点（d_7g_7 中第 2 根、第 3 根 K 线有一个较大的回试，然后有五六根小十字星停在该区域，由此就知道这里肯定构成 1 分钟中枢了。也就是说，d_7g_7 内部可以画出一个 1 分钟以下级别的三段来。当然，如果有 1 分钟以下的图形就更能把握，特别对于级别较大的图，这时候都可以看小级别的图形去确认。如果经验比较多，一般看到这种情况，不用看小级别图形就知道怎么回事）。

按照第二种分解方式，相应的 5 分钟中枢要到 g_6 点才完成，这样有如下分解：

$g_0g_6= g_0d_1+d_1g_1+g_1d_2+[（d_2g_2+g_2d_3+d_3g_3）+（g_3d_4+d_4g_4+g_4d_5）+（d_5g_5+g_5d_6+d_6g_6）]$

相应的 5 分钟中枢区间就是 $[d_3,g_5]$。

在这种情况下，d_7g_7 也是一个中枢震荡，但不构成第三类卖点，因为不符合条件。

注意，并不是说一定要形成该级别第三类卖点后才能大幅度下跌，完全可以用该级别以下小级别的第三类卖点就突破中枢。但有一点是肯定的，就是只要有足够长的时间，该级别的第三类卖点一定会出现。

当然，在最极端的情况下，这个卖点可能在离中枢很远的位置。但有一点是肯定的，就是该第三类卖点之后一定继续向下。上涨的情况相反，第三类买点后一定继续向上。

一个最好的例子就是杭萧钢构（600477）在 2007 年 4 月 9 日这个小级别的第三类买点。该买点离 2007 年 2 月份的中枢很远了，但是在这么大的监管条件下依然有效。为什么？因为那些监管并没有破坏本 ID 理论成立的两个最基本的前提——价格充分有效市场里的非完全绝对趋同交易。还可以看海通证券（600837）在 2007 年 2 月 6 日的例子。

至于暴跌的情况，老一点的投资者应该都记得庄股跳水后，第一次反抽结束再继续更大幅度下跌的例子，那就是典型的第三类卖点。

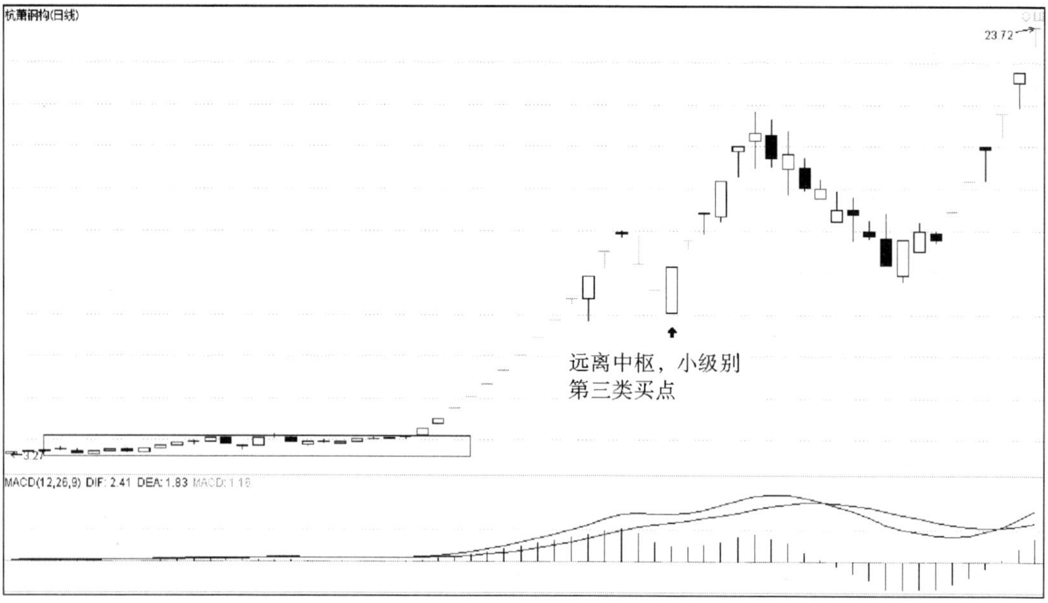

图 54-2 杭萧钢构（600477）2007 年 4 月 9 日前后日 K 线走势图

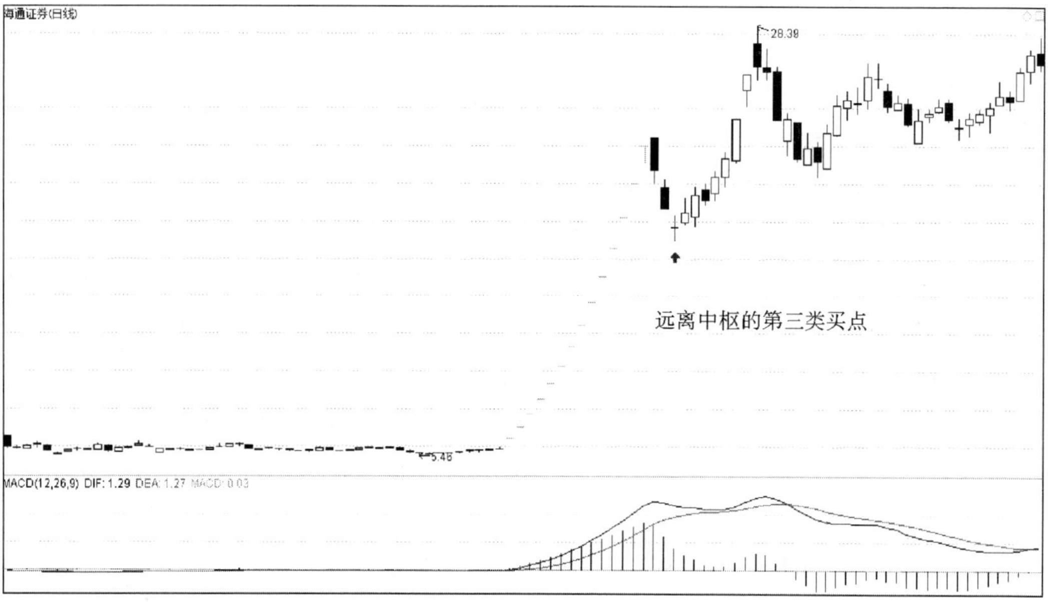

图 54-3 海通证券（600837）2007 年 2 月 6 日前后日 K 线走势图

必须注意，在这种大幅度快速波动的情况下，一个小级别的第三类买卖点足以值得介入。

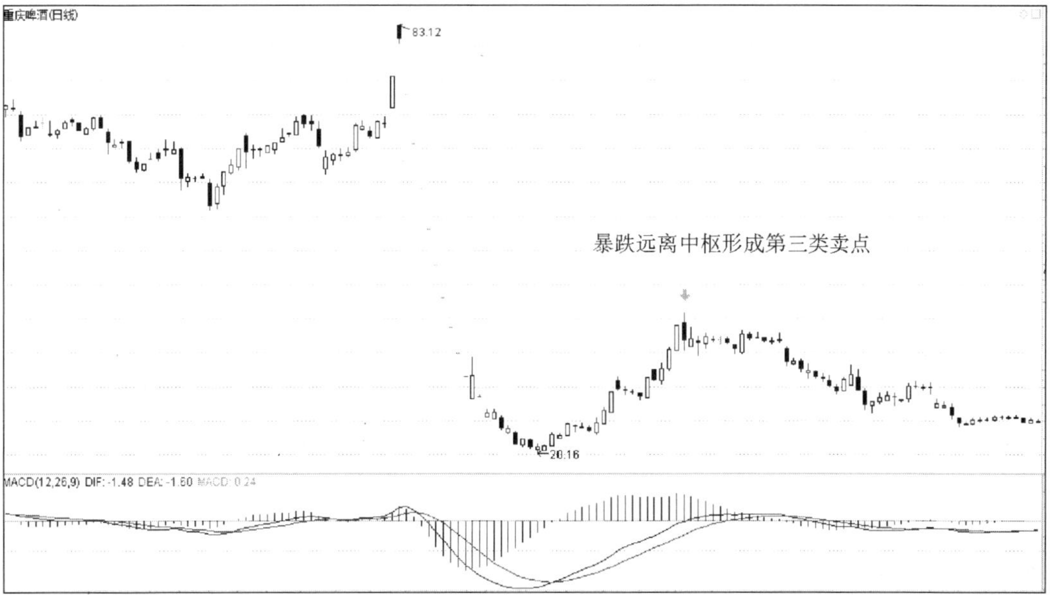

图 54-4 重庆啤酒（600132）2012 年 2 月 24 日前后日 K 线走势图

例如，对一个周线中枢的突破，如果真要等到周线级别的第三类买卖点，那就需要一个日线级别的离开以及一个日线级别的反抽，这样要等到何年何月？因此对于周线中枢的离开，一个 30 分钟甚至 5 分钟的第三类买卖点就足以介入了。

这里有一个基本的前提，就是这种小级别的大幅突破必须和一般的中枢震荡分开，这种情况一般伴随最猛烈快速的走势，成交量以及力度等都要相应配合。如果理论把握不好，这种操作有一定风险，就是和一般的中枢震荡搞混了。因此对于理论不熟练的投资者，还是先按照最简单的方法来。例如对于周线中枢的突破，就老老实实等周线的第三类买点出现。

注意，卖点的情况，即使对理论不熟练的人，也应该按照小级别来操作，因为宁愿卖早，决不卖晚。不过对于大级别中枢来说，如果还要等到第三类卖点才卖，那么反应已经极端迟钝了。第一类、第二类卖点出现的时候你去哪了？市场里可不能随意地睡觉。

还有一种极端的例子，就是大幅度的中枢震荡。例如 5 分钟的中枢在 10000 元，最极端的，甚至可以次级别以下震荡到 0.01 元再拉回来。即使连续跌停到 0.01 元，然后连续涨停到 100000000 元，再跌回 10000 元，也是 5 分钟的中枢震荡。当然，这么有病的例子也只能在理论中存在，但由此可见本 ID 理论的涵盖面之广。

中枢震荡的操作，一定是向上力度盘整背驰时抛出，向下力度盘整背驰时回补，而不是杀跌追涨。

对于追涨杀跌，如果在中枢震荡中，一定会死掉。但如果是在第三类买卖点后去追涨杀跌，却不一定死。因为中枢的移动，并不一定恰好在你买卖的位置结束。就算是，后面也还有中枢震荡出现。因此在这种情况下追涨杀跌，还有活的机会，但这些都不是长久之计。为什么有好好的第三类买卖点不用，一定要追涨杀跌？就算是追涨杀跌，也可以利用小级别的买卖点进去，为什么一定要瞎蒙？

回到上面的两种分解，其实这两种分解对于 g_7 点来说，结论是一样的。而从 MACD 辅助判断的角度看，这种两次拉回 0 轴都冲不上去的走势后面，一般会有较大幅度的下跌。而且第二次红柱子面积也变小了，这预示着后面有麻烦。

多种分解，其实并不是什么麻烦事，反而是相互印证的好办法。不过一定要再次强调，分解必须符合规范，不能胡乱分解。

按严格标准来说，如果你能熟练地，无论任何图形，都能当下快速地按以上标准来分解并指导操作，那么你对于本 ID 理论的学习才算基本合格。

缠论点睛

1. 同级别中枢之间，必须有低级别的走势连接，如果是中枢扩展，则不需要。

2. 关于中枢扩展，是把中枢区间作为一个次级别的走势类型，因此这个中枢区间可以看做内部无结构的线段，其高低点的重叠部分构成扩展后的高级别中枢区间。

3. 利用走势的多义性进行分解时，一定要选择对当下有明确意义的分解，例如出现中枢、买卖点等。适当的时候，需要根据当下的走势变换中枢进行分析操作。

4. 并非只有第三类买卖点之后才会暴涨或暴跌。一个次级别走势突破中枢，而后在远离中枢的地方形成第三类买卖点，这也是经常发生的事情。

5. 对于追涨杀跌，在中枢震荡中一定不能这么做，因为中枢震荡最终要回归中枢，而震荡行情占了走势大多数的时间。一旦次级别走势猛烈，配合力度和量能，判断足以突破中枢，且在次级别上形成买卖点，这时候如果还要等待标准的第三类买卖点出现，那就太慢了。第三类买卖点远离中枢的情况时有发生，这时候应该在次级别的买卖点介入。

投资微言

不要凭着冲动去交易。当你交易的时候，应该达到心如止水的境界。

教你炒股票 *55*

采补之关键是取其精华

(2007-05-28 08:12:41)

人的行为具有同构性，把人的一种行为规律研究清楚了，人的行为也就略知一二了。股票买卖，不过是人的行为之一，当然也不例外。

首先，要给股票定性别。股票是雄性，而不是雌性。股票的性别是雄性的，所以难。难什么？难在强势之不可持续，强势之后必有走弱。投资者应该是什么性别，投资者应该是雌性而不是雄性。投资者的投资能力应该如雌性一般有耐性，可持续。以可持续之洪大，折服不可持续之弱小，这就是投资之道。

投资的关键就是可持续。投资之道，就是采股票之阳气而补之。太早买入，一阳未生，则纯粹折腾，毫无趣味。待到高潮之时不能及时采补，则阳气尽去，烂蛇死鳝，反受其困。由于股票强势之不可持续，则投资者采补之关键，就是要取其精华。何谓精华？一阳复始采之，阳极阴生弃之。

买和卖是不对等的，相应的策略也是不一样的。为什么？因为买卖的前后状态是不同构的。

在市场里，买是钱换筹码，卖是筹码换钱。钱是与时间无关的，比如 1 元钱，今天是 1 元，明天还是 1 元，只要这 1 元钱还是钱，其币值就是不变的。

筹码不同，今天的筹码价值与明天的就不同。筹码数量不变是没意义的，因为最终算还的还是钱。由于时间具有不可逆转，因此（钱 – 筹码）与（筹码 – 钱）这两个结构就不是同构的。

这个道理十分简单，谁都明白，但却是操作逻辑的基础。最基础的往往最简单。

对于一个大级别的买的过程，或者说一个大的建仓过程，买必然是反复的，买中有卖，不断灵活地根据当下走势去调整建仓的成本与数量。底部区域可以进行最复杂的中枢延伸与扩展，唯一的目的只有一个，就是取得足够的、成本不断降低的筹码。这个过程不一定和坐庄有关，当然也可以相关。

一个大级别的买的过程，某种程度上还兼具改造这只股票股性的任务，而且这也是一条底线，就是能顺利退出的底线。在这个底部区域的股性改造中，也就是一个前期准备的过程中，如果准备工作没有做好，以后就不会有让人满意的超强走势。

注意，底部不一定是在一个水平线上进行中枢震荡，还可以是比较复杂的通道式上

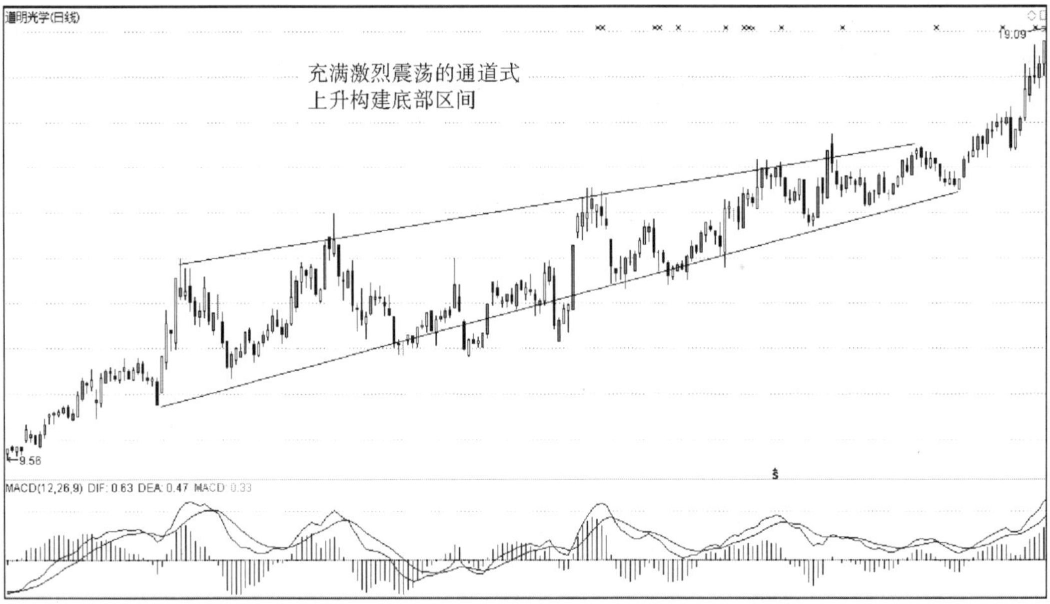

图 55-1 道明光学（002632）2014 年通道式上升构造底部的日 K 线走势图

升。一般来说，这种通道的斜率都是很小的，通道中充满激烈的震荡。

一个好的买入，当价格脱离底部区域时，其成本应该早就在该区域之下。在大级别中枢上移中，成本应该越来越低。只有最愚蠢的拉抬，才会增加持仓成本。其后的活动，本质上只是股性不断激发的过程，如同蜂王散发诱惑，吸引雄蜂追逐。各种缺口、长阳，将这种追逐活动推向高潮。

对于刚脱离底部的股票，第一次走强不过是个序幕，只是为第二次、第三次、第四次、第五次、第六次甚至第十次高潮作铺垫。第一次走强后的调整期往往不长，但可能很猛烈，震荡很激烈，调整期中还有继续强势的冲力。这种股票只有第二次、第三次甚至第四次、第五次走强，才会渐入佳境。

一个出色的卖出，就是在大级别强势后继乏力和背驰中退出。一个好的庄家或大资金操作者，最好的状态是在大级别的最后疯狂中被疯狂的雄蜂把货给抢光。那种所谓构筑平台出货的做法，其实是最愚蠢的。

对于一般散户投资者来说，在一些较大级别例如日线以上级别的操作中，并不一定要在第一类买点介入，因为其后的震荡过程不是一般散户可以忍受的。一般来说，可以在第二类买点出现后再考虑介入，或者更干脆的，等第三类买点出现时再介入。

如果资金有一定规模，需要一定数量的筹码，或者要为以后的猎鲸活动积累经验，一个至少从第二类买点开始的介入是必需的。介入后也要如大资金一样，有必要利用震荡降低成本，增加筹码。这样做有什么好处？最重要的一个好处就是熟悉其股性。不熟悉股性，如何在后面的操作中得心应手？

股票运转的模式，归根结底，就是不同级别的中枢震荡与中枢移动的组合最终构成相应的启动－强势模式，这是共性。但在共性之中，每只股票都有其独特的股性，涉及频率、幅度、形态复杂度等，这些方面对于每只股票来说都是独特的。这也就是为什么依据同一模式展开的走势，却呈现出千差万别的最终图形的原因。

缠论点睛

1. 买点和卖点是不对等的，买点是用钱换筹码，卖点是筹码换钱。钱是等值的，而筹码是废纸，其内在价值是不断变动的。

2. 对于散户而言，介入应尽量选择第二类、第三类买点，退出则尽量选择第一类卖点。

3. 对于资金量有一定规模的操作者，应该参与第一类买点之后的中枢震荡，一方面是为了降低筹码成本，另一方面也能更加熟悉股性。

4. 中枢的内涵在于多空双方的拉锯战。这种拉锯战的表现形式是多样的，可能是水平的，也可能是通道式的，勿得其形而忘其神。

投资微言

市场考验的是长期的盈利能力，而不是一次爆发的能力。关键是要有长期有效的交易策略。

教你炒股票 56

5·30 印花税当日行情分解

(2007-05-30 22:49:10)

很高兴看到不少人都能发现 2007 年 5 月 30 日 9:48 那个第二类卖点。注意，为什么同时强调第三类卖点？因为有些特别弱的股票，可能就是一个第三类卖点。大盘的走势是一个平均走势，而且当天比很多个股都强，所以大盘是第二类卖点，并不意味着个股也是第二类卖点。

很多人大概到现在都不明白，为什么本 ID 的理论中要有三类卖点。其实，第二类卖点除了在小级别转大级别上比第一类卖点优越之外，在一些特殊的突发情况下，就是最佳的卖点。例如这次，就是一个很好的例子。

2007 年 5 月 29 日那天，虽然 30 分钟级别明显进入背驰段，但由于当天尾盘是高收的，所以用区间套定理并不能确认当时就是背驰了，毕竟还有第二天的走势。晚上的突发消息，使得这个背驰被立刻确认。这时候，第一类卖点已经不可能在实际操作中存在，唯一可以进行操作的，只能是第二类或者第三类卖点，这在开盘前就可以确定。也就是说，一旦大盘大幅低开，现实的、能被理论完全保证的卖点就是第二类或第三类卖点。

看看 2007 年 5 月 30 日的 1 分钟走势图。缺口被看成最低级别的走势，而 1 分钟以下级别，在 1 分钟图上被看成没有内部结构的线段，所以缺口和 1 分钟以下级别在 1 分钟图上是同级别的。

图上箭头都指着两个 1 分钟以下级别的分界点，两相邻箭头之间都是 1 分钟以下级别的走势类型。其中 B 段看似要形成 3 个 1 分钟的中枢，但由于每一个的第三段其实都是向下倾斜下去的，因此都是第二段向下倾斜的一部分，不能算是形成中枢。

2007 年 5 月 30 日的走势其实就这么简单，就是 5 个 1 分钟以下走势类型的组合。

显然，第一段的 1 分钟以下级别走势类型是以向下跳空缺口构成的。根据第二类卖点的定义，就知道一旦一个 1 分钟以下级别的向上过程不能创新高或背驰，都将构成第二类卖点。因此当图中出现 A 段走势时，一个构成第二类卖点的走势就当下地形成了。

有人可能会问，怎么知道 A 段一定构成第二类卖点而不是直接创新高强烈上升。分析很简单，具体的分析方法和区间套分析方法一样，就是看 A 段的内部结构。一旦内部出现背驰而当时位置没有创新高，或与前面的走势产生盘整顶背驰，那么就一定是第二类卖点。

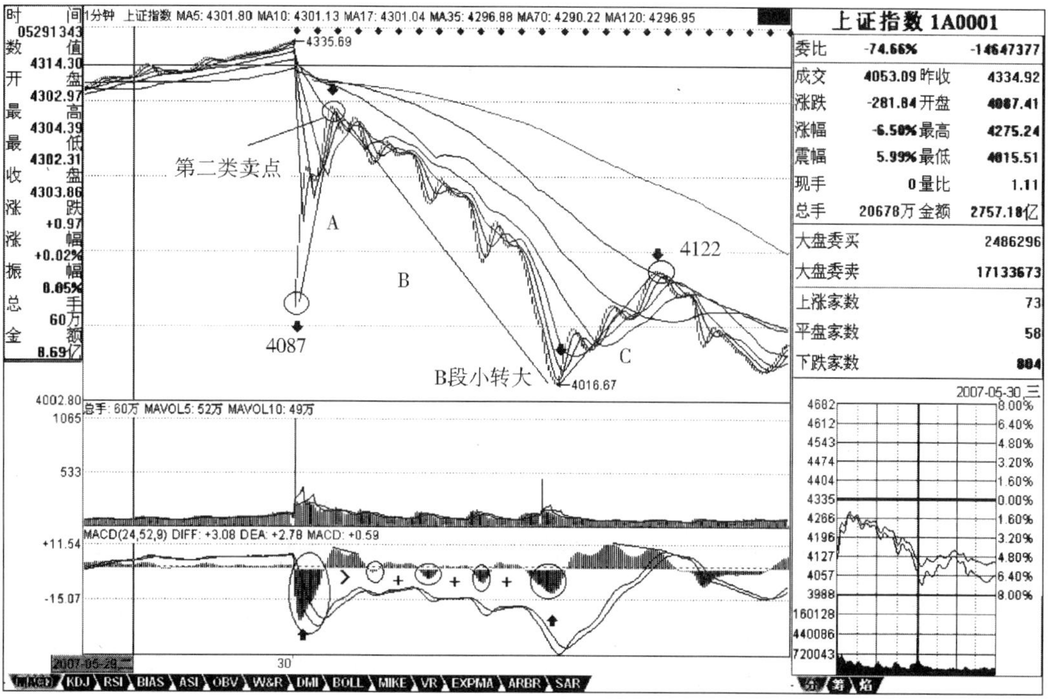

图 56-1 上证指数 2007 年 5 月 30 日 1 分钟 K 线走势图

在具体的走势中，A 段出现上 - 下 - 上的内部结构时，其中的第二段向上明显出现背驰走势，这可以从成交量，或用第一个指标区箭头所指的 MACD 绿柱子与后面红柱子绝对值大小比较辅助判断。因此这个第二类卖点，可以用理论完全地确认，一点含糊的地方都没有。

第二类卖点出现后，从第二个箭头处开始的 B 段走势，其力度就要和缺口那一段来对比，比较 MACD 上两个箭头所指的绿柱面积。注意，B 段要把前面的 3 个小绿柱面积也加上。从图上可以看出，即使是这样对比，后者的力度也大不过前者。由此可以知道，B 段构成了盘整背驰，也就是后面的反弹一定会回到第一个箭头位置之上。后面 C 段的走势也证明了这一点。

注意，这里是 1 分钟以下级别的力度对比，只需要比较柱子面积。如果是 1 分钟级别的力度对比，就要同时考虑黄白线回拉 0 轴的情况。

此外，C 段的高点，用 C 段下方对应的 MACD 柱子高度对比，不难用背驰的方法判断。由此，A、B、C 三段就有了重叠，因此就构成了一个 1 分钟级别的中枢，区间在 4087 到 4122 点。这个中枢就成了指导后面包括第二天走势最关键的地方。究竟是中枢震荡，还是形成第三类买卖点，进而构成更大的中枢或趋势，都以此为基准。这是被理论所当下严格保证的，毫无可以含糊的地方。

有些更细致的地方，其实还可以说的。例如，C 段的高点没有重回 B 段内部最后一个反弹的起始位置，这并不违反理论。因为 B 段的最后一段向下并没有背驰，其后的转折完全是小级别转大级别造成的（由于级别太小，可以从柱子的缩短参考看出），因此自然不一定能回到最后一个反弹的起始位置。

在 B 段内部，绿柱子一个比一个面积大，可以知道前面的向下都不会形成背驰而使 B 段结束，因此可以当下地等待 B 段最后跌破 A 段低点，形成与缺口段的盘整背驰。

这个例子说明，一个大的盘整背驰段的内部结构，完全可以不必有该级别的背驰，完全可以小级别转大级别。

实际操作中，第二类卖点之后，B 段盘整背驰造成的买点是否要参与回补，这和你的操作级别有关。如果是股指期货，这里对应的是 100 点的空间，当然是可以参与的。但由于 A 股市场实行的是 T+1 交易制度，而且现在交易成本提高了，对于股票是否参与，这就与你实际操作的股票有关了，必须根据自己的情况灵活处理。

只要你明白了小级别的情况，大级别的操作是一样的，而且大级别的安全性、可操作性更高，操作的频率也更低。

缠论点睛

1. 缺口是最低级别的走势类型。由于只考虑 1 分钟级别，那么缺口处就可以看成一个线段。

2. 关于第二类买卖点，以卖点为例，一旦原来的趋势被一段走势破坏，其后的走势不能创出新高或者盘整背驰，就形成第二类卖点。买点亦然。

3. 本课中，A、B、C 三段内部均没有形成 1 分钟级别的中枢，因此是 1 分钟以下级别的走势类型。三段的重叠部分构成 1 分钟中枢，区间为 [4087,4122]。

投资微言

从容面对突发事件，是投资者应有的基本素质。

教你炒股票*57*

当下图解分析再示范——图解分析示范（二）

(2007-05-31 22:35:44)

看到很多人还是发蒙，因此就用这两天的1分钟图，继续说说怎样进行图解。当然，这些图解都是可以当下进行的。

再次强调，不熟练的投资者，一定不能进行全仓操作。基本的仓位应该是拿着中长线的股票，部分仓位可以用来练习。全仓操作的话，一旦来几次半生不熟的折腾，到时候连本钱都没有了。另外，一定要注意，卖点是在上涨中出现的，不是追杀出来的。如果你砍在了地板价，那一定不是在卖点上。只要是赚钱的，就没有卖错。宁愿卖早，不要卖晚。如果卖错了，就不看这只股票，除非有新的买点出现。

还有人会误解，认为本ID的方法就是拼命弄短线，这是不对的。用本ID的方法，如果你选择年线级别操作，那比巴菲特还长线。一个年线级别的买点后，至少要等几十年才会有卖点出现。你就拿几十年吧，就怕你拿不住。

如果你是按周线级别操作的，那么这两年至少指数上根本没有卖点。

至于按30分钟操作的投资者，在一个30分钟级别的第三买点后的中枢上移中，如果上移是从10元开始的，只要不形成新的30分钟中枢，那么就算到了100000元，你还是要拿着。为什么？因为没有卖点。所以那些说学了本ID理论就拿不住股票的人，自己要好好反思一下，究竟你学了些什么？

闲话少说，看图解图。

对着图，首先要确定最小分析级别。也就是说，该级别以下的走势类型都可以看成是没有内部结构的线段。站在最小分析级别的角度，每一线段都是其次级别的走势类型，3个线段的重合部分构成最小分析级别的中枢。

当然，这些线段本身可能属于不同级别，这个问题在前面已经说过了。例如本图，最小分析级别先规定为1分钟级别，所有1分钟级别以下的走势都是线段，在图上标记着数字，所有的[n，n+1]，都是线段。

可能有人要问，0–1段是跳空缺口，2–3段上上下下很复杂，怎么都是线段？因为二者都不是1分钟的走势类型，里面没有1分钟的中枢，所以都是1分钟以下级别的走势。虽然缺口是最低级别的走势，比2–3段的级别要低，但在1分钟级别的显微镜下，二者没有区别，都可以看成是没有内部结构的线段。当然，如果你要考察2–3段的内部

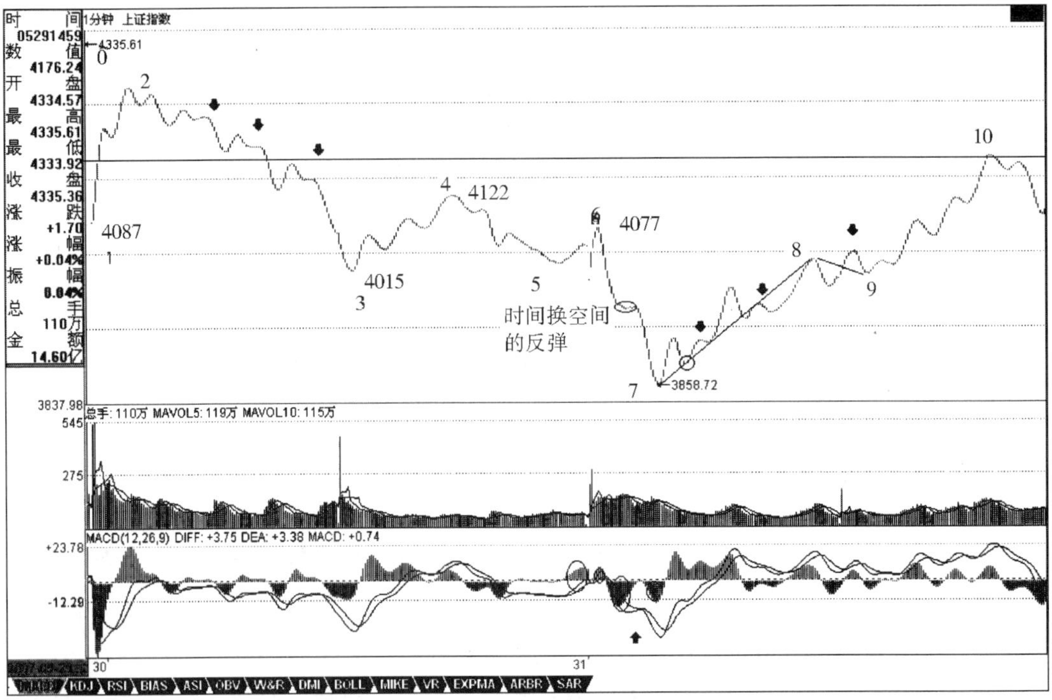

图 57-1 上证指数 2007 年 5 月 30 日前后 1 分钟 K 线走势图

结构，也是可以的，但那就不是站在 1 分钟级别的基础上了。

由此可见，这张图可以看成是 10 段线段构成的 1 分钟级别走势。线段中的波动，至少站在 1 分钟级别的角度上，是可以忽略不计的。

这里有一个地方大家可能会有些疑问，在 2–3 段、7–8 段 5 个箭头指着的地方，似乎可以看成是一个线段，但为什么没有？因为在似乎是三段的结构中，第三段的力度都太微弱，把图形缩小后，几乎就看不到了。对比一下 8–9 段带箭头的地方，其第三段就明显不同了，所以 8–9 段是一个 1 分钟以下级别的上 – 下 – 上结构，而前面的不是。

当然，如果你一定要说 7–8 段那些箭头的地方力度很明显，那么 7–8、8–9 就合并成为一个线段级别的上涨趋势，这样也可以。只是如果你是按这个标准划分的，那么所有和 7–8 段箭头位置微弱程度一样的走势，都要这样处理。本 ID 还是按图上的标记来划分线段。

有了线段以后，一切都好分析了。当然，在当下的时刻，例如在 2007 年 5 月 31 日早上 9：30，是没有后面的线段的，但线段的标准是一样的。

你可以很精细地分析 5–6 段，该段是一个具有上 – 下 – 上内部结构的线段，其中向下的一段是一个跳空缺口。不过由于前面 1–2、2–3、3–4 构成的中枢是 1 分钟级别的，那么构成其第三类卖点的次级别就是 1 分钟以下级别的线段。这时候就要考察一个有上 – 下 – 上结构的 1 分钟的次级别结构了，而 5–6 段显然符合这个结构，有明显的上 – 下 –

上三段。4–5 段也是符合 1 分钟次级别要求的。

注意，当考察 1 分钟的次级别时，就不能笼统地把所有 1 分钟以下的走势类型都看成 1 分钟的次级别，因为这里的视点已经不同了。显然，这个 4–5 段与 5–6 段，构成了标准的次级别离开中枢与反抽中枢，而这个 1 分钟中枢的区间是 [4087，4122]。5–6 段只到了 4077 点，所以这里就是第三类卖点了。

在具体操作中，还可以特别精细地去分析这个问题。5–6 段里的上 – 下 – 上三段，后上对比前上的力度，从二者对应的 MACD 红柱面积就可以判断出不足来，因此这里就有很小级别的盘整背驰，这都是可以当下地分析的。只不过这样的精确度，需要操作者十分熟练并且反应与通道都十分快，并不要求每个人都有这个操作。这里只是说明分析方法，对大一点的级别，道理是一样的。

同样道理，6–7 段里的下 – 上 – 下三段，后下力度也比前下弱，这从下面指标区箭头所指两个绿柱子面积的对比就可以看出来，所以这个内部就有了盘整背驰。注意，6–7 段中的向上一段，幅度上也很微弱，但时间比较长，是一个小的以时间换空间的反弹，所以也可以看成是一个向上段。更重要的是，这个向上段使得 MACD 绿柱子回拉到 0 轴，这就更证明该向上段是一个不能忽视的有技术分析意义的反弹。

当行情走到标记 6 的位置时，3–4、4–5、5–6 这三段，就可以看成是一个 1 分钟中枢了。这种分法和原来 1–2、2–3、3–4 构成区间为 [4087，4122] 的中枢的分解方法不同，但站在分解多义性的角度，这是绝对符合结合律的，当然是一个合理的分解方法。

这种分法，使得 2–3、6–7 成为该中枢的一个震荡，从而可以用比较力度的方法来发现盘整背驰。对于 2–3、6–7 下面对应的所有绿柱面积之和，显然后者小，所以就知道 6–7 只是针对 [3–4、4–5、5–6] 中枢的一个震荡，必然至少回抽中枢附近。对 6–7 内部，用区间套的方法进行精确定位，标记为 7 的那个买点就很容易把握了。注意，这都是可以当下分析的，根据当下的走势，自然就能把握。

如果把 7 当成是第一类买点，那么 9 就是第二类买点了，因为这符合第一段次级别向上之后，第二段次级别向下不创新低或者盘整背驰的定义。对比一下 2 和 9 的位置，一卖一买，都是第二类的买卖点。当然，在 7–8 里，其中的下也是一个第二类买点，但该买点的级别比 9 这个点要低。

显然，这 10 个线段已经组成了一个更高级别的 5 分钟中枢，结合方式如下:（1–2+2–3+3–4）+（4–5+5–6+6–7）+（7–8+8–9+9–10），该中枢的区间是 [4015，4122]。其实由这 6 个第三类卖点的存在以及后面的背驰，就可以知道这个中枢级别的扩展是必然的。

注意，上面是为了示范才分析 1 分钟的图，这类图的复杂度是最高的。一般来说，级别越大的图越简单。操作上，技术水平不好的人，一般不能用 1 分钟级别的图，应该把级别放大，这一点必须明确。

缠论点睛

1. 本课的分析中，以 1 分钟为最小分析级别，1 分钟以下级别走势类型看作线段。3 个线段重叠的部分，构成 1 分钟的中枢，进而构造出 1 分钟及以上的走势类型。

2. 各个级别走势是同构的，小级别的分析方法，在大级别上同样适用。

投资微言

每一天的走势，都是最珍贵的艺术品。好好分析，日积月累，你就能成为鉴赏大师。

教你炒股票 58

图解分析示范（三）

(2007-06-04 22:34:47)

大盘大跌，除了清洗筹码，还可以清洗一下人。市场从来都是带有血腥的场所，见不了血腥场面的人，还是去买国债为好，这样比较安心。那种跌个 40% 就惊慌失措的人，也不大适合市场。股票就是废纸，该卖的时候不卖，把股票当宝，这是投资的最大软肋。

如果看图形操作时，你做不到无我无股票，只有走势图形，那基本可以不看图了。因为有我有股票，就会被自己的贪婪恐惧牵引，你看的图，不过就是自己的贪婪与恐惧，那何必看图？

说一个最简单的例子，就算你没技术，只按最简单的跌破 5 日均线就走，那么请看看大盘，你该在什么时候走。这次下跌是一个很好的实习机会，请仔细回想一下，那些卖点出现时，你自己究竟在干什么？心里是不是有很多幻想，被幻想蒙蔽了眼睛？看图操作，唯一的对象只有图，谁说都没用。市场是当下发生的，没有人能替你去反应。

先把市场放一边，继续图解分析。把这次跌势的图形连续分析下去，这样大概会对各位的理解与分析有一定的帮助。

各位可能还对如何确定线段有很大的疑惑，图上已经用数字标记了从 30 日开始的 1 分钟图上的所有线段。为什么这样标记？例如 14–15 间带上下箭头这一段，为什么不是线段？

这很简单，因为这段中的下 – 上 – 下 – 上 – 下中，没有任何的重合。也就是第二个上的终点，没有触及第一个上的起点，这种图形和直接的一个下没有任何区别。

一个线段，除非是缺口，否则必须由至少上 – 下 – 上或下 – 上 – 下的三折组成，只要相邻的上或下互相不重合，则这个模式可以一直延伸下去，但依然还是一个线段。这就不难明白 14–15 为什么只是一段线段了。

那么为什么 14–15 这段线段不构成合适的买点？从下面的 MACD 指标中可以看出，这一段的力度比前面所有的都大（看黄白线就能一目了然），那么当然不构成任何的 1 分钟以上级别的背驰，最多就是 1 分钟以下最小级别的背驰。与 15 对应的下方 MACD 箭头处，比较绿柱子的面积，可以发现这个小的背驰。因此就有了 15–16 的反弹，该反弹在 14–15 最后一个上的高点附近受阻，走势十分符合技术标准。

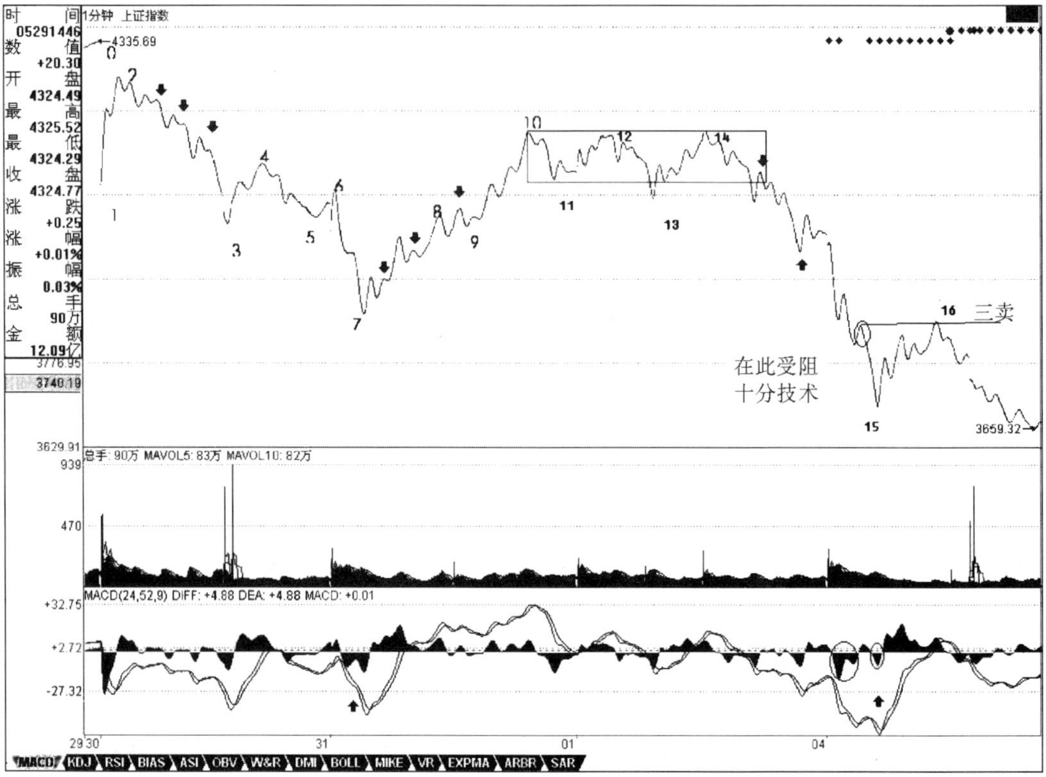

图 58-1 上证指数 2007 年 5 月 30 日前后 1 分钟 K 线走势图

站在 10–13 构成的 1 分钟中枢来看，15–16 这个反弹反而构成一个第三类卖点。本 ID 看了一下留言，有网友也看出这是一个第三类卖点，但他的理由好像是这次反弹没有突破 7 这一点，所以是第三类卖点。这个分析理由是不对的。

如果是 7 那一点，对应的中枢就乱了。第三类买卖点必须是次级别离开该级别中最近的那个中枢，而后次级别反抽不能回到该中枢。而且以前也曾说过，对于一些快速变动的行情，往往第三类买卖点离开中枢的距离会很远。

从 16 开始的一段，有进入背驰段的可能。但如果明天突然加速下跌，就会破坏这种可能性。所以背驰是否成立，还要看明天走势的内部区间套的当下定位。如果出现背驰，那么一个反弹至少重新回到 15 这点之上。这样就从 15 这点开始，至少形成一个 1 分钟的中枢了。

对于 1–10 这个区间为 [4015，4122] 的 5 分钟中枢，16 开始的反弹如果不能重新回到 4015 点之上，那么就会形成一个 5 分钟的第三类卖点。从目前情况来看，这种可能性很大。这也预示着今后几天，任何在 4000 点之下的反弹，都会构成一个卖点并至少引发一个更大级别的中枢，甚至是新一轮的下跌，除非这次反弹能重回 4000 点之上。显然，从中枢的分析中，可以很绝对地分析出今后一段走势的一些操作性质。

站在更大的层面上，大盘要重新站稳，就要形成一个较大级别的中枢。从10开始，目前连一个新的5分钟中枢都没有形成。如果新的5分钟中枢最终和1–10这个5分钟中枢没有重合，那么就形成一个5分钟级别的下跌，其后的压力就更大了。

由以上分析可知，7这点有着极强的技术含义，如果一个5分钟背驰引发的反弹能重回该点之上，那么大盘的走势就会有好转的可能，否则短线压力依然。

别看本ID理论的分析似乎很复杂，但条理绝对清晰，每个结论都很严格，没有任何含糊的地方。但首先要把图分解对，否则就乱套了。这一点必须多看图、多实践才能把握和熟练。

缠论点睛

1. 一个线段，至少由3段次级别走势类型构成。缺口虽然级别低，但动能较大，在某些情况下，可以当做独立的一段。

2. 走势的组合应该最符合自己的操作习惯。如图中所示，1–7、7–10、10之后，可以看做1分钟的走势类型。3段1分钟走势类型构成5分钟中枢，区间为7至10。其中，10开始的走势类型尚未完成。所以10之后的1分钟走势类型首先必须完成。

投资微言

买点总在下跌中形成，是恐惧阻止了你；卖点总在上涨中形成，是贪婪阻止了你。

教你炒股票 59

图解分析示范（四）

(2007-06-14 08:23:43)

对于初学分析的人，最难搞懂的就是线段的划分。这里在每张图上都继续用数字标记每一段线段，从中不难学会划分线段的方法。

可能有人要问，为什么有些线段延续上百点甚至更多，而有些线段却很短？这没什么奇怪的。是不是线段，关键在于走出来的形态。如果走势的任何低点都比前一个高点高，那么即使这情况无限延续下去，也依然只是一个线段，和涨跌幅度没有关系。

另外，前后两个线段不可能是同向的。也就是说，同是向上或向下的两条线段，不可能构成两个前后相邻的线段。由于线段都至少呈现上 - 下 - 上或下 - 上 - 下的结构，所以线段不存在一条直线走平的可能性。由此也可以知道，为什么一字涨停是最小级别的走势，因为无论其如何延续，还是低于线段的级别的。

下面把前面的图列出来，这几张图之间是连续的，根据上面的标记可以明白。由于 K 线太多，不能放到一张图上，否则看不清楚。

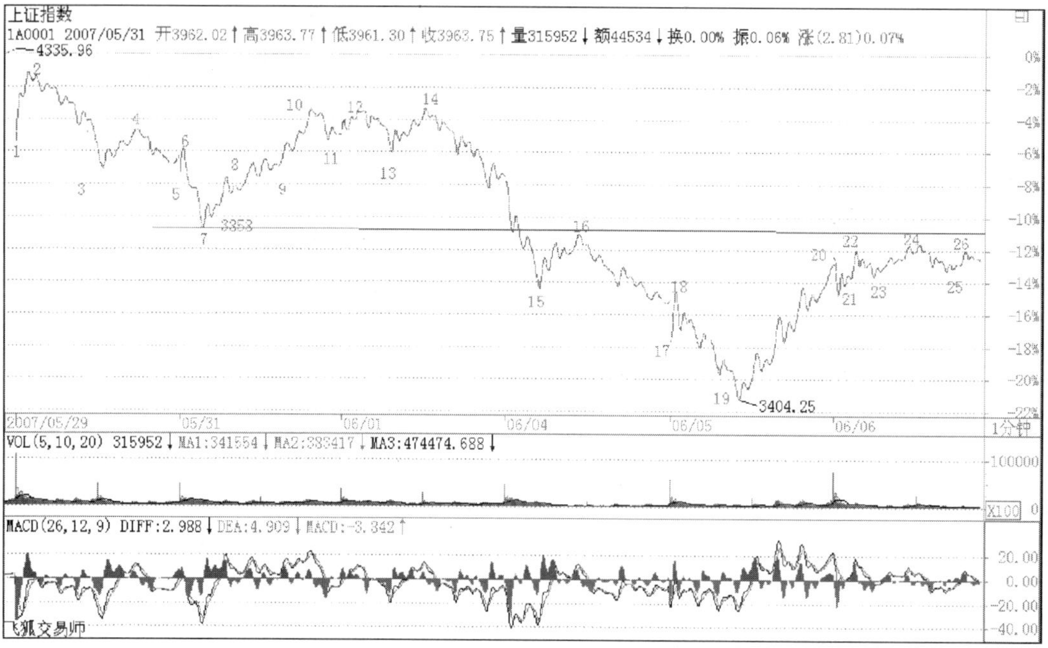

图 59–1 上证指数 2007 年 5 月 29 日至 6 月 6 日 1 分钟 K 线走势图

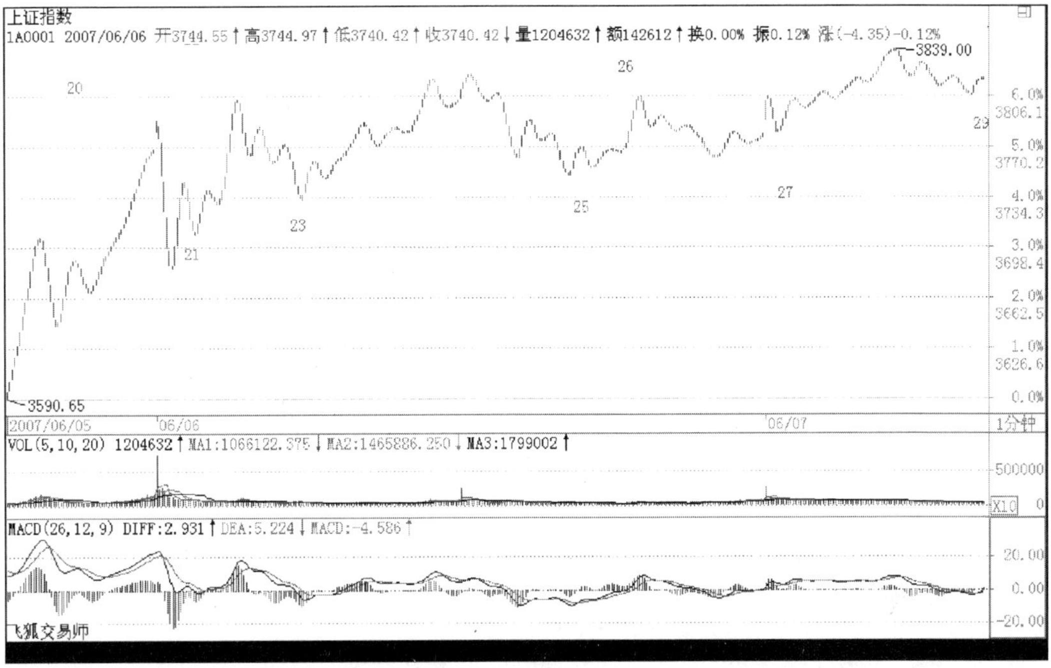

图 59-2 上证指数 2007 年 6 月 5 日至 6 月 7 日 1 分钟 K 线走势图

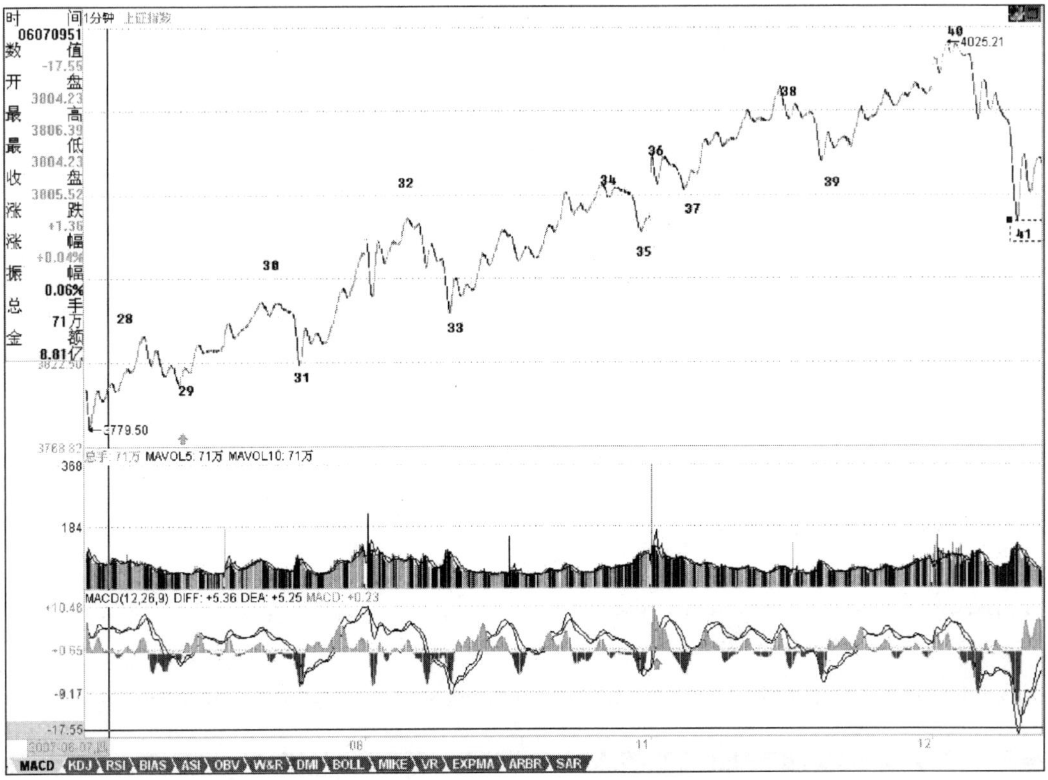

图 59-3 上证指数 2007 年 6 月 7 日至 6 月 12 日 1 分钟 K 线走势图

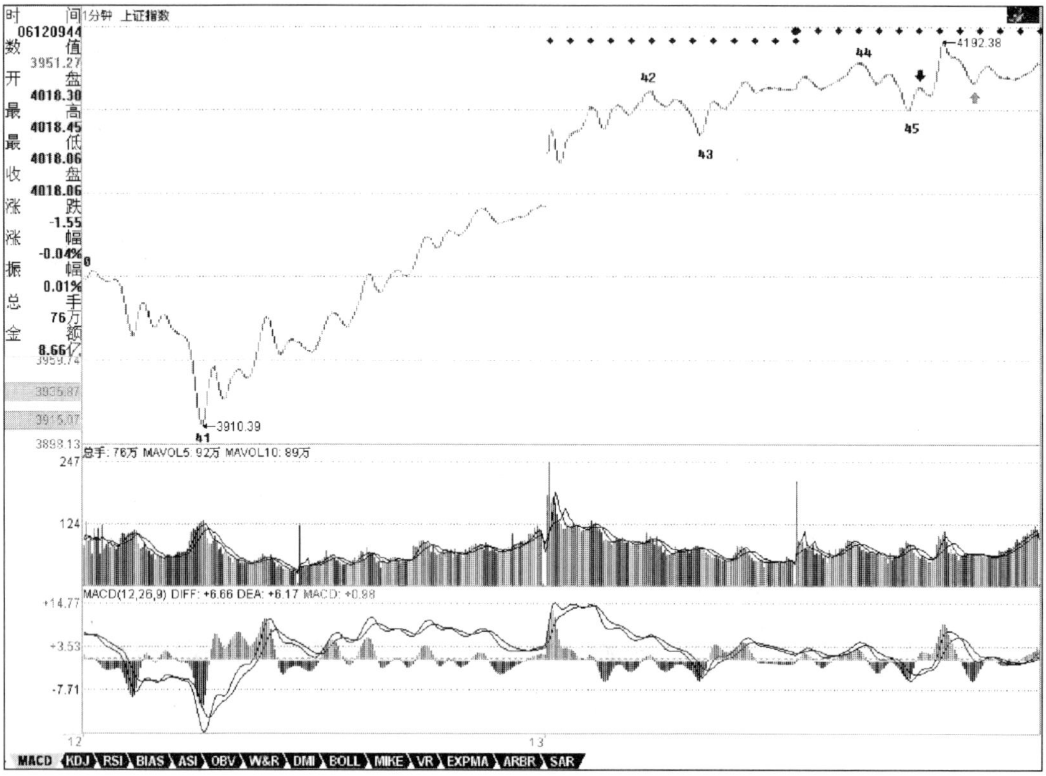

图 59-4 上证指数 2007 年 6 月 12 日至 6 月 13 日 1 分钟 K 线走势图

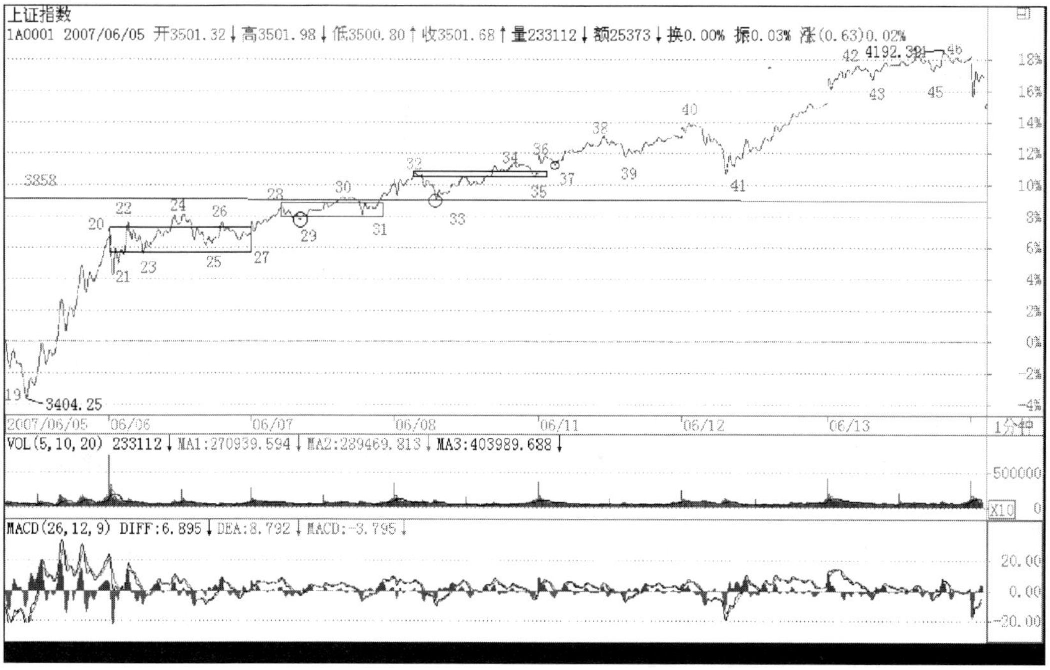

图 59-5 上证指数 2007 年 6 月 5 日至 6 月 13 日 1 分钟 K 线走势图

图 59–1 中，20–23 构成的 1 分钟中枢产生延伸，29 是该中枢的第三类买点。图 59–3 中，33 是 28–31，37 是 32–35 的 1 分钟中枢第三类买点。图 59–4 中，由于向下箭头处比向上箭头高，所以不能确定该线段已经完成，还要看后面的走势，由此可以知道如何去把握线段的结束：一般来说，线段的结束与大级别的走势段是一样的，在趋势中用背驰来确认，其他情况用盘整背驰来确认；如果有突发性事件，就要看第二类买卖点。

大小级别的道理是一样的，只是用到的级别不同而已。对于图 59–4，后面的走势与 42–45 的 1 分钟中枢相关，无非就是中枢震荡，直到出现其第三类买卖点。

注意，在前面一课的 7–8–9 中，8 下来的低点为 3994.57 点，与 7 中最后一个高点 3994.21 点极为相近。如果点数只用到个位的精度，两者就是完全一样的。在这种情况下，可以看成是有重合的，7–9 因此可以划分成 3 个线段。如果精度要求到小数点后两位，那么 7–8–9 其实可以看成是一个线段。

一般来说，如果两者如此相近，而且 8 中也带着明显的下 – 上 – 下，还是看成 3 个线段比较好。当然，如何看，关系到你事先确认的精度，关键是统一标准去看。至于按哪种精度，没有任何实质性的影响。

可能有人又要问，怎么总是说 1 分钟的图？其实看什么图并不重要。从 1 分钟图看起，只不过意味着这个分析的前提是一个 1 分钟图的精确度。在这个前提下，当然要看 1 分钟的图，而且这样并不影响对大级别的分析。

例如图 59–1 中，1–19 就构成一个 5 分钟的走势类型，该走势最终并没有形成两个 5 分钟的中枢，所以只能算是一个盘整。

图 59–5 中，从 19 开始到 45 的走势，由于 41 低于 32，所以这个走势至少有一个 5 分钟的中枢，但这个新的 5 分钟走势类型并没有最终完成。

对于 19–45 这个未完成的 5 分钟走势类型，可以进行仔细的研究。由于 29 比 24 低，则 22–31 也构成一个 5 分钟中枢，而该中枢就对应着另一种分解。但无论如何分解，19–45 至少是一个未完成 5 分钟走势类型的结论不变。当然，站在这种分解角度下，41 就是 22–31 这个 5 分钟中枢的第三类买点。

如果 41 开始的上升最终形成 5 分钟中枢后，不与 22–31 这个 5 分钟中枢重叠，那么从 19 开始的走势类型就是 5 分钟的上涨趋势了。

根据上面的分析，对短线的走势就有了一个明确的结论：只要 42–45 的 1 分钟中枢震荡不出现第三类卖点，或者即使出现，但其后扩张的走势不触及 22–31 这个 5 分钟中枢震荡区间，那么大盘的震荡就是强势的。即使最终形成 30 分钟以上级别的中枢，也至少是围绕 42–45 的 1 分钟中枢发展而来的。否则大盘将以 22–31 这个 5 分钟中枢震荡区间为基础，扩张出 30 分钟级别的中枢来，相应的走势就比较弱了。

具体的操作，可以按照中枢震荡的方法，根据自己操作的级别，选择相应的中枢级别进行操作。

缠论点睛

1. 一般来说，线段的结束与大级别走势段的判断方法是一样的，在趋势中用背驰来确认，其他情况用盘整背驰来确认。如果有突发性事件，就要看第二类的买卖点。

2. 图 59–5 中，41 低于 32，确认 32 到 35 的中枢扩展，此时从 19 开始到 32，可以看做 1 分钟走势类型，32 到 41 作为扩展的 5 分钟中枢。

投资微言

要经常考虑大级别的走势类型是什么，除了最后的冲刺或者暴涨的末端，一般都没必要看 1 分钟的走势。

教你炒股票60

图解分析示范（五）

(2007-06-19 08:04:06)

其实，枯燥的图形里面包含着很深的心理学意义。

走势，本质上是预期的合力。预期，本质上是心理层面的。只不过对于市场来说，可以被当成分力去形成市场合力的，都是被外化为市场买卖行为的预期。你的恐惧，如果光是在心里恐惧，没有发展为实际的行动，并不构成市场的交易行为。所有的市场行为，其实已经被如此的心理模式过滤一遍了。

举一个简单的例子，同级别走势从 B_0 下跌到 A_1 再反弹到 B_1，然后再跌破 A_1 下跌到 A_2，再反弹到 B_2。这种走势可以分为两类:（1）B_2 低于 A_1。（2）B_2 不低于 A_1。显然，第二种情况会构成更大级别的中枢，而第一种情况没有。因此这两种情况是有本质区别的。在心理层面上，A_1 是第一个反弹的起点，有着很强的心理暗示意义。再次跌破 A1，使得 A_1 的价格成了一个很重要的心理位。

交易本质上都是预期的，A_1 的价位就构成了一种实在的预期分类:（1）预期能重新站上 A_1 并实际交易。（2）预期不能重新站上 A_1 并实际交易。（3）观望。

第三种预期在实际走势中不产生实际的交易，但第一种、第二种心理预期构成了市场合力。市场走势是这合力的当下痕迹，因此这两种心理预期的大小，并不需要实际去测量，因为市场走势实际上已经反映出来了。例如，如果实际上 B_2 不能重新站上 A_1，出现第一种走势即 B_2 低于 A_1 的情况，那么显然在当下的情况下，第二种心理预期大于第一种预期。

消息面、政策面、资金面，这面那面，最终作用的都是人心。人心因预期而交易，这里起作用的就是人的贪婪与恐惧，人的贪、嗔、痴、疑、慢。

本 ID 的理论从不预测，没有预期，只跟随市场合力而行，这里无须贪婪恐惧，只需看图作业，如此而已。但光知道这一点还远远不够，因为没有预期可能就是最大的预期，没有贪婪、恐惧，可能就是最大的贪婪、恐惧。

不预测，不预期，并不是不可预测，不可预期，而是不因为贪婪、恐惧而预期和预测，根据走势的自身规律来交易。

走势是有规律的，这个规律是不患的，不患的根源在于人贪、嗔、痴、疑、慢的不患。为什么本 ID 要强调当下分解的多样性？因为走势本身就是当下形成的，是市场各种预期的合力当下画出来的。每种画法都是不患的，都是源自人的贪、嗔、痴、疑、慢，因此每种多样性的分解都是符合理论的。

多样性不是模糊性，而是多角度地让市场本身为自己画地为牢，由此使得市场走势万变不离本 ID 理论的控制，这恰好是市场自身的规律之一。

不妨先看看图 60–1。上一课说到“向下箭头处比向上箭头高，所以不能确定该线段已经完成，还要看后面的走势，由此可以知道如何去把握线段的结束”。有人可能会问，为什么在这个位置不可以去预测，不可以去预期？因为市场自身并没有完成。

这里的未完成，是站在观察的级别上说的，因为所谓的走势，首先是你观察的走势。不同倍数显微镜下的世界是不同的，但市场操作的成本、交易通道、资金规模等，限制了人们观察并能实际操作走势的显微镜倍数不可能无限小，所以必须确定一个最低级别的线段，忽略这个最低级别下的一切波动。

当然，根据严格的理论，可以把每笔成交当成最低级别，然后以此构筑线段。这样可以严格地分辨任何级别的走势，但这样做根本不具有可操作性，特别是现在交易成本增加，可操作的级别必然要增大。因此一切可操作级别下的波动，必须要忽视掉。

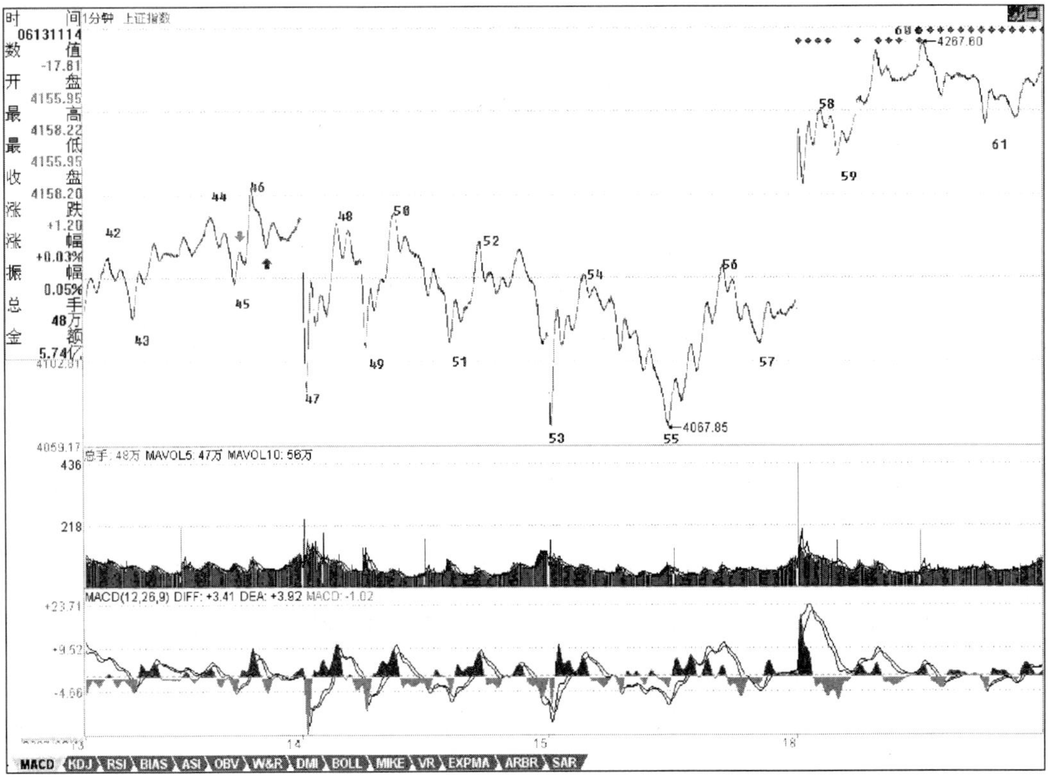

图 60–1 上证指数 2007 年 6 月 13 日至 6 月 18 日 1 分钟 K 线走势图

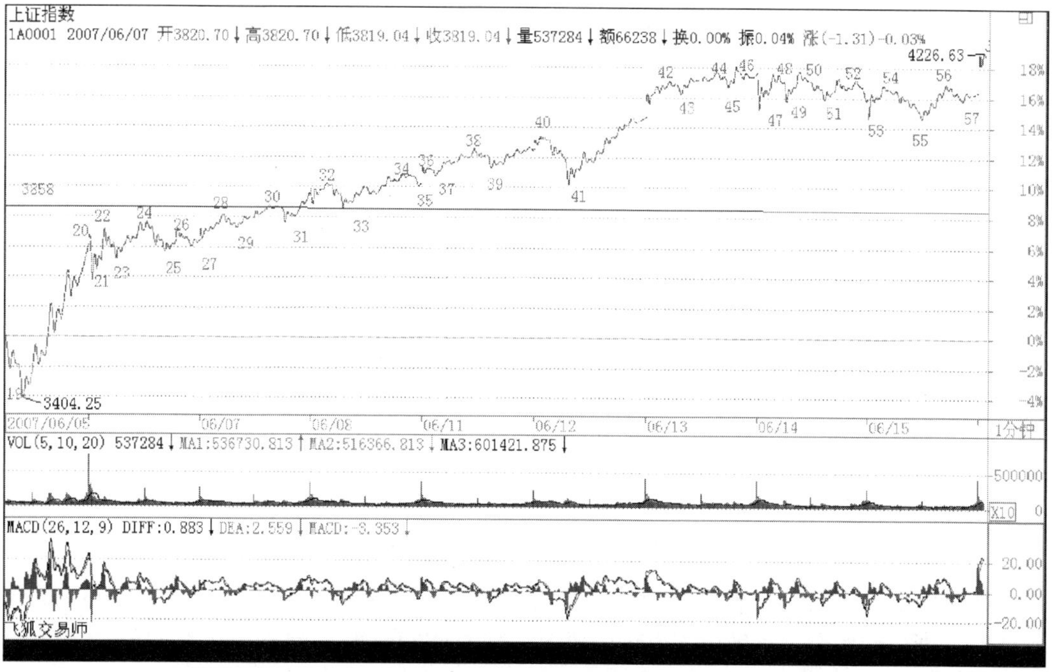

图 60-2 上证指数 2007 年 6 月 5 日至 6 月 15 日 1 分钟 K 线走势图

站在最严格的意义上，图 60-1 中，45-46 线段构成 43-44 线段的盘整背驰（注意，力度比较的是下面所有红柱子的面积之和）。细致地分析线段以下级别，就知道 45-46 其实是一个小级别转大级别，向下箭头后第一次拉起不创新高，就可以出掉了。为什么？因为后面必然形成下 - 上 - 下的重叠结构，也就是会有一个小中枢，而线段以下级别的同级别操作，是不参与这类中枢的。

当然，这只是理论分析，并没有太大的操作意义。实际操作中，大概真正有意义的操作，都至少是 1 分钟以上线段级别的。因此在图 60-1 中，如果你是按 30 分钟级别操作的，46-47 的波动就可以不管。

图 60-2 为图 60-1 中的一段。如图 60-2 所示，从标号为 19 的 3404 点开始的反弹，是一个标准的 5 分钟级别的上涨，因此你应该一直持有，直到这个 5 分钟级别的上涨出现背驰或突发破坏为止。

显然，46-55 是一个 5 分钟的中枢，55 跌破 53 后明显盘整背驰。如果把 55 当成第一类买点（严格来说，盘整背驰无所谓第一类买点，这里只是这样来类比），57 就是一个第二类买点。55-60，是一个标准的线段级别的上涨。59-60 的背驰足够标准，看看下面 MACD 指标的黄白线回拉 0 轴，然后 60 创出新高，而柱子面积与黄白线高度都比前面萎缩，由此可以当下地把握这个线段级别上涨的背驰了。

按照理论，60 后必然有调整回拉 58 之下的走势，实际上 61 就比 58 低。也就是说，58-61 形成一个新的 1 分钟中枢，该中枢是否扩展成 5 分钟级别，以及上一个 5 分钟中枢的最高点，也就是46是否被重新跌破，都是今后走势的关键。如果46不再被触及，那么就是超强走势，意味着3404点开始的5分钟上涨走势依然延续。

这里必须强调的是，不必过于在意突发消息对市场走势以及操作的影响。本质上，任何突发的消息，不过是增加了一个市场预期的当下分力，最终还是要看合力本身，或者说要看市场走势本身。

一般情况下，由于背驰的精确定位需要用区间套的方法，所以突发消息，最不幸的就是在这精确定位期间出现，例如2007年5月30日的这次走势，就是这样的。当然，这是一种小概率事件。更多情况下，突发消息出现在背驰的精确定位之后，这样突发消息对操作的影响就是零了。

对于那种最不幸的情况，用一个第二类卖点就足以应付。因此突发消息出来后，在实际的操作中，就不能放过这第二类卖点。不过要注意，并不是任何第二类卖点都需要反应的，这首先和级别有关系。假如你是按照月线级别操作的，那么这次所谓的大跌，你看都不用看。即使你是5分钟级别操作的，如果某突发消息连一个1分钟的中枢都没有破坏，只是制造了1分钟以下级别的震荡，那么所谓的第二类卖点也是不用管的。

原则很简单，任何消息都只是分力，关键是看对合力的影响，看它破坏了多大级别的走势。这一切都反映在实际走势中，看图作业就可以了。

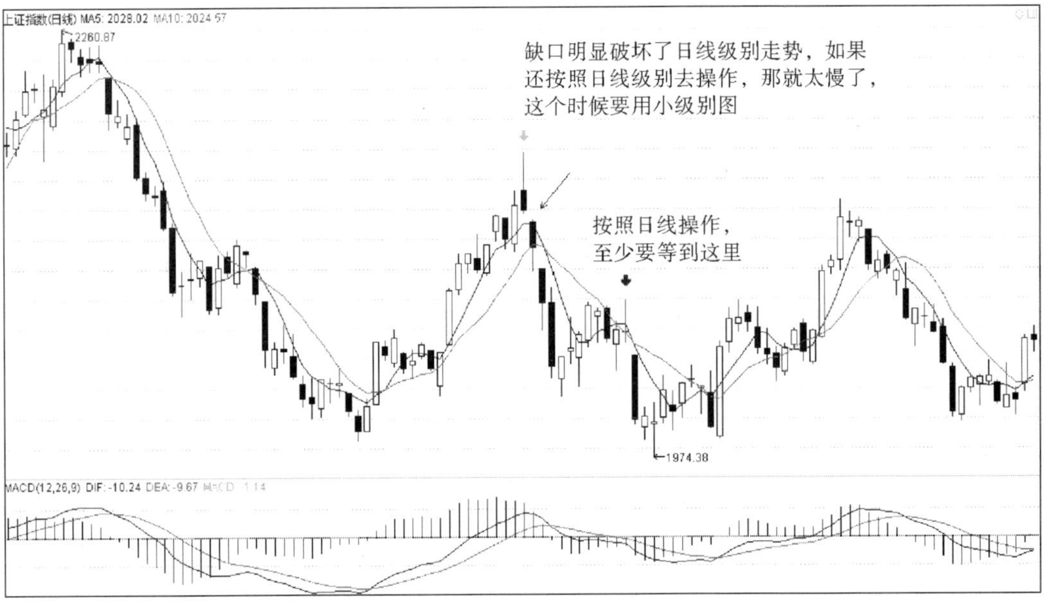

图 60–3 上涨指数 2014 年 2 月 21 日级别切换操作案例图

注意，突发消息破坏的级别越大，越不一定等相应级别的第二类卖点才行动。例如，一个向下缺口把一个日线级别的上涨给破坏了，那么消息出来当天盘中的1分钟，甚至线段的第二类卖点，都是一个好的走人机会。如果要等日线级别出现第二类卖点，可能就要等很长时间，而且点位甚至会更差，因为走势是逐步按级别生长出来的。

另外，级别只是用来区分可操作空间的。为什么按级别操作？因为级别越大，通常情况下操作空间就越大。但在快速变动的行情中，一个5分钟的走势类型就可以跌个50%。因此一个这样的5分钟级别底背驰，其反弹的空间就比一般情况下30分钟级别的上涨都要大。这时候，即使你是按照30分钟级别操作的，也可以按5分钟级别进入，不必坐等30分钟的买点了。

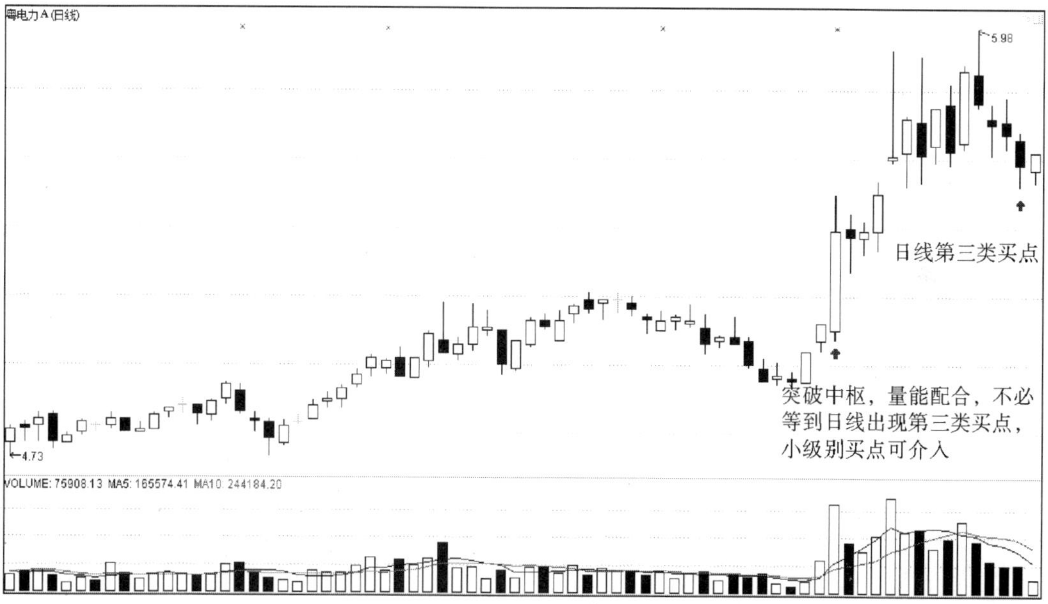

图 60-4 粤电力 A（000539）级别切换操作案例图

缠论点睛

1. 突发的消息，不过增加了一个市场预期的当下分力，最终还是要看市场走势本身。一般情况下，突发消息发生在背驰的精确定位之后，这样你可以通过对背驰分析避开这种风险。最不幸的就是在精确定位期间出现。对于这种情况，用一个第二类卖点就足以应付。

2. 对于快速变动的走势，一定要变换级别。比如你是按30分钟级别操作的，在快速变动的市场，一个5分钟的下跌就足以跌去或者上涨百分之四五十。这时候，就要切换到5分钟甚至更小级别去操作。

投资微言

对于熟悉理论的投资者来说，没有必要在某个级别上统一采用一种原则操作，而要根据当下走势不断变换级别来操作。

教你炒股票 61

区间套定位标准图解——图解分析示范（六）

(2007-06-21 08:13:21)

经常有人担心，万一人人都学会本 ID 的理论，那么本 ID 的理论还有用吗？问这种问题的人，基本就没搞明白本 ID 的理论。而且人人都学会本 ID 的理论，这本来就是一个假命题。

有些无聊问题总是被反复提起，诸如中枢的意义是什么，等等。对于一个实际操作者来说，中枢的意义就是没有意义，而没有意义就是最大的意义，你只需要根据中枢的实际走势去反应就可以。

问题的关键是你能否明白走势的分解，而不是中枢的意义。更重要的就是根据走势的分解去采取正确的反应。如果有人想探讨中枢的意义，那么就让他们探讨去好了。股票是用来操作的，而不是用来“意义”的。

还有些人不断地问，为什么 1 分钟的顶背驰，有时候跌幅很大，有时候却很小，究竟什么时候该走？如果你的操作级别是 1 分钟级别，那么 1 分钟的顶背驰你就该走了，至于后面的跌幅是大是小，和你有什么关系？你只要耐心等待市场走出新的 1 分钟底背驰就可以。如果你的操作级别是月线的，那么 1 分钟的顶背驰和你有什么关系？既然你已经决定按月线进出，那么 1 分钟级别的所有震荡都是可以接受的，可以忽略的。

如果你真是按照月线级别操作的，别说 1 分钟的顶背驰，就算是 2007 年 5 月 30 日所谓的大跌，看都不用看，这种级别的震荡应该在月线级别操作者可以忍受的范围内。本 ID 已经多次说过，如果你按年线级别来操作，那么你比巴菲特还要巴菲特，关键是你有没有这样的耐心。

图 61–1 是一个区间套定位的标准图解。学过基本的数学分析课程的人，应该不难明白区间套定位。没学过的，那就费点儿劲。虽然前面的课程已经反复说过，但当 2007 年 6 月 20 日 13:30 前后大盘走势实际走出来时，能当下看明白的有几个人？因此以下的分析请仔细研究。

要比较力度，发现背驰，首先要搞清楚是哪两段比较。其实，只要是围绕某中枢的两段走势，都可以比较力度。显然，对于 60–65 这个 1 分钟中枢，55–60 与 65 开始的一段之间就可以比较力度。

实际操作中，由于 65 开始的走势没有实际走出来，所以在和 55–60 比较时，可以先假设进入了背驰段。当走势实际走出来，一旦力度大于前者，那么就可以断定背驰段不成立，也就不会出现背驰。

在没有证据否定背驰之前，就要观察从65开始的一段其内部结构中的背驰情况。这种方法可以逐次进行下去，这就是区间套的定位方法。这种方法可以在当下精确地定位走势的转折点。

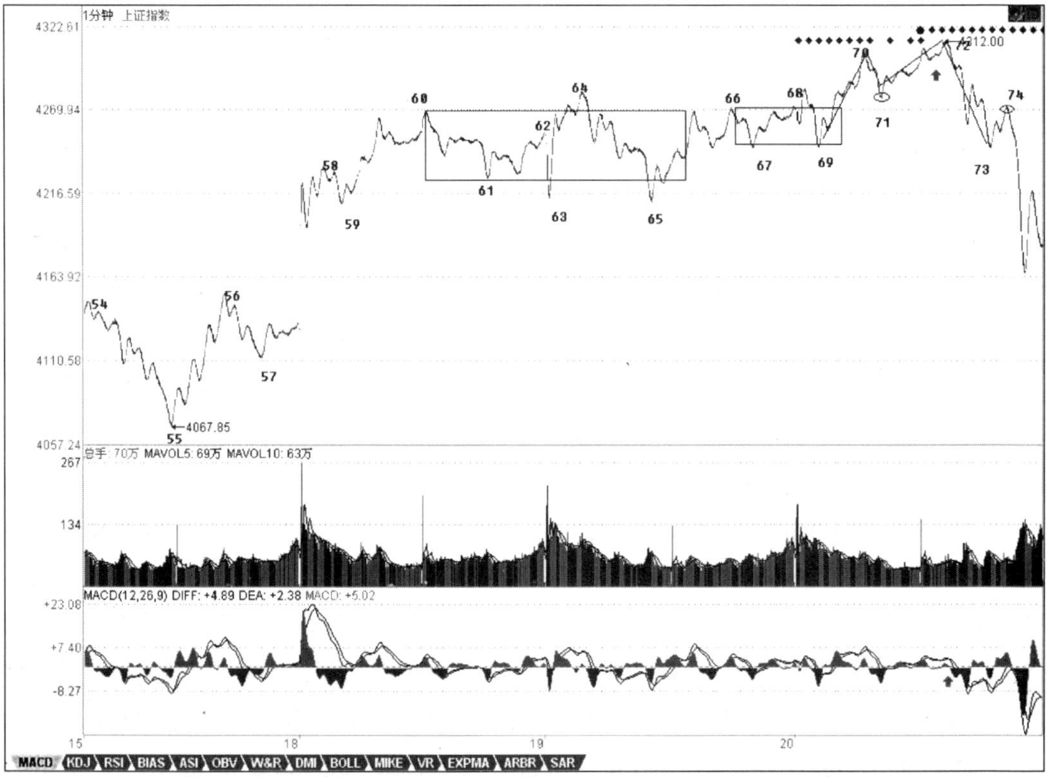

图61-1 上证指数2007年6月15日至6月20日1分钟K线走势图

对于65开始的背驰段的内部走势，当下走到69时，并不构成任何背驰。为什么？因为走势如果没有创新高，是不存在背驰的。所以只有等70那个点出现时，大盘才进入真正的背驰危险区。

由于69-70段与67-68段比较并没有盘整背驰，所以70点并没有走的理由，除非你是按线段以下级别操作的。而71点构成对66-69这个1分钟中枢的第三类买点。按照本ID的理论，其后无非只有两种情况，中枢级别扩展或者走出新的中枢上移。对于后者，一个最基本的要求，就是从71点这个第三类买点开始的向上段不能出现盘整背驰。

在实际走势中不难发现，71点开始的走势力度明显比不上69-70段。而对于65-66段，69开始的走势力度也明显比不上，这从两者下面对应的MACD红柱子面积之和的对比可以辅助判断。

由以上分析，65 开始的走势是第一重背驰段，69 开始的走势是第二重背驰段，也就是 65 开始的第一重背驰段的背驰段。71 开始的走势是第三重背驰段，也就是 65 开始背驰段的背驰段的背驰段。最后当下考察 71 开始的走势，从走势图中向上箭头以及 MACD 图中向上箭头可以当下知道，71 的内部背驰也出现了，也就是第四重的背驰段出现了。由此可见，72 点这个背驰点的精确定位，是由 65 开始背驰段的背驰段的背驰段的背驰段构成的，这就构成一个区间套的精确定位。这一切，都可以当下地进行。

对于实际的操作，72 点的四重背驰点出现后，卖出是唯一的选择，区别只在于卖出的量。如果是按 5 分钟级别及以下级别操作的，当然就全卖了，因为后面至少会形成 5 分钟级别的中枢震荡。实际上，60–69 就是一个 5 分钟中枢。

对于大级别的操作者，显然不可能因为一个 5 分钟震荡而清仓，可以根据 5 分钟震荡能够容纳的数量进行对冲操作。在相同操作水平下，小资金的利润率显然要远高于大资金。例如像这样的卖点，小资金就可以全仓操作，大资金是不可能的。

如果说 72 的判断有点儿难度，需要知道区间套的精确定位，那么 74 的第二类卖点，就一点难度都没有了。唯一需要分辨的就是，这个第二类卖点，同时又是一个 1 分钟中枢的第三类卖点。究竟是哪个中枢？显然不是 70–73 这个中枢，因为这里需要满足结合律。一个第三类买卖点，至少需要有 5 段次级别的走势，前 3 段构成中枢，第 4 段离开中枢，第 5 段构成第三类买卖点。

其实这里的答案很简单，74 点是 69–72 这个中枢的第三类卖点。也就是说，74 点既是一个第二类卖点，又是一个第三类卖点。以前的课程已经说过，一旦出现第二类、第三类买卖点同时出现的情况，后面的力度往往值得关注。实际走势中，74 点后面出现了更大力度的下跌，这并没有任何奇怪的地方。

对于 60–69 这个 5 分钟中枢，69 点的 4244 点是一个关键位置。如果在其下出现第三类卖点，那么走势至少将扩展成一个 30 分钟中枢，调整的幅度与压力就大了。

对于 72 点开始的走势，73 点很重要。要重新走强，必须冲破 73 这一点，该点位置恰好也是 4244 点。因此短线的 4244 点十分关键，如果能重新站稳，则大盘将最多是 5 分钟中枢的延伸震荡，否则即使不演化成 5 分钟级别的下跌，也将扩展成 30 分钟级别的中枢震荡。

不管学什么，是否愿意学，首先请先把学的东西搞明白，否则浪费自己的时间，还不如不学。本 ID 的理论，你爱学不学，就像无论你是否相信万有引力，无论你是上帝还是小布什，该存在的依然存在。本 ID 的理论亦是如此，无论任何人学与不学，无论你是庄家还是管理层，都不增一分，不减一分，对谁都一样。

缠论点睛

1. 关于四重背驰，第一重，65–72 是相对于 55 到 60 的背驰。第二重是 69 到 72 相对于 65 到 66 的背驰。第三重是 71 到 72 相对于 69 到 70 的背驰。第四重是 71 到 72 线段内部的背驰。

2. 60 到 69 有 9 段线段，因此扩展为 5 分钟的中枢。

3. 第三类买卖点出现之后，就只有中枢扩展或者中枢新生的可能了。前者形成更大级别的震荡，后者则形成趋势或者延续趋势。

投资微言

趋势就是在中枢和中枢连接段之间交替前行的。

教你炒股票 62

分型、笔与线段

(2007-06-30 09:49:51)

本 ID 的线段是可以精确定义的。本 ID 的理论，本质上是一套几何理论，其有效性就如同几何一般。当然本 ID 理论有失败和不严谨的时候，但前提是几何的基础失败和不严谨，不明白这一点，就不明白本 ID 的理论。

下面的定义与图，适合任何周期的 K 线图。图中的小线段代表的是 K 线，这里不分阳线阴线，只看 K 线高低点。

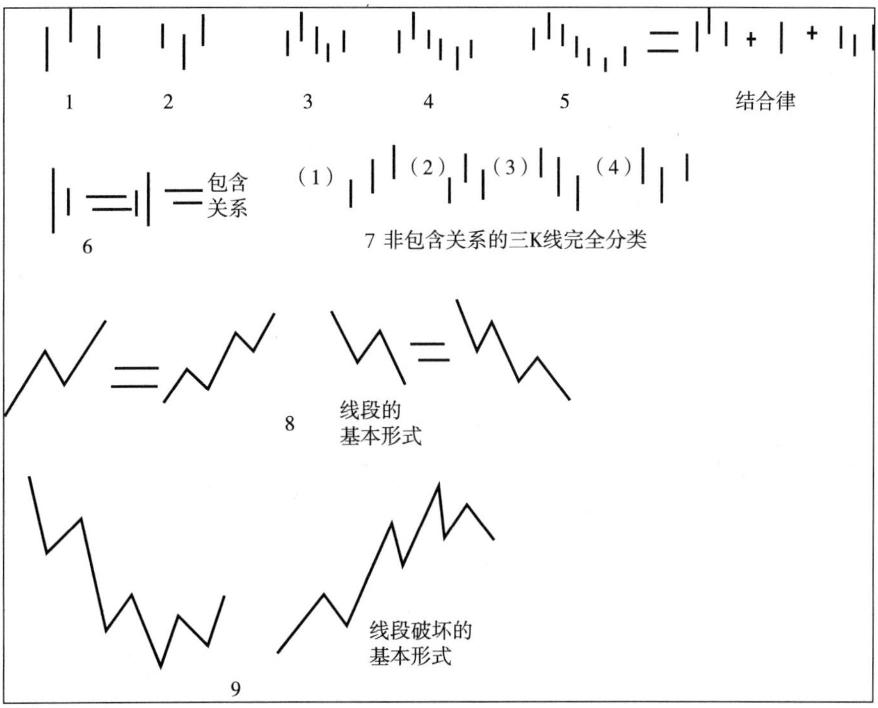

图 62-1 基本的分型、笔、线段示意图

像图 62-1-1 这种，第二根 K 线高点是相邻三根 K 线高点中最高的，而低点也是相邻三根 K 线低点中最高的，本 ID 给出一个定义叫顶分型。图 62-1-2 这种叫底分型，第二根 K 线低点是相邻三根 K 线低点中最低的，而高点也是相邻三根 K 线高点中最低的。

顶分型的最高点叫该分型的顶，底分型的最低点叫该分型的底。由于顶分型的底和底分型的顶是没有意义的，所以顶分型的顶和底分型的底可以简称为顶和低。也就是说，当我们以后说顶和底时，就是分别说顶分型的顶和底分型的底。

两个相邻的顶和底之间构成一笔。一笔内部的波动都可以忽略不计。但注意，一定是相邻的顶和底才构成一笔，隔了几个就不是了。

所谓的线段，至少由 3 笔组成。这里有一个细微的地方要分清楚，因为结合律是必须遵守的。像图 62–1–3 这种，顶和底之间共用一根 K 线，这就违反结合律了，所以不算一笔。图 62–1–4 中只有顶和底，中间没有其他 K 线，一般来说，也最好不算一笔。图 62–1–5 中顶和底之间还有一根 K 线，是一笔的最基本图形。在实际分析中，要求顶和底之间至少有一根 K 线，才能当成是一笔。

实际的图形里，会出现一些复杂的关系，就是相邻两 K 线之间可以出现如图 62–1–6 这种包含关系，也就是一根 K 线的高低点全在另一根 K 线的范围里。

这种情况可以这样处理：在向上时，把两根 K 线的最高点当高点，而两根 K 线低点中的较高者当成低点，这样就把两根 K 线合并成一根新的 K 线；反之，当向下时，把两根 K 线的最低点当低点，而两根 K 线高点中的较低者当成高点，这样就把两根 K 线合并成一根新的 K 线。经过这样的处理，所有 K 线图都可以处理成没有包含关系的图形。

图 62–1–7 给出了经过以上处理，没有包含关系的图形中 3 根相邻 K 线之间可能组合的一个完全分类，其中的（2）、（4），分别是顶分型和底分型。（1）可以叫做上升 K 线，（3）可以叫做下降 K 线。

由结合律，上升的一笔一定是底分型 + 上升 K 线 + 顶分型；下降的一笔，一定是顶分型 + 下降 K 线 + 底分型。注意，这里的上升、下降 K 线，不一定都是 3 根，可以是无数根。简单的，也可以是一两根，只要一直符合定义就可以。

至于图 62–1–8，就是线段的最基本形态。图 62–1–9 就是线段破坏，也就是两线段组合的其中一种形态。

有人可能会说，这怎么有点像波浪理论？这有什么奇怪的，本 ID 的理论可以严格地推导出波浪理论的所有结论，而且还可以指出其不足的地方，波浪理论和本 ID 的理论一点可比性都没有。不仅是波浪理论，所有关于股市的理论，只要是涉及到图形的，本 ID 的理论都可以严格推论，因为本 ID 的理论是关于走势图形最基础的理论，谁都逃不掉。

缠论点睛

1.K 线非包含处理的方法：向上笔中，高点中较高的作为高点，低点中较高的作为低点；向下笔中，低点中较低的作为低点，高点中较低的作为高点。所有 K 线按照时间顺序进行非包含处理。

2. 任何周期的K线，经过非包含处理之后，都可以标准化为只包含顶分型、底分型、上升K线、下降K线等四种基本形态的图形。

3. 在后面的课程中，一顶一底的连接可以算作一笔，中间可以不包含K线。

4. 线段只有被新的线段破坏才算结束。当然，也可以用背驰以及盘整背驰的方法分析线段内部，用以判断线段的结束点。

投资微言

可以直接用分型、笔、线段对某级别进行分析，这是缠论形态学的内容。

教你炒股票63

基本概念再梳理

(2007-07-02 00:07:39)

一个对象的确立，特别是一个数学和几何对象的确立，首先要证明其存在性。如果你说的那东西根本就不存在，那还说什么？例如中枢或走势类型这些对象，如果不能证明其一定存在，而且是按级别存在的，谈论就没有意义了。

前面关于中枢的递归定义，就是解决这个存在性问题的。也就是说，中枢是可以递归式地定义出来的，而且该定义是具有可操作性的。该定义实际上是找出中枢的一种方法，按照这种方法，肯定能找出定义中的中枢。

仅仅只是存在性定义或定理没什么意义，所谓的可操作性，有时候只是理想化或者数学化的。例如，可以证明自然数的质数分解是唯一的，而且可以很理想化地去设计这种寻找方法，但实际上用最大的计算机也往往不可能完成，因此就需要变通的方法来方便实际操作。同样道理，对于中枢和走势类型，也就有了关于不同级别图形的研究。否则都从最原始的分笔成交去逐步定义和寻找，那就没什么可操作性了。

于是就有了不同级别显微镜的比喻。实际上，一般能得到的图，最多也就是1分钟级别的，因此可以从该级别的图入手。当然，也可以从5分钟甚至更高级别入手，但这就等于把显微镜倍数弄小了，看到的东西自然没有1分钟级别的多且清楚。

再次强调，什么级别的图和什么级别的中枢没有任何必然联系，走势类型以及中枢就如同显微镜下的观察物，是客观存在的，其存在性由上面所说的最原始的递归定义保证。某级别的图就如同显微镜，用不同倍数的显微镜看这些客观的图，就能看到不同的精细程度，如此而已。不能把显微镜和显微镜观察的东西混在一起了。

如果首先确定了显微镜的倍数，例如把1分钟图作为最基本的图，那么就可以开始定义上一课说的分型、笔、线段了。有了线段，就可以定义1分钟的中枢，然后就是1分钟的走势类型。之后按照递归的方法，可以逐步定义出5分钟、30分钟、日、周、月、季、年的中枢和走势类型。

有的人总是不明白，例如总是在问，5分钟图怎么看，30分钟图怎么看。如果你选择5分钟或30分钟为最基本的图，其看法和1分钟图的看法是一样的，只不过你的显微镜倍数比较小，看起来比较粗糙而已。如果你已经选择1分钟作为最基本的图，也就是选定了1分钟这个倍数的显微镜，那么看1分钟图就可以。本ID也不断地在1分钟图上标记线段来示范。

有人可能要问，如果用1分钟图这个显微镜，5分钟、30分钟图还有用吗？当然是有用的。例如，1分钟图上走出一个1分钟的走势类型，就可以在5分钟图上标上记号。这样做的一个好处就是帮助记忆，否则当1分钟图上的线段成千上万时，你肯定要抓狂的。有了5分钟、30分钟、日线等图，就把相应已经完成的走势类型标记上。

实际上，在1分钟图上需要记住的，只是最近一个未完成的1分钟走势类型。当然，由于分解的多样性，实际上需要知道的还要多点儿，这里只是站在一种分解的角度说的。

另外一个好处就是用MACD指标辅助判断时，不用对太多的柱子面积进行相加，此时可以看大级别的MACD图，看起来一目了然。日线级别的背驰，其实在1分钟图上也可以看出来，只不过需要把所有相应对比段的MACD都加起来处理，这样当然是不切实际的，因此就可以看日线图的MACD。

这在理论上没有任何特别之处，只是为了方便观察判断。如果把1分钟的MACD指标的参数调到足够大，效果其实是一样的。实际上这样做是不可能的，一般软件上MACD的参数有上限限制，所以导致日线上的背驰不能用1分钟图来分析判断。

有人可能又要问，为什么5分钟图上不记划5分钟的走势类型？因为在大级别图上标记次级别的走势类型有一个好处，就是能让你清晰直观地看到该级别的中枢和走势类型是如何形成的。

当然，如果你愿意在5分钟图上记划30分钟甚至年线的走势类型也没什么，这是个人爱好问题。如果你有超强的记忆力和分析力，甚至在1分钟上标记也可以。如果你更牛一点儿，对图形过目不忘，像计算机一样可以自动分类合并，那么你在1分钟图上连记号都不用记划了。

说点儿更实际的问题。一般人面对一只股票，不可能先看1分钟图，大概都是先从日线，甚至周线、月线、季线、年线入手，这样等于先用倍数小的显微镜，甚至是肉眼先看一下，然后再转用倍数大的显微镜进行精细观察。

对于大级别的图，上一课中的分型、笔、线段等同样有用，不过这个观察都是快速和不精细的，所以大概精确就可以。一般来说，看图看多了，根本就不需要一步步按定义来。例如打开日线图，1秒钟如果还看不明白一只股票大体的走势，那就是慢了。

基本上来说，如果图看多了，成了机械反应，一看到可以操作的图，就会一见钟情。对于股票，如果不能在1秒钟之内一见钟情，估计这只股票和你也没什么缘分，最多就是有缘无分空折腾了。如果你能对股票有那种一见钟情的直觉，那么就算是有点入门了。前面的理论分析，最终还是要归结到这种直觉上去。

在没有这种超越的直觉之前，还是老老实实地去分析。在大级别图粗略选定攻击目标后，就要选好显微镜，进行精细的跟踪分析。然后在符合自己操作级别的买点建仓，按照相应的操作级别反复操作，直到把这只股票玩烂，直到厌倦，或者又发现新的更好的对象为止。

站在纯理论的角度，没有任何股票是特别有操作价值的，中枢震荡的股票不一定比相应级别单边上涨的股票产生的利润少。

只有坏的操作者，没有坏的股票。股票只是废纸，如果技术、心态不到位，任何股票都可以让你倾家荡产。当然，对于小资金来说，一定要选择股性好的股票。对于大资金来说，任何股票的股性都可以改造，只不过需要的能量不同而已。

缠论点睛

1. 中枢与走势类型的递归定义保证其存在性，从各级别入手观察中枢与走势类型保证了其可操作性。

2. 缠论分析路径：先定义好你的最低级别，然后在这个最低级别上沿着分型、笔、线段、本级别中枢和走势类型、高级别中枢和走势类型的路径来进行分析。

3. 在高一级别上标记次级别走势类型，这样做的好处是可以清楚地看到该级别中枢和走势类型是如何生成的。

投资微言

抓住中枢这个中心、走势类型与级别两个基本点，其他都是辅助。

教你炒股票 *64*

去机场路上给各位补补课

(2007-07-02 21:37:44)

现在的课已经越来越精细了。特别是在最小的1分钟级别上，一般的理论，在这么精细、偶然性这么大的图上，早都乱套了，这恰好能显示本ID理论的有力。别说1分钟图，分笔图也没问题，这就是本ID理论所构筑的几何结构的力量。世界都是几何的，更别说那几张走势图了。

看下图，为什么线段是这样划分的？大概很少有人当下就能全部搞清楚，所以本ID在去机场的路上再给各位补上一课。

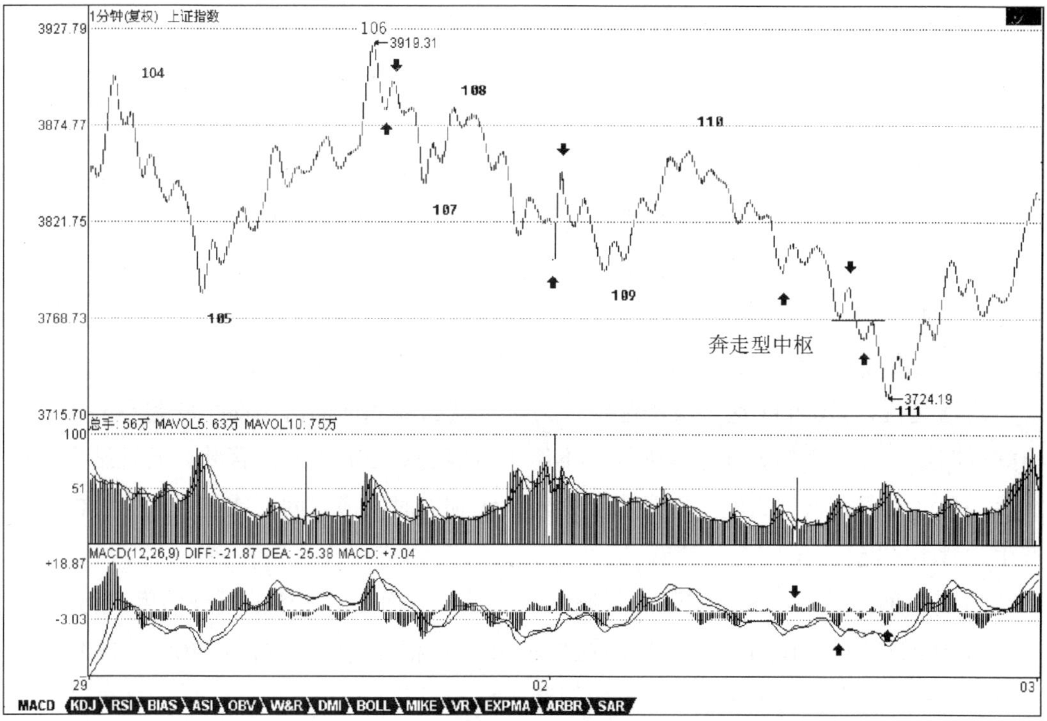

图64–1 上证指数2007年6月29至7月3日1分钟K线走势图

图中106到107这一段箭头所指的那一笔，是以取整为前提的。只要你仔细去分析，就知道那一定是一笔。这个问题，本ID见一位网友已说到。

当然，你可能要问，为什么一定要取整？这里没有什么必然性，只是预设的前提。

你可以采取严格到小数点后两位的精确度，但不同的软件，对 1 分钟这么精细的图，都会有数值上的细微差别，所以所谓的精确，往往不一定就是绝对精确的。

在快速变动的市场中，数值有点细微差别，其实没什么太大的分别。例如，你还可以用这样的区别方式，就是两者相差 0.5 点以内就看成是一样的。所有预设精度，唯一必须遵守的原则，就是精度一旦预设好，就要一路保持。

注意，没有什么精度是十全十美的。例如把相差 0.5 以内看成是相同的，那么如果是 0.51 呢？这和 0.49 也没有多大区别。这些细节其实问题都不大，关键是要统一，不要变来变去。由于现在只是示范，为了方便各位学习，就一直继续采用取整的精度，各位可以根据自己的情况来调整。

至于 108–109 中带箭头那一笔为什么不算成一个线段，也就是 108–109 为什么不是 3 段？这很简单，因为线段必须至少由 3 笔构成，缺口如果包含在一笔中的，不是破坏原来的一笔，而是顺着原来的一笔下来，这种缺口和一般的走势没什么区别，还是应该包括在昨天的一笔里。

有些突然性的逆着走势来的缺口，就像 2007 年 5 月 30 日那个缺口，就必然要当成一个线段，而不能只当成一笔或一笔内部的走势了。有人可能说，缺口没有 3 笔呀。那你可以这样去看，就像 0=0+0+0，缺口可以看成是 3 个缺口的迭加，这样就有 3 笔以上了。

还有，线段必须要被破坏才算结束。这里必须要强调的是，线段必须要被线段破坏才算是真破坏，单纯的一笔是不能破坏线段的。这就避免了一些偶然因素对走势的干扰。

至于 110–111，向上箭头标记的那两个低点为什么不是最终精确定位的背驰点？这都是以前就应该解决的简单问题。第一个向上箭头位置，第一次略微跌破 109 那位置，这时候把已经出现的面积和前面 108–109 对应的面积之和做对比，已经十分接近。

也就是说，110–111 这一段刚起跌，力度上就已经和前面的 108–109 差不多了。这恰好说明这一段下跌的力度是很强的，不但不可能是对 108–109 的背驰，而且站在中枢震荡的角度来看，这种力度一定是小级别转大级别以时间换空间，或与更大力度的对比产生的背驰才能化解的。

后面这种情况，在这个实际的图形中，就是与前面 104–105 的下跌力度进行对比。与 110–111 这段相比较的，是 104–105 这段。中间中枢震荡的中枢，是 105 到 110 这个。因此这里根本不存在与 108–109 对比的问题。

站在 105–107 这个中枢的角度，110 虽然不构成第三类卖点，但也极为接近。这种对中枢的离开，力度一般都很大，所以就算你搞不清楚和哪一段对比，至少也要等这段的结构被破坏，才有介入的可能。后面上 – 下 – 上两次反抽，根本就没有破坏其结构，因此后面的破位下跌就是天经地义的。

至于第二个向上箭头处，就更不可能是背驰了。该箭头前面那个向下箭头那次反抽，等于对前面破位前那上－下－上的微型类中枢（注意，站在严格意义上，线段以下是没有中枢的，所以说是类中枢）的一个类第三类卖点。后面有两种变化，就是转大级别类中枢或类中枢移动，直到形成新的类中枢为止。下面 MACD 的黄白线，是一个典型的下－上－下结构中的第二下，并且刚刚跌破第一上的低点，这是力度最大的一下，怎么可能有背驰出现？

MACD 指标第一个向上箭头指的是这个大的下－上－下结构的一下，这时候除非出现线段结构的突发性破坏，否则不可能有什么背驰出现。而后的回拉，其实刚好构成一个奔走型的上－下－上结构（也就是第二上刚和第一上的低点稍微重合），这其实也构成了另一个微型类中枢。这个微型类中枢和第一个向上箭头指的那个一起，刚好构成两个类中枢的下跌走势。

后面的背驰判断就很简单了，和一般趋势中的背驰判断一样。针对第二个奔走型的微型类中枢的前后两段，MACD 两个向上箭头对应的绿柱子的比较，观察起来一目了然。

缠论点睛

1. 关于缺口，一个笔中的缺口，或者说顺着线段方向的缺口，不能被当成一个线段，但那种突然的逆向缺口，则可以根据当下走势当做一个线段来对待。

2. 一笔并不能破坏一个线段，线段只能被线段破坏。有的线段被一个幅度较大的笔破坏，那么基本上可以看做是线段被破坏的标志，反抽不能创出新高或者新低，就可以看做线段内部的类第二类买卖点。

3. 一个次级别走势回抽中枢，和中枢区间略有重合，虽然不能构成标准第三类买卖点，但这之后的力度也是很大的。

投资微言

不追高是投资的第一要点。追涨，一点技术含量都没有，有本事就在第一类、第二类、第三类买点买；第一类、第二类、第三类卖点卖。

教你炒股票 65

再说分型、笔和线段

(2007-07-16 22:14:16)

本 ID 反复强调，本 ID 理论的关键是一套几何化的思维，因此你需要从最基本的定义出发。这一点在实际操作的辨认中更为重要。所有复杂的情况，其实从最基本的定义出发，都没有任何困难可言。

例如对于分型，其中最大的麻烦，就是所谓的前后 K 线之间的包含关系。其次，有点简单的几何思维，根据定义，任何人都可以马上得出以下一些推论。

1. 用 [di,gi] 代表第 i 根 K 线的最低点和最高点构成的区间。当向上时，顺次 n 个具有包含关系的 K 线组，等价于 [maxdi,maxgi] 的区间对应的 K 线。也就是说，这 n 个 K 线，和最低最高区间为 [maxdi,maxgi] 的 K 线是一回事情。向下时，顺次 n 个包含关系的 K 线组，等价于 [mindi,mingi] 的区间对应的 K 线。

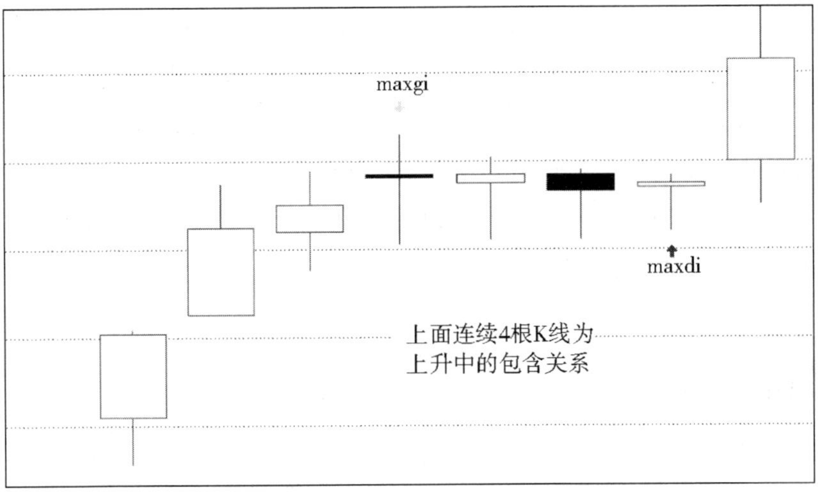

图 65–1 上升中的包含关系示意图

2. 结合律是本 ID 理论中最基础的定律，在 K 线的包含关系处理中，当然也需要遵守。但包含关系不符合传递律，也就是说，第 1 根、第 2 根 K 线是包含关系，第 2 根、第 3 根也是包含关系，但并不意味着第 1 根、第 3 根就有包含关系。因此在 K 线包含关系的分析中，还要遵守顺序原则，就是先用第 1 根、第 2 根 K 线的包含关系确认新的 K 线，然后用新的 K 线去和第 3 根比较。如果有包含关系，继续用包含关系的合并法则结

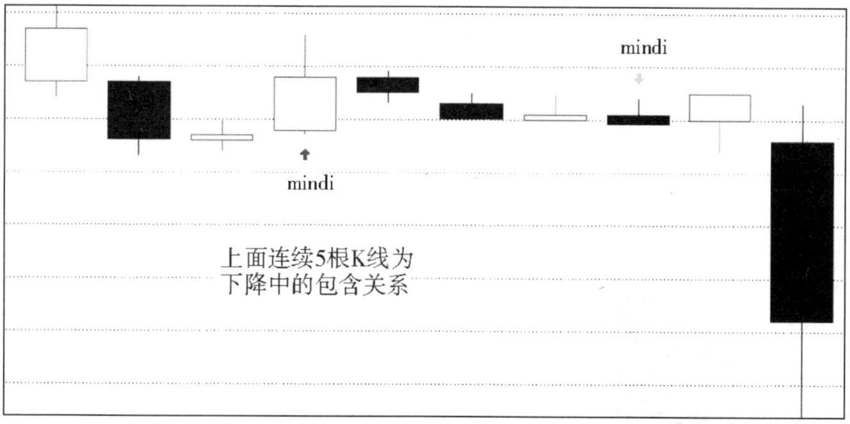

图 65-2 下降中的包含关系示意图

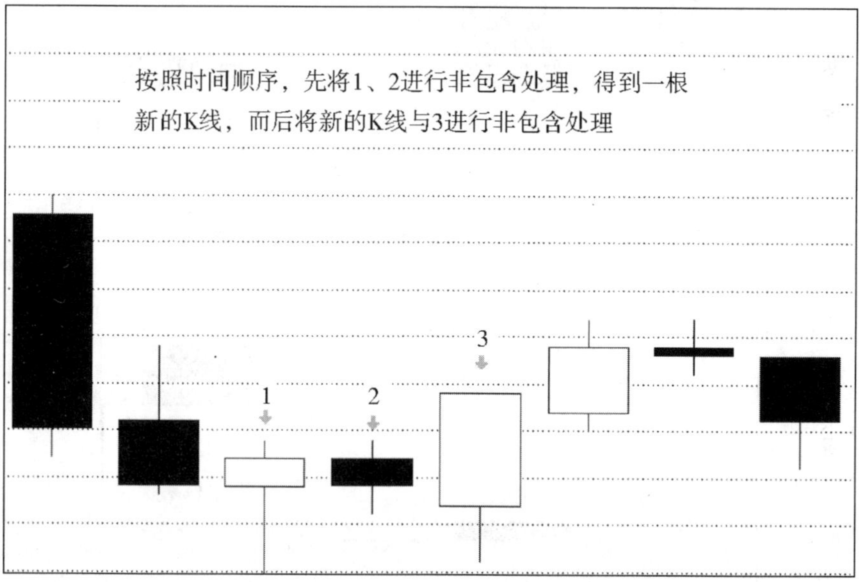

图 65-3 顺序处理包含关系示意图

合成新的 K 线；如果没有，就按正常 K 线处理。

3. 有人可能还要问，什么是向上？什么是向下？其实这根本没什么可说的，任何看过图的人都知道什么是向上，什么是向下。当然，本 ID 的理论是严格的几何理论，对向上向下，也可以严格地定义。

假设第 n 根 K 线满足第 n 根与第 n+1 根的包含关系，而第 n 根与第 n−1 根不是包含关系，那么如果 $g_n \geq g_{n-1}$，那么称第 n−1、n、n+1 根 K 线是向上的；如果 $d_n \leq d_{n-1}$，那么称第 n−1、n、n+1 根 K 线是向下的。

有人可能又要问，如果 $g_n<g_{n-1}$ 且 $d_n>d_{n-1}$，这算什么？那就是一种包含关系，就违反了前面第 n 根与第 n–1 根不是包含关系的假设。同样道理，$g_n \geq g_{n-1}$ 与 $d_n \leq d_{n-1}$ 不可能同时成立。

上面包含关系的定义已经十分清楚，都是一些最精确的几何定义。只要按照定义来做，没有任何图是不可以精确无误地、按统一的标准去找出所有的分型来的。

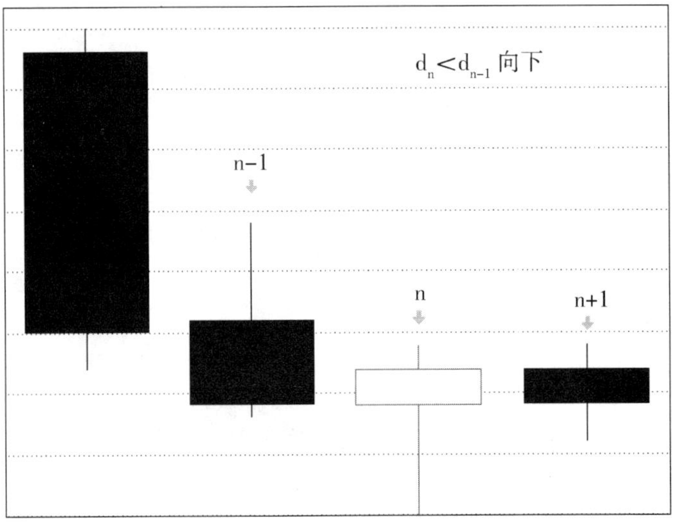

图 65–4 第 n–1、n、n+1 根 K 线向下关系示意图

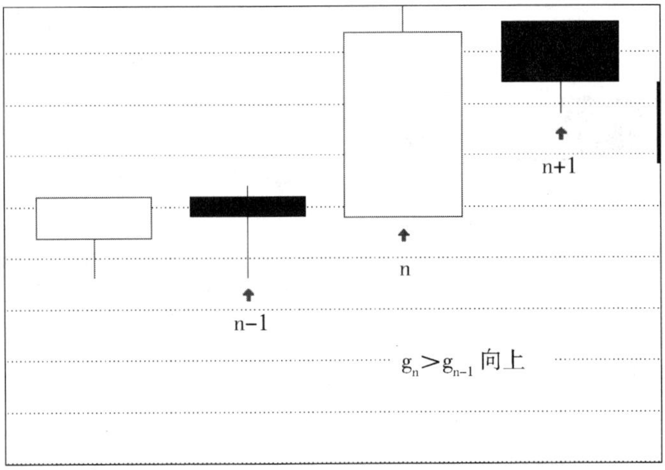

图 65–5 第 n–1、n、n+1 根 K 线向上关系示意图

注意，这种定义是唯一的，有统一答案的。就算是本 ID 如果弄错了，那也是错，没有任何含糊的地方。这个答案与时间无关，与人无关，是客观的，不可更改的，唯一的要求就是被分析的 K 线已经走出来。

从这里可以看出，本 ID 理论的当下性也就有了一个很客观的描述。为什么要当下的？因为如果当下那些K线还有没走出来，那么具体的分型就找不出来，相应的笔、线段、最低级别中枢、高级别走势类型等就不可能划分出来，这样就无从分析了。

一旦当下的K线走出来，就可以当下按客观标准唯一地找出相应的分型结构。当下的分析和事后的分析是一样的，分析的结果也是一样的，没有任何的不同。因此当下性就是本ID的客观性。

有人可能要问，如果看30分钟图，K线可能会一直犬牙交错，找不到分型。这有什么奇怪的？在年线图里，找到分型的机会更小，十几年找不到一个也很正常，这里还是用显微镜倍数来比喻问题。

确定显微镜的倍数，就按看到的K线用定义严格地寻找。没有符合定义的对象，就是确实不存在，就这么简单。如果希望能分析得更精确，那就用小级别的图，这样自然能分辨得更清楚。

再次强调，用什么图与以什么级别操作没有任何必然联系。用1分钟图，也可以找出年线级别的背驰，然后进行相应级别的操作。看1分钟图，并不意味着一定要玩超短线。把显微镜当成显微镜观察的对象，肯定是不对的。

从分型到笔，必须是一顶一底相连接。那么两个顶或底能构成一笔吗？这里分两种情况。

第一种，在两个顶或底中间有其他的顶和底。这种情况下，只是把好几笔当成了一笔，只要继续用一顶一底的原则处理，自然可以解决。

第二种，在两个顶或底中间没有其他的顶和底。这种情况意味着第一个顶或底后的转折级别太小，不足以构成值得考察的对象。这种情况下，第一个顶或底可以忽略不计。

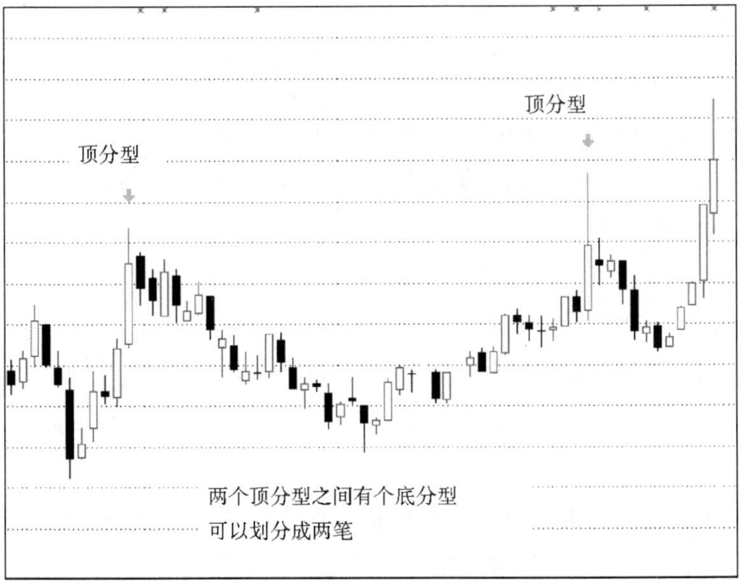

图 65-6　第一种情况示意图

根据上面的分析，对第二种情况进行相应处理之后，可以严格地说，先顶后底，构成向下一笔；先底后顶，构成向上一笔。所有的图形，都可以唯一地分解为上下交替的笔的连接。

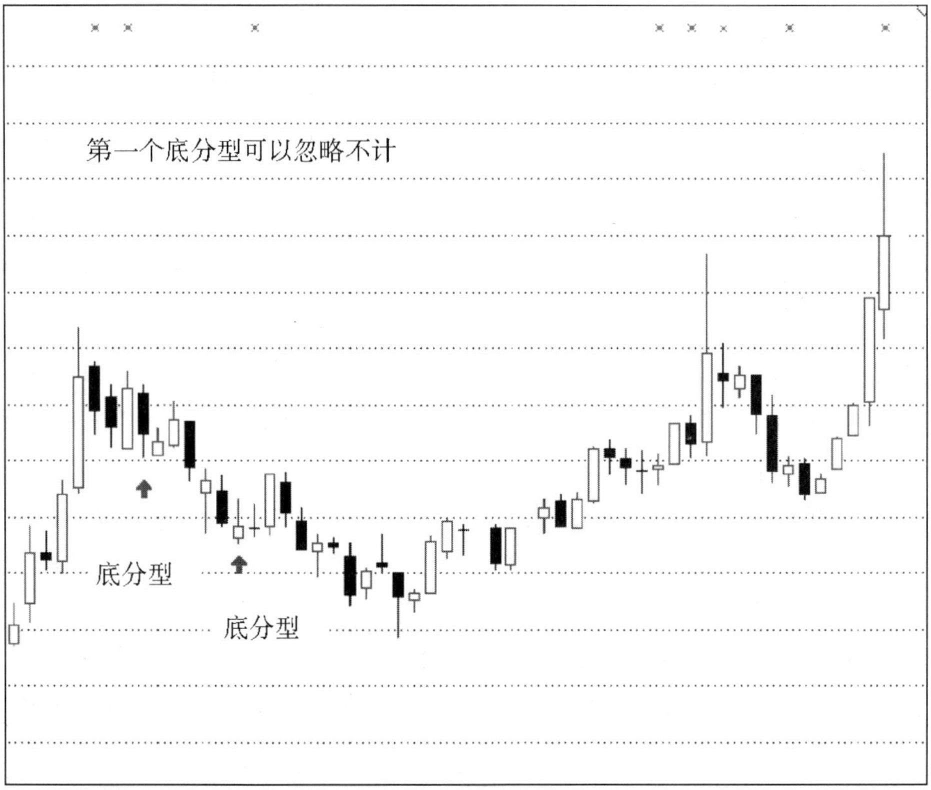

图 65–7 第二种情况示意图

显然，除了第二种情况中的第一个顶或底类似的分型，其他类型的分型，都唯一地分别属于相邻的上下两笔，是这两笔间的连接。用一个最简单的比喻，膝盖就是分型，而大腿和小腿就是连接的两笔。

有了笔，那么线段就很简单了。线段至少有 3 笔。线段无非有两种，从向上一笔开始的线段和从向下一笔开始的线段。

对于从向上一笔开始的，其中的分型构成这样的序列：$d_1g_1,d_2g_2,d_3g_3\cdots d_ng_n$（其中 d_i 代表第 i 个底，g_i 代表第 i 个顶）。如果找到 i 和 j，$j \geqslant i+2$，使得 $d_j \leqslant g_i$，那么称向上线段被笔破坏。

对于从向下一笔开始的，其中的分型构成这样的序列：$g_1d_1,g_2d_2\cdots g_nd_n$（其中 d_i 代表第 i 个底，g_i 代表第 i 个顶）。如果找到 i 和 j，$j \geqslant i+2$，使得 $g_j \geqslant d_i$，那么称向下线段被笔破坏。

图 65-8　向上线段被笔破坏示意图

图 65-9 向下线段被笔破坏示意图

线段有一个最基本的前提，就是线段的前3笔必须有重叠的部分，这个前提在前面可能没有特别强调，这里必须特别强调一次。线段至少有3笔，但并不是连续的3笔就一定构成线段，这3笔必须有重叠的部分。

由上面线段被笔破坏的定义，可以证明缠中说禅线段分解定理：线段被破坏，当且仅当至少被有重叠部分的连续3笔的其中一笔破坏。只要构成有重叠部分的前3笔，那么必然会形成一段线段。换言之，线段破坏的充要条件，就是被另一个线段破坏。

以上都是些最严格的几何定义。真想把问题搞清楚的人，请自己根据定义多画图，或者对照真实的走势图用定义多分析。注意，所有分析答案，只和你看的走势品种与级别图有关。在客观地观照对象与显微镜倍数确定的情况下，任何分析都是唯一的，客观的，不以任何人的意志为转移。

如果分型、笔、线段这些最基础的东西都没有搞清楚，不能做到在任何时刻，面对任何最复杂的图形，当下地进行快速正确的分解，就说要掌握本ID的理论，那纯粹是瞎掰。

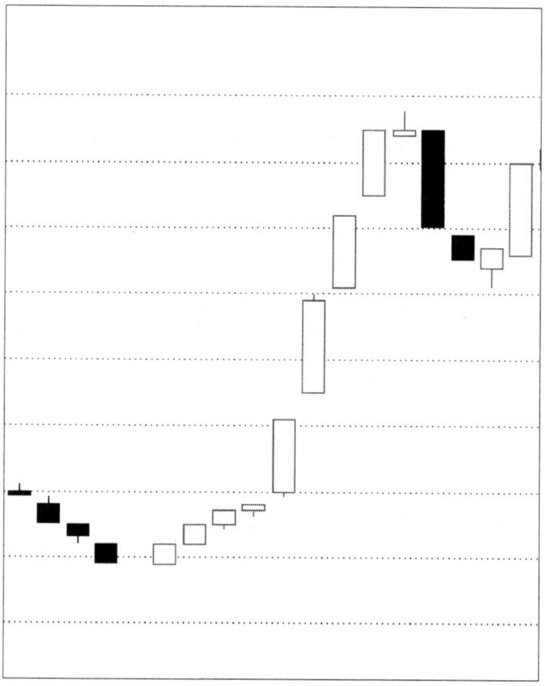

图 65-10　图中连续3笔没有重叠，不构成线段

缠论点睛

1. 一笔中间的分型，可以称作中继分型。如果一个分型之后的反向力度很弱，那么

该分型就有可能演化为中继分型。

2. 线段的前3笔必须有重叠，且第一笔和最后一笔的方向一致。也就是说线段中，笔的个数都是奇数且为大于或等于3的奇数。

投资微言

低级别图上用中枢、走势类型，高级别图上用分型、笔、线段，等于有两套有用的工具去分析同一走势，这是天大的好事。

教你炒股票 66

主力资金的食物链

(2007-07-30 22:42:05)

市场每一时刻的走势，都是由当下的合力构成的。1 亿人参与的市场，如果每一分力都是相等的，都是独立的，那么市场的整个运转情况当然会和现实的情况有所不同。

现实的情况是，有些分力是远大于其他分力的。在这种情况下，对合力的分析不能脱离对这些特别巨大分力的分析。

现实的系统中，如果这种特别巨大的分力只有一个，其他分力与之相比都可以忽略不算，那么市场的所谓合力，就与这分力基本无异了。例如，在那些控盘程度极高的股票中，往往就呈现这种情况。而这种一个分力远大于其他分力的系统，其稳定性是会产生突变的。

关于个股的情况，以后会说到，这里先说说关于大盘合力与分力的关系。

有一种很流行却纯粹出于想象的说法，是关于所谓市场主力资金的。在这种流行的谬误中，似乎市场中的主力只有一拨人，他们控制着市场的走势，画着每天大盘每分每秒的分时图。事实上，这种所谓的主力从来就没有存在过。市场从来都分裂为不同的利益集团，所谓的主力资金，从来都是分派别的。各派别之间会有联手，会有默契，但也有暗算、互相拆台等。黄雀、螳螂、蝉的游戏，在市场中一点都不新鲜。

主力资金层面的运作，当然不是单纯的技术分析可以包括的。用打仗来比喻，技术分析不过是一些战术性问题，而战略性的问题，就不是技术分析可以解决的了。例如，如果你是一个散户，你只要把本 ID 的技术理论搞清楚，在市场中就可以游刃有余了。但如果光把本 ID 的技术理论搞清楚，是运作不了主力资金的。

当然，技术层面只是一个基础。但无论什么资金，站在市场走势的角度，不过就是构造出不同级别的买卖点而已。因此对于散户来说，你无须知道天上掉下的馅饼是怎么制造的，只需要知道怎么才能吃到这馅饼就够了。

必须明确的是，任何主力资金，无论什么背景，什么级别，最终都不可能逆整个经济的大势而行。资金不是一拨，山头就那么多，10 年前的主力，如果不随着市场去发展，到现在就什么都不是了。所以任何主力资金，无论什么背景、级别，还有一个特点，就是要折腾。不折腾，就没有江湖地位。唯一不同的只是折腾什么，只是不同市场、板块的变换。

在单一的股票市场中，不同风格、背景、实力的资金，各自控制着不同的板块。其中最大的几个，构成食物链的最上层。一般来说，这几拨资金都是老油条，互相也知根知底，其根底往往不在市场中，而在市场之外。一般情况下，各方都遵守江湖规矩，不会轻易与某一方开战。但绝对不是说最大的家伙间就没有战争，其实这战争是无时不在的，只是都在等着一方出现破绽，余下的一拥而上，分而食之。中国资本市场的历史上，出现过好几次这样的事情，都是陈年旧事，不说也罢。

当然，最大的家伙也不是一成不变的，不同的年代也会改变点儿包装，换些名头儿。

从食物链的最高端开始逐级下去，直到最后的散户个体，中间分着好几个层次，最大的主力一般会维持下面几个层次的生态。一般来说，一个新的最高级别的势力出现，是没有人愿意看到的。因此那些在次一级别中特别活跃，特别有上升苗头的，都会被重点绞杀。

对于最高级别的主力来说，一个各层次的生态平衡是最有利的。站在这个意义上，如果有些比较高级的势力对散户特别恶劣，要把散户或某层次赶尽杀绝，那么肯定会成为最高级别主力绞杀的对象。这种事情，在资本市场历史上也太常见了。

一般来说，这种绞杀对象都类似暴发户，最高级别的主力就如同贵族。贵族当然看不起暴发户，特别是当这暴发户影响了整个市场的生态平衡，不对之株连九族，斩草除根，那还怎么当贵族？

这种绞杀，当然可以是市场化的，却不一定是市场化的，这里就不想多说了。

缠论点睛

1. 市场是个完整的生态系统，散户如羊，主力如狼，整个生态系统总体上维持着平衡。

2. 基本面决定走势的方向，任何资金都不能逆经济大势而行。

投资微言

要想在市场中成长为猎手，关键要具有强势文化的基因。这是任何技术分析都不能解决的问题。

教你炒股票 *67*

线段划分的标准

(2007-08-01 22:31:55)

笔的划分标准前面已经严格给出，下一个关键问题，就是如何划分线段。下面给出类似笔划分但有重大区别的划分标准。用 S 代表向上的笔，X 代表向下的笔。那么所有的线段无非分为两种:（1）从向上笔开始的线段。（2）从向下笔开始的线段。简单起见，下面以向上笔开始的线段为例子说明线段划分的标准。

以向上笔开始的线段，可以用笔的序列表示:$S_1X_1S_2X_2S_3X_3\cdots S_nX_n$。容易证明，任何 S_i 与 S_{i+1} 之间，一定有重合区间。而考察序列 $X_1X_2\cdots X_n$，该序列中，X_i 与 X_{i+1} 之间并不一定有重合区间，因此这一序列更能代表线段的性质。

定义：序列 $X_1X_2\cdots X_n$ 称为以向上笔开始的线段的特征序列；序列 $S_1S_2\cdots S_n$ 称为以向下笔开始的线段的特征序列。特征序列两相邻元素间没有重合区间，称为该序列的一个缺口。

关于特征序列，把每一元素看成是一根 K 线，那么如同一般 K 线图中找分型的方法，也存在所谓的包含关系，也可以对此进行非包含处理。经过非包含处理的特征序列，称为标准特征序列。以后没有特别说明，特征序列都是指标准特征序列。

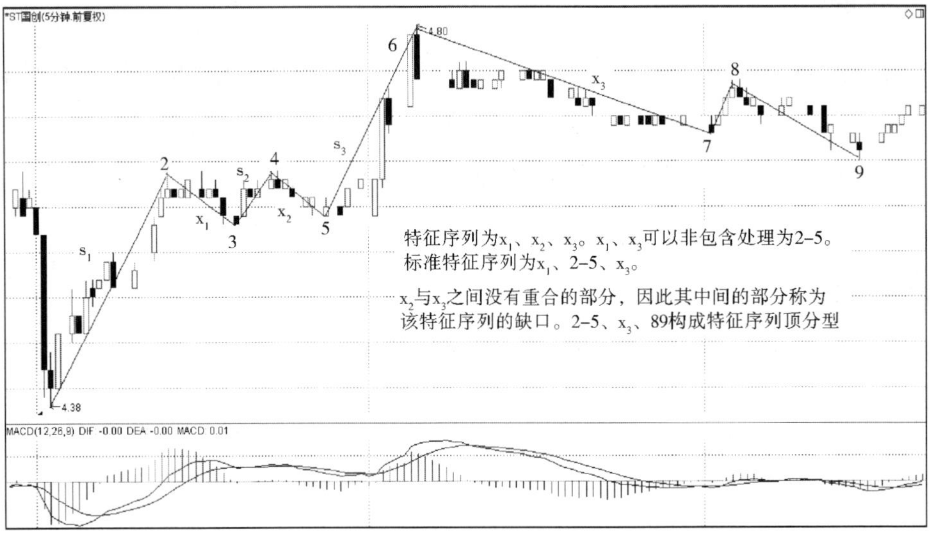

图 67-1 特征序列、缺口等相关概念分析图

参照一般K线图关于顶分型与底分型的定义，可以确定特征序列的顶和底。注意，以向上笔开始的线段的特征序列，只考察顶分型；以向下笔开始的线段，只考察底分型。

在标准特征序列里，构成分型的三个相邻元素，只有以下两种可能。

1. 特征序列的顶分型中，第一和第二元素间不存在特征序列的缺口，那么该线段在该顶分型的高点处结束，该高点是该线段的终点；特征序列的底分型中，第一和第二元素间不存在特征序列的缺口，那么该线段在该底分型的低点处结束，该低点是该线段的终点。

2. 特征序列的顶分型中，第一和第二元素间存在特征序列的缺口，如果从该分型最高点开始的向下一笔开始的序列的特征序列出现底分型，那么该线段在该顶分型的高点处结束，该高点是该线段的终点；特征序列的底分型中，第一和第二元素间存在特征序列的缺口，如果从该分型最低点开始的向上一笔开始的序列的特征序列出现顶分型，那么该线段在该底分型的低点处结束，该低点是该线段的终点。

在第二种情况下，后一特征序列不一定封闭前一特征序列相应的缺口，而且第二个序列中的分型不分第一和第二种情况，只要有分型就可以。

上面两种情况，就给出了所有线段划分的标准。显然，出现特征序列的分型，是线段结束的前提条件。本课就是把前面“线段破坏的充要条件就是被另一个线段破坏”精确化了。因此以后关于线段的划分，都以此精确的定义为基础。

这个定义有点复杂，首先请先搞清楚特征序列，然后搞清楚标准特征序列，然后是标准特征序列的顶分型与底分型。分型又以分型的第一元素和第二元素间是否有缺口分为两种情况。一定要把这个逻辑关系搞清楚，否则一定晕倒。

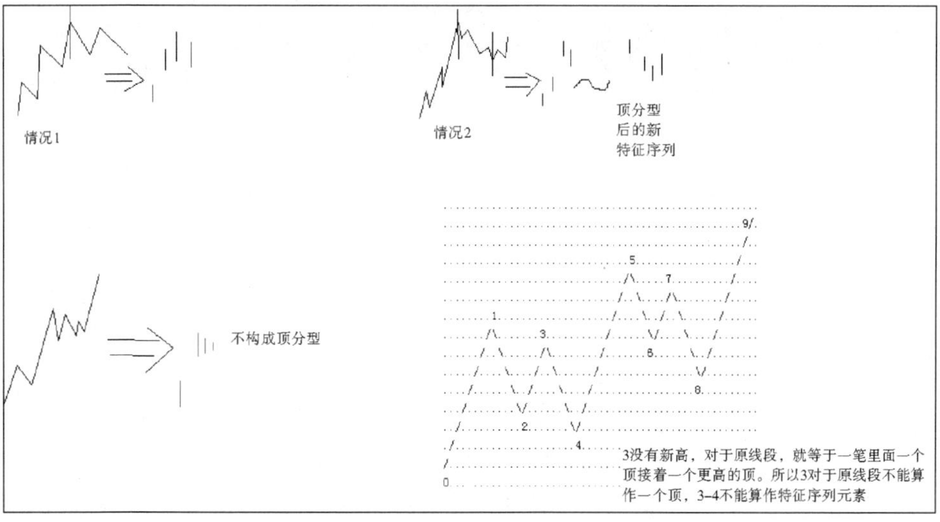

图 67–2 两种情况线段划分示意图

显然，按照这个划分，一切同一级别图上的走势，都可以唯一地划分为线段的连接，正如一切同一级别图上的走势，都可以唯一地划分为笔的连接一样。有了这两个基础，那么整个中枢与走势类型的递归体系就可以建立起来。这是基础的基础，请务必搞清楚，否则肯定学不好。

最后，尽量画点图，让各位分清楚上面的一些概念。但最好把定义看清楚，这才是真正理解，图只是一个辅助。前两个图形中标出了线段的划分。

缠论点睛

1. 所谓特征序列，是指线段中所有与线段方向相反的笔构成的集合；所谓标准特征序列，是指经过非包含处理的特征序列。特征序列非包含处理的方法和 K 线的非包含处理方法是一样的。

2. 某级别上涨之后的回调不能破前高，或者下跌之后的回抽不能破前低，就会形成特征序列的缺口。一般这种走势都是极为强烈的。

3. 标准特征序列分型中，同样会出现顶分型连着顶分型或者底分型连着底分型的情况，对于这种情况，其中某一个只能算作中继特征序列分型。处理方法与 K 线中的处理方法一致。

投资微言

大多数人都是容易买对，永远卖不对，结果就是坐电梯。这种情况说白了，就是贪婪所致。宁愿卖早，不要卖晚。卖晚，不仅坐电梯，还错过了好的机会。

教你炒股票 *68*

走势预测的精确意义

(2007-08-05 10:36:28)

这一课说说预测。何谓预测？一般的预测是什么把戏？科学严密的预测究竟是怎样的？本 ID 的理论是如何成为最精确最当下预测的？这些问题都要在这里说明。

真正的预测，就是不测而测。当然，这和一般意义上的预测不是一个概念。在通常预测概念的忽悠、毒害下，很多人那根爱预测之筋总爱不时不自主地晃动几下，这里也算给那些被预测毒害的人治疗治疗，就算死马当活马治一治了。

市场的所有走势，都是由当下合力构成的。政策或规则也是一种分力。一般情况下，由于政策或规则的分力至少在一个时间段内保持常量，所以一般人就会忘记或忽视其存在。但无论是常量还是随着每笔成交变化的变量，合力都是当下构成的。常量的分力用 F(t) 表示，只是表示其值是一个常量，或者是一个分段式常量。对于任何一个具体的 t 来说，和变化的分力在合成规则与合成的结果上没有任何的区别。

但这些常量的分力并不是永恒的，往往是分段式的，其变化是有断裂点的。很多基本面上的分力，都有这个特点。这些断裂点，构成预测上的盲点。当然，进行基本面分析，对宏观面进行大面积的考察，可以尽量减少这些盲点，但不可能完全消除。这些因素的存在，已使得所有一般意义上的精确预测变成了一个笑话。

更重要的是，基本面上的因素，也是合力的结果。政治、经济等方面，哪个不是合力的结果？现在的世界政治、经济格局，就是众多合力的结果，一个国家里就更是这样了。

很多人都是一根筋思维，总是假设政策是一个上帝，是不需要合力的，里面没有各种利益的斗争，所有结果都是被一个预设的机器给出的。所有一般意义上精确预测的理论，实质上都是以类似的一根筋思维为前提的。

比前面这些更深刻的，站在哲学的角度，预测也是一个分力，就如同观察者本来就被假定在观察之中，所有观察的结果都和观察者相关，被观察者干预。以观察者为前提，预测也是以同样的方式介入到被预测的结果之中。正如同量子力学的测不准原理[①]，任

① 测不准原理：量子力学术语。简单说就是观察电子、中微子等微观粒子的运动轨迹的时候，观测者本身以及观测设备都会对微观粒子的运动有影响。因此微观粒子的运动规律是测不准的。对于股市而言，就是说你基于自己的观察、分析进行操作，而你的操作同样构成了市场的一部分。一般来说，级别越小，越测不准。

何关于预测的理论，其最大的原理就是测不准。

有人可能会说，很多人都有准确预测的经历，这是为什么？其实这只不过是一个概率事件。因为走势可以发生的情况，按任何标准来分类，其可能情况都是有限的。一般来说，就是三四种情况。瞎猫还能碰到死耗子，就算有人连续碰对了，也依然是在概率的范围内，没什么值得大惊小怪的。而所有号称自己预测如何如何准确的人，不过都是玩如此的招数，或被如此的招数玩弄而不自知。至于那些把烂的藏起来，只把蒙对的到处炫耀的人，就更等而下之了。

其实预测一点都不神秘，所有预测的基础就是分类，把所有可能的情况进行完全分类。

有人可能会说，分类以后，把不可能的排除，最后一个结果就是精确的。这是脑子锈了的想法。任何的排除，等价于一次预测。每排除一个分类，按概率的乘法原则，就使得最后的所谓精确变得越不精确，最后还是逃不掉概率的套子。

对于预测分类的唯一正确原则就是不进行任何排除，而是严格分清每种情况的边界条件。任何的分类，其实都等价于一个分段函数，就是要把这个分段函数的边界条件给确定清楚。

例如下面的函数：

$f(x)=-1$，$x \in (-\infty,0)$；$f(x)=0$，$x=0$；$f(x)=1$，$x \in (0, \infty)$

关键要搞清楚 f(x) 取某值时 x 的范围，这个范围就是边界条件。在走势的分类中，唯一可以确定的是不可能取负值，也就是从 $[0, \infty)$ 进行分类，把该区域按某种分类原则分为 n 个边界条件。

有人可能要说，股票怎么可能变到 0？这有什么奇怪的，股票停了算什么？别说股票，钱都可以变成 0，你说 1950 年时候的金元券值多少？当然，如果你的子子孙孙能把一张金元券守到宇宙爆炸的最后一刻，那时候这张金元券会值 n 元的。这个 n，大概也会趋向一个很恐怖的数字，那就等着吧。

不仅股票是废纸，本质上货币也是废纸，其所谓的价值区间和股票是一样的，0 同样是可能的取值。甚至按最精确的理论来说，还可以取负值。例如，如果有某朝或某国政府规定，私藏前朝或别国钱钞、股票的一律死罪，那你说这钱钞或股票是不是负值？至于具体股票变 0 的情况，在权证上就经常发生。

边界条件分段后，就要确定一旦发生哪种情况就如何操作，也就是把操作也同样给分段了。然后把所有情况交给市场本身，让市场自己去当下选择。

例如，前几天，本 ID 用前期两高点和 10 日均线进行分类，自然就把走势区间分类成跌破与不跌破两种。然后预先设定跌破该怎么干，不跌破该怎么干，如此而已。这就是最本质的预测，不测而测，让市场自己去选择。最后市场选择了不跌破，那就继续持有。

有人说，万一上去后又跌破怎么办？这是典型的预测思维。任何一个市场的操作者，一定不能陷入这种无聊思维之中。市场不跌破是一个事实，你的操作只能根据已经发生的事实来应对。如果跌破，那就等跌破成为事实再说。在本ID意义下的预测里，你已经把如果跌破的情况该干什么预设好了，这种情况没成为事实，就是另一种情况成为事实，那就该干什么干什么。

一般来说，喜欢预测的人，通常都是神经过敏，脑子水多，操作低下，喜欢忽悠之辈。那些从2000点就开始测顶的，如果说错一次割一块肉，现在都可以去当假冒羊蝎子了。操作股票，可不能光是忽悠，而是要实际操作。所有的操作，其实都是根据不同分段边界的一个结果，只是每个人的分段边界不同而已。

因此问题不是去预测什么，而是确定分段边界。例如，前两天用前期两高点分类有意义，现在再用就没什么意义了。现在可以完全用均线系统来分类，所以本ID就接着强调5日、5周、5月均线的原则。有了分段的边界原则，按分类原则操作就可以，还需要预测什么？又有什么可预测的？

世界金融市场的历史一直在证明，真正成功的操作者从来都不预测什么，即使在媒体上忽悠一下，也是为了利用媒体。真正的操作者，都有一套操作的原则。按照原则来操作，就是最好的预测。

那么本ID理论中的分型、笔、线段、中枢、走势类型、买卖点，等等，是不是预测呢？是也不是。因为本质上本ID的理论是最好的一套分段原则，这一套原则，可以随着市场的当下变化，随时给出分段的信号。

按照本ID理论，其实在任何级别都有一个永远的分段：x=买点，买入；x=卖点，卖出；x属于买卖点之间，就持有。持有有两个种类，如果前面是买点，卖点没有出现，就是持股，反之就是持币。按照分段函数的方法，本ID的理论就有这样一个分段操作的最基本原则。

如果你真想学习和按本ID的理论来操作，就无须考虑其他系统，或者说其他系统都只是参考。本ID解盘的时候，之所以经常说均线、高点连线之类的，只是为了照顾没开始学本ID理论的人，并不是本ID觉得那种分类有什么特殊的意义。

本ID的理论，任何时候都自然给出当下操作的分段函数，而且这种分段都是按级别来的。所以本ID反复强调，你要先选择好自己的操作级别，否则本来是大级别操作的，看到小级别的晃动也晃动起来，那是有毛病。

给出分段函数，就是给出最精确的预测。所有的预测都是当下给出的，这才是真正的预测。这种预测，不需要任何概率化的无聊玩意儿，也没有所谓预测成功的忽悠或兴奋。这种预测的成功每一当下都发生着，每一次成功都要忽悠兴奋一下，这人脑子早锈掉了。所谓碧空过雁，绿水回风，哪个是尔本来面目？

缠论点睛

1. 基本面的分力是个分段式的常量，对走势的影响一般是稳定的。而那种基本面的断裂点是不可测的，况且基本面本身也是合力的结果。因此对于一般的操作而言，最重要的是市场上变化的分力。

2. 关于股市的分段函数 y=f(x)。y 一般对应着买入、卖出、等待三个结果。而 x，则应该根据不同的边界条件进行设置。不同的理论，对应着不同的分段方法，因此这边界的合理性就成为分段的关键。缠论及其买卖点，是最优的分段原则。

3. 需要注意的是，分段函数自变量的取值是当下的。一旦之前的边界被触发，就要根据当下走势重设分段的边界。

投资微言

操作，一定要冷静。有钱，什么都有，还怕买不到好股票！

教你炒股票69

月线分段与上海大势分析、预判

(2007-08-09 23:03:22)

分型、笔、线段，在1分钟图上可以分辨，在月线图上的道理也是一样的。用月线图分辨，等于用一个精度超低的显微镜来观察市场，只能看一个大概。但这个大概，却是最实质性的，是一个大方向。

图69-1就是上海指数的月线图。向下箭头指着的是顶分型，向上箭头指着的是底分型。打"×"就是该分型不符合笔所要求的分型规范。这里只有两条：(1)顶和底之间缺少至少1根K线。(2)不满足顶必须接着底，或底必须接着顶的条件。

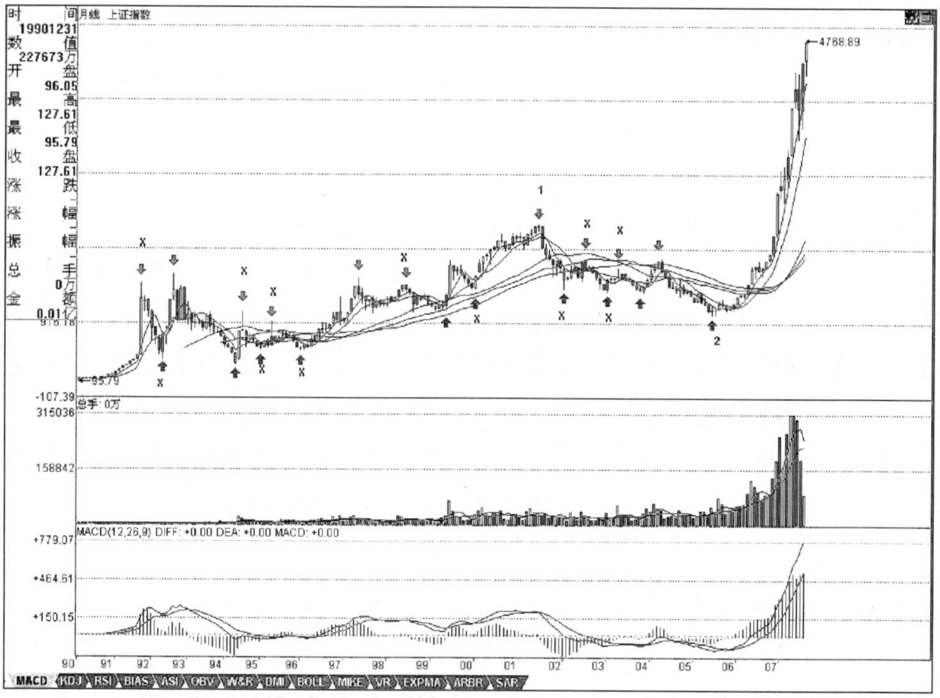

图69-1 上证指数2007年之前月K线走势图

例如，第一个向下箭头和第二个向上箭头之间显然不能构成一笔，也就是说，这两个只能取一个：如果取第一个向上箭头，那么第二个向下箭头就不是笔中的顶分型，而第二个向上箭头，显然是一个底分型，因此就形成两个底分型连续的划分，显然这时候第一个就不算了，这和前面说取第一个向上箭头对着的底分型矛盾，所以这里只能取第二个向下箭头。这时候，第一个向下箭头对应的顶分型，自然就不算笔中的顶分型了，否则又变成两个顶分型相连接了。

后面的各分型，带“×”的，都可以按照上面两个原则去分析。

有人可能要问，分型的确定，在当下如何完成？这必须当下去完成。例如，当走势走到第一个红箭头时，显然第一个绿箭头的顶分型也可以暂时看成是确定的顶分型。但当第二个绿箭头走出来后，这个问题就有了可修改的地方。

有人可能要问，这样分型是否随时可以修改？答案是否定的。一旦图形完成，就不可能修改了。分型可修改，证明图形还没有完成。

例如，当第二个向上箭头处的分型出现后，前面 3 个分型的取舍就是唯一的。这个分型的可修改性，反而是一个对走势判断极为有利的因素。

例如，第二个向下箭头走出来后，这图形未完成的性质就是 100% 确定了，但所有图形必然完成，走势必完美。如何才能完美？在理论的框架下，只有极少数的可能，而这些可能就成为综合判断的关键条件。

然后根据各级别图形的未完成性质，就可以使得走势的边界条件极端明确与狭小，这对具体操作是极为有利的。注意，这可是和概率无关，有 100% 的纯理论保证，最终所依据的，就是在本 ID 理论最早反复强调的走势必完美原则。

其实本 ID 理论的关键不是什么中枢、走势类型，而是走势必完美，这才是本 ID 理论的核心。但要真正理解这个关键，可不是看字面意思就能明白的。

显然，截止到 2007 年 8 月，月线上的第 1 段、第 2 段已经走出来了。其中按照线段里笔的类背驰，1 结束那顶与 2 结束那底都是极为容易判断的。上证指数的历史大顶与大底，根据线段的划分，都不是什么难搞的秘密。那么，对现在依然进行中的第 3 段走势，有什么可 100% 确定的呢？

1. 显然，这一段要成为线段，至少需要 3 笔，而现在连 1 笔都没有走完，因此这轮行情的幅度可想而知。也就是说，即使该笔走完，一个笔的调整后，至少还有一个向上的笔。

2.2245 点到 998 点是线段的类中枢，也就是说，只要调整那笔不跌破 2245 点，那么将构成一个线段的类第三类买点，这也支持至少要走 1 笔。

3. 笔的完成，必须要构成一个顶分型。一个月线的顶分型将如何构成？这意味着什么？这个问题就当成一个作业，各位去思考一下，然后给出这个结论对应的操作策略①。

① 月线的顶分型出现后，意味着市场极大可能发展为月线上笔的下跌，但也有成为中继分型的可能，关键是看30分钟或者5分钟是否出现第二类卖点，或者是否有效跌破5月均线。出现小级别第二类卖点之后要出货，其后观察是否盘整背驰。如果盘整背驰就回补，这等于做了一个短差。不盘整背驰，那就极大可能发展为月线下跌的一笔，这时就等月线底分型出来再介入。

从中也可以亲自实践一下，体验理论指导下操作的力量。

最后，再提一个思考题：为什么本 ID 在 2007 年 7 月份要大搞满江红，而 2007 年 8 月以后就放手坐轿子，请利用分型原理给本 ID 的行为一个技术上的解释（见下面分析）。

图 69-2 以线段划分的上证指数月线走势图

缠论点睛

1. 线段 1、线段 2 的结束可以用盘整背驰判断，最后一笔对应的 MACD 面积明显缩小。其中最后一笔的盘整背驰段可以用区间套精确定位。

2. 月线顶分型的形成，意味着一个月线上下跌的笔。一般会在日线级别上形成第二类卖点。操作上，如果是按月线级别操作，那么应该持币等到月线底分型形成。

3.7 月份大搞满江红，是因为周线上下跌一笔结束，底分型已经成立。从中枢的角度看，至少会有新的上升笔，因而低位买入。8 月份，连周线的顶分型都没有出现，应该一直持股，直到周线顶分型出现，因而放手坐轿子。

投资微言

缠论的关键在于走势必完美。分型、笔、线段、中枢、走势类型，都会完美地走出来。

教你炒股票 70

一个教科书式走势的示范分析

(2007-08-15 22:41:35)

本 ID 反复说过，结合律是至关重要的。这里的人，认真学过抽象代数的人少，所以不大明白运算规则对研究对象的决定性意义。对于走势来说，结合律就是连接走势之间关系最重要的规则，不深刻明白这一点，如何能明白走势本身?

无论如何结合，本 ID 理论对走势的分析原则是不变的。可以这样认为，本 ID 的理论，就是走势保持结合律下具有变换不变性的一套理论，而且可以严格地证明，是唯一能保持分解变换不变性且保持结合律的一套理论。如果有点现代数学常识，对这个理论的意义应该能多点了解。

本 ID 会随着走势的当下发展不断变换所看的中枢，根本原因就在于结合律。利用结合律，我们可以对走势进行最有利于观察的分解，这样才能更容易明白走势究竟在干什么。

例如，到 2007 年 8 月 15 日，走势的一种最明显的划分已经自动走出来，就是 8–17 构成 5 分钟中枢。该中枢是 4300 点那个 5 分钟中枢上来后的一个新的 5 分钟中枢。这个中枢，任何学过本 ID 理论的人，都可以当下指出。

一般来说，形成这个 5 分钟中枢之后，在理论上只有以下三种走势。

1. 向上出现第三类买点，走出 1 分钟向上走势类型，然后构成新的 5 分钟中枢。
2. 向下出现第三类卖点，走出 1 分钟线向下走势类型，然后构成新的 5 分钟中枢。
3. 中枢延伸，或出现第三类买卖点后扩展成大级别的 30 分钟中枢。

显然，在行情发展过程中，没必要去预测走势会选择什么。走势自然选择，操作者只需要观察就可以。现在走势自然选择了第一种情况。为什么? 因为 17–38 构成完美的 1 分钟上涨走势，目前走势正围绕这个 1 分钟上涨走势的最后一个 1 分钟中枢 32–35，扩展出新的 5 分钟中枢的雏形。

这个 5 分钟中枢，最终是要完成的，至于是扩展出大的 30 分钟中枢，还是继续出现新 5 分钟中枢的第三类买点之后继续中枢上移，再形成新的 5 分钟中枢，这无须预测，与 8–17 那个 5 分钟中枢一样对待就可以。

如果你是按 30 分钟级别操作的，这些 5 分钟级别的中枢移动、震荡之类的波动根本无须理睬，只要看明白就可以。

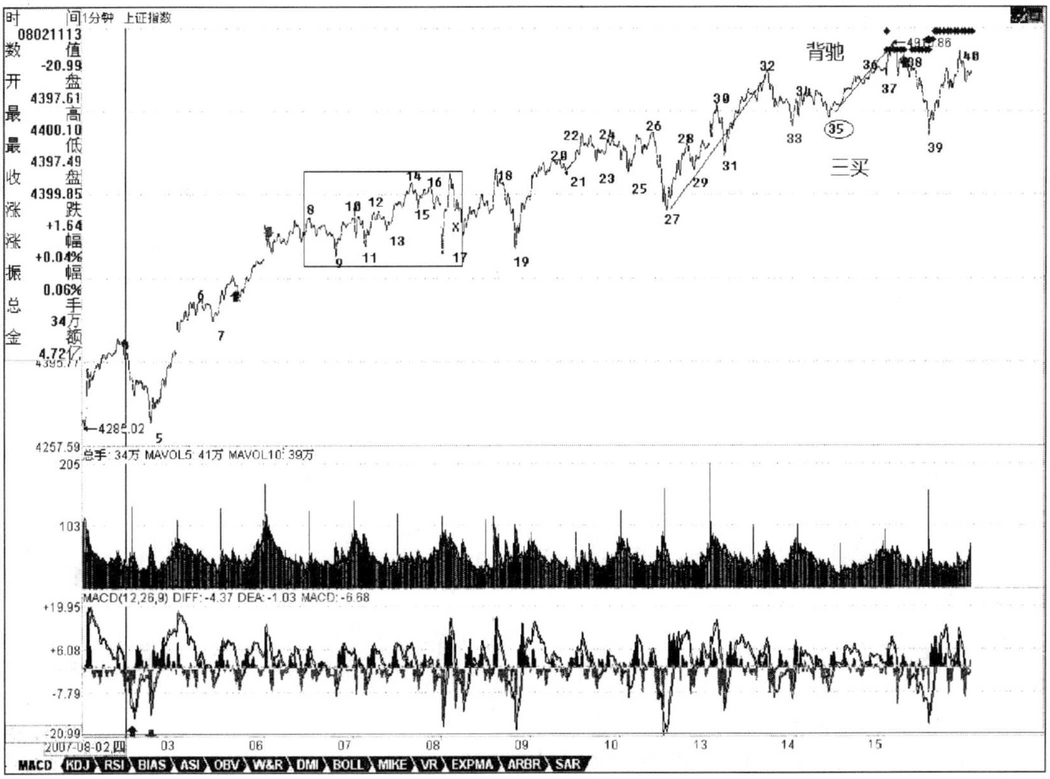

图 70-1 上证指数 2007 年 8 月 15 日前后的 1 分钟 K 线走势图

如果你是按 5 分钟级别操作，就不要参与大于 5 分钟级别的震荡，等 5 分钟上涨出现背驰后走人即可。

如果你是按 1 分钟级别操作的，那么今天早上就该走掉。为什么？因为 1 分钟的上涨出现背驰。按照本 ID 的理论，后面必然至少回抽到最后一个 1 分钟的中枢之内，从而至少形成一个新的 5 分钟中枢。然后根据 5 分钟震荡走势进行回补就可以。

注意，按照多样性分解原则，新的 5 分钟中枢区间暂时先从最后一个 1 分钟中枢开始算起，后面的操作以此为准，等走势走出最自然的选择之后，再进行更合理的划分。按照这个暂时的划分，并不影响任何操作，5 分钟中枢该怎么操作就怎么操作，如此而已。

在 2007 年 8 月 15 日的背驰判断中，关键是知道哪两段相比。显然应该是 27-32 与 35-38 这两段去比。实际对比中，看 1 分钟图去加两段对应的那些 MACD 柱子的面积太麻烦，所以可以看 5 分钟图。

这里把 5 分钟图给放上来了，图上相应对比的两段已经标记出来。下面 MACD 的向上箭头，对应的是回抽那一下，对应走势就是最后一个 1 分钟中枢形成的时候前后两段的对比。

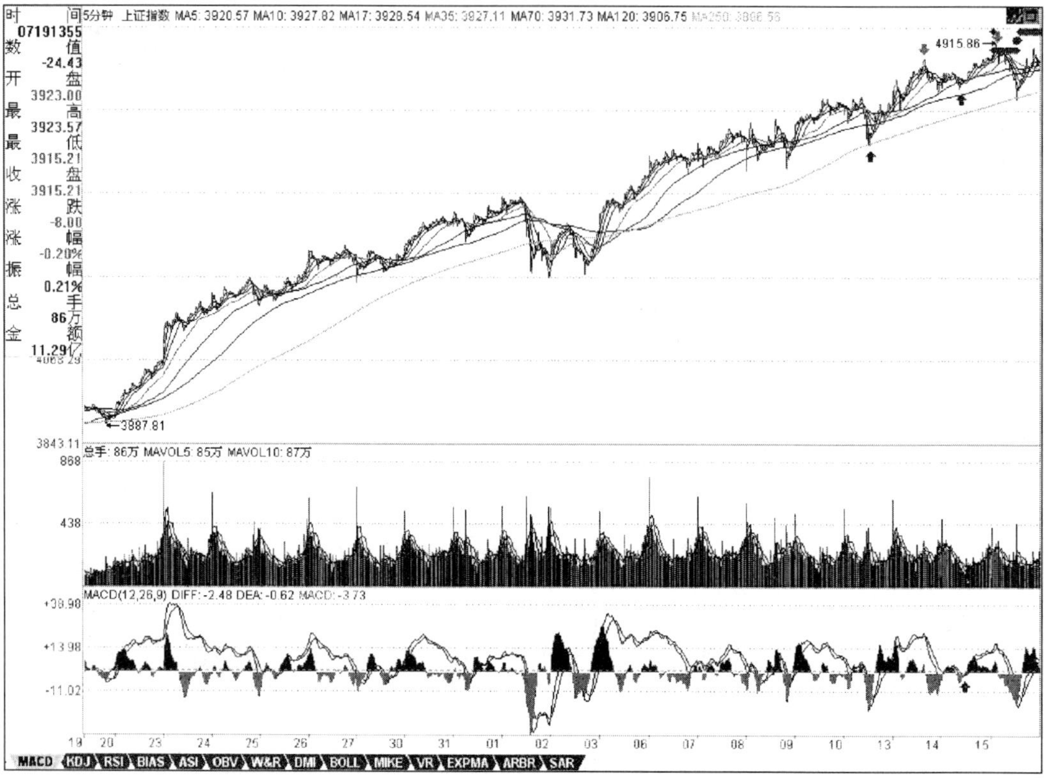

图 70-2 上证指数 2007 年 8 月 15 日前后的 5 分钟 K 线走势图

其实只要基本概念明确，当下地分析并不是什么难事。这里必须提醒一下，1 分钟图上 38 标记的位置用向上箭头标出，那显然不是 37 开始线段的最高位置，但还是把 37–38 作为一个线段来划分，为什么？没有人规定线段的结束位置一定是最高或最低的，关键是要有至少 3 笔。

从 37 开始到最高的位置没有 3 笔，所以不能认为线段已经完成。但在 1 分钟级别上看，忽略线段内部的波动，37–38 这一线段就结束在最高的位置。为什么？线段的存在是为了让图形规范化，就如同在 5 分钟中枢里看 1 分钟走势类型的重叠，是把整个 1 分钟走势类型的波动区域算在一起看，道理是一样的。

缠论点睛

1. 依据结合律的原则，根据当下走势特性变换中枢，对走势做最有利于观察的分解。

2. 8–17 延伸出九段线段，可以看做 5 分钟中枢。17–38 是一个两中枢的 1 分钟走势类型突破 5 分钟中枢，而后的 32–35 三个线段的回抽形成 8–17 的 5 分钟中枢的第三类买点。

3.17–38 的 1 分钟走势类型中，35–38 相对于 27–32 背驰，之后 38–39 的回跌使得 32–35 的 1 分钟中枢扩展为 5 分钟中枢。

4. 需要注意的是，一个线段结束的位置不一定是最高点或者最低点，关键在于至少有 3 笔。

投资微言

对于散户来说，没必要长期持有一只股票。最快的方法就是用某级别第三类买点去操作，不参与任何的中枢震荡。出现卖点之后坚决走人，等待新的买点。

教你炒股票 71

线段划分标准的再分辨

(2007-08-16 23:02:06)

对于线段，首先要分辨的是特征序列中元素之间的包含关系。注意，处理特征序列元素间的包含关系，前提是这些元素都在一个特征序列里。如果是两个不同特征序列之间的元素，讨论包含关系是没意义的。

显然，特征序列元素的方向，和其对应线段的方向是相反的。例如，一个向上线段后接着一个向下线段，前者的特征序列元素是向下的，而后者的特征序列元素是向上的，因此根本不存在包含的可能。

那么为什么可以定义特征序列的分型呢？因为在实际判断中，在前一线段没有被笔破坏之前，依然不能定义后一特征序列的元素，这时候当然可以存在前一特征序列的分型。这时候，由于还在同一特征序列中，因此特征序列元素的包含关系是可以成立的；而当前一线段被笔破坏时，最早破坏线段的一笔如果不是转折开始的第一笔，那么特征序列的分型结构也能成立，因为在这种情况下，转折点前的最后一个特征序列元素与转折点后第一个特征元素之间肯定有缺口，而且后者与最早破坏那笔肯定不是包含关系，否则该缺口就不可能被封闭，破坏那笔也就不可能破坏前一线段的走势。

这里的逻辑关系是很明确的，线段要被笔破坏，那么必须是其最后一个特征序列的缺口被封闭，否则就不存在被笔破坏的情况。

现在只剩下最后一种情况，就是最早破坏线段的一笔就是转折点下来的第一笔。这种情况下，这一笔后面如果延伸出成为线段的走势，那么这一笔就属于中间地带，既不能说是前面一段的特征序列元素，更不能说是后一段的特征序列元素。在这种情况下，即使出现似乎有特征序列包含关系的走势，也不能算是特征序列。因为这一笔不是严格地属于前一段的特征序列，而是属于待定状态。一旦该笔延伸出 3 笔以上，那么新的线段就形成了，那时候谈论前一线段特征序列元素的包含关系就没意义了。

上面说得很复杂，其实就是一句话，特征序列的元素要探讨包含关系，首先必须是同一特征序列的元素，这在理论上十分明确的。

从上面的分析就可以知道，从转折点开始，如果第一笔就破坏了前一线段，进而该笔延伸出 3 笔来，其中第三笔破掉第一笔的结束位置，那么新的线段一定形成，前线段一定结束。

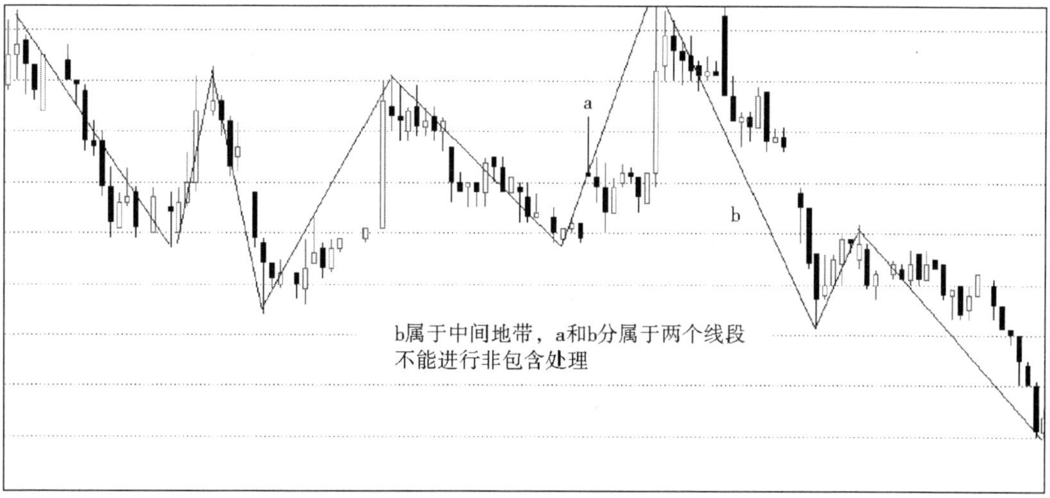

图 71-1 特征序列元素不能进行非包含处理的一种情况

还有更复杂一点的情况，就是第三笔完全在第一笔的范围内，这样这3笔就分不出是向上还是向下，也就定义不了什么特征序列，为什么？因为特征序列是和走势相反的，而走势连方向都没有，怎么知道哪个元素属于特征序列？

这种情况下，无非具有两种最后的结果。

1. 最终还是破了第一笔的结束位置，这时候新的线段显然成立，旧线段被破坏了。

2. 最终破了第一笔的开始位置，这样旧线段只被1笔破坏，接着就延续原来的方向，那么显然旧线段依然延续，新线段没有出现。

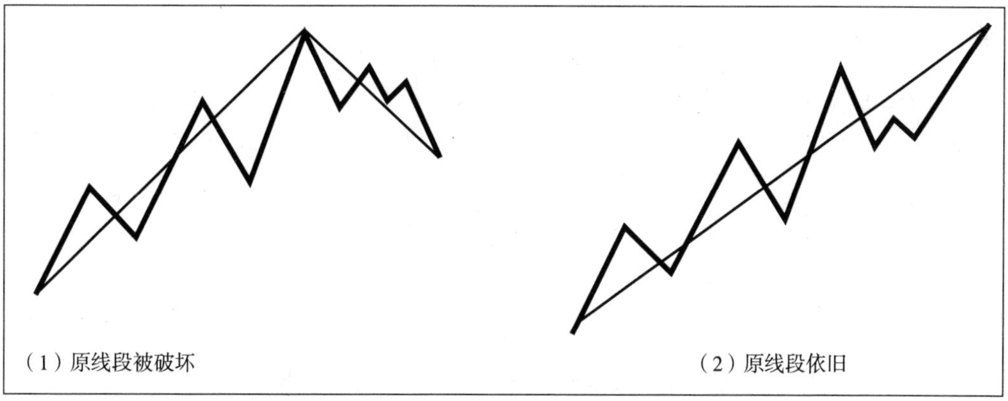

图 71-2 转折点后第三笔完全在第一笔范围内的两种情况对比图

在67课里，把线段的划分分为两种情况，显然分清楚是哪种情况，对划分线段十分关键。其实在那里已经把问题说得很清楚，判断的标准只有一个，就是特征序列的分型中，第一元素和第二元素间不存在特征序列的缺口。

从上面的分析可以知道，这个分型结构中所谓特征序列的元素，其实是站在假设旧线段没被破坏的角度说的。就像所有的分型一样，就算是一般 K 线的分型，都是前后两段走势的分水岭、连接点。这和包含关系的情况不同，包含关系是对同一段说的，而分型必然是属于前后两段，这时候在构成分型的元素里，如果线段最终被破坏，那么后面的元素肯定不是特征序列里的。也就是说，这时候分型右侧的元素肯定不属于前后任何一段的特征序列。

这个道理其实容易明白，例如前一段是向上的，那么特征序列元素是向下的。在顶分型的右侧元素，如果最终真满足破坏前线段的要求，那么后线段的方向就是向下的，其特征序列就是向上的。而顶分型的右侧元素是向下的，显然不属于后一线段的特征元素，而该顶分型的右侧元素又属于后一段，那么显然更不是前一段的特征元素。

对于顶分型的右侧特征元素，只是一般判断的一种方便的预设，就如同几何里面添加辅助线去证明问题一样。辅助线不属于图形本身，就如同顶分型的右侧特征元素其实不属于任何线段的特征元素，但对研究有帮助，当然是要大力去用的，如此而已。

其实，线段的划分都是可以当下完成的，无非是如下的程序：假设某转折点是两线段的分界点，然后对此用线段划分的两种情况去考察是否满足。如果满足其中一种，那么这一点就是真正的线段的分界点；如果不满足，那就不是，原来的线段依然延续。

特征序列的分型中，第一元素就是以该假设转折点前线段的最后一个特征元素，第二个元素就是从这一转折点开始的第一笔，显然这两者之间是同方向的。如果这两者之间有缺口，那么就是第二种情况，否则就是第一种，然后根据定义来考察就可以。

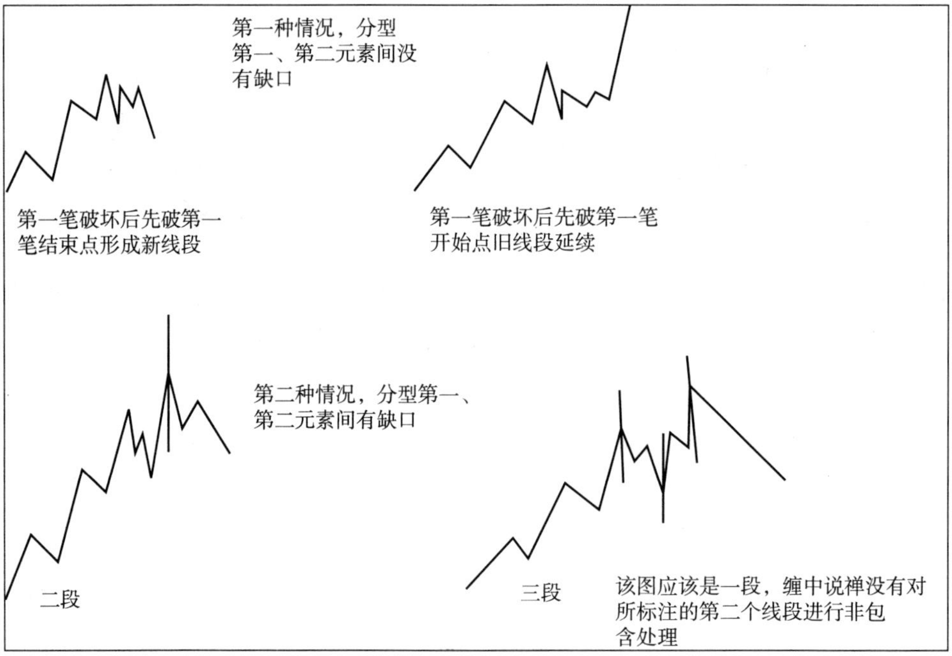

图 71-3 线段破坏的两种情况对比图

这里还要强调一下包含的问题。由上面的分析知道，在这个假设的转折点前后那两个元素，是不存在包含关系的，因为这两者已经被假设不是同一性质的东西，不一定是同一特征序列的。但假设的转折点后的顶分型的元素，是可以应用包含关系的。为什么？

因为这些元素间肯定是同一性质的东西，或者就是原线段的延续，那么就同是原线段的特征序列元素，或者就是新线段的非特征序列元素，反正都是同一类的东西。同一类的东西，当然可以考察包含关系。

缠论点睛

1. 笔破坏，就是同一线段中两个相邻特征序列不存在缺口。也就是说上涨中回调跌破前高，下跌中回升冲破前低。

2. 线段破坏和线段的笔破坏是两个完全不同的概念。线段被笔破坏，但线段不一定被破坏，线段被破坏，必须有新线段产生。

3. 线段被笔破坏具有动力学的意义。特别是某线段的某特征序列元素被后一特征序列元素完全包含，整个线段力度出现衰竭的情况下，这个典型的笔破坏大概率对应着线段的破坏。

投资微言

不测而测并非完全排斥预测，利用背驰、笔破坏等缠论动力学概念，就是对走势进行合理预测。

教你炒股票 72

本 ID 已有课程的再梳理

(2007-08-21 22:37:20)

任何事情都有缘起。本 ID 是个大杂家，本 ID 现实中最终的落脚处，是文化的总构建，也即三教九流，究底穷源地玩弄一把。经济上，虽然本 ID 早就可以天天腐败，什么活儿都不用干了，但现在又没老到要在书斋里天天写书的地步。本 ID 觉得，那至少是 40 岁以后才能干的事情。

写关于股票的事情，对于本 ID 来说，不过是把这十几年天天干的事情复述一下。正如在课程开头，本 ID 说的“教你炒股票”这样的题目，全中国不会有第二个人比本 ID 更适合写。当然，这种话很招人恨，不过却是事实。

和股票相关的事情千奇百怪，本 ID 是什么都经历过，所以开始写的时候，并没有什么主题，只是漫谈。对一般散户来说，听些掌故没什么实质意义，说消息面，肯定也没什么意义。如果你消息灵通到公布什么利好利空之前都是第一时间知道，那也就没什么可说的了。

对于散户来说，那种靠拿着原始股就可以翻几十几百几千倍的时代早过去了。靠研究公司基本面买股票，那种积累速度太慢，只适合大资金。其实，一切关于基本面的研究，最终都归结于行业或总体经济的发展。最简单、最不伤脑筋的方法，本 ID 也说过，就是买指数基金或者具体行业、板块的基金。对于散户来说，你对基本面的研究能力要超过一个好的基金团队，可能性是微乎其微的。至于指数基金，那就更不用说了，至少你肯定不会跑输指数。

对于散户来说，最终能战胜市场、获得超越市场回报的，只有在本 ID 所说的乘法原则下的技术面操作。技术面是三个独立系统里的一个，另外两个，例如比价关系与基本面，可以配合决定你的介入种类。但当介入到一个品种后，技术面在操作上就起着决定性的作用。为什么？因为其他的面，变化的频率都没有技术面高。

像基本面，其变化大致是有一定的稳定性的，不可能天天都是奇点、断裂点。比价关系也一样，一种比价确立后，就基本保持稳定了，不可能天天变化。所以这种变化少的系统，不需要花太多精力去研究，而技术面显然不同，所以本课程开始就说技术面是顺理成章的。

对于技术方面来说，本 ID 的理论肯定是关于技术方面最好的理论了。本 ID 本来是想在40岁退休后才写出来的，大概是缘分到了，本ID也没刻意一定不写出来，所以就慢慢地写出来了。

开始时，本ID并没有认真想写整套理论。最开始说的只是均线系统，但那东西和本ID的理论没什么关系，只是闹着玩的。当然，如果真掌握了均线系统，也可以应付一定的情况了。例如，在日线单边走势中，最偷懒的方法就是看着5日均线，而5周均线是中线的关键，5月均线是长线的关键。

例如，为什么截止到2007年8月，本轮牛市的第一轮肯定没走完？道理很简单，你什么时候见过牛市第一轮调整不跌破5月均线的？从2005年开始，两年多来，这5月均线被有效跌破过吗？显然没有。第一次跌破5月均线后，下面的10月、30月均线上来，自然构成新的调整底部。

后来开始写与本ID理论有关的东西。开始只是想把一些有用的结论告诉各位，因此课程都不是按正式的理论框架写的。本ID的理论本质上分两部分，一是形态学，二是动力学，当然三就是两者的结合。

如果按正式的课程，肯定要先讲形态学的。但如果不说动力学，至少背驰是没法讲了，中枢震荡也不可能用类似背驰的方法去判别，第一类买卖点也就无法说了。而所有的买卖点，归根结底都是第一类买卖点。要把形态学和动力学都说完，才说第一类买卖点，估计所有看的人都会晕倒。所以当时把对初学者有用的一些简单结论先说了，就是让各位有点实践的乐趣。

当时华润三九（000999）刚好在6元上下，本ID还很明确地说了，买这只股票，就当本ID把你要给市场交的学费都给各位准备好了，就是让各位耐心学下去。拿着一个长线股票，至少比你到处乱跑要强点儿。这样安心学习，也是不错的。当然，有能力的，也可以边学边实践，这没有任何需要统一规划的地方。

站在纯理论的角度，形态学是最根本的。形态学，从本质上来说就是几何，这部分内容是无须任何前提的。以前说的本ID理论成立的前提，其实并不是针对形态学部分的，主要是针对动力学部分。就算一个庄家自己全买了，一个人天天自我交易，也永远逃不出形态学画的圈圈。动力学方面的东西就不同了，必须有本ID要求的那两个前提：价格充分有效市场里的非完全绝对趋同交易。

动力学，是属于物理范畴的。但站在更高的层次上看物理，物理的本质就是几何。当然，这是所有物理学家都不可能认同的。但如果用一些几何结构就可以把所有物理的常量给搞掂，那么物理学家不认同也是白搭。

同样道理，本ID理论里的动力学部分，本质上也是几何，只是这种几何比较特别，需要把价格充分有效市场里的非完全绝对趋同交易作为前提转化为某些几何结构，然后才能构造出理论的证明来。所以本ID理论在整体上依然只是几何，只是需要有“价格充分有效市场里的非完全绝对趋同交易”这一前提。

最终的理论，当然不会涉及那些基本上谁看都会晕的几何结构，而是谁看都能明白的当下的走势。理论和理论的证明是两回事情。费马猜想谁都看得懂，费马猜想的证明，能全看懂的人不会超过千万分之一。

当然，本 ID 的课程，基本的逻辑顺序还是一直坚持的，不过如果是最终的课程，那么最开始的一章，肯定是形态学，这和现在课程的顺序大为不同。由于现在已经写成这样一种形态学和动力学混着说的状态，所以只能一直混着说下去。

所谓形态学、动力学，其实很好分辨。任何涉及背驰的，都是动力学的范围，背驰是动力学的基本点之一。另外，中枢、走势的能量结构之类的东西，也属于动力学。而形态学就是中枢、走势类型、笔、线段之类的东西。

其实光用形态学，就足以形成一套有效的操作体系。只是在形态学中，由于没有背驰的概念，所以第一类买卖点就抓不住了，但第二类买卖点是肯定没问题的。单纯用形态学去操作，就是任何对最后一个中枢的回拉后第一个与回拉反向的不创新高或新低的中枢同级别离开，就是买卖段。

就算按照这么简单的方法，也可以很容易判断现在在日线上的操作思路。例如，2006 年 5 月和 2007 年 5 月后的调整算是同级别的，那么其后的卖点就是，万一指数回拉到 4335 点之下，任何第一次向 4335 点上的与回拉级别相同的不创新高的反抽都是卖点。如果一直没有回拉到 4335 点，而是又在上面形成新的同级别中枢，那么操作的标杆就进一步提到那个中枢上，如此类推。

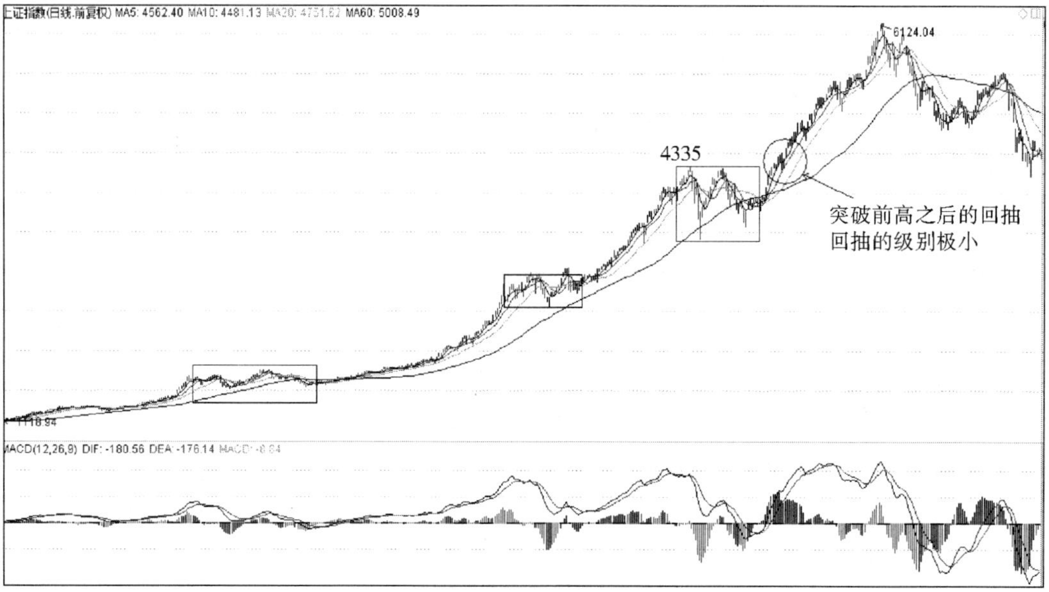

图 72-1 上证指数形态学卖点分析图

按照这种方法，那么从2005年中到现在，你都应该持股不动，为什么？因为没有卖点。当然，实际操作要针对具体个股，说指数只是举例子。

个股上，看中核科技（000777）的日线图，在2007年6月20日前后的一段，就可以看出类似的效果。但如果你是看的周线图，那么现在的卖点还没有出现。而且可以明确地看出，其6至7月份的调整，不过是突破历史高位后的回抽过程。站在更大的视野上，看到更大的方向，如此而已。

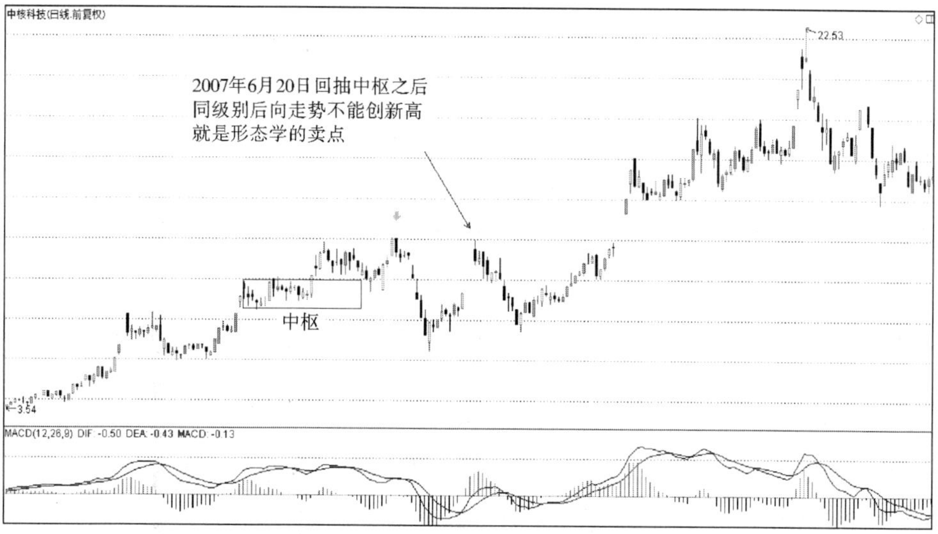

图72-2 中核科技（000777）2007年6月20日前后日线级别形态学卖点分析图

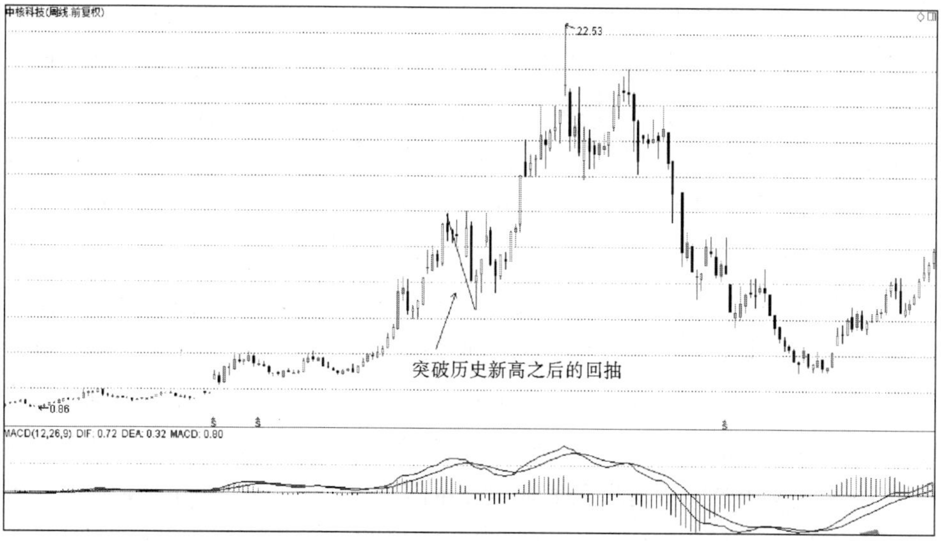

图72-3 中核科技（000777）周线突破历史高位之后的回抽

上面是说如果只用形态学，也可以进行操作。实际上，当然是动力学、形态学一起用更有效，所以千万别认为只用形态学就足够了。不过对于那些对背驰、区间套没有什么信心的人，可以先从形态学着手。况且形态分析不好，也“动力”不起来。

站在实际应用的角度，关于中枢的递归定义以及与从分型、笔、线段开始的最小级别定义之间的区别之类的东西，也是可以不管的。但这样逻辑上就容易乱，所以搞清楚那些没坏处。如果你实在特别懒，那就从分型学起，这样也可以。

下面本 ID 给出一个懒人学习线路图：分型－笔－线段－最小级别中枢－各级别中枢、走势类型。

上面几个概念是形态学中最基本的，完全没有办法再简略了。所以无论多懒，如果真想学本 ID 的理论，那么请先把这几个概念搞清楚。

关于形态学，后面还有很多内容，最主要的是关于各种与结合律相关的问题。当然还包括世界上所有有关股票的理论中关于形态部分的理论。根据本 ID 的形态学，例如 K 线理论、波浪理论之类的，都可以从本 ID 的形态学中严格推出，而且本 ID 还可以指出它们的缺陷以及原因。这个工作是必须干的，究底穷源的其中一个方面，就是要包罗万象。

注意，有时候课程是由浅入深，前面不严格，后面引进新概念后，就可以严格定义了。例如，最开始时说上涨、盘整，都是用高点、低点之类的东西，因为当时没有说中枢，所以不可能严格定义。后来说了中枢，就可以给出严格的定义了。

再例如，第 64 课里，由于没说特征序列元素之类的概念，所以里面关于线段的论述都如同用高点、低点定义上涨与盘整一样，不太严格。到第 67 课说了特征序列之类的概念后，定义就是严格的。所以在第 67 课里，本 ID 说本课就是把前面“线段破坏的充要条件就是被另一个线段破坏”精确化了。因此以后关于线段的划分，都以此精确的定义为基础。

为什么说原来的不精确？因为原来没有特征序列的定义，那么线段里都要继续存在类似小级别转大级别的情况。有了特征序列这一概念后，就不再需要这样描述了，这样才能把线段给精确划分。

由于本 ID 目前的课程一开始没有按正常顺序来，所以这种开始不精确后来再精确的情况才会发生。本 ID 愿意先不引进复杂的概念，先把大方向给说了，然后再说复杂的概念。这样有一个好处就是，如果理解能力差，可以接受简单、不太精确的方式，这样也没什么问题。例如，像特征序列的分型这样的概念，本 ID 就严重怀疑有些人理解的概率能超过 10%。如果不能精确理解，就用不精确的说法，等有了理解力，对市场了解深了，再学精确的内容也可以。例如，如果你现在只能理解均线系统之类的东西，那也很好。

关键是要精通一样东西。精通就好，就怕半通不通。

缠论点睛

1. 缠论包含动力学和形态学两个方面。动力学涉及走势力度的判断，背驰、盘整背驰、第一类买卖点等属于动力学的范畴。形态学主要是以分型、笔、线段、中枢、走势类型等的视角去考察，第二类、第三类买卖点，完全可以通过形态学去把握。

2. 利用形态学分解和判断走势，关键在于对级别的理解。一般来讲，趋势中，同级别的推动段与调整段，所挑战的均线都是相同的。可以依据走势所挑战的均线，结合分型、笔、线段来进行分析。

3. 对背驰判断没有信心的，可以避开第一类买卖点，单凭形态学与各级别的联动打造一套自己的交易系统。这样虽然降低了效率，但却提高了稳定性。

4. 缠论的懒人学习路径是：分型 – 笔 – 线段 – 最小级别中枢 – 各级别中枢、走势类型。

投资微言

技术面反映基本面，那是指较大的级别来说的。大的级别，譬如周线、月线走势，没有人可以操控。散户可以对高级别譬如周线、月线的走势类型分析来代替基本面研究。

教你炒股票 73

市场获利机会的绝对分类

(2007-08-23 22:35:20)

说起获利，最一般的想法就是低买高卖获利，但这是一种很笼统的看法，没有什么操作和指导意义。任何市场的获利机会，在本 ID 理论下，都有一个最明确的分类。用本 ID 理论的语言来说只有两种：中枢上移与中枢震荡。

显然，站在走势类型同级别的角度，中枢上移就意味着该级别的上涨走势。而中枢震荡有可能是该级别的盘整，或者是该级别上涨中的新中枢形成后的延续过程。任何市场的获利机会，都逃脱不了这两种模式，只是百姓日用而不知，本 ID 理论用而且知。

在你的操作级别下，中枢上移中是不存在任何理论上的短差机会的，除非这种上移结束，进入新中枢的形成与震荡阶段。而中枢震荡，就是短差的理论天堂。只要在任何中枢震荡向上的离开段卖点区域走掉，必然有机会在其后的中枢震荡买点区域回补回来，唯一需要一定技术的，就是对第三类买点的判断。

如果出现第三买点你不回补回来，那么就有可能错过一次新的中枢上移。当然，还有相当的机会是进入一个更大的中枢震荡，那样你回补回来的机会还是绝对存在的。

很多人经常说自己按本 ID 的理论做短差买不回来，这没什么奇怪的。如果你连中枢都没有分清楚，级别也没搞懂，中枢上移与中枢震荡也分不清楚，第三类买点就更糊涂，在这种情况下，你也能成功做短差，只能说你运气好，死耗子摔到瞎猫爪子上了。天上哪能天天掉死耗子？

以上只是在某一级别上的应用。用同一级别的视角去看走势，就如同用一个横切面去考察。当把不同的级别进行纵向比较，对走势的看法就有了一个纵向的视野。

一个月线级别的上涨，在年线级别上可能就是一个中枢震荡中的一小段。站在年中枢的角度，如果这个上涨是从年中枢之下向中枢的回拉，那么中枢的位置显然就构成需要消化的阻力；如果是在年中枢之上对中枢的离开，那么中枢就有反拉作用。这都是最简单的问题。

下面谈论的，是如何选择超大的机会。

人生有限，一个年中枢的上移，就构成了人生中可能参与的最大投资机会。一个年线级别的中枢震荡，很有可能就要持续 100 年。如果你刚好落在这样的世界里，简直是灾难。而能遇到一个年中枢上移的机会，那就是最牛的长线投资了。最牛的长线投资，就是把一个年中枢的上移机会给拿住了。

当然，对于大多数人的生命来说，最现实的机会可能只是一个季线级别的上涨过程。否则年中枢上移这个过程没结束，没见到新的年中枢，人就已经没了。

年中枢的上移过程，有时候需要n代人的见证。看看美国股市的走势图，到现在还没有看到新的年中枢，依然在年中枢的上移中，想想美国股市有多少年了？

对于一个最现实的获利来说，一个季线甚至月线的中枢上移，已经是足够好的一生中最大的在单个品种上的长线获利机会。

一个季度中枢的上移，可能就是一个延续10年甚至更长时间的月线级别上涨。能有如此动力的企业，需要什么样的素质？

即使在全球化的环境下，单个企业的规模也是有其极限的。一个能实现超级上涨的公司，也不可能突破那个极限。因此作为这个极限的顶，已经是现实存在了，根据企业所在的行业，其相应的极限还有所不同。对于操作来说，唯一需要知道的，就是哪些企业能向自己行业的极限冲击。

针对中国的企业和上市公司来说，我们还可以给出一个判断，就是几乎所有的行业，都必然有至少一个中国的上市公司会去冲击全球的行业理论极限。这就是中国资本市场的现实魅力所在。因为有多少个行业，就至少有多少只真正的牛股。

有些行业，其上涨空间是有限的，因此可以筛选出去。这种行业的企业，注定是没有季线甚至月线以上级别中枢上移的，除非企业转型。要远离那些注定没有季线甚至月线以上级别中枢上移的行业，这些行业的企业，最终都是某级别的中枢震荡。

这里就涉及基本面分析与整个世界经济的综合判断。谁说本ID的理论只管技术？但是任何的基本面都必须在本ID的几何理论的关照下才有意义。在这个视角的关照下，你才知道究竟这个基本面对应的是什么级别、什么类型的获利机会。

找到了行业，就到了寻找具体企业的阶段。对于长线投资来说，最牛的股票与最牛的企业，最终必然是对应的。没有人是神仙，谁都不知道哪个企业是最后的获胜者。但谁都知道，最终的获胜者，其市值必然要达到一定的量级，例如10万亿人民币的市值。那么它的市值必然要经过任何一个低于10万亿人民币的数字，例如9万亿、8万亿等。这就足够了，这就可以马上百分之百推理出，这个最终的获胜者，或者是当下的龙头，或者是在今后某一时刻超越当下龙头的企业。

有这样一个推论，本ID就可以构建出一个最合理的投资方案。

1. 用最大的比例，例如70%，投在龙头企业（可能是两家）中，然后把其他30%分在最有成长性（可能是两三家）的企业中。注意，在实际操作中，如果龙头企业已经在基本面上显示必然败落的迹象，那么当然就要去选择最好的替代者，如此类推。

2. 只要这个行业顺序不变，那么这个投资比例就不变，除非基本面上出现明显的行业地位改变的迹象。一旦出现这种情况，就按等市值换股。当然，如果技术面把握得很好，完全可以在较大级别卖掉被超越的企业，在其后的买点再介入新的龙头，或者是已经成长起来的企业。

3. 这就是本 ID 理论的独门武器了。充分利用可操作的中枢震荡（例如日线、周线等），把所有投资成本变为 0，然后不断增加可以持有的筹码。注意，这些筹码有可能是新的有成长价值或价格被低估的公司。

4. 没有第四，如果一定要说，就是密切关注比价关系。这里所说的比价关系，就是市值与行业地位的关系。从比价关系中发现其中低估的品种。

注意，任何投资，必须是 0 成本才是真正有意义的。

以上这个策略，就是基本面、比价关系与技术面三个独立系统完美的组合，能这样操作股票，才有点儿按本 ID 理论操作的味道。

以上方法只适合大资金操作，对于小资金而言，依然可以按照类似思路操作，不过只能用简略版。例如，只跟踪龙头企业，或者只跟踪最有成长性的企业。

对于原始资本积累比较少的小资金，利用小级别快速积累是更快捷的方法。但资金达到一定规模后，再按小级别操作就没有太大意义了。

有人可能说，你怎么不说政策面？政策面只不过较多地制造了一些超过周线级别的震荡，而这正好提供了技术上降低成本、增加筹码的机会。1929 年第二次世界大战，都没能改变美国股市年线级别的中枢移动，政策面又算得了什么？

缠论点睛

1. 市场中的投资机会只有两类：中枢移动和中枢震荡。中枢移动中不存在做短差的机会。而中枢震荡则是短差理论的天堂。投资者可以借助次级别的第一类、第二类买卖点，以及中枢形态操作中枢震荡。

2. 本课提供的适合大资金操作的方案，就是基本面、比价关系与技术面三个独立系统的完美应用。对于小资金来说，利用小级别快速积累，是更快速的方法。当积累到一定资金规模时，小级别就没有太大的意义了。

投资微言

小资金追求爆炸式增长，大资金追求稳定性增长，这也是很多小资金无法成长为大资金的主要原因之一。

教你炒股票 74

如何躲避政策性风险

(2007-08-28 08:41:11)

政策性风险本质上是不可准确预测的，只能进行有效的防范。

首先，中国资本市场的政策性风险将在长时间内存在，这是由目前中国资本市场的现实环境所决定的。一个成熟的资本市场，应该是重监管，轻调控，而目前中国的资本市场，至少将在很长时间内，监管和调控都是同等重要的，甚至在一些特定的时期，调控将成为最重要的方向。这是客观现实，是由中国经济目前的发展阶段决定的，并不是任何人故意要这样做。所以任何对这种现状的指责，其实都是有毛病的。

调控，有硬调控与软调控两种。像发社论、讲话、严查之类的方法，就是明显的硬调控。这种调控方式是否永远不再发生，谁都不敢保证。至于软调控，就是调控中不以资本价格为最直接的目的，而是结合更多方面的考虑，政策上有着温和和连续的特征。

当然，站在调控的角度，如果软调控不得力，那么当硬调控成为唯一选择的时候，就只能来硬调控。这其实不是调控者的悲哀，而是市场的悲哀。当市场的疯狂足以毁掉市场时，硬调控也是不得已而为之。对于这种做法，大家也要对调控者有足够的理解。

有一种很错误的说法，就是中国的调控只调控上涨，不调控下跌。其实，站在历史实证的角度，这种说法是没有事实根据的。实际上，调控下跌的情况一点都不少，最著名的就是 1994 年的 325 点，三大调控政策的缺口现在还在那里，这难道不是对过分下跌的调控吗[①]？那还是一次 A 股历史上最成功的调控。对下跌的调控，或者说是救市，经常都很失败，这只能说明调控的水平需要在实践中不断提高。

必须旗帜鲜明地反对这样的观点，就是调控者都是坏蛋，散户都是受害者，机构都是和调控者串通一起算计散户的。这不过是一些市场的失败者或者别有用心者的无耻谰言，根本没有任何事实根据，纯粹出于自我想象。

一个政策的出台，绝不是任何一个人拍脑袋就可以决定的。任何一个体制下，只要是一个体制，就有制衡，那种个人意志超越体制的事情，已经越来越没有发生的可能。而且散户、机构都不是一个抽象的名词，企图用抽象名词掩盖一个个现实的实体而达到

① 上证指数从1993年2月16日的1558点开始单边下跌，至1994年7月29日，最低跌到325点。1994年7月30日，各大媒体均在显著位置刊登新华社通稿《中国证监会与国务院有关部门就稳定和发展股市做出决策》。决策包括三大内容：当年内暂停新股发行和上市；严格控制上市公司配股规模；采取措施扩大入市资金范围。这三大政策使得指数两个月内从325点上涨到1052点。

互相争斗的结果，不过是某些运动逻辑的僵尸版。

其次，必须要明确，政策只是一个分力，政策不可能单独改变一个长期性的走势。例如，就算现在有一个硬调控措施使得中短期走势出现大的转折，也改变不了大牛市的最终方向。

政策只有中短期的力量，没有长期的力量，这一点即使对宏观经济来说也是一样的。经济的发展，由经济的历史趋势决定。中国经济之所以有如此表现，归根结底，就是因为中国经济处于这样的历史发展阶段。任何国家在这样的阶段，都会有类似的发展。这并不是说政策一无用处，一个好的政策，可以促进、延长相应的历史发展进程，是一个好的分力。

政策是一个分力，其作用时间和能量不是无限的，而且政策也是根据现实情况推出的。任何政策都有其边界，一旦超越边界，新的政策就要产生，就会有新的分力产生。政策分力，即使在同一政策的维持中，也有着实际作用的变化。一个政策，在 5000 点和 1000 点推出，效果不可能一样。

明白了政策的特点，看待政策就没必要如洪水猛兽一般。以下几点是需要注意的。

1. 最终的结果决定于价格与价值的关系。当市场进入低估阶段，就要更注意向多政策的影响。反之，在市场出现泡沫的阶段，就要更注意向空调控的影响。

2. 最终的盈利在于个股。一个具有长线价值的个股，是抵御一切中短期分力的基础。个股对应企业的好坏与成长性，是一个基本的底线，只要这条底线不被破坏，那么一切都不过是过眼烟云。换个角度来说，中短期的波动，反而提供了长期介入的买点。

3. 注意仓位的控制。现在透支已经不流行了，但借贷炒股还是不少见。这是绝对不允许的，把资本市场当赌场，永远也入不了资本市场的大门。在进入泡沫化阶段后，应该坚持“只战略性持有，不再战略性买入”的根本原则，这样任何的中短期波动，都会有足够的区间去做出反应。

4. 养成好的操作习惯。本 ID 反复说过，只有成本为 0 才是安全的，这大概是彻底逃避市场风险的唯一办法。

5. 贪婪与恐惧同样都是制造失败的祸首。如果你保持好的仓位，有足够的应对资金以及很低的成本，那么就让市场的风把你送到足够远的地方。你可以对政策保持警觉，但没必要对政策如惊弓之鸟，天天自己吓自己。

6. 不要期望所有人都能在硬调控出台前提前一天跑掉。可以明确地说，现在政策出台的保密程度已经和以前大为不同了，很多政策的出台都是十分高效和保密的。当然，一定范围内预先获得消息，那肯定是有的，但这种范围已经越来越小，而且能够反应的时间也越来越短。对于大资金来说，那点儿时间基本无效。本 ID 可以开诚布公地说，现在政策的公平性已经越来越高，有能力预先知道的，资金量大都小不了，因而也没足够的时间去全部兑现，这和以前有较长的时间去组织大规模撤退，绝对不是一回事了。

7. 必要的对冲准备，例如权证等。

8. 一旦硬调控政策出现，就要在一切可能的机会出逃。历史上，任何硬调控的出现，即使后面调整的空间不大，时间也短不了。

9. 关键还是要在上涨时赚到足够的利润。如果你的账户资金已经上涨了 n 的平方倍了，那么用 10% ~ 20% 的空间留给这飘忽不定、神经兮兮的非系统风险，还不是天经地义的事情？成为市场的最终赢家，和是否提前一天逃掉毫无关系，资本市场不是光靠这种奇点游戏就能成功的。心态放平稳点儿，关键是反应，而不是神经叨叨的预测。

缠论点睛

1. 防范政策性风险，关键在于选择有长期投资价值的个股，控制仓位，降低成本，增加利润率。最终落脚点还要归结于基本面、比价关系、技术面等三个子系统关照下的买卖点操作上。

2. 可以利用股指期货、个股期权等工具适当对冲股票现货的风险。

投资微言

凡事预则立，不预则废。投资市场亦复如是。

教你炒股票 75

逗庄家玩的一些杂史（一）

(2007-08-29 22:00:23)

以下这些都是本 ID 胡言乱语，梦话连篇，各位就当笑话看。

说故事，不过是为了让各位认识一下市场运行中一些更深层次的东西。走势是由合力构成的，但各分力后面代表的都是真实的、有思想有感情的人，因此了解一些心理层面的东西，还是有好处的。

当然，对于一般散户来说，多了解一点儿事情，并不能改变对走势完全严格客观的态度。为什么？因为对于一般的散户来说，其影响力对于合力完全可以忽略不计，因此其操作当然就可以完全只看合力最终的结果，不需要关心每一刻合力所对应的各分力间的博弈。

但人必须有远大的目标，不想成为大资金的散户，就如同不想成为元帅的士兵。最终能否达到，这和每个人的悟性、修炼、机缘等密切相关。有时候结果并不一定太重要，过程往往更加美好。如果说到结果，任何人的结果都是咸鱼一条，因此任何人都没必要有任何负担与畏惧心理。只要按照正确的道路走下去，就算最终只能登到山腰，也不枉这一行了。

市场上存在一些资金，是可以影响到最终的合力的。实际操作中，资金量当然很重要，但更重要的是技巧，打仗还有以少胜多的战例。有时候，1/10 资金制造的效果，比 10 倍资金制造的效果都大，这就和操作者密切相关了。

简单起见，这里只说在具体个股中的操作。对于大盘的操作，涉及的复杂程度大幅度增加，而且操控大盘一般也不是一个人能完成的，都是一些集团力量共同使力的结果，能在其中发挥领导作用，更需要很大的人格凝聚力与历史信任感，这都不是一年半载能够达到的。

个股操作，涉及对合力产生影响，这里无非有两类资金，一种是庄家，另一种就是玩庄家的人。一般的误区总是认为庄家最牛了，庄家如何如何凶煞，如何吃人不吐骨头。其实这都是人云亦云的无聊玩意儿。确实有不少所谓的庄家成功过，但有更多的庄家被搞死了，死掉的庄家比最终活下来的多得多。庄家被搞死有很多种原因，其中一种很常见的，就是被玩庄家的人搞死了。

市场里有这样一种人，这种人的资金实力当个庄家肯定是一点问题都没有，而且一般来说，这种人以前都是牛庄。后来因为证券法之类的法律出来，不想惹事，或者就是太懒了，天天去算计散户太累，还不如一下算计一个大家伙，吃一顿够n顿。或者就是无聊，看着别人当庄，就是想搞死他，赚不赚钱倒是次要的。一般对于这种人来说，钱早已不是问题，搅局纯粹是为了开心或者就是为了教训一下暴发户。

一般来说，这种人在资本市场里都有最广泛的信息网络，都是资本市场从小苗开始生长时就缠上的，如藤倚树。资本市场的树长多高，这藤也跟着绕了多少圈。一般来说，这市场上大的动静，都逃不过这些人的眼线耳线。因此这些人很快就能知道又有什么猎物出现，可以爽快地玩上一把了。

如何圈定猎物，并没有任何固定的原则。当然，有些人比较死板，或者在这行里还是新手，所以比较注意攻击目标，至少不敢攻击太垃圾的东西，否则万一搞砸了，连回旋的余地都没有。但对于老手来说，其实都无所谓，股票只不过是一个游戏的凭证，玩烂了也无所谓，大不了凤凰变乌鸦、乌鸦变凤凰地来回折腾几次，还不是越来越有搞头？

说句实在话，搞股票，归根结底是搞资源组合的能力，功夫在诗外。组合能力强，资金能长期坚持，有什么不能成功的？本ID有一个不太好的习惯，就是对被搞废掉的人，从来都不关心。但这两年，本ID不断发现，有好几个n年前（注意，这个n有的都快到10了）被本ID搞废掉的，竟然都坚持到了大牛市，他们控盘的股票，都成了这两年最牛的股票之一。一打听，人还是那些人，歌还是那些歌，这些人身残志坚，把n年的生命都奉献给了某只股票。连本ID都不得不说，人的无明之力真是老强大了，佩服佩服。

为了表彰这些残废人士的惊人业绩，本ID对其中几只不点名地表扬一下。

1. 那年夏天过后，最后一次交叉缠绕，市场就走入漫漫熊途，你也留下一个个向下跳空的惊人缺口。大概除了本ID，没有人知道你的痛苦。那高高的山冈，你只能用一个个除权缺口去追赶大盘下跌的速度。你在最悲壮时，依然站在实际的山腰之上，离那让你疼痛的顶峰依然不远。终于你熬过那最后的血腥日子，春天来了，猫儿又开始叫春了，你跨过那一个个缺口，冲出那曾经绝望的顶峰，原来山峰之外依然有山峰，你应该释怀了。

2. 山顶到山谷，90%多的落差并不一定是故事的终结。后来你终于明白，从山谷回到山脚后，继续半年就可以飞升1000%，就可以走上更高的山峰。这时候，n年的煎熬大概就是最好的人生回忆了。你现在最感谢的，是否就是那n年前给了你最美好回忆机会的人。

3. 惨跌80%多依然能站住，才能引来2000%以上的飞升。本ID不会为曾经的残酷而有丝毫歉疚，但为了你这能站住，本人给你四个字：还算爷们！

4. 当你用一字涨停铺起台阶，冲破所有顶峰时，又有多少人知道你 n 年前的痛苦？那些台阶已经名喧天下，而 n 年中的那些日夜，究竟是什么缝补你那颗破裂的心？粗略看了一下，最大跌幅 94%，真是“梅花香自苦寒来”啊！

不要以为当庄家就是好差事，一般的散户，有上面四位优秀的吃苦耐劳的模范们一点点功力，想不成功都难了。看看人家，跌去 94% 还可以“梅花香自苦寒来”，那些被几天半月的洗盘动作就搞得心烦意乱的人，还不如去回家卖豆腐算了。

能熬得住的少，熬不住的，最后都给别人做嫁衣裳了。那些在大峡谷底买货的新人，要知道这些骨头里，可能最多的就是所谓庄家的了。

看着 100 元的潍柴动力（000338），本 ID 就仿佛看到铁窗下那唐家兄弟的灰影。这里，就再重温一下本 ID 在 000338 最低那天贴出来的五言诗：“偶见湘火炬广告牌，口占五绝[①]”。有人可能又要问，为什么那天以后，就没有那个位置了？因为如果还有那个位置，天都要哭老的。

搞死庄家，首先要对其资金面、来路等方面有充分的了解。那些有了几个钱，靠收买个把“刺史”“郡守”就蚁假猫威的暴发户，是最该收拾也最容易收拾的。一般来说，资金上的弱点是攻击的最好靶子。当然，资金没有什么弱点的，也可以攻击，特别是那些水平不高的新庄家。在市场上，新人新猪肉，被吃是天经地义的事。还有一种，就是刚成功了一把，正在兴头上的，这种也是绝佳的猎杀对象。

当然，有些老狐狸也是可以攻击的，但一旦介入，就要作好长期作战的准备。除非有特别的理由或特别没事干，要找点儿乐儿，否则一般不要和老狐狸们玩儿。但实际上，本 ID 经常不遵守这个所谓的一般。

缠论点睛

1. 要建立自己的信息网络。散户完全可以通过微博、微信等自媒体打造自己的信息网络，其中许多信息都具有及时性，关键是要有一双善于分析的眼睛，以及操作中当下地把握机会的能力。

2. 被点名表扬的几位，值得佩服，但不值得学习。市场中，既要坚持，也要灵活。特别是散户，这种坚持是毫无益处的。

投资微言

不想当将军的士兵不是好士兵。学习缠论，就要立志做个猎鲸者。

① 曾经湘火炬，今已鲁潍柴。十载风云客，七尺老残骸。

教你炒股票 *76*

逗庄家玩的一些杂史（二）

(2007-09-03 19:19:43)

现在梦话一些杂史，并不是说技术已经说完了，那还早得很。只能在说技术中间穿插一下，这样不会让人完全沉浸在技术之中。毕竟技术只是其中一个方面，视角全面，才会有更大的成就。

以下开始说梦话。

股票是面向大众的，谁都可以买卖，这就是其复杂所在。一般来说，单纯犯坏的难度当然比建设的难度小。如果技术过关，你可能只拥有流通量的 5%，但你能阻击一个有 50% 流通量的庄家。

玩死、打败一个庄家，归根结底就是两种：时间上害死他，空间上害死他。有些心理有毛病的庄家，最容易在时间上被害死。特别是那些有洁癖的庄家，总希望把盘子给洗得一尘不染，这种人最容易打败了。你只要不断地在里面折腾，让他感觉到里面的人特别乱，筹码特别乱，那么这些无聊的家伙就会洗呀洗的，洗到行情都走完了，还在那里洗。很多庄家，就是太有洁癖而被打败的，特别是那些经验不足，资金实力又有限的。

以前要玩这些家伙，有一招一直都很有效，不过后来用多了，就不大好用了，现在基本没用了。当时喜欢用一个账号，齐刷刷地买一个巨大的惹眼的数量。能坐庄的，基本上都能打单，这样一个账号，不可能不知道。一般来说，这样一件事情，对于那些新手，就够他们折腾一阵了。

开始不用在盘面上搞他们，等他们适应一段时间，有点麻木了，就要给他们新的刺激。例如，再找一个新的账号，买一个更大的数量。注意，这些数量一般都控制在流通量的 2% 以下，不能大到影响这些家伙坐庄的信心。再折腾一段时间后，就要换手法。例如，在盘面上不时神经质地做他两下，一般都是在他将要拉升的时候狠狠地来一下。这样反复折腾，将他搞得心慌意乱，以后想拉升时心理都留下后遗症。

注意，折腾人不是只靠光砸光买就可以。其实真折腾的时候，就是来回弄，那家伙砸的时候，就要敢接，拉的时候就要敢给。但那几个明目张胆的账号是不能动的，让他们搞不明白水的深浅。一般来说，阻击只要拿流通盘的 10% 以下就足够了，甚至都不需要那么多。原则就是有能力在出手的一天内倒出一个 10% ~ 20% 的换手大量来，而且震荡的区间一定要足够大，有可能是涨停到跌停来回 n 次。一只股票，特别在准备拉升时倒出这样一个大幅度震荡的大量，想不消停都难了。

倒出这样的量，实际并不需要太多的筹码，因为不可能全天的交易都是一方搞出来的。倒的时候，技术高的，完全可以做到顺便就把差价给弄了，而且筹码尽量不丢。注意，这种折腾，一定是在底部或相对底部的位置，最好就在庄家成本附近，这样操作难度就小多了。

如果庄家给你玩恼火了，不玩了，撤了，一定要捣乱，不能让他顺利出去。只要你能让他亏钱出去，就是成功。一句话，就是不能让他挣钱跑。而且在日常的折腾中，一定要运用各类手段去垫高其成本。

有些手法和经验有关，不是一般人能做的。例如，要充分利用另外分力的力量。庄家只是其中的一个分力，如果你能利用好其他分力，那么庄家也只有给你折腾的份儿。

最狠的一种折腾，就是把这只股票完全搞臭，也就是所有散户都知道这只股票是没有前景的，然后就搞成两家或 n 家对垒。一般搞到这种地步，就是完全的强盗逻辑了。或者你亏钱走，或者送钱给大家花，否则大家就耗着，看谁怕谁。庄家比你拿得多，占用的资金多，而且他的钱还可能来路不明，有些是有还款期限的。这样折腾，100 个庄家至少 99 个要死掉。

当然还有更狠的，那就是“工夫在诗外”的玩法了。一般这种招数不能用，因为这样做有点儿太过分，有点儿不讲江湖规矩了。这种玩法，最普通的就是从资金面下手，只要能断了对方的资金来源，你想搞死谁不可以？当然还有更狠的，这里就没必要说了。

上面说在时间上搞死庄家。一般这种做法，个股都会走出一个复杂的大级别中枢。在空间上搞死他，那就是另一种玩法了。这种玩法的基本原则就是：庄家要风，就助他风；要雨，就助他雨。这样先养其骄，等到其觉得不可一世，春风得意时，突然出手。这时出手一定要稳、准、狠，一下子就要其命。

从纯技术的角度来说，就是要先砸出一个相当狠的第一段，引发散户恐慌盘后回接。这里出手的位置很关键，太低没有杀伤力，太高又太晚，因此出手的时机决定成败。这么做需要经验、判断、技术等很多综合因素，不是一般人能做的。

回接的筹码，就是用来阻击庄家反扑的。在第一段砸盘后，庄家肯定会有反扑，这时候就要有足够的子弹进行“塔山阻击战”。做股票有一个好处，没有子弹，只要有钱，马上就可以采购，所以必须要利用好这一特性，控制好阻击的节奏和能量。

一定要注意，第一段后只能回接散户的恐慌盘，不能接庄家的抛盘。因为你先出手，如果庄家也跟着砸，你就要更狠地倒下去。最好直接倒出一个 V 型反转，这样连“塔山阻击战”都省了。这么折腾一下子，这只股票至少残废一年半载。再找一个机会完全把他废了，还不是迟早的事？

缠论点睛

1. 阻击庄家一般有两种方法：从时间上进行阻击，从空间上进行阻击。当然还有盘外的方法，如切断其资金来源等。

2. 阻击庄家是个博弈的过程，关键在于知彼。了解其资金来源，操盘习惯，心理变化等，这是成功阻击的关键。

投资微言

股市是个博弈场所，了解你的对手及其脾性，这一点很重要。

教你炒股票 77

一些概念的再分辨

(2007-09-05 23:24:01)

梦话不能连续说，现在回到技术上来。对一些概念进行再分辨，是因为有些概念太基础，如果搞不清楚，后面永远就一个字：乱。为了不乱，这里再把前面最基础的概念分辨一下。

先用缺口的例子说明基于严格分类基础上正确预测的思维方法。任何预测，都必须建立在严格分类的基础上，这是一个最基本的思维。否则整天陶醉在纯概率的游戏中，只能是把无聊当有趣。

用向上的缺口为例子。首先，要给缺口一个明确的定义。定义是有利于分类的，只有明确的定义才有明确的完全分类。何谓缺口，就是在该单位 K 线图上，两相邻的 K 线间出现没有成交的区间。例如，在上海指数日线单位的 K 线图里，1994 年的 7 月 29 日与 8 月 1 日，就出现了 [339,377] 这个没有成交的区间。也就是说,[339,377] 是一个缺口。

缺口的回补，就是在缺口出现后，该缺口区间最终全部再次出现成交的过程。这个过程可能在下一单位 K 线就出现，也可能永远不再出现。例如 [339,377] 这一缺口，虽然不敢说永远不再回补，但到股市被消灭前，大概也没什么机会回补了。

像本 ID 之类有幸经历这一天的人有福了。本 ID 还记得，本 ID 在 1994 年 7 月 29 日最大量买入的股票，深圳是世纪星源（000005），上海是飞乐音响（600651）。

根据缺口是否回补，可以对走势的力度进行分类。(1)不回补，这显然是强势的。(2)回补后继续新高或新低，这是平势的。(3) 回补后不能新高或新低，其后出现原来走势的转折，这是弱势的。

一般来说，突破性缺口极少回补。中继性缺口，也就是趋势延续中的缺口，回补的几率对半，但回补之后大都继续新高或新低，也就是至少是平势的。

一旦缺口回补后不再新高或新低，那么就意味着原来的趋势发生逆转，这是衰竭性缺口的特征。一旦出现这种情况，至少会出现较大级别的调整，调整的级别至少大于缺口出现时所延续的趋势的级别。也就是说，一个日线级别趋势的衰竭性缺口，至少制造一个周线级别的调整。而一个 5 分钟级别的衰竭性缺口，至少制造一个 30 分钟级别的调整。

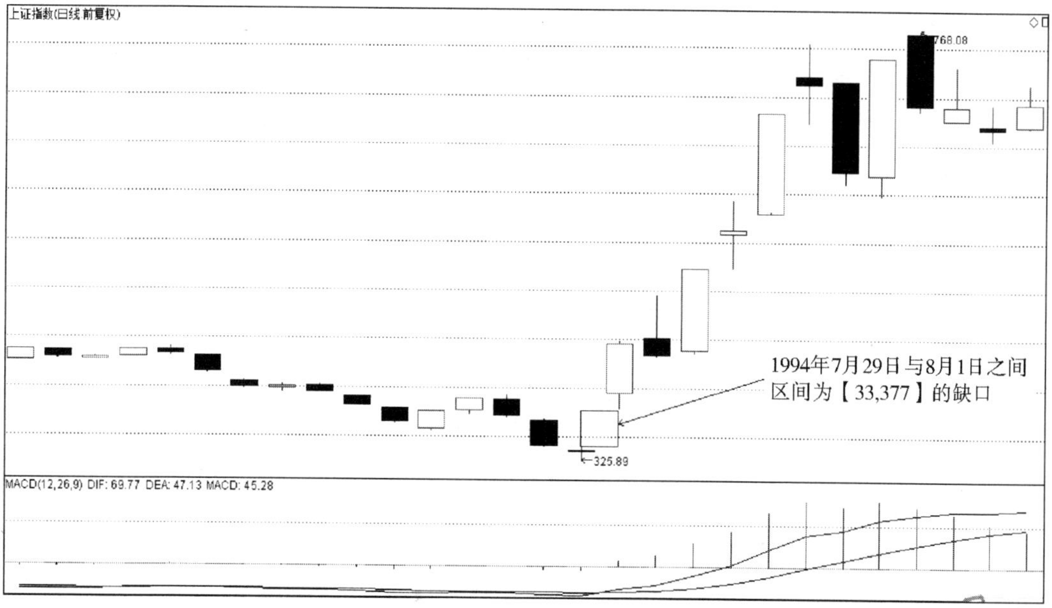

图 77–1 上证指数区间为【339,377】的缺口示意图

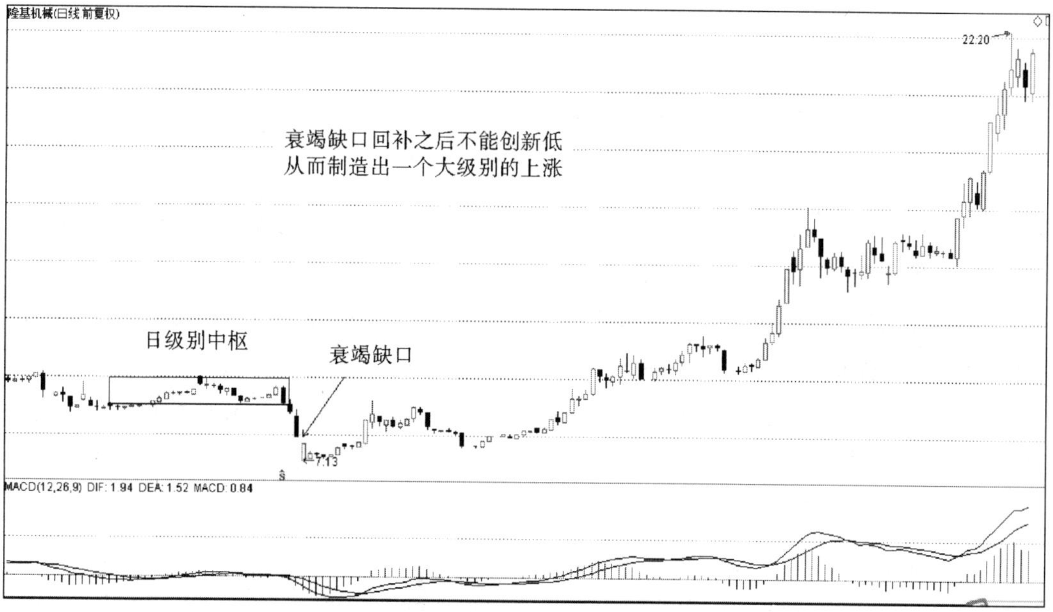

图 77–2 衰竭性缺口制造的调整案例图

注意，这里的级别和缺口所在的K线图无关，只和本ID理论中的走势类型级别有关。不同周期K线图和走势级别，就如同不同倍数显微镜和显微镜所观察的物体，这个比喻反复说了，不能再混淆了。

显然，日K线图有缺口，在日线以下的任何周期的K线图都会相应有缺口，而回补日线的缺口，不一定能回补日线以下周期 K 线图上的缺口。

另外，盘整走势中的缺口，与趋势中的缺口性质不同，属于普通缺口。这种缺口一般都会回补，而且没有太大的分析意义。唯一的意义，就是在中枢震荡中有一个目标，股价在回拉的过程中，几乎肯定能拉回补掉缺口的位置。

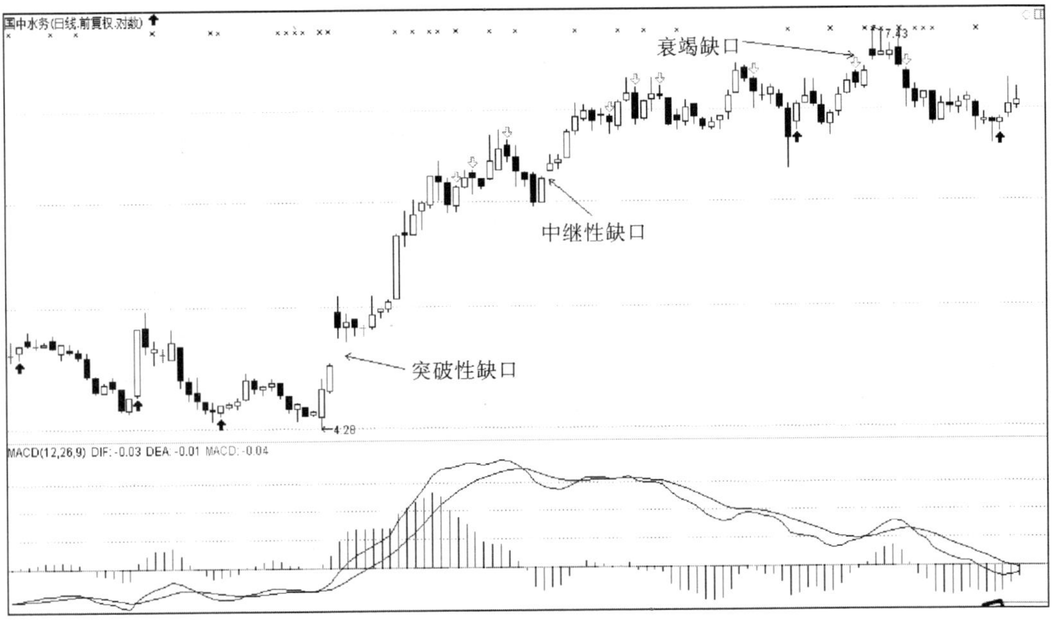

图 77-3 缺口类型案例图

缺口说完了，就再说说分型、笔、线段的问题。

分型就不用再说了，按照定义，只要把包含关系搞清楚就可以。如果没有包含关系，3 根 K 线就可以决定一个分型。但是要注意，任何相邻的分型之间必须满足结合律，也就是说，不能有 K 线分属不同的分型。

不熟悉的人，首先应该按定义把按照包含关系以及结合律最基本要求处理好的分型标记好。顶分型可以用向下的箭头、底分型可以用向上的箭头标记，这样就一目了然了。

有了上面这个基础工作，那么这个图就可以看成只有这些分型，分型之间的 K 线可以暂时不用管。

下面的工作就是确定笔了。笔，必须是一顶一底。当然，还有一个最明显的要求，就是在同一笔中，顶分型中最高那根 K 线的区间，至少要有一部分高于底分型中最低那根 K 线的区间。如果这条要求都不能满足，也就是顶都在底的范围内，或顶比底还低，这显然是不可接受的。

在确定笔的过程中，必须要满足上面的条件，这样可以唯一确定出笔的划分。划分的唯一性很容易证明。假设有两个都满足条件的划分，这两个划分要有所不同，必然是两个划分从第 n–1 笔以前都是相同的，从第 n 笔开始出现第一个不同。这个的 n 可以等于 1，这样就是从一开始就不同。那么第 n–1 笔结束的位置的分型，显然对于两个划分的性质是一样的，都是顶或底。

对于是顶的情况，那么第 n 笔，其底对于两个划分必然对应不同的底分型，否则该笔对两个划分就是相同的，这显然矛盾。由于分型的划分是唯一的，因此这两种不同的划分里在第 n 笔对应的底分型，在顺序上必然有前后高低之分，而且在这两个底之间不可能还存在一个顶，否则这里就不是一笔了。

如果前面的底高于后面的底，那么前面的划分显然是错误的。因为按这种划分，该笔是没有完成的。一个底不经过一个顶后就有一个更低的底，这是最典型的笔没有完成的情况。

如果前面的底不低于后面的底，那么在下面一个顶分型出现前，如果有一个底分型低于前面的底，那么这两种划分都是不正确的，所划分的笔都是没有完成的。

下面一个顶分型出现前，如果没有一个底分型低于前面的底，那么下面一个顶分型必然高于前面的底，因此前面的底和这个顶分型就是新的 n+1 笔，这样第 n 笔和第 n+1 笔就有了唯一的划分，这与第 n 笔开始有不同划分相矛盾。

关于第 n–1 笔结束的位置的分型是底的情况，可以类似地去证明。

综上所述，显然笔的划分是唯一的。

从上面笔划分的唯一性证明中，其实也可以看出划分笔的步骤。

1. 确定所有符合标准的分型。

2. 如果前后两个分型是同一性质的，对于顶，前面的低于后面的，只保留后面的，前面那个可以 X 掉；对于底，前面的高于后面的，只保留后面的，前面那个可以 X 掉。不满足上面情况的，例如相等的，都可以先保留。

3. 经过步骤二的处理后，余下的分型，如果相邻的是顶和底，那么就可以划为一笔。

如果相邻的分型性质一样，那么必然有前顶不低于后顶，前底不高于后底。在连续的顶后，必然会出现新的底，把这些连续的顶中最先一个，和这新出现的底连在一起，就是新的一笔，中间的那些顶都 X 掉；在连续的底后，必须会出现新的顶，把这连续的底中最先一个，和这新出现的顶连在一起，就是新的一笔，而中间的那些底都 X 掉。

显然，经过上面的三个步骤，所有的笔都可以唯一地划分出来。

有了笔以后，就是线段了。线段划分的最基本原则，就是线段必须至少有 3 笔构成，这是十分显然的，如果 1 笔都能构成线段，那笔和线段又有什么区别？

至于两笔为什么不能构成线段，理由更简单，因为两笔来说，那么线段两端分型的性质肯定是一样的，而一个完整线段的两端的分型不可能是同一性质的。也就是说，和笔一样，线段也不可能从一个顶开始结束于一个顶，或者从一个底开始结束于一个底。

由此可见，线段中包含的笔的数目都是单数的。而且线段开始的那 3 笔必须有重合，否则便构不成线段。

另外，线段必须被线段破坏才能确定其完成。对于线段划分的第一种情况，如果第一笔出现笔破坏后，接着的一笔就创了新高，而且再来一笔根本就不触及笔破坏那一笔，这时候显然无法构成线段对线段的破坏，因为后面这 3 笔没有重合，不可能构成一个线段。

用线段划分第一种情况的判断法就更明确了，上面这种情况根本不可能形成特征序列的分型，当然不可能确认线段完成。

再者，线段被线段破坏，不能是被同一性质的线段破坏，也就是从向上一笔开始的线段，不可能被向上一笔的线段破坏，必然是被从向下一笔开始的线段破坏。

线段划分的第二种情况，其实就包含这种情况。也就是说，按第一种情况，线段 A 没有被接着的线段 B 破坏，但接着的线段 C 破坏了线段 B，因此线段 B 是完成的。当然线段 A 也应该是完成的。注意，这里的线段 A、B、C，只是用结合律的原则先划分，B 段满足线段的基本性质，在 B 段被 C 段破坏之前，这只是一个假设的称呼。

各位肯定注意到了，在第二种情况下，本 ID 特别强调第二特征序列，也就是对应着线段 C 对线段 B 的破坏，不再分第一种、第二种情况了。这其实是一个简化的方法。为什么？如果我们坚持线段的最终破坏必须回补特征序列缺口，线段 C 对线段 B 还是第二种情况，那么线段 C 的区间肯定在线段 A 特征序列缺口与线段 B 特征序列缺口之间。如此类推，总会出现一个线段 X，使得对应前面的线段是回补特征序列缺口的，否则这些线段的区间就会无限缩小，最后形成一个点，这显然是不可能的，学过极限的人都应该能理解。所以在一串相对前一线段是第二种情况的线段串中，假设最终会出现第一种情况的破坏，这样倒推回来，必然有这一串假定线段间的连续破坏。

正因为这样，所以在第二种情况中的第二特征序列判断中，就不再分第一种、第二种情况了，这样免得有一串线段串不断收敛后倒推回来的麻烦。这在数学上当然是绝对完美的，但操作起来太麻烦，而且这种特殊的情况很少见，就更没必要这样区分了。

那么为什么要区分第二种情况呢？因为不希望在线段的层次上出现小级别转大级别这种不确定的情况，用第二种情况就能解决这个问题。

有一种复杂的情况，在下图 80–83 的划分中就出现了。图中线段 80–81 出现了第一笔的笔破坏，然后接着是一个符合线段标准的走势 A，但没有创新低，这样当然不能算是原线段的延续，但也不能算原线段的破坏。为什么？因为没有符合要求的 3 笔。接着出现一个反弹，也满足线段的要求，然后就转头继续创新低。这里有一个细微的区别，如果这个反弹只是 1 笔，那么就没有破坏走势 A，后面接着出现新底，意味着走势 A 依然延续，所以走势 A 就是原来 80–81 的延续。

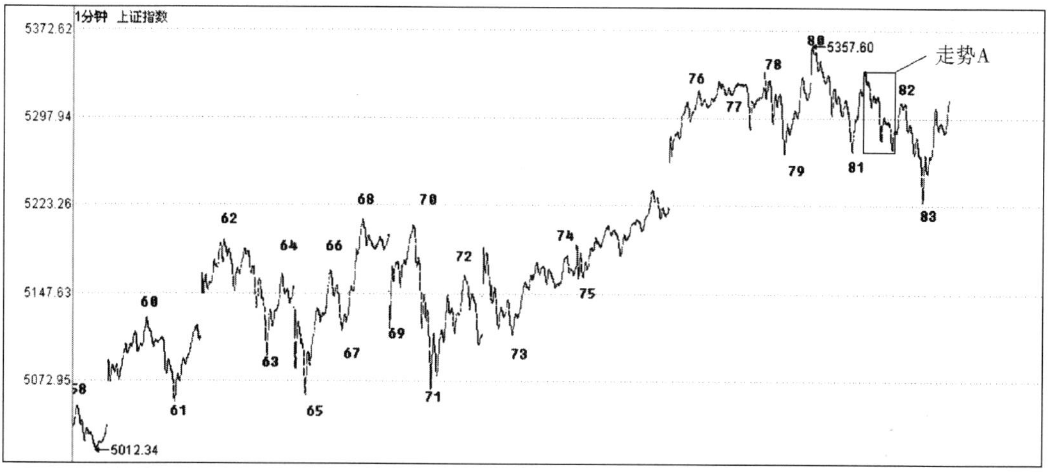

图 77-4 81-82 合并为一个线段示意图

现在的问题是，这个反弹把走势 A 给线段破坏了，因此说走势 A 依然延续显然是不对的，所以后面的走势和走势 A 无关。唯一合理的划分，就是把第一笔的笔破坏、走势 A、一个反弹合成一个线段，这样才能完全满足线段的定义，所以就有了 81-82。

线段的划分其实一点儿都不难，关键是要从定义出发。而且用线段划分的两种情况的规定，不难证明线段的划分也是唯一的。

缠论点睛

1. 缺口一般可以分为普通缺口、突破性缺口、中继性缺口、衰竭性缺口等几类。普通缺口一般存在于盘整走势或者中枢震荡之中，大多都会回补。其唯一的意义就是在中枢震荡中有一个目标，就是回拉的过程中，几乎肯定能至少拉回补掉缺口的位置。突破性缺口标志着趋势的变化。往往开启一段快速的上涨或者下跌。即使突破性缺口之后有洗盘，也很少回补该缺口。中继性缺口一般存在于趋势之中，回补的机会对半。一般回补之后，走势都会再创新高或者新低。衰竭性缺口一般存在于趋势末端，这种缺口必定回补，而且一旦回补，会开启高一级别的反趋势。

2. 本课给出了划分分型、笔、线段的具体做法。笔与线段的划分都是唯一的，不能证明其唯一性，就表明该笔或者线段没有完成。

投资微言

市场中，只能“存天理，灭人欲”。

教你炒股票 78

继续说线段的划分

(2007-09-06 22:28:31)

线段的划分，就是上面一课里的两种情况。根据这两种情况的定义来划分，没有线段是不能唯一地划分的。但一到实际划分，很多人就会晕，为什么？因为基本的概念还是没搞清楚。

首先，线段和笔都是有方向的，从顶开始的笔一定结束在底。同样，以向上笔开始的线段一定结束于向上笔。一个线段，不可能开始于向上笔而结束于一个向下笔。由于向上笔的开始分型是底分型，而向下笔的结束分型也是底分型，换言之，一个线段不可能是从底到底或从顶到顶，这是一个最基本的概念。

同样，正如同一笔不可能出现顶低于底的情况，同一线段中，两端的一顶一底，顶肯定要高于底。如果你划分出一个不符合这个基本要求的线段，那么肯定是划错了。

由于图形不断延续，因此除非是新股上市后最开始的一段，否则任何一段都是破坏前一段的。如果你的划分不能保证前面每一段都是被后一段破坏，那么这个划分肯定不对。线段的破坏是可以逆时间传递的，也就是说被后线段破坏的线段，一定破坏前线段。如果违反这个原则，那么线段的划分一定有问题。

当然，实际划分中没必要都从上市第一天开始，一般都是从某级别K线中近期的最高或最低点开始。

选择好了开始点，就可以进行分段了。如果熟练了，可以直接分段，因为分型、笔心算就可以知道，直接就可以进行分段。如果不熟练，还是先从分型开始，然后笔，再线段，这样比较稳妥。

在实际划分中，会碰到一些古怪的线段。其实所谓的古怪线段，一点都不古怪，只是一般人心里有一个印象，觉得线段都是一波比一波高或者一波比一波低，其实线段完全不必要这样。一般来说，在类似单边的走势中，线段都很简单，不会有太复杂的情况。在震荡中，出现所谓古怪线段的可能性就大大增加了。

所有古怪的线段，都是因为线段出现第一种情况的笔破坏后，最终没有在该方向由笔破坏发展形成线段破坏造成的，这是线段古怪的唯一原因。如果线段能在该方向上被线段破坏，那就很正常了。

注意，这里有一个细节必须注意，线段最终肯定都会被线段破坏，但线段出现笔破坏后，最终并不一定在该方向由该笔破坏发展成线段破坏。

由最简单的概念知道，任何线段都有方向的。例如线段B，其方向是下的，也就是由向下笔开始的线段，其结束笔肯定也是向下笔。因此线段出现第一种情况的笔破坏，这破坏的一笔肯定是向上笔。但这一笔之后，没有形成特征序列的分型，满足不了第一种线段破坏的情况，因此就在这个方向上形成不了线段的破坏。

对于线段来说，不可能被同方向的线段破坏。任何同方向的线段，或者互相毫无关系，或者其中的一个线段其实是前一线段的延续，也就是说前一线段其实根本没有完成。

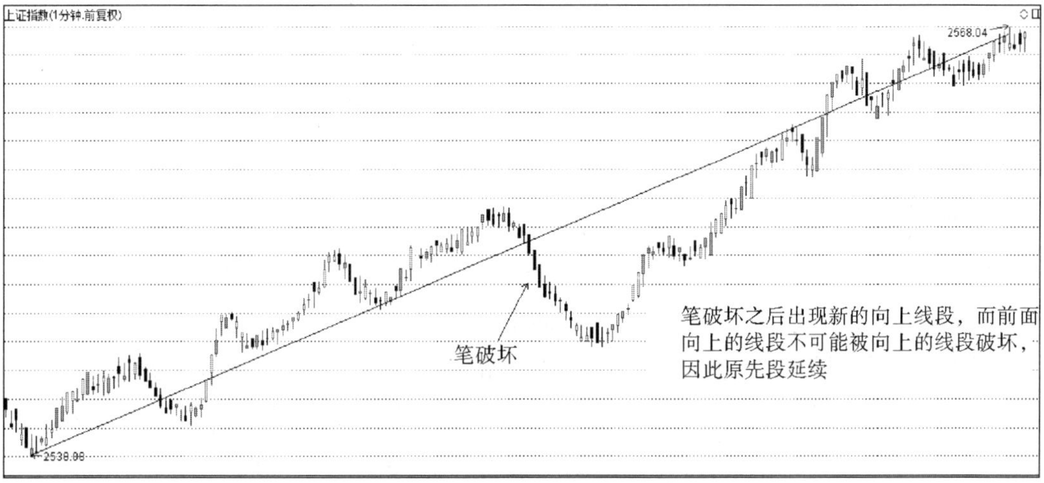

图78-1 线段被笔破坏之后出现延续的情况案例图

线段出现第一种情况的笔破坏后，最终没有在该方向发展成线段破坏时，在上面例子中，向上破坏笔完成后，接下来肯定是向下的笔，这一笔肯定会形成一个向下的线段，否则就意味着前面那个向上破坏笔能延续出线段，这和假设矛盾。

这个向下的线段，如果破了该向上笔的底，那么原来的线段B就没有结束，在继续延续。这种情况下，如果那个向上笔突破线段B的高点，这时候就会出现线段的开始点并不是最高点的情况。

这个向下的线段，如果没有破该向上笔的底，那么可以肯定，由这个向上的笔可以延伸出一个线段来，线段B肯定被破坏了。

注意，这个例子中有一个最关键的前提，就是线段B已经确认线段破坏了前面的线段。如果线段B对前面线段的破坏都没有确认，那么就先确认，这里的分析就不适用了。

从这个例子可以知道笔破坏与线段破坏的异同。对于线段破坏的第二种情况，例如线段B对线段A是第二种情况，而线段C没有形成第二特征序列的分型，又直接新高或新低了，这时候不能认为这是三个线段，线段A、B、C加起来只能算是一个线段。

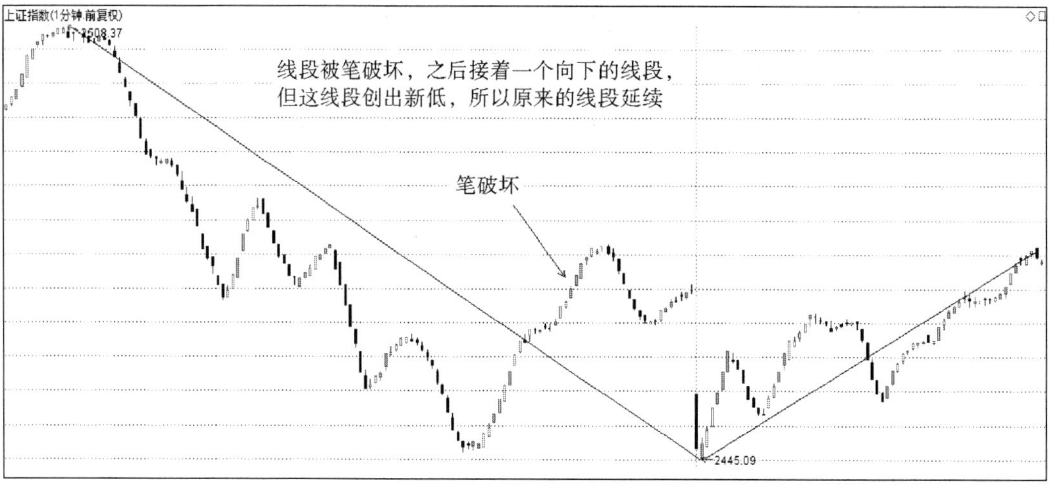

图 78-2 古怪线段的一种情况案例图

另外，一定要注意，对于第二种情况的第二特征序列的分型判断，必须严格按照包含关系来处理，这里不存在第一种情况中的假设分界点两边不能进行包含关系处理的要求。为什么？因为在第一种情况中，如果分界点两边出现特征序列的包含关系，就证明对原线段转折的力度特别大，那么当然不能用包含关系破坏这种力度的呈现。

在第二种情况的第二特征序列中，其方向是和原线段一致的，包含关系的出现，就意味着原线段的能量充足。而第二种情况，本来就意味着对原线段转折的能量不足，这样一来，当然就必须按照包含关系来处理（参考图 71-3 中最后一个图）。

通过上面的讲解，应该没有任何线段问题能难倒各位了，当然前提是把上面的内容搞明白。

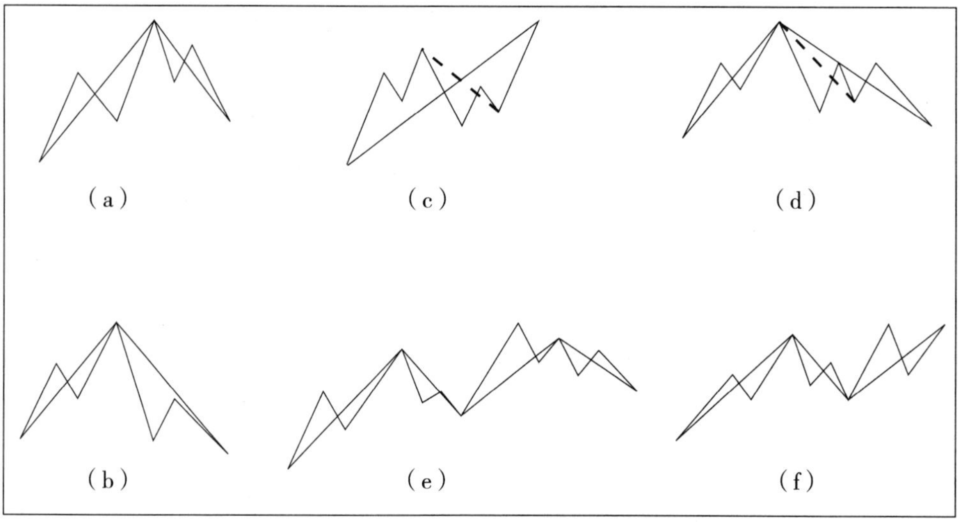

图 78-3 标准特征序列不存在缺口，也就是出现笔破坏的情况示意图

这里必须提醒一句，如果线段中最高点或最低点不是线段的端点，那么在以线段为基础的分析中，例如以线段为基础构成最小级别的中枢等，都可以把该线段标准化为最高点、最低点都在端点。因为在以线段为基础的分析中，都把线段当成一个没有内部结构的基本部件，所以只需要关心这个线段的实际区间就可以，这样就可以只看其高低点（参考图 70–1 中的线段 37–38）。

经过标准化处理后，所有向上线段都是以最低点开始、最高点结束，向下线段都是以最高点开始、最低点结束。这样所有线段的连接，就形成一条延续不断、首尾相连的折线，这样复杂的图形就会十分标准化，也为后面的中枢、走势类型等分析提供了最标准且基础的部件。

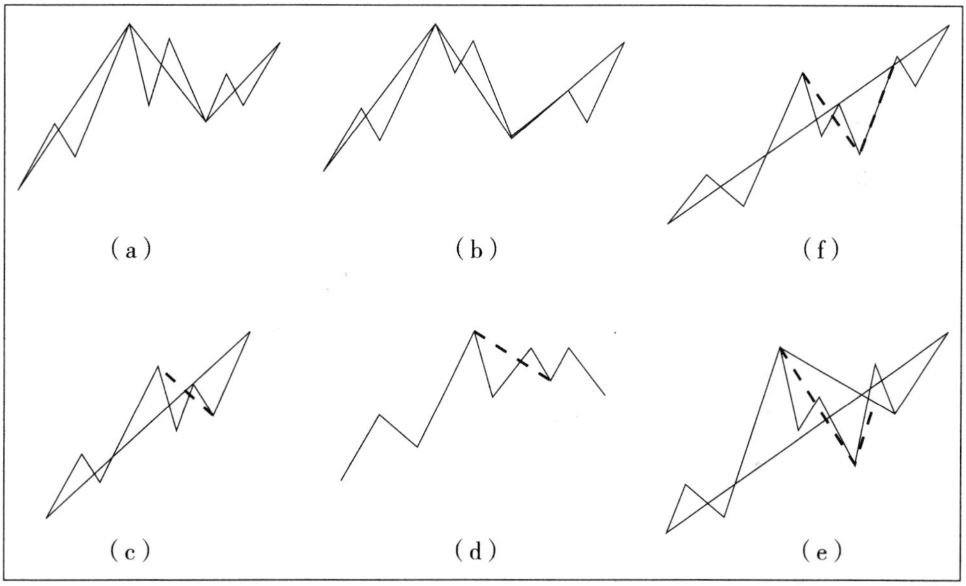

图 78–4 标准特征序列存在缺口，也就是不出现笔破坏的情况示意图

缠论点睛

1. 本节详细说明了线段的划分。划分线段必须注意几点：必须是奇数个；顶必须高于底；根据线段是否被笔破坏，严格区分线段划分的两种情况（详见图 78–3、图 78–4）。

2. 线段的划分，要从较大趋势的起涨点或者起跌点开始划分。譬如，若你是在做 30 分钟线段划分，就该从日趋势的顶或者底开始划分。30 分钟线段完成，在日线相应的趋势上进行标记，这个线段也就是日线上中枢的构件。

投资微言

坚持避繁就简的原则，选择那些走势简洁明了的品种进行操作。

教你炒股票79

分型的辅助操作与问题再解答

(2007-09-10 22:37:13)

任何人进入市场，不要希望得到一个万能的宝贝，然后想什么就得什么了。

本ID的理论只是盈利的因素之一，利用本ID理论操作的人，对理论的把握程度是一个因素，利用本ID理论操作的人的资金规模以及操作时间，又是一个因素。这些因素加在一起的合力，才是你最终用本ID理论操作的结果。世界上的一切事情，都是各种因素和合而生，没有任何因素是主宰和唯一的决定力量，这是必须明确的。

第二个因素，因人而异，无法分析。

第三个因素，资金量和操作时间，是可以进行一定的分类分析的。

1. 对于很忙，根本没时间操作的人，最好就去买基金。但本ID对基金没有任何信心，而且可以肯定地说，基金肯定会在可见的将来出大事。例如有些基金要被清盘，最终严重影响市场等，这都是正常的事。美国每年死掉的基金还少吗？中国为什么就不能有基金死掉？证券公司可以死，基金公司凭什么就不能死？

但可以对指数基金进行定投，这样等于直接买了中国资本市场这只股票。对该股票，本ID还是有信心的。买入指数基金，如果最终牛市上到三四万点，那么至少你不会丢掉指数的涨幅。

其次，一定要投那些与指数关系不大的成长股。因为如果你投了指数基金，再投和指数关系特别大的基金，就没什么意义了。而成长股，往往能在熊市或指数表现不好时有大表现，关键是这些成长股有足够的成长性。唯一不能确定的是，你买的基金的管理者是否有足够的能力去找到有足够成长性的股票组合。

如果很忙，就用这两种方式进行一个基金组合，例如60%的资金购买指数基金，40%的资金购买高速成长股基金，这样就别自己搞股票了。采取的方式很简单，就是定投，每个月去投一次。这对于一般的散户投资者是最好的，至少你能获得市场波动的平均收益。

买基金，等于把自己托付给别人，是生是死，就看你的运气了。不过指数基金稍微好一点儿，毕竟对管理者的要求比较低。

2. 对于有充足时间的散户，如果交易能力还行，那就用本ID在前面说过n次的第三买点买卖法，方法再说一次。

（1）选定一个足够去反应的级别，例如30分钟或5分钟级别，或者干脆就用日线级别，这样选择的目标相对少一点儿，不用太乱。

（2）只介入在该级别出现第三类买点的股票。

（3）买入后，一旦新的次级别向上不能创新高或出现盘整背驰，坚决卖掉。这样只要级别足够，肯定是赚钱的。走了以后，股票经过二次回抽可能会走出新的行情，但即使这样也节省了时间，有时间就等于有了介入新股票的机会。

（4）如果股票没出现前面那种情况，那一定是进入新一轮该级别的中枢上移，一定要持有到该上移的走势出现背驰，此时至少卖掉一半。然后一个次级别下来（这里可以回补，但如果有新股票，就没必要了），再一个次级别上去，只要不创新高或盘整背驰，就一定要把所有股票出掉。注意，有一个最狠的做法，就是一旦上移出现背驰就全走，这样做的前提是你对背驰判断特别有把握，不是半桶水。这样的好处是时间利用率特别高。

（5）尽量只介入第一个中枢的第三类买点。因为第二个中枢以后，形成大级别中枢的概率将急剧增加。

（6）本方法一定不能对任何股票有感情。所有股票只是烂纸，你要做的只是用这套有效方法去把纸变为黄金。走了以后，股票经过盘整，可能还会有新的中枢上移，这是否要介入，关键看高一级别中枢的位置。如果该上移是在高一级别中枢上有可能形成第三类买卖点，那么这里介入就有必要，否则就算了。天涯何处无芳草，把所有的草都搞一遍，你自然就从散户变大散户了。

3. 资金量比较大的大散户，这时候用所有资金去追逐第三类买点已经不切实际了，那么可以对基本面上有长期投资价值的股票进行抽骨吸髓式的操作，例如用各种级别的中枢震荡去降低成本，增加筹码。这样资金效率肯定没有第二种散户高，但资金量不同，操作方法自然不同。

4. 专门的猎手，经过前面的训练和操作，资金量变得比较庞大了，就可以对选定目标进行猎杀式攻击。有些人问，把庄家都杀死了，有什么好处？这不是好不好的问题，资金大了，又不坐庄，又要快点把资金效率提高，唯一的办法就是吃大鱼。吃小鱼还不够塞牙缝，有什么意思？

5. 再就是组织大规模的战役，这必须要有前面的良好基础，否则根本做不了。这种做法，有时候法律的界限比较模糊。例如，对一个或n个板块进行攻击，这和坐庄是什么关系？当然，如果对原来潜伏在一个或n个板块中的所谓大鳄进行围歼式攻击，那么很多时候，要解决的问题就不光是盘面本身了。

6. 全局式的战争。这种玩法涉及的方面太广，没有哪一个全局式的战争是只在市场本身就能解决问题的，而且资本市场的全局战争，更多时候是更大范围金融战争的一部分。这是全方位的立体战争，主要考虑的反而不是市场本身了。

本ID的理论，适用于各种层次的游戏。当然，层次越高，技术面的因素就越不重要，因为技术面不过是合力的结果。如果你有高超的调节各种分力的能力，那么一切的技术面都是可以制造出来的。必须注意，任何制造出来的技术面，都不能违反本ID技术理论中的最基本结论。

有人可能会提这样无聊的问题，在背驰的地方让它不背驰，继续上涨，难道不可以吗？这是一句废话，没有任何地方是该背驰的。背驰是一个合力的结果，如果合力最终的结果把可能的背驰给破坏了，就证明这地方没有出现背驰，这也是合力的结果。

注意，任何力量，即使能调节合力结果本身，也绝对调节不了合力结果的结果，除非这是一个完全没有对手的一个人的交易。

下面再分辨两张图。

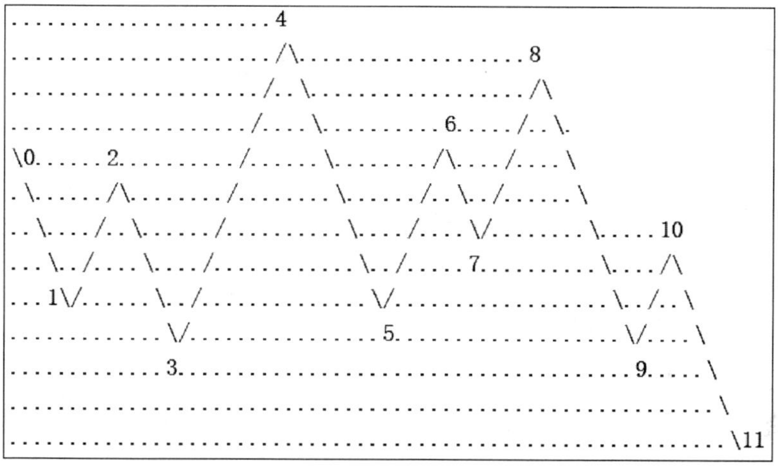

图79-1 第一种笔破坏之后出现线段划分示意图

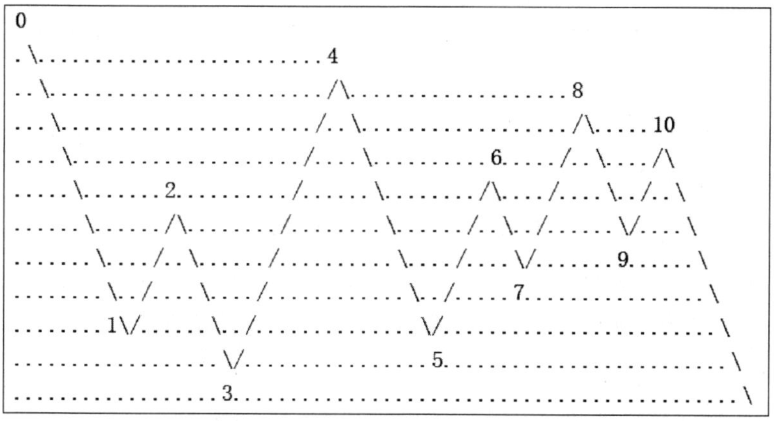

图79-2 笔破坏之后线段划分示意图

其实明白了上几节课的内容，这两个图一定都不难分辨。首先，前提是这两个图的前面都没有其他走势，否则这种分析没意义。前面有其他走势，就有很多不同的可能变化。

这些图形好像很复杂，其实只要找到其特征序列就可以了。由于 3–4 有第一种类型的笔突破，所以后面的特征序列就很清楚了。3–4、5–6、7–8，其中前两者可以进行包含关系处理，因此可以合并为 3–6（指区间）。7–8 显然和 1–2、3–6 构成底分型，第一种类型笔破坏后延伸出标准的特征序列分型，显然满足线段破坏的标准。上面的分析，对两张图都是成立的，因此两者都至少有两个线段。

对于图 79–1，显然 8–9 属于第一种情况的笔破坏，后面也延伸出特征序列分型，第二线段也被破坏了，所以图中就是三个线段，如图 79–3 所示。

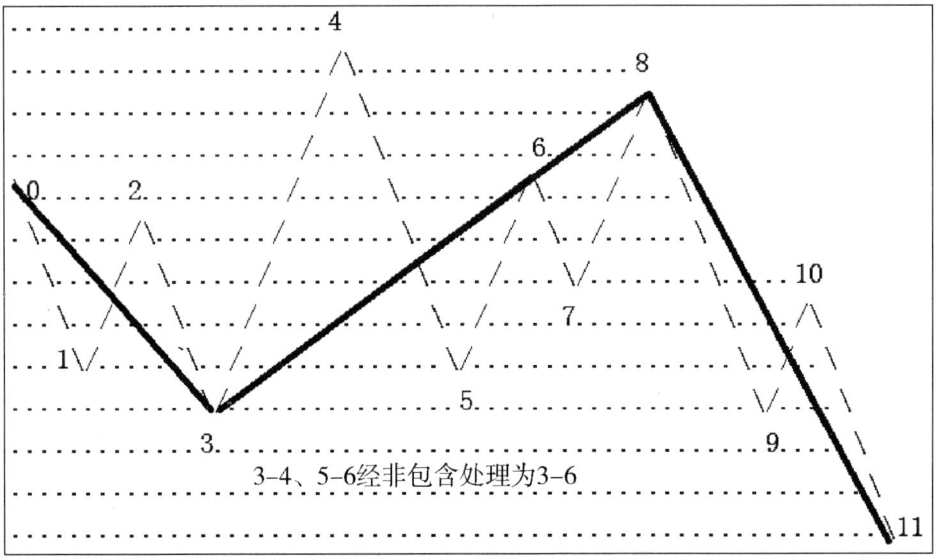

图 79–3 笔破坏之后线段划分分析图

图 79–2，由于 9–10 和 7–8 是包含关系，所以可以认为线段二延伸到了 10，而后面的 10–11，只有一笔，因此必须再看两笔才知道是否满足第一种类型后继续延伸出特征序列分型的基本线段破坏要求，所以该图属于未完成的图，如图 79–4 所示。如果 9 跌破 7，而 10 的位置不变，那么显然就是三个线段了。

线段的划分其实一点儿也不难，关键从概念出发就可以。

最后说说如何利用分型进行辅助判断的问题。一般来说，都至少用日线以上 K 线图进行分型划分。当然，如果你不觉得麻烦，30 分钟也是可以的。只不过那些变动太快的图，准确率就要有大问题了。

本 ID 也不避嫌疑，都用本 ID 持有的股票为例子来进行讲解。

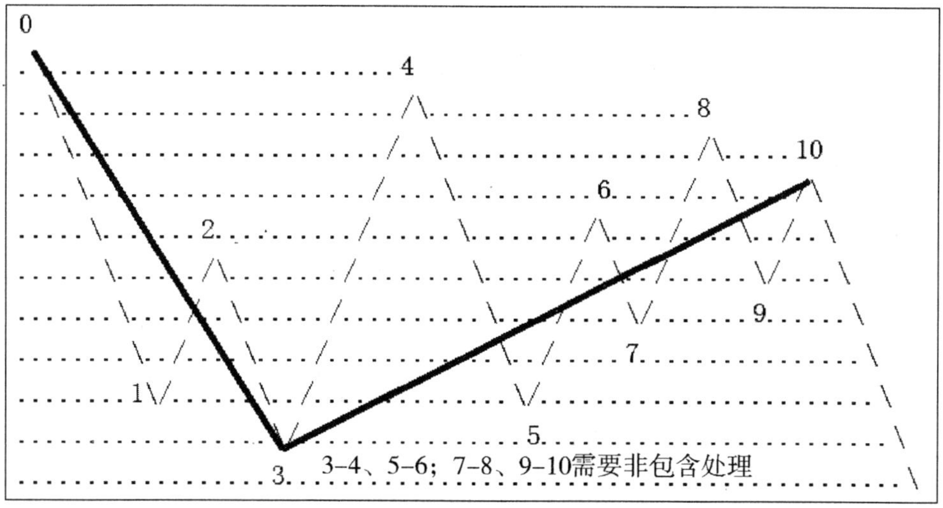

图 79-4 笔破坏之后线段划分分析图

新兴铸管（000778），2007 年 8 月 27 日高开后，没有突破前一天高位，一个典型是构成顶分型走势。

图 79-5 新兴铸管（000778）2007 年 8 月 27 日日 K 线顶分型

西部资源(600139)，看周线,2007 年 9 月 7 日这一周高开后，没有突破前一周高位，形成典型的顶分型走势。

中粮屯河（600737），看日线，这个走势比较复杂，有所谓的包含关系。2007 年 9 月 4 日、5 日、6 日三天，是典型的包含关系。7 日这一天破坏包含关系，并没有创 14.28 元新高，属典型的顶分型结构。

注意，顶分型结构后，不一定有底分型结构与顶分型结构有一个非共用的 K 线，也就是不一定构成笔。但一般来说，如果顶分型后有效跌破5日线，那么就没什么大戏了，就算不搞个笔出来，也会用时间换空间，折腾好一阵子。

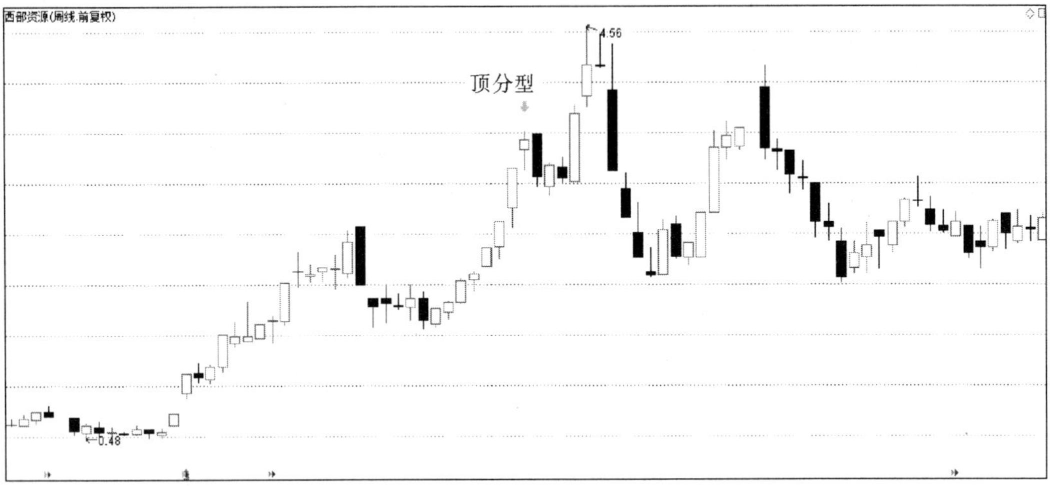

图79-6 西部资源（600139）2007年9月7日这一周形成顶分型

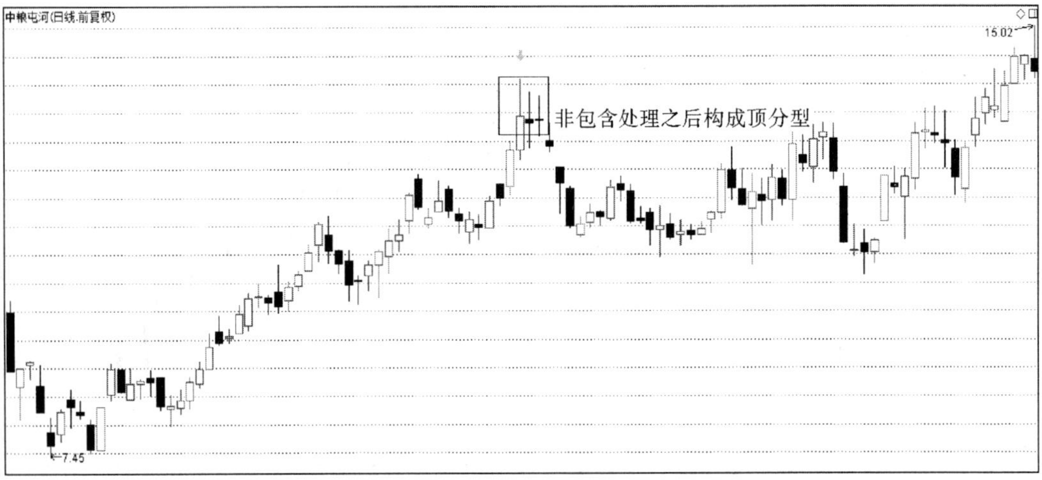

图79-7 中粮屯河（600737）2007年9月4日日线顶分型

北京旅游（000802），2007年8月9日，日线上形成典型的顶分型结构，后面没有形成笔，但在5日均线上下折腾了好几下，使得几条均线缠绕起来，才再次走强。

如果没有有效跌破5日均线，那里的顶分型往往只是中继。

紫光股份(000938),2007年9月4日构成顶分型，然后假突破5日均线后继续上攻。

注意，利用顶分型进行操作时，必须配合小级别的图来分析。本质上，分型都是某个小级别的第一类、第二类买卖点成立后出现的。用卖点来说，如果第二卖点后次级别跌破后不形成盘整背驰，那么调整的力度肯定大。时间一延长，就搞出笔来了。特别是日线上的向下笔，都是较长时间的较大调整形成的，那么肯定是要有效跌破5日均线的。而第二卖点后次级别跌破形成盘整背驰，调整最多就演化成更大级别的震荡，其力度有限，一般不会有效跌破5日均线。

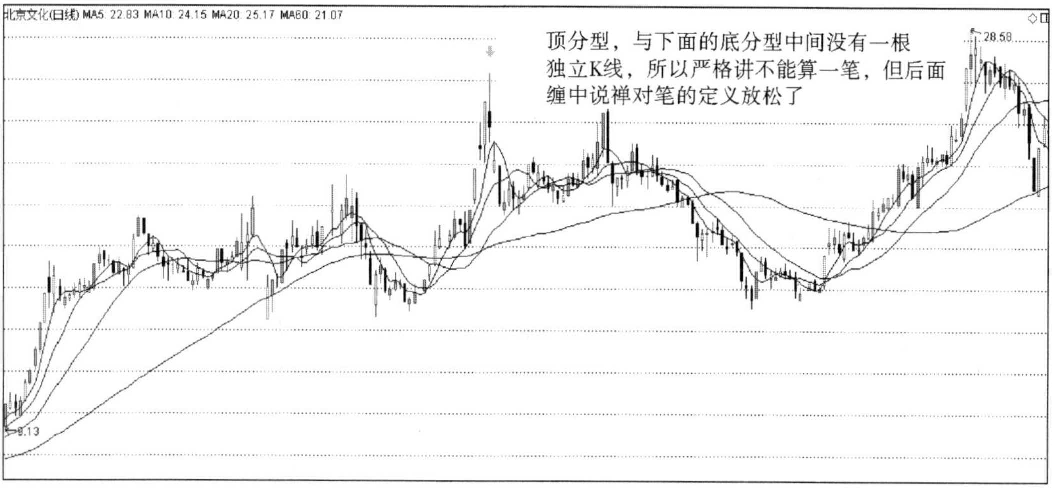

图 79-8 北京旅游（000802）2007 年 8 月 9 日日线顶分型

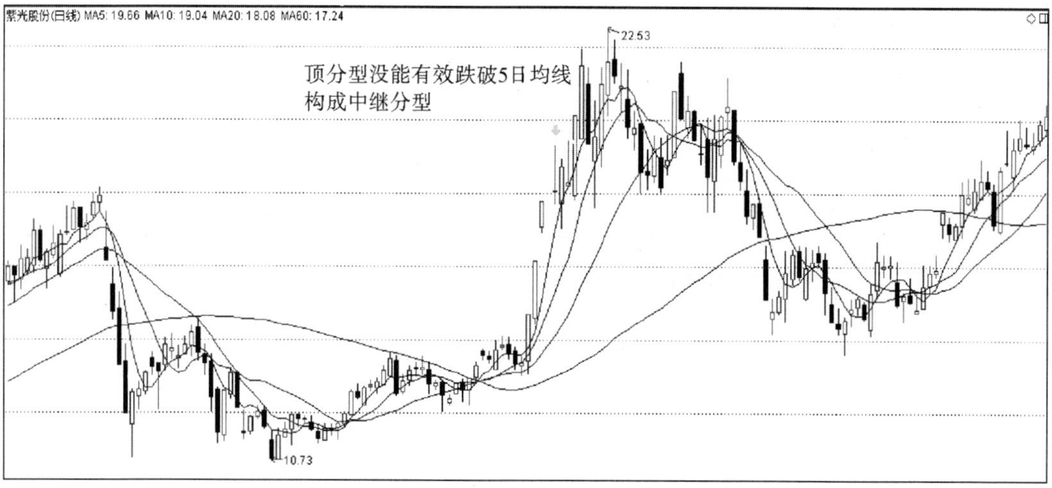

图 79-9 紫光股份（000938）2007 年 9 月 4 日日线顶分型

利用上面的性质，实质上并不需要在顶分型全部形成后再操作。例如紫光股份（000938），2007年9月4日形成顶分型那天，不需要等到收盘，而是在其冲高时，看到在前一天高位下形成小级别卖点，就可以坚决出掉，然后下来形成顶分型。等跌破5日均线后，看是否出现小级别的盘整背驰。一旦出现就回补，所以就有了9月5日的走势操作，这样等于打了一个 10% 多一点的短差。

注意，操作的难点在于以下几点。

1. 必须与小级别的第二类买卖点配合来看。如果小级别看不明白，只看今天冲起来没破前一天高位，或没跌破前一天低位，这样操作的效果不会太好。

2. 要利用好盘整背驰，这样就不会漏掉回补，或者是非盘整背驰而回补早了。一般来说，非盘整背驰的，一定要等待出现背驰才可以回补。买点的情况反过来就是了。

注意，大级别的分型和某小级别的第一类、第二类买卖点并不是绝对的对应关系，有前者一定有后者，但有后者并不一定有前者，所以前者只是一个辅助。

最后可以看一个综合的例子，首创股份（600008）。

图 79-10 首创股份（600008）日线分型与操作案例分析图

2007 年 8 月 8 日，顶分型后跌破 5 日均线，然后调整到均线收敛起来再启动。9 月 3 日，顶分型后没有有效跌破 5 日均线，然后继续上涨，第二天有一个盘整背驰的回补点。

注意，出现顶分型的时候，是形成顶分型那天冲高卖，而不是收盘等顶分型都很明确了再走。例如在上面首创股份的例子里，只要当天不破 20.9 元，肯定就是顶分型，这不需要收盘才知道，没开盘都知道的。关键是结合小级别的走势，当下确认这一卖点。

第二天的回补关键看 5 日均线是否有效跌破。其实判断的关键并不在 5 日均线，而是在小级别是否盘整背驰上。

这些细微的技术问题，都需要不断磨炼才能操作自如。操作者最好多找些图来看，先感受一下。否则一点概念都没有，操作什么？

缠论点睛

1. 本课在假定投资者的技术以及使用技术的心态没有问题的前提下，根据投资者的资金量和交易时间，对操作方式进行了完全分类。投资者可以根据自己的情况对号入座。

2. 利用分型进行辅助判断，首先要明白太小的级别是不能用的，因为稳定性太差。其次，要借助 MA5、小级别走势类型进行综合判断。如果有效破掉 MA5，那么一般要么形成一笔，要么形成反复震荡。分型一般对应某级别的第二类买卖点。一旦不能有效跌破 MA5，那么该小级别的盘整背驰点就是好的回补点。如果小级别不能盘整背驰，则分型发展成笔的可能性大大增加。

投资微言

理则顿悟，事非顿除。乘悟并消，因次第尽。

教你炒股票 80

市场不相信眼泪

(2007-09-11 21:38:07)

股票从来就不是股票，而是你的贪嗔痴疑慢。没任何失败与股票相关，而只与你的贪嗔痴疑慢相关，股票不过是一个幌子，一个道具。

在西方，真正在资本市场上有成就的人，基本上都成了哲学家。没有对市场的洞察，整天靠这消息、那题材地折腾，永远只能在散户的区间中震荡。有此眼界，不一定能达此高度，毕竟眼高手低也是通病。但无此眼界，就一定不可能达此高度。

本 ID 有时候喜欢用一些刺激性的词语，为什么？这就如同棒喝，就是要刺痛你，激发你的贪嗔痴疑慢，这样才能让你有醒来的一天。不要希望在市场寻找到温情、同情和眼泪，这些玩意儿，市场里什么时候曾有过？

要想在市场里成功，除了比市场更强悍，别无他法。市场出现卖点，你还幻想着火星，那就到火星去吧，地球需要的是手起刀落的强悍。

这次市场提供了一个绝佳的例子，不妨看看所有没有强悍的人究竟都犯了什么毛病？注意，这不是批斗会，而是严肃的解剖。无论你现实中具体如何操作，都有解剖的必要。

市场没有逻辑，本 ID 理论给了市场以逻辑。

一、所有顶点都必然是顶分型

这是本 ID 理论的一个最简单的结论。从这里可以严格推导出什么？就是一旦出现顶分型，离开是唯一的选择。至于顶分型后是否形成笔，那是离开后再判断的事情。顶分型后，无非两种选择：（1）形成笔，也就是构成一个底分型与顶分型间有不共用的 K 线。（2）不形成笔，也就是构成的底分型与这个顶分型之间没有共用的 K 线。

无论哪种选择，都有足够的空间让你去反应。如果是第一种，那么调整是比较大的。第二种，调整是比较小的。本周有绝大的可能出现周线上 3600 点以来第一次的顶分型。按照市场逻辑，出现顶分型的时候，应该是形成顶分型那周冲高卖，而不是收盘等顶分型都很明确了再走。日线上，大盘在 2007 年 9 月 7 日的顶分型已经明确无误。

二、中枢震荡的卖点都是出现在向上离开中枢时

这也是本 ID 理论中最简单的结论了。在最近形成的 5 分钟中枢中，任何向上离开

5333 点的震荡，最终都将形成卖点。当然，该卖点后的回抽如果回不到 5333 点，可能形成第三类买点，但这是卖点后的事情，没有任何可能比当下的卖点更重要。股票的交易规则没有规定卖了就不能再买。

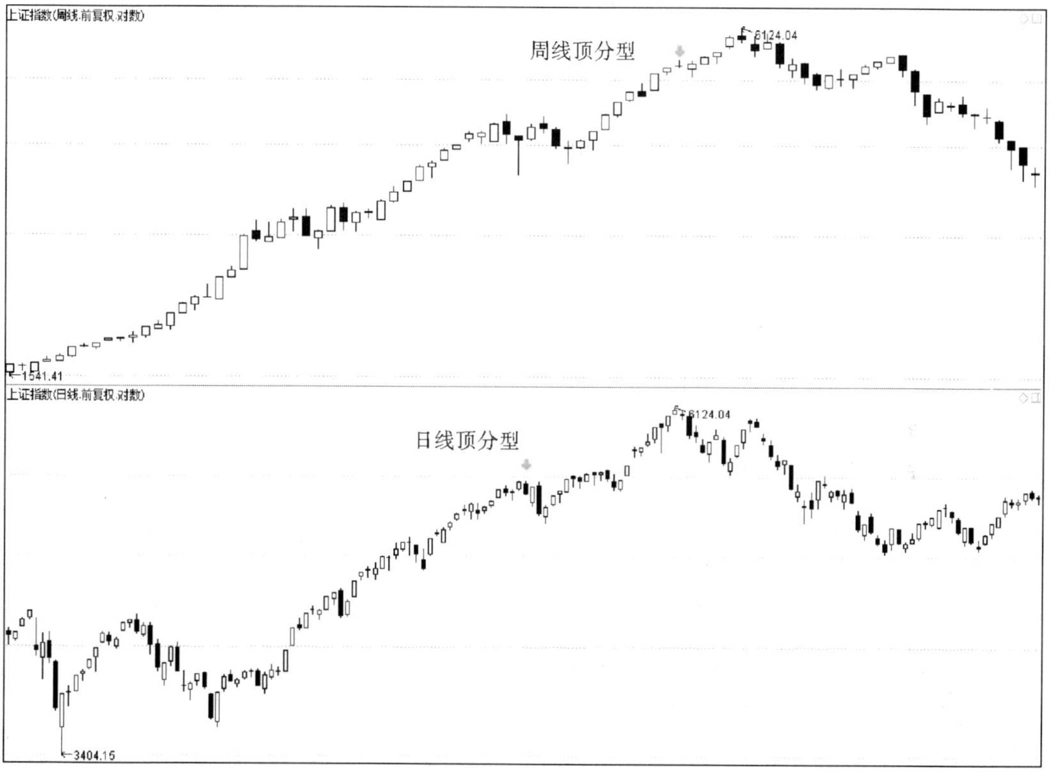

图 80-1 上证指数 2007 年 9 月 7 日周线、日线顶分型对比分析图

现在，我们可以很客观地面对这样一个问题，就是一个离开 5333 点的中枢震荡，把指数带到了 5395 点，该震荡对应的线段出现明显的类背驰，然后出现明显的破坏，这时候我们可以很理智地判断当下的形势。

1. 周 K 线顶分型可能不成立，也就是可以突破 5412 点，和 5395 点相差的距离只有 17 点。

2. 周 K 线顶分型一旦成立，那么即使不形成周线图上的笔，也将调整到出现一个底分型，并至少去碰一次 5 周均线。一旦出现笔，那么调整的幅度就至少是对 3600 点以来的总调整，最强势的 1/4 跌幅，也要有 450 点，更不用说 1/3、1/2 的调整幅度了。

3. 短线中枢震荡已经出现卖点，如果在这个位置卖，就算后面一周的顶分型不成立，也有震荡的低点以及第三类买点可以重新介入。

归纳上面三个最严格的判断，该干什么还不是一目了然的事情？

本 ID 在昨天特别强调，这时候宁愿卖错，也绝对不能买错。为什么？本 ID 知道，很多人被自己的贪嗔痴疑慢所迷惑，宁愿用十几点去对赌几百点，用 1% 的可能去对赌 99% 的可能。如果 1% 可以换来 100 倍的收益，那当然没问题，但事实上根本不是这样，那为什么还要坚持？说白了，只有五个字：贪嗔痴疑慢。

对于散户来说，本质上没有卖错，只有买错。为什么？卖错又不会亏钱，买错就不同了。卖错了，有钱，这么多股票可以买，为什么要一棵树吊死？

实际上，只要你不被自己的贪嗔痴疑慢左右，根本也不存在卖错的问题。很多人在日线顶分型的雏形都没有的情况下就卖，为什么？不过是贪嗔痴疑慢所致，觉得高了，产生恐慌了，受到惊吓了。到真正的顶分型出来，反而要假设这个顶分型是假的，调整一下就可以突破的，这时就不觉得高了，不觉得恐慌了，不觉得惊吓了，人的颠倒，往往如此。

来本 ID 这里，如果真是想洗心革面，就要首先掌握本 ID 的理论，然后用该理论去操作，在操作中把自己培养成钢铁战士。

钢铁战士的最基本标准是什么？有以下几点。

1. 买点总是在恐慌的下跌中形成。但只要买点出现，就要义无反顾地买进。

2. 上涨总是在不同情绪的交织中进行。抵抗住各种情绪的干扰，用钢铁般的意志把股票持住，决不中途给抛下车。

3. 卖点总在疯狂的上涨中形成。只要卖点出现，手起刀落，让股票见鬼去。

4. 任何的操作失误，只是一次跌倒。跌倒就爬不起来的，绝对不可能是钢铁战士。失误就要总结，绝对不在同一错误上犯上两次。

5. 买错比卖错严重。一旦确认买错了，一定要手起刀落，让股票见鬼去。如果市场给你一次改正错误的机会你没把握住，也就是第二类买卖点，那么就买豆腐回家；如果市场给你第二次改正错误的机会你没把握住，也就是第三类买卖点，那就直接回家磨墙。

6. 市场只有你自己才能帮助你。被市场毁掉的是你，战胜市场的也是你，你比市场强悍，市场就是你的；否则，你就是市场的点心。

7. 踏准市场的节奏，就可以在刀山火海中逍遥游。

本 ID 这里，人越少越好，草深三丈也无妨。如果不想成为钢铁战士，那就没必要来这里看任何有关股票的东西。其他东西可以看，别的地方可以去，何必来这里生气？

如果哪一天，你成为钢铁战士了，你也没必要觉得本 ID 教了你什么。本 ID 这里无授无得，本 ID 无一法给人，你只是你，你“钢铁”了，自然就“战士”了，和本 ID 无关。

但你没有成为钢铁战士之前，最好还是要有自知之明。本 ID 反复强调，如果你技术不行，没有手起刀落的修为，就先把仓位减下来。那些很多没减仓的，又没有手起刀落修为的人，是不是又贪嗔痴疑慢了？

没到那水平，没到能在刀锋上舞蹈的水平，就别玩悬的，干自己能力范围内的事情。市场中最大的毛病之一，就是杀牛用鸡刀，屠龙用鸭刀，最后都被“鸡”了“鸭”了去了。

市场上不是每一笔钱都适合任何人去赚的。面对市场的机会，少点贪嗔痴疑慢，认清自己的能力，这比什么都重要。

市场是连续的，高位走了不是天堂，高位没走不是地狱。大跌，不过是下一买点后大反弹的酝酿过程。这一切，都逃不过本ID的理论，而是否参与，则与你的操作级别相关，也和你的操作能力相关。

没有人天生就是胜利者，也没有人天生就与失败为伍。人人是佛，无一人可度，无一人需救。人人有明珠一颗，照破山河大地，又何必憋屈了自己？

缠论点睛

1. 出现了买卖点，操作要坚决。对于买点，唯一的问题就是在T+1的情况下，如果你买错了，当日不能操作。面对这种难题，要相应提高操作级别，或者做小级别日内对冲操作。

2. 对于一笔走势，其1/4、1/3、1/2、100%的回撤位置，都是重要的阻力位。缠论的买卖点，多数也会产生在这些阻力位附近。

3. 投资，要选择回报风险比较高的品种。否则你的回报是1元，风险是99元，这种投资毫无意义。同样，投资要赌大概率。已经上涨了n倍，你还赌它上涨，跌了n倍，你还赌它下跌，那显然是危险的。

投资微言

市场的大门永远敞开着，机会一直都有，关键是你有没有把握机会的耐心和能力。

教你炒股票 81

分型、走势类型的哲学本质

(2007-09-17 22:57:16)

为什么要研究分型、走势类型等东西，其哲学基础是什么？这就是人的贪嗔痴疑慢。因为人的贪嗔痴疑慢都是一样的，只是跟随时间、环境程度不同，所以就显示出自相似性。而走势是所有人贪嗔痴疑慢的合力结果，反映在走势中，就使得走势显示出自相似性。

分型、走势类型的本质就是自相似性。同样，走势必完美的本质也是自相似性。分型，在1分钟级别是这样的结构，在年线上也是这样的结构。在不同的级别上，虽然级别不同，但结构是一样的，这就是自相似性。同样，走势类型也一样。

正因为走势具有自相似性，所以走势才是可理解的，才是可把握的。如果没有自相似性，那么走势必然不可理解，无法把握。要把握走势，本质上就是把握其自相似性。

自相似性还有一个最重要的特点，就是自相似性可以自组出级别来。上面的话中，先提到级别，在严格意义上是不对的。级别是自相似性自组出来的，或者说是生长出来的。自相似性就如同基因，按照这个基因，这个图谱，走势就如同有生命般自动生长出不同的级别来。不论参与走势的人如何改变，只要其贪嗔痴疑慢不改变，只要都是人，那么自相似性就存在，级别的自组性就必然存在。

本ID理论的哲学本质，就在于人的贪嗔痴疑慢所引发的自相似性，以及由此引发走势级别的自组性这种生命现象。走势是有生命的，本ID说“看行情的走势，就如同听一朵花的开放，见一朵花的美丽，嗅一朵花的芬芳，一切都在当下中灿烂”，这绝对不是矫情比喻，而是科学般的严谨说明。因为走势确实有如花一般的生命特征，走势确实在自相似性、自组性中发芽、生长、绽放、凋败。

因此本ID的理论是一种可发展的理论，可以提供给无数人去不断研究。研究的方向是什么？就是走势的自相似性、自组性。这里可以结合现代科学的各门学科，有着广阔的前景以及可开发性。

所以本ID的理论不是一些死的教条，而是一门生命学科。只是目前本ID只和各位讲述一些最简单的自相似性：分型、走势类型。

本ID的理论中，有一条最重要的定理，就是有多少不同构的自相似性结构，就有多少种分析股市的正确道路。任何脱离自相似性的股市分析方法，本质上都是错误的。

显然，分型、走势类型是两种不同构的自相似性结构，我们还可以找到很多类似的结构，但现在还是先把这两个最基础的结构给搞清楚。条条大路通罗马，只要把这两个结构搞清楚，就能到达罗马。寻找、研究其他结构，本质上是一种理论上的兴趣。不同的自相似性结构对应操作的差异性问题，更是一个理论上的重大问题。

本 ID 的理论上还有一个暂时没有解决的问题，就是走势中究竟可以容纳多少自相似性结构。还有一个更有趣的问题，就是起始交易条件对自相似性结构生成的影响。如果这个问题解决了，那么对市场科学的调控才能真正解决。

本 ID 的理论还可以不断扩展，也可以精细化地进行。例如，对于不同交易条件的自相似性结构的选择，就是一个精细化的理论问题。

自相似性结构有什么用处？这用处大了去了。一个最简单的结论：所有的顶必须是顶分型的，反之，所有的底都是底分型的。如果没有自相似性结构，这个结论当然不可能成立。正因为有自相似性结构，所以才有这样一个对于任何股票、任何走势都适用的结论。

反之，根据这个结论，马上就可以推出一个 100% 正确的结论：没有顶分型，没有顶；反之，没有底分型，没有底。那么，在实际操作中，如果在你操作级别的 K 线图上没有顶分型，你就可以持有睡觉，等顶分型出来再说。

另外，有了自相似性结构，任何一个级别里的走势发展都是独立的。例如，30 分钟级别的中枢震荡，在 5 分钟级别上却是上涨走势，两个级别之间并不会互相打架，而是构成一个类似联立方程的东西。如果说单一方程的解很多，那么联立起来，解就大幅度减少了。也就是级别的存在，使得对走势的判断可以联立了，也就是可以综合起来系统地看了。这样，走势的可能边界条件就变得异常简单。

看走势不能只看一个级别，必须立体地看，否则就是浪费了自相似性结构给你的有利条件。

缠论点睛

1. 走势是从小级别到大级别不断生长出来的，大级别反过来成为小级别的框架。一旦这些框架被小级别走势类型突破，那么大级别也会相应发生变化。

2. 看走势，要多个级别联立来看。如此去判断走势的方向，就会明确很多。

投资微言

“看行情的走势，就如同听一朵花的开放，见一朵花的美丽，嗅一朵花的芬芳，一切都在当下中灿烂。”

教你炒股票 82

分型结构的心理因素

(2007-09-24 21:31:06)

走势反映的是人的贪嗔痴疑慢，如果你能通过走势当下的呈现，观照其中参与者的心理呈现，就等于看穿了市场参与者的内心。心理，不是虚无缥缈的，最终必然要留下痕迹，这痕迹也就是市场走势本身。一些具有自相似性的结构，正好是窥测市场心理的科学仪器。

注意，分型不是分形。分形理论，是数学的一个分支。有人用这一分支的一些研究成果硬套到市场走势上，得出来的结论没有太大的意义。本 ID 理论的逻辑直接来源于市场走势本身，不是一个先验的、市场之外的数学理论。至于这现实的市场逻辑显现出数学理论的结构，那是另一回事情。

世界本来就是数学的。但本 ID 的理论，不是任何原有数学理论的应用，而是市场本身现实逻辑的直接显现，这是一个极为关键的区别。

显然，一个顶分型之所以成立，是卖的分力最终战胜了买的分力。其中买的分力有三次努力，而卖的分力有三次阻击。

下面用最标准的已经经过包含处理的三根 K 线模型来说明。

第一根 K 线的高点被卖的分力阻击后出现回落，这个回落，出现在第一根 K 线的上影线部分，或者第二根 K 线的下影线部分。

第二根 K 线出现一个更高的高点，但这个高点显然与第一根 K 线的高点中出现的买的分力在小级别上出现力度背驰，从而至少制造了第二根 K 线的上影线部分。

最后，第三根 K 线会再次继续一次买的分力的攻击，但这个攻击完全被卖的分力击败，从而不能产生一个新高点，在小级别上大致出现一种第二类卖点的走势。

由此可见，一个分型结构的出现，如同中枢，都是经过一个三次反复的心理较量过程，只是中枢用的是三个次级别。所谓一鼓作气，再而衰，三而竭，一个顶分型就这样出现了。底分型的情况，反过来就是。

现在我们可以深入分析这三根 K 线的不同情况。

首先，一个完全没有包含关系的分型结构，意味着市场买卖双方都是直截了当，没有太多犹豫。包含关系（只要不是直接把阳线以长阴线吃掉）意味着一种犹豫，一种不确定的观望等，一般在小级别上都会出现中枢延伸、扩展之类的东西。

其次，还是用没有包含关系的顶分型为例子。如果第一根K线是长阳线，而第二根、第三根K线都是小阴、小阳线，那么这个分型结构的意义就不大了。在小级别上，一定显现出小级别中枢上移后形成新的中枢。一般来说，这种顶分型成为真正顶的可能性很小，绝大多数都是中继分型。例如图82-1上证指数2007年9月17日、18日、19日这三根K线组成的顶分型结构。

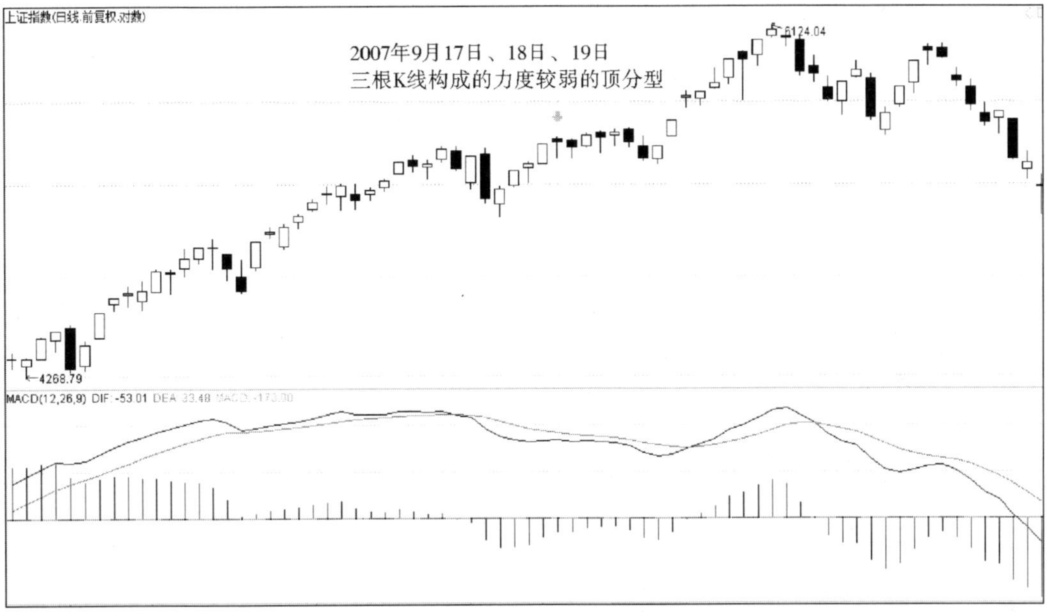

图82-1 上证指数2007年9月17日、18日、19日三根K线组成的顶分型

如果第二根K线有长上影线甚至就是直接的长阴线，而第三根K线不能以阳线收在第二根K线区间的一半之上，那么该顶分型的力度就比较大，最终延续成笔的可能性就极大了。例如图82-2上证指数2007年6月18日、19日、20日、21日的四根K线，里面有一个包含关系，但这个包含关系是直接把阳线以长阴线吃掉，是最坏的一种包含关系。

一般来说，非包含关系处理后的顶分型中，如果第三根K线跌破第一根K线的底而且不能高收到第一根K线区间的一半之上，就属于力度最弱的一种顶分型。也就是说，这个顶分型有着较强的杀伤力。例如图82-3上证指数2007年5月28日、29日、30日三根K线构成的顶分型。

分型形成后，无非有两种结构：(1)成为中继分型，最终不延续成笔。(2)延续成笔。后一种是最理想的情况。例如在日线上操作结束，就等着相反的分型出来再操作，中间可以去操作别的股票，这是效率最高的。对于第一种情况，前面说过，可以看是否有效突破5周期的均线，例如对日线上的顶分型，可以看价格是否有效跌破5日均线，这是一个判断顶分型类似走势很好的操作依据。

图 82-2 上证指数 2007 年 6 月 18 日、19 日、20 日、21 日四根 K 线组成的顶分型

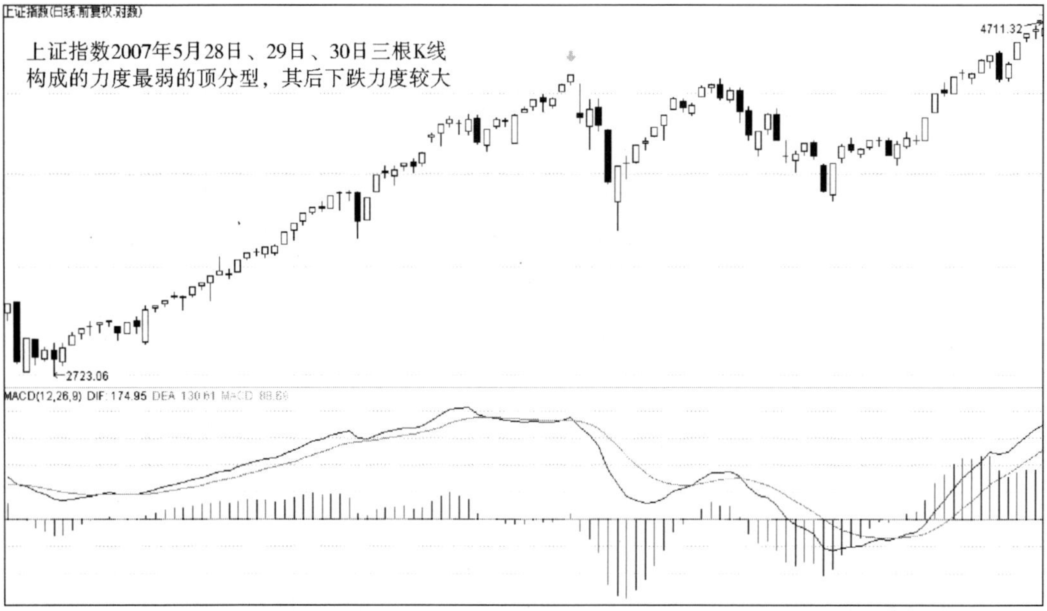

图 82-3 上证指数 2007 年 5 月 28 日、29 日、30 日三根 K 线组成的顶分型

不过还有更精确简单的辅助方法，就是分型所对应的小级别中枢里，是否出现第三类买卖点，而且其后是否出现中枢移动。例如，对于一个顶分型，该顶分型成立后，对于该分型区间，在小级别里一定形成的某级别中枢，选择其中级别最大的一个。例如日线顶分型后，可以找到相应的5分钟、1分钟中枢。一般最大的就是5分钟级别，30分钟级别没有可能，因为时间不够。如果该5分钟中枢或1分钟中枢出现第三类卖点，并且该卖点之后不形成中枢扩张的情形，那么几乎100%可以肯定，一定在日线上要出现笔了。

可以100%肯定，顶分型之后如果不出现笔并最终有效破坏该顶分型，那么一定要出现某级别的第三类卖点。否则就算有短时间的新高，也一定是假突破。所以结合小级别的中枢判断，顶分型是否延伸为笔是可以当下一目了然的。

如果你能有效地分辨中继分型，那么你的操作就会有大的进步。

一般来说，可以把分型与小级别走势类型结合起来操作，例如日线分型与5分钟的走势类型相结合。一个小级别的中枢震荡中，如果连日K线都没有出现顶分型结构，那么这个中枢震荡就没必要走了。就算在这个小级别中枢震荡中打短差，也要控制好数量，因为没有分型，就意味着走势没有结束，随时会有新高，你急什么？

一旦顶分型成立，必然对应着小级别走势的第一类、第二类卖点，其后关键看新形成的中枢是否会出现第三类买卖点。一般情况下，如果是中继分型，对于小级别上，都是第三类卖点后形成中枢扩展，也就是有一个绝妙的盘整底背驰让你重新介入。这样既利用分型搞了一个美妙的短差，又不浪费其后的走势，这就是一个比较及格的操作了。

这样的操作其实我们都经历过，就是上证指数周线2007年9月7日前后那个顶分型的操作。那是一个完美的中继顶分型，在假跌破5周均线以及相应小级别背驰的共同作用下完成。

注意，利用分型操作，例如顶分型，卖了以后一定要注意是否要回补。一旦确认是中继分型，就应该回补，否则就等着笔完成再说。

一定要注意，中继顶分型后，如果其后的走势在相应小级别出现背驰或盘整背驰，那么下一顶分型是中继的可能性将大幅度减少。中继分型有点类似刹车，一次不一定能完全刹住，但第一次刹车后，如果车速已明显减慢，证明刹车系统是有效的，那么第二次刹住的机会就会极大地增加，除非你踩错，一脚踩到油门上去了。

缠论点睛

1. 对于中继分型的判断，从该级别的角度看，可以结合K线理论来判断。分型的力度有强弱，例如所谓的早晨之星、乌云盖顶等，都可以对应分析分型力度的强弱。那些力度较弱的分型，大概率是中继分型。力度较强的分型，成为顶或者底的概率较大。

2. 利用均线判断中继分型，关键是5周期的均线是否被有效跌破。更精确的，以顶分型为例，要看分型区间所对应的次级别之下的某个小级别中枢是否出现第三类卖点，以及在卖点之后是否出现中枢扩展。出现第三类卖点，且不出现中枢扩展，则形成笔的概率大；反之，如果出现第三类买点，则中继分型的概率大。

投资微言

操作的进阶是人性升华的过程。水平高点儿的，类似于心理学家，而那些大师们，最后都成了哲学家。

教你炒股票83

笔-线段与线段-最小中枢结构的不同心理意义

(2007-09-26 21:28:05)

一个最简单的问题，为什么不能由笔构成最小中枢？其实这不是一个问题。为什么？因为实质上我们是可以设计这样的程序，也就是用笔当成构成最小中枢的零件，但这样构造出来的系统，其稳定性极差。

众所周知，一笔的基础是顶和底分型，而一些瞬间的交易，就足以影响其结构。例如，突然有人打错单，或者有人给老鼠仓送货，那么全天走势的分析就大变样了。而由线段构成最小中枢，则不存在这个问题。为什么？一个线段的改变，不会因为一个偶尔一笔的错误而改变，也就是说，线段受偶然性的影响比较少。想想要破坏一个线段的麻烦程度，就知道这一点。

从心理上看，偶然因素是允许发生的，只要不被再次确认，就证明偶然因素对原来的心理合力没有大的影响，反过来确认了该合力的有效性。线段破坏本身，其实就反映着一种微妙的心理结构变化。特征序列分型的引入，本质上就是去勾勒这种心理结构的变化的。就像一般的分型，三次确认才能构成。特征序列的分型，本质上也是一样的。这样的确认，其有效性就极大地增加了，由此构成最小中枢的零件才是合适的。

如果说三根K线的折腾就可以决定一笔的转折，那么一个线段的破坏和转折，就需要三个特征序列分型的折腾，这样市场买卖双方都有足够的时间去反应，从而使得体现出来的合力痕迹，当然就具有了一定的延续性。一个线段至少由3笔组成，这也使得转折后的新线段，同样可以让合力得到充分的体现。然后对比这两个不同方向的线段，买卖双方在相应时间内的心理和实力对比，就一目了然了。

更重要的是，线段破坏的两种方式，是有很大的心理面不同的。第一种方式，第一笔攻击就直接攻破上一段的最后一次打击，证明这次的反攻是有力的。再回来一笔，代表着原方向力量的再次打击，但反攻力量抗住并再次反攻形成特征序列的分型，这就证明这次反攻至少构造了一个停歇的机会。最坏的情况，就是双方都稍微冷静一下，去再次选择攻击的方向。这恰好构成了最小中枢形成的心理基础。

中枢，其实就是买卖双方反复较量的过程。中枢越简单，证明其中一方的力量越强大。中枢的复杂程度，是考察市场最终动向的一个很重要的依据。一个超复杂的中枢过后，就算一方赢了，其后的走势也是经常反复不断的。

在同一趋势中，相邻两中枢的复杂程度、形态，经常会有所区别，这是为什么？人都有提前量，而提前量经常就是找最近的模本去抄袭。这样等于在买卖的合力中，都加了一个提前的变量，从而造成整个结构的变化。这是一个很重要的原理。古希腊哲学家德谟克利特所说的“人不能两次跨进同一条河流”，这本质上是由人的贪嗔痴疑慢造成的。

至于线段的第二种破坏方式，本质上是以时间换空间，开始反攻时力量很弱，需要慢慢积累。这一方面代表原方向的力量很强，另一方面，又要密切关注是否会形成骨牌效应，也就是开始的反攻力量很小，却能迅速蔓延开。这往往证明，市场原方向的分力，其结构具有趋同性，一旦有点儿风吹草动，就会集体转向。这在投机性品种中经常能看到，经常是一个小 M 头就引发大跳水。

趋同性，对于一般性品种来说，往往意味着庄家控盘程度高。

一些猛烈上涨或下跌的股票，往往甚至由于一个 1 分钟的小顶分型，就引发大跳水或大反弹，其原因就是这种分力的趋同性所引发的骨牌效应。一般来说，这种第二类的线段破坏，一旦出现骨牌效应，至少要回到前一高点、低点范围内，这就是市场上冲顶和赶底时发生的 V 字型走势。

分力的趋同性所引发的骨牌效应，基本上表现为所谓的多杀多、空杀空。特别是在一些大的趋势之后，市场力量一边倒，如果这个时候突然来一个加速，一旦逆转，就会发生典型的多杀多、空杀空现象。

叛徒成为叛徒之前，必然是同志，甚至就是同志中的牛人。最危险的敌人，总是志同道合的所谓同志的背叛，同一阵营内部的塌陷才是最有杀伤力的。无论多头空头，死的时候，沿着那滴血的刀看过去，那双眼睛一定是你最熟悉的。

缠论点睛

1. 最小级别中枢由线段构成，是因为最小级别中，笔是极不稳定的。如果从较高的级别比如日线、周线来分析，那么笔的稳定性提高，可以作为中枢的构件。

2. 中枢的交替性原则：相邻两个中枢的复杂度往往不一样。根本原因是提前量的存在。

3. 暴涨或者暴跌之后，要特别注意是否会出现线段转化的第二种方式。这第二种方式，本质上是小级别背驰所引发的大级别的转折。

投资微言

离开中枢后的回抽力度越小，后面的期待可以越高。这也是第三类买点的心理依据。

教你炒股票 84

学习本 ID 理论必须注意的一些问题

(2007-10-07 16:09:06)

股票走势，归根结底是不可复制的。但股票走势的绝妙之处就在于不可复制的走势，却毫无例外地复制着自同构性结构。这自同构性结构的复制性是绝对的，是可以用本 ID 的理论绝对地证明的，不需要套用任何诸如分形之类的先验数学理论。这种自同构性结构的绝对复制性的可绝对推导性，就是本 ID 理论的关键之处，也是本 ID 理论对繁复、不可捉摸的股票走势的绝妙洞察之一。

注意，自同构性结构，在前面不太精确地用了自相似性结构之类的词语，这很容易和数学里的分形以及利用这种先验性理论构造的股票理论中的一些术语相混淆，所以以后都统一为自同构性结构。

正因为有了自同构性结构，所以股票走势才可以被技术绝对分析。而任何有效的技术分析，本质上都是本 ID 理论的分支。本 ID 还没看过任何有效的股票操作程序是外于本 ID 理论的。

最近似乎很多人举出很多书，说这也和本 ID 的理论相通，那也和本 ID 的理论相通。其实，这就如同说欧几里德之前或与之独立的，就有很多人知道勾股定理，但那是欧几里德的几何吗？更重要的是，本 ID 依然没看过任何一本书达到勾股定理的那种程度，就更不用说欧几里德几何的本 ID 理论了。本 ID 建议，除了看本 ID 的理论，一定要多看别人的理论，这样才会有所比较。

本 ID 的理论不仅集所有技术分析理论的大成，更重要的是，本 ID 理论完全构建在不同的思维框架下。这就如同中印的古代几何都很牛，但真正逻辑化、推理化、系统化、理论化的是欧几里德几何，这是一种完全不同的数学路线。不明白这个，那肯定白学了。

学本 ID 的理论，很关键的一点，就是要找出所有技术分析以及操作程序在本 ID 理论领域中的具体位置。由于本 ID 的理论对于任何技术分析以及操作程序都具有一个绝对的视角，由此可以绝对性发现所有分析与程序的优劣与缺陷。

有人可能会发现，本 ID 理论中的有些结论，似乎和别的一些理论有类似的地方，这恰好证明了本 ID 理论的涵盖面。例如，本 ID 的理论可以解释波浪理论里一切的细节以及不足之处，但反过来却可能因为本 ID 理论是一个更广阔的理论，波浪理论不过是一个有着巨大缺陷的不成熟理论。

同样，可能在其他人的理论中，也有对K线组合定义类似分型的概念，但那些定义，都不过和一般的K线分析一样，是通过某种经验性的归纳而来的。而本ID的分型定义，源自K线组合的一个完全分类，是一个纯理论的推导。正因为如此，本ID理论与其他任何理论相比，都有着绝对性与涵盖性。

走势的不可重复性和自同构性结构的绝对复制性以及理论的纯逻辑推导，这就构成了本ID理论视角的三个基本的客观支点。不深刻地明白这一点，是很难对本ID理论有真正的理解的。

走势的不可重复性，决定了一切判断必须也必然是不可绝对预测的；自同构性结构的绝对复制性，决定了一切判断都是可以判断的，有着绝对的可操作性；理论的纯逻辑推导，证明其结论的绝对有效性。

本ID的理论，是人类历史上第一次用100%理论推导的方式，绝对地证明了走势分解的唯一性，这从上面关于笔、线段等分解的唯一性证明就能明白。世界上有哪种交易理论，是按这种绝对推理的方式构成的？显然没有，这才是本ID理论的最强大力量所在，前两个客观点如果没有第三点，都是瞎掰。

其实，这三点又何止是与股票走势相关？真明白了，对你的人生与社会操作，有着同样的意义。每个人的生活，世界的变化，诸如此类，本质上离不开走势的绝对不可重复性和自同构性结构的绝对复制性，以及相应不患的共业的绝对推理性。

任何阻击的关键，就是多空通杀地去壮大自己。一根筋思维的人，是永远不会明白这个道理的。当然也没必要让他们明白，否则没有一根筋思维的人，哪里去找通杀的对象？多头、空头，最终都不过是被杀的猪头。

多空通杀，不是根据自己的喜好来，而是如同一个零向量那样当下于走势的合力之中。零向量，加多少，都不会改变走势合力一丝一毫，这样才能真正去感应市场合力本身。感应其转折，感应其破裂，在电光火石的一击中出手，如风行水，如电横空。不思多，不思空，如零向量般与合力随波逐浪，这样才可能最终盖天盖地，多空通杀。

资本市场最终比的是人本身。就如同玩独孤九剑的人和那些所谓五岳剑派的人玩，当然见一个废一个。但如果最终同玩独孤九剑，那就要比人本身了。本ID的理论的一块内容，就是不断地修炼，最终能炼到什么层次，最终是玩小资金还是大战役，都只能与此相关。但这还不够，光是所谓身心的修炼，只不过是鬼窟里的活计，你的身心，非你的身心，所以为你的身心，从此开始，才可以百尺竿头更进一步。

走势的背驰、转折，不过是第一层次的东西，哪天你能看明白社会经济、政治等结构的背驰、转折，那才是更高层次的东西。

自从结构与解构哲学的流行，用结构的观点观察，就是一个最基本的思维方式。但问题的关键在于，很多所谓结构性的思维，不过是一种归纳性的结果，不具有任何理论的系统性与有效性。

这里本ID必须再强调一次，分型与分形有着本质的不同。本ID所说的分型，建立在K线组合纯粹分类的基础上，任何与这个纯粹分类不同的，都必然是错误的。至于所谓的分形，当然也可能是一种结构，但这种结构本质上都是归纳性的，因此都必然是有缺陷的，划分不唯一的，和在一种完全分类基础上给出的绝对结论，有着本质的区别。

其次，分型只是中枢与走势级别递归定义的一个起始程序。甚至可以说，并不是本ID理论中必然需要的东西，其目的不过是为了中枢等的递归性定义中给出其最开始的部分，完全可以用别的定义去取代。例如，我们可以用收盘价位去定义顶分型、底分型结构，也可以用成交量给出相应的递归开始部分，只要能保证分解的唯一性就可以。

本ID关于中枢等的定义，其实一直没有改变过，因为中枢定义的关键，在于定义的递归性。一般的递归定义由两部分组成:（1）$f_1(a_0)=a_1$;（2）$f_2(a_n)=a_{n+1}$。关于第二条的中枢过程规则，是一直没有任何改变的。关于第一条，其实可以随意设置。任何的初始条件都不会改变中枢定义的递归性。而且任何有点数学常识的人都知道，$f_1(a_0)=a_1$之前是不需要再有什么递归性的，（1）和（2）之间的f_1、f_2，可以是完全不同的两个函数。

有些人一直还搞不清楚中枢，就是一直都搞不清楚这一点。例如，可以用分型、线段这样的函数关系去构造最低级别的中枢、走势类型，也就是（1）中的a_1，而在（2）中，也就是最低级别以上，可以用另一套规则去定义，也就是有着和f_1完全不同的f_2。这个问题其实太简单了，有点数学常识的人都不会有疑问。

至于MACD的辅助判别，前面已经反复说过多次，关键不是MACD，而是走势的分解。如果MACD真有用，那光用MACD就可以了。

另外，必须再对一种错误的想法敲打一下。级别，本质上与时间无关，也不是什么时间结构。级别，只是按照本ID的规则，自生长出来的一种分类方法。而所谓的时间结构，本质上和电脑软件上的K线时间周期选择一样。一个最低级别不到的走势类型，可以生长100年不长成更高级别的走势类型。级别与时间，本质上没有太大的关系。

级别的关键，就是本ID设计的那套规则。级别，本质上不对任何时间结构有任何绝对的承诺。为什么？因为这里没有任何绝对的理论推导可以保证这一点，级别被破坏了，就是因为被破坏了，仅此而已，并不是因为有什么时间的因素，结构就被破坏了。

还有一个更大的误解，有人见本ID整天说当下，就以为当下就最重要了。这是绝对的误解。当下之所以被反复提出，就是因为有人企图预测的想法太过根深蒂固，这样做只是一种破的手段。能当下，那只是第一步，而真正要破的，正是当下本身。现在有很多学口头禅的，整天忽悠什么活在当下。所谓过去心不可得，现在心不可得，未来心不可得，又有什么当下可得？

学了本ID的理论，再去看其他的理论，就可以更清楚地看到其缺陷与毛病。因此广泛地去看不同的理论，不仅不影响本 ID 理论的学习，更能明白本 ID 理论之所以与其他理论不同的根本之处。

更重要的是，为什么要去了解其他理论？就是这些理论操作者的行为模式，将构成以后我们猎杀的对象。他们操作模式的缺陷，就是以后猎杀他们的最好武器。这就如同学独孤九剑，必须学会发现所有派别招数的缺陷，这也是本 ID 理论学习中一个极为关键的一点。

缠论点睛

1. 走势的不可重复性，是指任何级别任何走势，都是不尽相同的，这决定了一切走势必然是不可绝对预测的。

2. 走势的自同构性结构的绝对复制性，是指任何级别，其基本结构都是相同的，都是由中枢、走势类型等部件构成的。这决定了一切的判断都是可以判断的，从而使得走势有绝对的可操作性。

3. 操作的关键在于戒掉贪嗔痴疑慢，以零向量介入任何走势类型。不思多，不思空，多空通杀地壮大自己。

投资微言

上涨中，能用等量筹码换来更多的货币；下跌中用等量货币换来更多的筹码，这都是成功的操作。

教你炒股票 85

逗庄家玩的一些杂史（三）

(2007-10-22 21:42:06)

说点老皇历，让各位都“北大、北大”。

干这活的手法，就算是以现在的证券法来看，也完全没有违法的地方。这绝对是一个经典案例，也可以让大家看看股市里是如何做顶的。

当时要干的事情，就是要把某股票的货出掉，而且还不是现价，而是必须在某个位置上。这不算难，关键是持有也就 30% 多，已经上涨了 n 倍，里面还有不少小家伙的老鼠仓，多的有 10%。由于这次游戏最终把一位所谓的牛人给套住了，现在这位牛人还在市场上混，最重要的是，这只股票这么多年都没回到当年的高位，所以为了不让那位被套住的中年男人知道后有磨墙的心，更为了保护北京的文物，本 ID 就不说当时的价位和股票了。

先把 1/2 的筹码集中调到一个八卦人最多的证券营业部，然后告诉他们，3 周内要陆续调 n 亿来，并且很认真地找人去谈手续费分成的问题，而且要求最高的比例，特别强调对倒时比例要更高。注意，去谈的人也不知道想干什么，只是告诉他要在那边干点儿活，找一个成本最低的证券营业部。

然后该股就从 n 元开始异动起来。起来 20% 以后，本 ID 就在别的证券营业部开始出货，但手法很特别，总是在低位出。出了以后，做出一副被夹空痛不欲生的样子，于是关于某股票被人抢筹码的消息就此流传开来。

接着把出货得到的资金以及部分其他资金提前划到第一个证券营业部，然后再告诉他们，还有更多的钱要划过来。

很快股价就比开始时上涨了 40%。本 ID 继续在其他地方逢低出货，被彻底夹空。这一场戏演得连老鼠仓都知道庄家损失无数筹码，要压盘把货补回来，老鼠仓也开始大幅度增仓。接着已经不用逢低出货了，只要压单，就会被扫掉，好过分呀！

这时候，开始和第一个证券营业部谈透支的问题，说要用筹码押钱，希望是 1 比 2，但对方说他们最多只能 1 比 1.5，因为最近这只股票涨得太多了。所以本 ID 让人很气愤地告诉他们，找了一个可以 1 比 3 透支的证券营业部，马上就把筹码转了一半去别的证券营业部，然后对方开始很恐慌地要挽留我们。其实是别的地方货出得差不多了，需要转出一部分筹码。

股票在三周多上涨了70%多。最后一天早上，一开盘，在买盘涌起的那一下，最后的屠刀开始了，所有剩余的筹码一起涌出。具体过程就不说了，只是当天是跌停收盘的，当然那天也出现了巨大无比的成交量。

最后，本ID派人和第一家证券营业部说，不想玩了，你们那里风水不好，不能为客户保密，消息封锁不住，让我们被人砸盘，套住，亏死了，这里的资金要去别的地方救火去，走人了。

只想说那只股票最后的命运，就是从最高位下跌了90%以上。至于比最开始的n元下跌了多少，大概不是一个困难的计算问题了。

注意，这次游戏之所以经典，就是在整个做顶的过程中，根本没有拉抬过一笔，都是分批出货，最正常的手法，谁都说不出有任何违规的地方。而且也没说过任何一句影响股价的话。那么为什么成功了？只是因为那些人的贪嗔痴疑慢。

最绝的是，该股后来一直翻不过身来，多杀多。本ID自从最后一天出货后，就从来没买卖过该股票，但该股却一直跌下来，甚至后来到2001年大盘创出2245点的历史高位，该股也没有靠近过那个历史高位。

有些傻瓜总是说什么庄家打压，典型的脑子进水。为什么散户、小庄家、老鼠仓的多杀多就不可以让人死得一点脾气都没有？

当然，做顶的手法多种多样，本ID也玩过无数的花招，有时候一顶就是一顶，有时候一顶不做一顶，千变万化。兵者，诡道也。股票又何尝不是？

大盘的顶部和个股的顶部不同，大盘顶部要复杂得多，因为其中的分力更多，所以其合力当然要更复杂。一般来说，大盘的顶部都十分复杂，不会是简单的图形。而且即使真的形成顶部，最后破位前反而要有很多的犹豫，越大型的顶部越是这样。

大盘的顶部都是折腾出来的，所以一般在大盘做顶部时，反而机会多多。为什么？因为很多不死心的人会不断地折腾，板块、个股，跳来跳去，那些认为大盘顶部一形成就一下子死掉的人，都是脑子里水太多的。

个股的顶部，大多都不复杂，除非是很多人参与的大型股票，原因和大盘是一样的，只是相反，就是分力少，对比太明显，所以复杂不起来。

当然，顶部是有级别的。一个中期顶部，经过中期调整后，就不再是顶部了，所以出现顶部以后，也不一定是世界末日。顶部以后是否是世界末日，这是由走势今后的发展决定的。如果你对任何顶部都想长线一把，那么最终的命运多数是被股票上上下下地玩弄。真正解决问题的方法，还是要通过本ID的理论去分清楚级别，按照买卖点去操作。

必须注意，无论什么花招，最终合力的结果还是买卖点。买卖点是不患的，任何庄家、大资金，包括本ID本身，都不可能逃避。所以对于散户来说，其实不需要知道里面的故事，只要看好走势，一切就尽在把握中了。

缠论点睛

1. 这只股票操作成功的关键在于两个方面，盘外的因素和盘面的技术，最根本的还是利用了对手盘的贪嗔痴疑慢，是非常经典的做盘过程。

2. 选择八卦的营业部，其目的是向外散播消息，从而造成该股票有人要拉抬的假象，于是异动以及上升 20% 就是自然而然的事情。

3. 逢低出货，是为了给对手盘造成被夹空的假象。被夹空，对应的操作自然是疯狂补货。而这个出货的账户，显然不是这家八卦营业部开的账户，而是其他地方的账户。

4. 其他地方的筹码基本出完，这个时候找八卦营业部谈透支，是设计好的一个局。其他地方筹码出完，需要新的筹码去出货，而八卦营业部的筹码显然是不能动的。借口透支比例不合适而转移筹码，是一举两得的方法。首先给该八卦营业部造成一个假象，主力还要大力买入，而这个消息显然会被八卦出去；另一方面，那个透支比例谈不成，转移筹码就成了顺理成章的事情，没有人会怀疑。

5. 该股票的市场被成功开拓出来，于是就不用逢低出货，制造被夹空的假象，而是只要挂单就被扫掉。

6. 目标达成，大量剩余筹码涌出，股价承压被打到跌停，整个做盘过程结束。

投资微言

诗人功夫在诗外，股市圣手功夫在盘外。

教你炒股票 86

走势分析必须杜绝一根筋思维

(2007-10-24 21:53:45)

一根筋思维的心理基础，就是企图找到一个永恒固定的公式，然后不管任何情况，只要套进去，就有一个现成答案。这种思维，把世界看成是一部精密的机械，任何的运行都等价于起点–结果模式，只要起点相同，就有相同的结果。这就是典型的一根筋思维。有些人学本 ID 的理论，本质上就是希望找到这样的东西，却不知道法成则人成，人不成，法何成？

一个很简单的实验，同一批人，同样的资金，同样的股本，同时开始股票运作的实验，显然每个人实验的结果是不可重复的。因为股票走势归根结底是参与者心理合力的痕迹，而心理是不可重复的。试问，有谁能百分之百复制自己 2007 年 9 月 30 日开盘那四个小时的心理曲线？这都是一次性的，不可复制。而几千万、上亿人交易的可复制性，就更没有可能了。为什么？每天都是新世界，影响市场的因素，每天都在变化着，而这些因素对市场参与者的心理影响，更是模糊的，混沌的，由此产生的走势，很显然不具有任何百分之百复制的可能性。

从最开始的时候，就必须要有一个大的眼界。如果看 1 分钟走势就被锁在 1 分钟层面里，那么搞 100 年都进步不了。

一个很简单的例子，也是最基础的一步，就是必须动态地把握各种概念。例如第三类卖点，在不同的情况下，其操作意义显然是不同的。

不妨以此为例子，仔细分析一下。

（1）在一个大级别的中枢上移中，一个小级别的第三类卖点，唯一需要注意的，就是这个卖点扩展出来的走势，是否会改变大级别中枢上移本身。根据大级别的走势，不难发现其界限。因此这种第三类卖点的操作意义不大，关键是警戒的意义。如果是短线的短差，那也是小级别的中枢震荡中来回操作，因此这第三类卖点只是构成一个震荡意义的操作点。

（2）在一个大级别的中枢下移中，一个小级别的第三类卖点，其意义就是这个卖点是否会让大级别中枢继续下移。如果中枢下移继续，那么就意味着小级别的第三类卖点没有任何操作价值（当然，如果有卖空机制，那就另说了）。如果说卖，大级别中枢都下移了，好的卖点估计都过去 n 的 n 次方个了，也就是说，市场已经给你 n 的 n 次方卖出的机会，你还没有改正，那你大概更适合去卖豆腐了。

（3）在一个大级别的中枢震荡中，一个小级别的第三类卖点，其意义就看这是否会延伸出大级别的第三类卖点。如果没有这种危险，本质上不构成大的操作机会，只是一个短线震荡机会。而且很有可能，一个小级别的第三类卖点后，反而延伸出大级别的买点，这在震荡中太常见了。

第三种情况，就是多空通杀中经常用到的一种技巧。通杀，就是要把所有人的舞步搞乱。怎么搞乱？就是买点卖点轮番转折，而且模式不断变化，让不同的操作模式都破裂一次。这种舞步错乱的本质，就是要触及不同的突破、止损位置，让止损的刚卖出又回头；刚买入追突破的，马上给一巴掌。

本 ID 理论，从来没有任何止损之类的无聊概念。有什么可止的？三大卖点，给三次机会，加上不同级别的 n 多机会，你都没反应，非要等到缺胳膊少腿才去止损，那是有病，回火星去吧。

只要把握了本 ID 的理论，那么第三种情况，正好适合去凌波微步一番。这里还可以更精确地分析一下。根据先后出现的买卖点的级别，无非有以下几种情况。

1. 大买点后小买点。

这种情况，后面的小买点往往构成相对于大买点的第二次介入机会，但不一定是最精确的机会。最精确的机会一定是符合区间套的，并不是任何小级别买点，都必然在大级别买点对应的区间套中。

也就是说，这种小级别买点，往往会被小级别的波动跌破。但这种破坏，只要不破坏前面大级别买点所构造的大级别结构，那么一定会有新的小级别波动重新回到该买点之上。大买点后，必然产生相应级别的结构，因为后面的小买点不过是构造这个大结构中的小支架。明白这个道理，相应的操作就很简单了。

2. 大卖点后小卖点。

和上面那种情况反过来理解就是。

3. 大买点后小卖点。

如果两点间有一个大卖点，就可以归到第二种情况去。如果没有，那么这个小卖点后，将有一个小级别的走势，再次考验或者确认这个大买点后形成的大级别结构。只要这个小级别走势不破坏大级别结构，接着形成的小买点往往有着大能量。为什么？因为大结构本身的能量会起到重要的主导作用。一个结构形成后，如果小级别的反过程没有破坏大级别走势，那么一种自然的结构延伸力将使得大级别结构被延伸，这是一种重要的力量。

4. 大卖点后小买点。

上面的情况反过来理解就是。

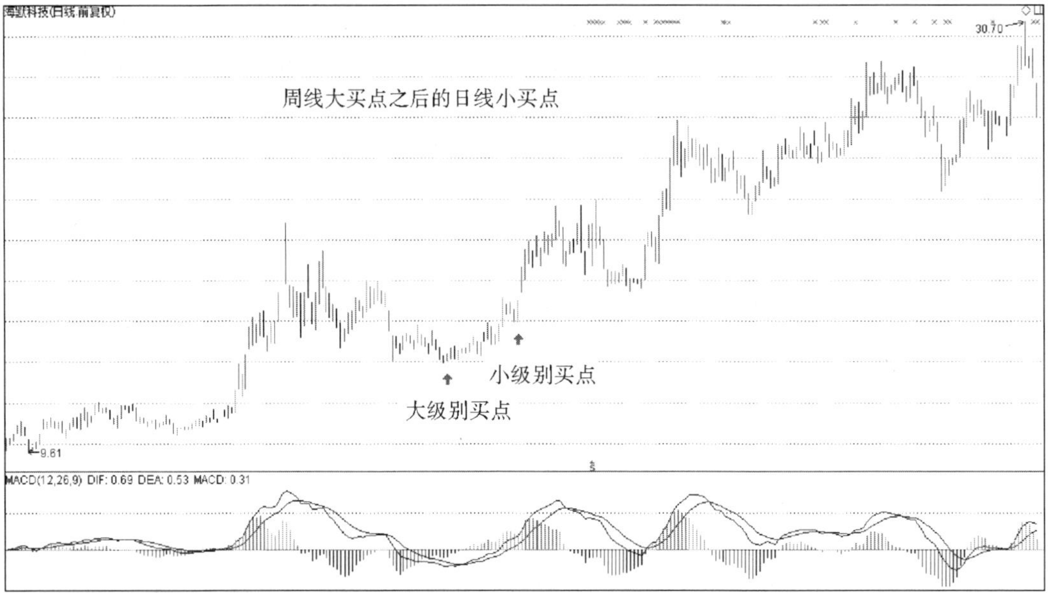

图 86-1 大买点后小买点案例图

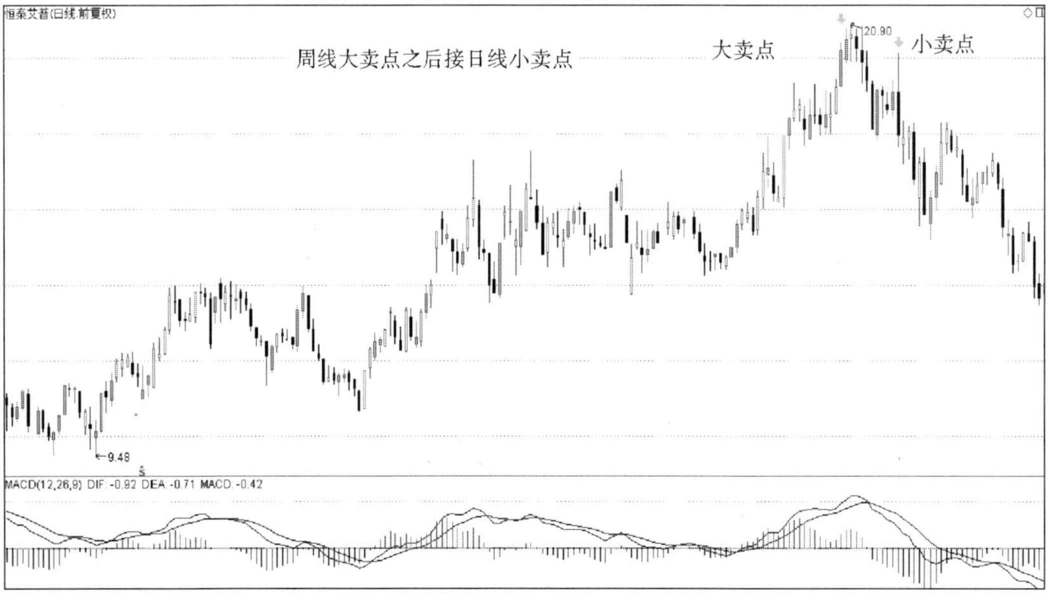

图 86-2 大卖点后小卖点案例图

5. 大中枢中的小买卖点。

在一个大中枢里，是没有大买卖点的，因为出现第三类买卖点，就意味着这个中枢被破坏了。这种大中枢中的小买卖点，只会制造中枢震荡。这种买卖点是最容易把多空搞乱的。

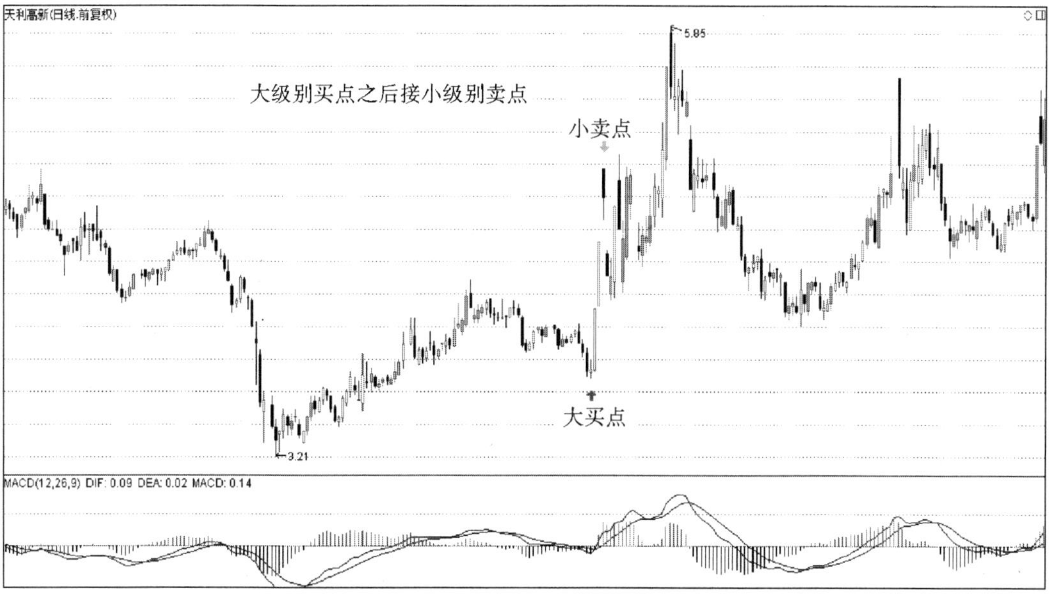

图 86-3 大买点之后小卖点案例图

图 86-4 大卖点之后小买点案例图

但是其中有一种买卖点，往往具有大级别的操作意义，那就是大级别中枢震荡中的次级别买卖点。例如，一个 5 分钟震荡里面的 1 分钟级别买卖点，就具有 5 分钟级别的操作意义。因为该买卖点后无非有两种情况:（1）继续 5 分钟中枢震荡。（2）刚好这个次级别买卖点后的次级别走势构成对原中枢的离开后，回抽出现第三类买卖点。这样原来这个买卖点，就有点类第一类买卖点的样子，那个第三类买卖点，就有点新走势的类第二类买卖点的样子[①]。

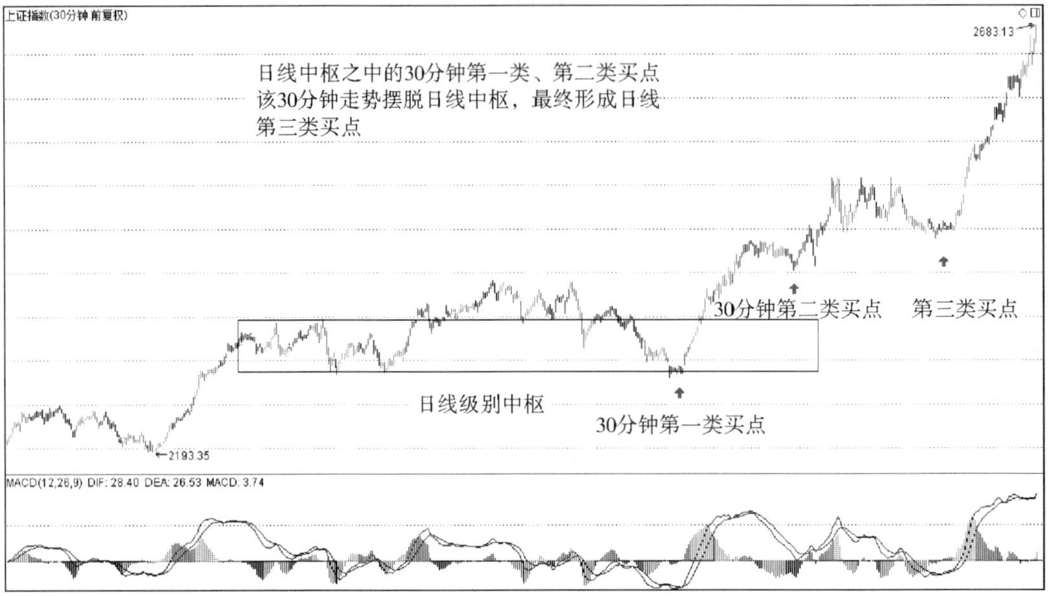

图 86-5 大中枢中的小买卖点案例图

注意，有些买卖点的意义是不大的。例如，一个 1 分钟的下跌趋势，在第二个中枢以后的第三类卖点，就没有什么操作意义了。为什么？前面第一个中枢的第三类卖点哪里去了？

趋势，本质上就是中枢移动的延续。第一个中枢的第三类卖点，本质上就是最后一个合适的卖出机会。后面那些中枢的第三类卖点如果还需要操作，那就证明反应有大毛病了。到第二个中枢以后，反而要去看趋势是否要结束了。例如对上面 1 分钟下跌趋势的例子，跌了两个中枢以后，就要看是否有底背驰了。这个时候想的是买点，不是卖点了。

对于趋势的转折来说，例如上面的 1 分钟下跌趋势，背驰转折后，第一个上去的线段卖点，很有可能刚好形成最后一个 1 分钟中枢的第三类卖点，这时候该卖点几乎没有任何的操作意义，反而是要考虑下来的那个第二类买点。很多抄底的人，经常在第一次冲起后就被震掉，然后再追高买回来，就是没搞清楚这种关系。

如果你是抄一个 1 分钟级别的底，后面最坏有一个 1 分钟的盘整。连这盘整的格局都没有走势必完美，也就是最基本的三个线段都没有形成，这时你就跑掉，不给震出来才怪了。

① 注意，这只是比喻，不是说这就是大级别的第一类、第二类买卖点。

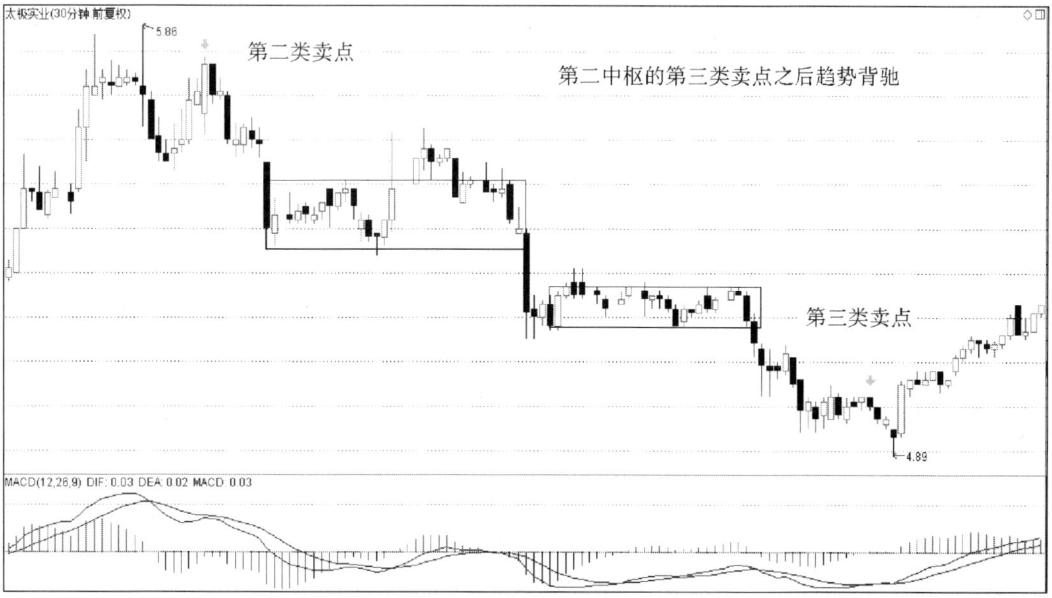

图 86–6 下跌趋势第二个中枢第三类卖点之后趋势背驰分析图

当然，对于那些对大级别背驰判断没有信心的人，有一种稳妥的办法，就是都在第二类买点介入。实际操作中，你可以完全不管第二类买点形成中的背驰问题，第一类买点次级别上去后，次级别回跌只要不破第一类买点的位置就介入。这样的话，只要下一个次级别上升不能升破第一个次级别上去的高点，就坚决卖掉。如果能够升破就拿着，等待是否出现第三类买点。出现第三类买点就继续拿着，不出现就卖掉。

按照上面的程序，你甚至连背驰的概念都可以不管。分清楚走势类型，其实就可以完美地操作了，其他概念只是如虎添翼而已。

严格意义的震荡结束，必须出现第三类买卖点，但运用走势的结合律，总是可以做出那样的划分。

缠论点睛

1. 学习缠论，实践中最重要的是多级别联动操作。但这联动的级别也不宜过多，太多就会增加分析和操作的复杂性。考虑到小级别的波动幅度以及手续费等问题，太小的级别是不适合操作的。

2. 多空通杀的技巧，一般出现在大级别中枢震荡中。譬如，大级别向上突破或者缺口之后，一般就会认为盘整结束了。但小级别可以立刻出现卖点，把走势重新拉回中枢。向下突破亦然。这就是利用常见的模式，对那些该模式的使用者进行猎杀。因此说，上涨中的中枢震荡，其买点必然在下边；下跌中的中枢震荡，其卖点必然在上面。即便是要追突破，也要以很轻的仓位分仓介入。

3. 所谓最精确的买卖点，长期来看是不现实的，也没有必要。投资者能在买卖点区间介入就可以，或者干脆就在大级别买点之后的小级别买点买入，大级别卖点之后的小级别卖点卖出。这是最稳妥的做法。

4. 第一类买卖点，本质上就是在追求抄底逃顶，这是很困难的，而且没有必要。对于散户来说，舍弃第一类买卖点，单靠第二类、第三类买卖点与各级别联动，就能打造出一套高效的操作程序。

投资微言

大级别买点之后的小级别买点介入；大级别卖点之后的小级别卖点卖出。这是最好的右侧交易法。

教你炒股票87

逗庄家玩的一些杂史（四）

(2007-10-30 22:05:40)

前面说了做顶出货的故事，今天说说做底吃货的故事。

准确地说，吸货无所谓底部，只要有筹码有钱有足够的时间，无论什么价位拿的货，成本其实都可以摊下来。特别是那些对走势有足够影响的分力，后面各级别的顶是自己的，底也是自己的，差价都是自己的，什么成本不能下来？

为什么很多庄家最后都做死，就是没有什么成本概念。说实在的，大多数庄家都还是散户心态，见到市值起来就晕头，却忘记了股票只是一个凭证，一个抽血的凭证，能把血抽到才是真本事。

大多数愚蠢的庄家，都希望玩一种收集派发的游戏，但这种游戏经常就把自己放到火上去了。实际上，最关键是成本的下降。一般来说，如果成本没有降到0，根本没有大力拉抬的必要，就要来回折腾，把筹码成本都洗到0，才有必要去拉抬。而真正的拉抬，是不需要花钱的。如果拉抬要花钱，证明价格已经高了，资金流入已经跟不上，早该回头砸了。

经常是早砸一天和晚砸一天，效果就是两重天地，这里需要的是经验和悟性以及感觉。基本的0成本筹码，经过反复拉抬都会变成纯负数，最后满手都是负成本的筹码，再大甩卖，这才是最安全的方法。当然，不一定非得是跳楼甩卖，还可以是跳高甩卖甚至批发。手法多多，只是不同的故事而已。

要玩这个游戏，关键是要有基本的筹码。筹码当然可以抢回来。例如，以前曾经和别人抢东西，从8元一口气抢到20多元，然后一个大平台，最后再飞起一波，然后就该干什么干什么了。这是一种方法，但这种方法过于无聊，一般都不这样干。

当然，最直接的就是能在最低的位置把该拿的全拿了，这是最考验功夫的。这里说一个曾经的经典例子。

本ID还没动手，老鼠仓就先抢起来了，因此后面的任务十分艰巨。首先要抢到足够的东西，其次成本不能太高。第三，还要把老鼠仓洗出来。最后，这时间还不能太长。这怎么看都是一个不可能完成的任务。

首先，在一个大的压力位上顶着，接了所有的解套盘。老鼠仓是不会接解套盘的，别的小玩意儿就更不会了。然后在那个位置上不断地假突破。在强压力位上，一般人不会拼命给你冲关的。不断的假突破，就让所有技术派的人把筹码交出来了。但这时候买到的股票成本是最高的，除了历史上的高位套牢者，所有人的成本都要比这低。

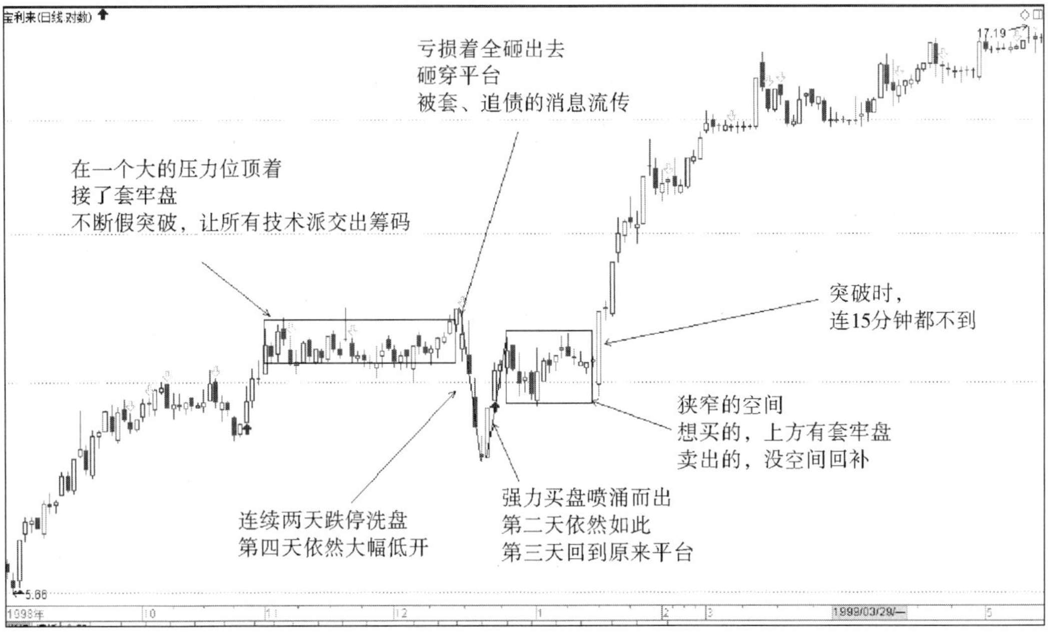

图 87–1 宝利来（原名亿安科技，000008）操盘走势图

这时候，把账上所有的钱基本都打光了，还剩下一小部分。当时有一种透支是需要当天平仓的，于是用剩下的钱借了这种透支。然后那天疯狂地买，早上就把所有的钱加透支全买完了。因为前面有过 n 次假突破，所以这次突破后根本没人追入。需要的就是这种效果。

下午需要平仓了。本 ID 派人不断和证券营业部交涉是否可以不平仓，结果是不可以。于是很痛苦状地开始平仓行动，价格像瀑布一样下来了。早上买的，亏损着全砸了出去，结束一天悲惨的交易。价格也砸穿了前面一直坚持的平台。收盘后，有人被套被人追债的传闻马上到处流传。

第二天，所有的老鼠仓，所有知道消息的人，都蜂拥而出。第三天也是这样。

这时候，在一个遥远的地方，所有的抛盘都被吸到一个无名的口袋里。所有出逃的人都在庆幸，因为第四天依然大幅度低开。

突然，强力的买盘如同地底喷薄而出的熔岩，任何挂出的筹码全都被一扫而光。任何人都没来得及反应，但他们已经没有任何买入的机会了。第二天依然如此，一开盘，就迅速让任何人失去买入的机会，而前面来不及逃跑的，却依然抛着。

第三天，价格快回到原来的平台了，在那里买盘突然没了，仿佛从来没有任何买盘出现过，所有的人都不知道该怎么办才好。如果是 V 型反转，那上面平台的巨大套牢盘却没人敢去顶破，如果是超跌反弹，那么所有的空间都已经耗尽了。

市场经过一段时间的沉寂后，卖盘再次涌出，多杀多又开始了。没人敢接，但价格却永远也回不到反弹第二天的位置。在一个狭窄的空间里，抛掉的人没空间回补，想买的人，又怕上面不远处的巨大套牢区，以及可能的超跌反弹骗线。但价格不跌了，所有的筹码都掉入一个巨大的口袋。

最后，在一个谁都想不到的时刻，价格迅速脱离上面的套牢区，也就是所谓技术上的巨大压力区。突破时，连 15 分钟都不到就过去了。

至于老鼠仓的命运，在砍掉价格 n 倍的位置，老鼠仓最后又重新进来，那是另外一个故事了。

缠论点睛

1. 这个操盘成功的关键在于技术面与消息面的密切配合，并且操盘者有绝对的资金实力。非常精彩的底部吃货过程。

2. 要想在较短时间内快速拿货，必须顶着大的压力位接那些套牢盘。而要砸盘，手中也得有筹码。

3. 要洗出那些老鼠仓，借透支平仓去制造“有人被套牢，有人被追债的假消息”，同时盘面上砸破平台之后，以连续的跌停洗盘，制造了老鼠仓的恐慌盘，低位买入的同时也摊薄了成本。

4. 回洗完成之后，快速连拉涨停，不给任何人介入的机会，一直拉到平台附近。平台处是一般意义上的压力区，故而没人顶着压力去接盘，大家要么等突破，要么等回调。但回调不给空间，突破也不给机会，做一个中枢，直到拿到足够的货。最后以迅雷不及掩耳之势突破平台，开始拉升过程。

投资微言：

请留心所谓的内幕消息……所有的内幕消息。

教你炒股票 88

图形生长的一个具体案例

(2007-11-06 22:38:43)

本 ID 的理论，对所有的走势进行了一个最明确的分解。所有的分解本质上只有两类，就是延续与转折。用残酷一点儿的词语来说，就是生和死。

一个走势类型的死，必然意味着一个走势类型的生。走势就在这样一个生死轮回中延续，如同众生的生命，生死轮回不断。看明白了股票的走势，对人生大概也应该有点领悟了。

一个走势类型确立后，同时就确认了前一个走势类型的死，也开始了自己面向死亡的过程。如同众生的生死轮回，在死与生之间，有一段被称为中阴身的阶段。股票的走势，同样存在着这样一个阶段。如果说前一个走势类型的背驰或盘整背驰宣告了前一个走势类型的死亡，那么从前一走势的结束到新的走势类型确立，中间有一个模糊的如同中阴般的阶段。

要把握这个阶段的走势，必须结合前一段走势的部分走势来分析。也就是说，前一段走势的业力在发挥着作用，这个业力与市场当下的新合力构成了决定市场方向的最终合力。

用一个例子，就能很好地地说明这个问题。

图 88-1 中，191 的背弛宣告了前一走势类型的死亡。按道理，新的走势类型应该是从 191 开始分析的，但这时候新的走势类型连第一段线段都没走出来，甚至走到 193 的位置，也依然轮廓不明。这时候就是典型的中阴阶段，该阶段必须借助前面 189 开始形成的中枢，来完成分析与相应的操作。

如果从 191 开始分析，那么 192、193 都很难说有什么可依据的。当然，可以说 193 就是第二类卖点，但站在 189 开始的中枢的角度，这里就存在一个中枢震荡的问题。这样来说，这个干瘪的第二类卖点，就有一个更大的可依靠的分析基础。一切关于中枢震荡的分析，都可以用到关于 192、193 以及后面走势的分析中，这等于有了双重的分析保证。

当然，后面 195 的第三类卖点，也是站在中阴阶段的角度说的，但这一点是中阴阶段与新的走势类型确立阶段的分界点。195 走出来以后，新的走势类型最开始的形态就确立了，也就是至少是一个线段的类下跌走势。这时候，分析的重心就可以移到 191 开始的新走势类型上了。在这个线段级别的走势类型上，不用再考虑 191 之前的事情了。

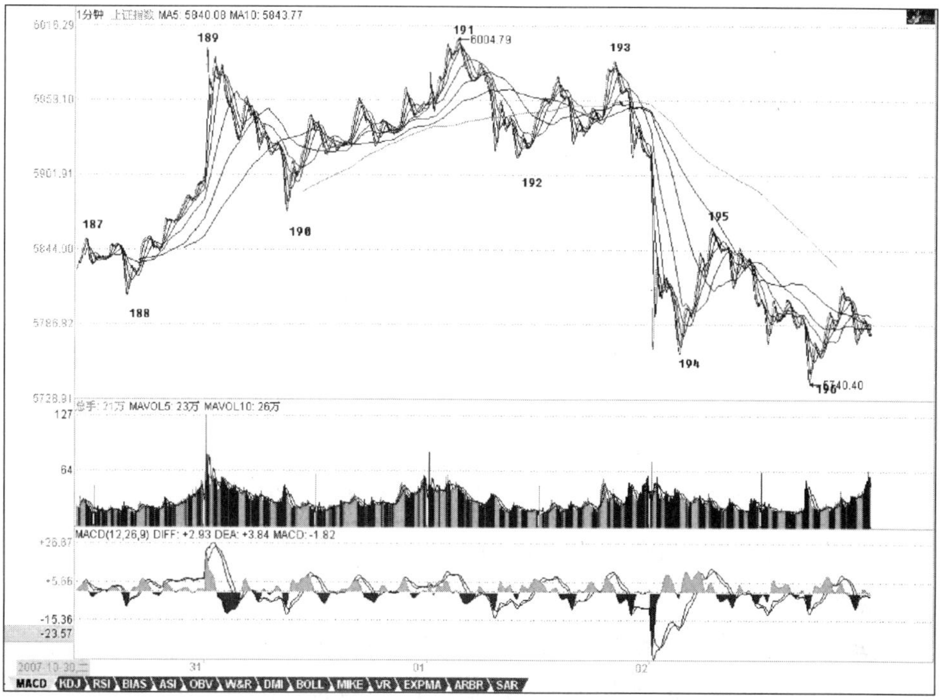

图 88-1 中阴阶段案例分析图

但 191 之前的走势并不是没有用了，而是在更大级别上，例如在 1 分钟、5 分钟等级别上发挥作用。191 后面出现的走势就和 191 之前的走势结合出了大级别的走势形态。

当各位熟练以后，标记上就不一定要不断地按照线段标记下去了。例如，如果你是按 1 分钟级别操作的，那么前面 191 个线段记号，可能就简化为 10 个不到的 1 分钟级别相关的记号。当 191 后面的走势演化出的 1 分钟走势结束后，这个 1 分钟级别的记号才再增加一个。这样记号的数目就很有限了。当然，如果你是按照 5 分钟级别、30 分钟级别、日线等级别标记的，相应的标号就更少了。

为了方便、明确起见，还是把记号的级别进行分类。用 Xn 代表线段的记号，用 Yn 代表 1 分钟级别走势类型的记号，Wn 代表 5 分钟级别走势类型的记号，Sn 代表 30 分钟级别走势类型的记号。日、周、月、季、年，也可以分别用 Rn、Zn、Mn、Jn、Nn 等记号来表示，其中的 n 都是具体的数字。这样，所有的走势都可以被这个标号体系所标记，从而变得清楚异常。

例如，对于 191 这个点位，站在线段级别上，其标号就是 X_{191}。站在 1 分钟级别上，可能就是某个 Yn 的标号。而 189 这个点，就只有线段的标号。189 是线段的分界点，而 191 是 1 分钟级别走势类型的分界点，这同时也显示了 191 这一点和 189 点的重要性是不同的。

什么是最牛的点？就是从线段级别一直到年线级别，同时都有标号的那个点。如果这里是一个顶，那就是百年大顶。

这个标号体系，不单单为了方便阅读、记号，更重要的是培养一种综合的、系统的习惯。看一个走势，不单单要知道一个线段的划分，更要知道这个多层次系统的划分，这样才不会迷失在每天的波动中。

既然线段有中阴阶段，那么其他级别当然也有。无论任何级别，在一个顶点出来后，都有对应级别长度的中阴阶段。

一定要注意，为什么很多人逃了顶，最后还是被套住了？抄了底，最终还是没赚到钱，被震出来了？这就是被相应级别的中阴阶段给搞死的。越大级别转折后的中阴阶段，越能搞死人。

如同人的中阴，非人非鬼。走势的中阴阶段，也是多空齐杀，不断折腾转换。等到最后转折确认时，就如同已经重新投胎。饭熟了还找米，能有戏吗？

有些蠢人，经常在行情转折的中阴阶段，觉得世界又美好了，或者世界又恶劣了，结果都是被业力所牵引。

中阴阶段，无一例外都表现为不同级别的盘整（注意，这是只从截取这一阶段的形态来说的，并不是说新的走势类型一定是盘整）。也就是围绕前一走势的某一部分所构成的中枢震荡，即使是所谓的 V 型反转也一样，只是震荡的幅度更深而已。

任何转折，也就是第一类买卖点之后，都对应着某一级别的 V 型反转。例如 191 的转折，190–191 与 191–192 就是一个 V 型反转，只是级别特别小。这个 V 型反转的级别，决定了中阴的级别与力度。例如，站在日线图上看 6124 点前后 n 天的走势，其实就是某级别的 V 型反转，然后就同时进入中阴阶段。

注意，中阴阶段结束后，不一定就是真正的反转，也可以是继续延续前一走势类型的方向，“上涨 + 盘整 + 上涨”的结构是完全合理的。例如，人的中阴后，不一定就要变成鬼之类的，也可以变成所谓的神仙。如果你前一世是从鬼来的，鬼到人是上涨，中阴盘整后，从人到神仙，也是上涨。

“上涨 + 盘整 + 下跌”“上涨 + 下跌”等结构同样是可能的选择。这时候，唯一正确的操作只有一点：如果你技术好，就在这个大的中枢震荡中操作一把。如果技术不好，就拿着小板凳看戏，看它最后是升天还是下地狱，等市场自己去选择，然后再决定自己的操作。

不过站在本 ID 理论的角度，效率最大的方法，就是利用这个震荡去操作一把。学了本 ID 理论，就是要把技术练好。技术练好了，自然不用整天坐小板凳了，上台自己“票友”一把不是更爽？

当然，没这个本事的时候，还是别玩这一招，为什么？这就如同在中阴的阶段，还是可以去修炼去证悟，但你总不能因此说，我现在就不修炼了，等中阴过去再说。真等到那时候，被业力牵引着，你修什么鬼呀。

所以有真本事，什么情况都不用怕，都可以折腾。关键是要有真本事。

缠论点睛

1. 某级别中阴阶段，可以说是指该级别趋势结束之后，新的同级别走势类型确认之前的中枢震荡阶段。因为中枢震荡必须出现第三类买卖点才能算正式结束，因此在出现新的第三类买卖点之前的两个走势类型的连接区间，就是中阴阶段。从走势类型转化的角度看，某个趋势之后，可以转化为盘整或者反趋势。而盘整结束之后，有上下两个方向。所以说中阴阶段结束之后，可以沿着原趋势继续前进，或者出现反趋势，这要看中阴之后出现第三类买点还是卖点来决定。

2. 根据各个级别的走势类型，建立合理的标号体系。这样做不仅有利于同级别走势类型的分解，而且有助于培养一种综合的、系统的看盘习惯。

3. 理论上，标号系统上的每个上涨中的高点，或者下跌中的低点，都有可能形成该级别的中阴阶段，这要配合大盘、趋势的位置以及力度作综合把握。中阴阶段，水平一般的，就等着这中阴的方向选择之后作出决定。水平较高的做法，是利用中阴阶段的震荡多空通杀地壮大自己。

投资微言

君子谋道不谋食。耕也，馁在其中矣；学也，禄在其中矣。君子忧道不忧贫。

——《论语》

教你炒股票 89

中阴阶段具体分析

(2007-11-18 20:14:06)

大概很多人都会想，中阴阶段也没什么特别的，其实就是一个盘整，和其他的盘整没什么不同。这种想法大有问题。

中阴阶段能否处理好，关系到操作节奏的连接问题。很多人的操作节奏特别乱，就是因为不知道中阴阶段所致。中阴阶段虽然表现为中枢震荡，但并不是一般性的中枢震荡。

精确的理论，当然也可以很粗略地表达。例如，所有人都知道，市场不是上就是下或者就是盘整。这本质上是一句废话，但废话的另一面，就是公理。这个废话，刚好表达了市场的本质。

就如同欧氏平面几何里，说两点之间只能有一条直线。这对于常识来说，就是废话。但这废话就是公理。关于欧氏平面几何里的公理，这条公理正好反映了欧氏平面几何的本质特征。同样，“市场不是上就是下或者就是盘整”这句话，刚好反映了地球上现在所存在的股市的特征。在别的星球上的股市，完全有可能存在第四种情况，那里有和我们的思维完全不同的分类。

知道了公理，其实什么都没知道。这也是中国人思维里的一个大弱点。中国人喜欢大而化之地讨论问题，结果最终讨论的都是废话，都是所谓的公理，或者说就是我们的共业所生的东西。

科学，特别对于具体操作来说，这些大而化之的东西没有任何意义。例如，市场上的操作，是一就是一，多一分不行，少一分也不行。市场操作必须有严密的逻辑思维习惯，而且是精确思维的习惯。

我们从公理出发，并不意味着就停留在公理的水平上。否则欧氏几何就是干瘪的5条公理，那还研究它干什么？同样，讨论市场，不是上就是下或者就是盘，那样什么都别研究讨论了，抛硬币就可以。

中阴阶段的存在，就在于市场发展具体形式在级别上的各种可能性。这些可能性的最终选择，并不是预先设定好的，而是市场合力的当下结果，这里有着不同的可能性。这些可能性，在操作上并不构成大的影响，因为都可以统一为中阴过程的处理。

例如，1分钟级别下跌背驰后，就进入中阴时段。首先，根据走势分解基本定理知道，其后的行情发展，一定是一个超过1分钟级别的走势。但超过1分钟级别的走势存在很多可能性，就如同一个人死后在中阴阶段，也存在着多种可能：人、鬼、神、阿修罗、地狱、畜生等。

这些可能，首先一个最基本的原则是，必须先出现一个5分钟中枢，因为无论后面是什么级别的走势，只要是超1分钟级别，就一定先有一个5分钟中枢，这没有任何发生特例的可能。这个100%成立的结论，就构成我们操作中最大也是100%准确的基本依据。

1分钟级别的走势后，你不能说它一定是下还是上还是盘，因为都有可能。但你一定能说，它最终必须先有一个5分钟中枢。这是必然的，而且只有本ID的理论才能明确给出这样的必然结论。

有了这个结论，一切关于行情后续演化的争论都没有意义了。不管后面是什么，首先把这个5分钟中枢给处理好，这才是唯一重要而且有着100%操作性与准确性的事情。因此你在操作中，脑子里必须有这样一个100%准确的判断。5分钟的中枢震荡如何操作，那是最简单的幼儿园问题，如果还不懂，上面有88节课程，请好好再学学。

当然，如果你是按5分钟以上级别操作的，那么这个5分钟中枢的中阴过程对于你来说可以说是不存在的，你可以不管。

5分钟中枢成立后，就必然面临被破坏的问题，也就是中枢延伸或者出现第三类买卖点的问题。这也是超级幼儿园的问题，不懂就回头学。

如果这个中枢不断延伸，最终扩展成了30分钟中枢，那么就按照30分钟中枢的第三类买卖点来处理。如此类推，总要面临某一个级别的第三类买卖点去结束这个中枢震荡。

一般性地，我们可以以5分钟中枢后出现第三类买卖点的情况为例子，那么这个1分钟的走势，就演化为5分钟级别的走势类型。至于是只有一个中枢的盘整，还是两个中枢的趋势，用背驰的力度判断就可以把握，这也是幼儿园问题。

例如，现在如果已经形成的5分钟中枢出现第三类卖点，那么就算共同富裕的目标达不到，全面小康肯定是没问题了。

从上面的分析就可以看到，本ID的理论是这样把一个看似复杂，没有方向的中枢问题，以100%准确的逻辑链连接成一个可以100%具有准确操作度的简单操作程序，而这不过是本ID理论的最低级威力而已。

必须再次说明，本ID理论的盘整和一般所说的区间震荡盘整的概念不是一回事，指数从10000点跌到0也可以是一个盘整，只要中间只有一个中枢。另外，盘整和中枢也不是一个概念。中枢如果是苹果，那么盘整就是只有一个苹果的苹果树，而趋势就是可以有两个以上直到无穷个苹果的苹果树。你说苹果和苹果树是一个概念吗？

另外，千万别以为盘整就一定比趋势弱。有些盘整第一段就杀得天昏地暗，后面一段即使力度没有第一段力度强，但两者加起来也可以超越所谓的趋势了。还是上面的比喻，只有一个苹果的苹果树，难道一定比有 100 个苹果的苹果树矮？显然不是的。

那些连中枢、盘整、趋势都没搞清楚的人，就请虚心点，好好去学习。本 ID 的理论，不会因为多一人学了而多一分准确性，更不会因为少一人学了、多一人反对了而少一分准确性。这就如同三角形内角之和为 180 度，只要在欧氏平面里，无论你信与不信，都不会变成 179 度。

缠论点睛

1. 中阴阶段的关键之处，在于走势处于市场方向性选择的阶段，而这关系到整个操作的节奏。因此不能简单地等同于趋势中的中枢震荡。

2. 中枢震荡和盘整的区别在于：盘整是一个完整的走势类型，是和上涨、下跌并列的，而中枢则是走势类型的构件。

3. 操作中，必须要有一个必然的判断，例如本课程中“1 分钟走势类型结束，必然会有一个 5 分钟走势类型存在”。这个百分之百的判断，就是操作中最值得依靠的港湾。

投资微言

无根浮盈空欢喜，未悟真经套中人。

教你炒股票 90

中阴阶段结束时间的辅助判断

(2007-12-03 22:33:08)

这里给出的是中阴阶段结束时间的辅助判断，并不是绝对性的判断。如同用 MACD 判断背驰一样，只是一个辅助性的方法，但由于准确率极高，绝对的判断反而因为太复杂而不实用，所以就可以一般性地利用辅助方法进行判断。一般来说，这个中阴阶段结束时间的辅助判断的有效性，可以达到或接近 100%，很少出现例外。

当然，由于是辅助性判断，所以技巧性与熟练程度就很关键了。这就如同玩杂技，训练有素的演员上台出错的几率很小，而一个没有经过训练的演员，一上台肯定会出错。

这个辅助判断，可以利用所有软件都有的一个指标：布林通道，在软件上一般用 BOLL 表示。该指标有上、中、下三个轨道。一般性地，价格在上轨以上和下轨以下运行的时候是超强状态，中枢移动时肯定会出现。价格在上轨运行是上涨中的超强状态，价格在下轨运行是下跌中的超强状态。

用这个指标可以很好地辅助判断第二类买卖点，有时候也可以用来判断第一类买卖点。一般来说，价格从上轨之上跌回上轨之下，或者从下轨之下涨回下轨之上，都是从超强区域转向一般性区域。其后如果再次上涨或回跌，价格创出新高或新低，但不能重新有效回到布林通道的超强区域，那么就意味着趋势进入中阴状态了，也就是第一类买卖点出现了。

布林通道更有用处的是对第二类买卖点的辅助判断。一般来说，趋势进入中阴状态，上轨和下轨都会有滞后反应。也就是说，价格第一次回跌或回升后再次上涨或下跌时，上轨和下轨才会转向。这时候转向的上轨和下轨，往往成为最大的阻力和支持，使得第二类买卖点在上轨之下或下轨之上被构造出来。

一个典型的例子，就是上证指数在 2007 年 11 月 1 日 6004 点时构成的第二类卖点，还有一个例子是 2007 年 6 月 20 日那天构成的第二类买卖点。

个股方面，紫光股份(000938)是一个经典的例子。2007 年 9 月 14 日的第一类卖点，2007 年 10 月 8 日的第二类卖点，都十分的“教科书”。

华润三九（000999）2007 年 10 月 10 日的第一类卖点以及 2007 年 11 月 6 日的第二类卖点，也同样的教科书。这种例子太多，而且在不同的级别中都一样有效。

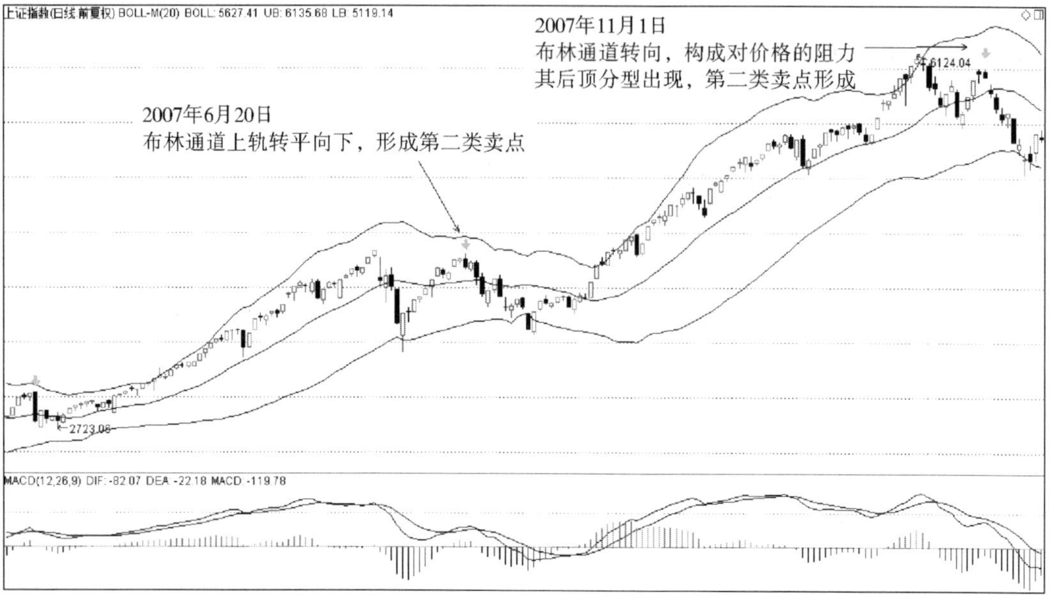

图 90–1 上证指数布林通道辅助判断第二类卖点分析图

图 90–2 紫光股份（000938）布林通道辅助判断第一类、第二类卖点分析图

有人可能会说，上面那两个例子都是本 ID 自己操作的股票，这个说法肯定对。其实，别的股票更准确，例如万科 A（000002），这只股票够大众情人了，请看它的周线，40.78 元那周究竟发生了什么事，竟然构成了周线的第一类卖点？

不过布林通道在关于中阴结束时间的预判上才是最有用的。一般来说，布林通道收口是对中阴结束时间的最好提示。但这里有一定的技巧性，不是判断1分钟级别走势的中阴结束，就一定要看1分钟级别的布林通道。

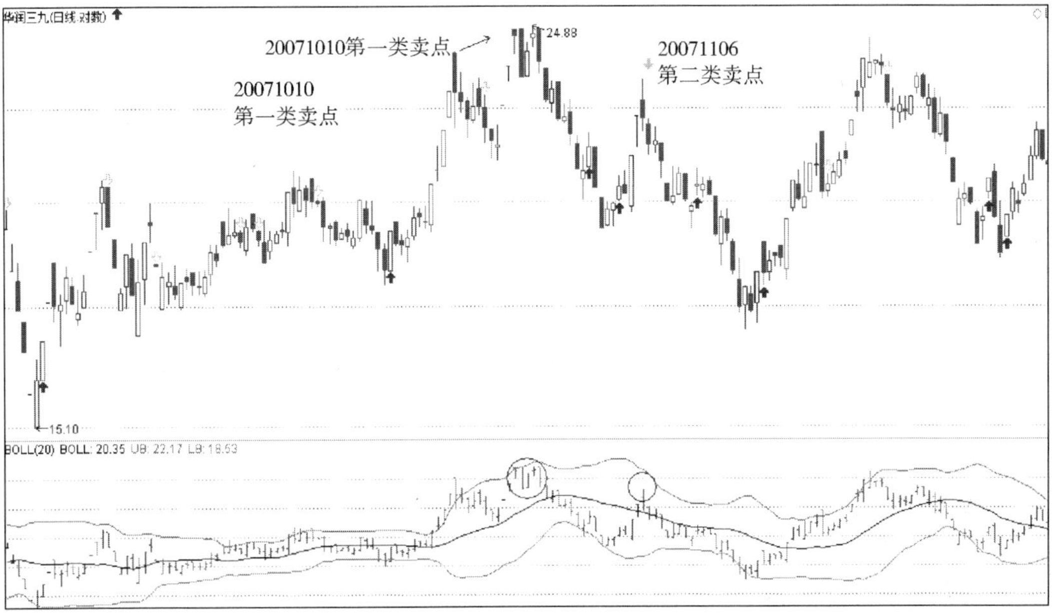

图 90-3 华润三九（000999）布林通道辅助判断第一类、第二类卖点分析图

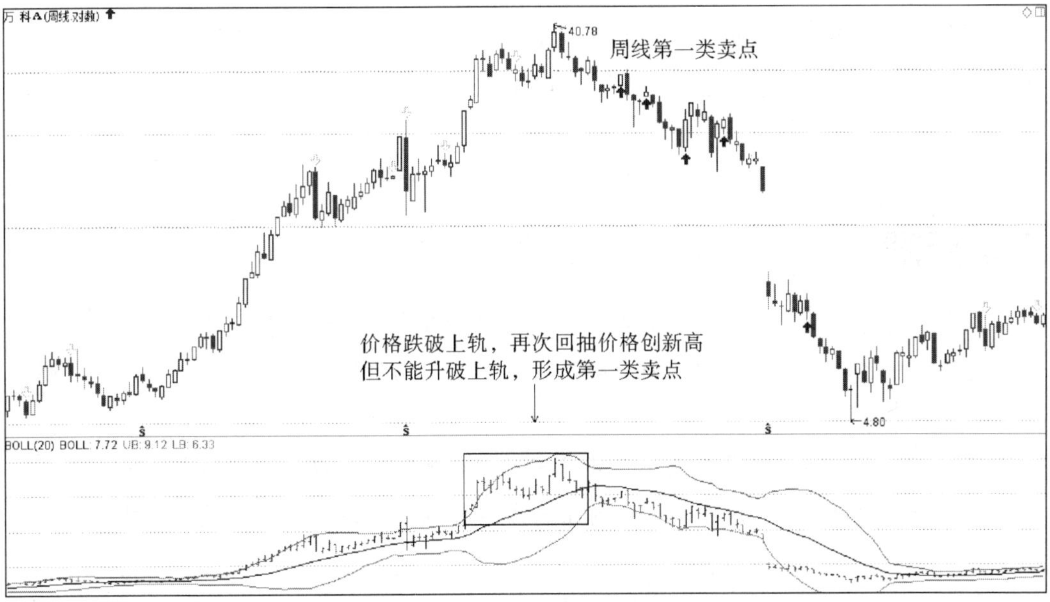

图 90-4 万科 A（000002）布林通道辅助判断周线第一类卖点分析图

例如图 90-5，预判一个 5 分钟级别中阴过程结束的时间，应该看 30 分钟的布林通道是否收口。某级别布林通道收口，意味着低于该级别的走势的某个中阴过程要级别扩展或结束了，一般都对应着相应的第三类买卖点。

图 90-5 世纪星源（000005）利用布林通道辅助判断中阴结束时间分析图

用布林通道辅助判断买卖点，比用 MACD 辅助判断的技巧性还要高点，必须不断看图，不断总结自己的经验才会有所得。本 ID 这里只是把月亮指给各位，要把月亮变成自己的，还需要自己去努力①。

缠论点睛

1. 布林通道辅助判断第一类买卖点技巧：股价在布林通道超强区域运行，跌破或者升破超强区域之后，第一次回抽创出新高或者新低，而价格不能再回到超强区域，则大概率出现第一类买卖点。

2. 布林通道辅助判断第二类买卖点技巧：布林通道的开口方向从向上转平或者从向下转平，价格回升不能升破布林通道的上轨或者回跌不能跌破布林通道的下轨，则大概

① “指月”，源于六祖慧能与无尽藏尼对话的一个典故。无尽藏尼对慧能说：“你连字都不识，怎么谈得上解释经典呢？”慧能回答：“真理是与文字无关的，真理好像天上的明月，而文字只是指月的手指。手指可指出明月所在，但手指并不是明月。”示喻文字所载的佛法经文，都只是指月的手指，只有佛性才是明月的所在。

率出现第二类买卖点。

3. 布林通道辅助判断中阴结束时间的技巧：某级别中阴阶段的结束，一般对应着高一级别布林通道收口。

投资微言

仓位要持有到止损出场为止。

教你炒股票 91

走势结构的两重表里关系（一）

(2007-12-17 21:40:15)

判断走势，如同中医看病，未病而治是第一等的，次之是治欲病。到已病阶段，那只能算是亡羊补牢了。但绝大多数的人，病入膏肓了还在幻想。市场里最终牺牲的，总是这种人。

级别的存在，可以比拟成一种疾病的级别，1 分钟级别的下跌可能只是一个小感冒，而有时候一个 5 分钟级别的下跌，就足以使一个小的感冒流行了。至于 30 分钟、日线级别的下跌，基本对应着一些次中级或中级的调整，大概就相当于肺结核之类的玩意儿。周线、月线级别的下跌，那是什么都不用说了。如果是季线、年线级别的下跌，就算不是死人一个，也至少是植物人了。

未病－欲病－已病，对应的界限就是相应级别的第一类、第二类、第三类买卖点。注意，对于上涨来说，踏空也是一种病。涨跌之病是相对的。

如何诊断出疾病所处的阶段？其道理和中医是一样的。例如，中医里讲“肺和大肠相表里”，注意，中医里的肺不单单指西医那个叫肺的器官，而是相应的一个功能系统。例如，鼻子就属于肺这个系统。因此鼻子的毛病，可能就和大肠相关。在西医里，这两样东西无论如何都是不搭界的。

在走势中，当下的走势对应着类似的两重表里关系。在前面讨论的走势分解的配件中，有两种类型：（1）能构成中枢的。（2）不能构成中枢的。

第一种包括线段以及各种级别的走势类型；第二种只有笔。笔是不能构成中枢的，这就是笔和线段以及线段以上的各种级别走势类型的最大区别。因此在不同时间周期 K 线图上的相应判断，笔就构成了一个表里相关的判断。越平凡的事情，往往包含最大的真理。一个最简单的笔，里面包含了什么必然的结论？

一个最显然又有用的结论就是缠中说禅笔定理：任何的当下，在任何时间周期的 K 线图中，走势必然落在一确定的具有明确方向的笔当中（向上笔或向下笔）。在笔当中的位置，必然只有两种情况：（1）在分型构造中。（2）在分型构造确认后延伸为笔的过程中。

根据这个定理，对于任何当下的走势，在任何一个时间周期里，我们都可以用两个变量构成的数组精确地定义当下的走势。第一个变量有两个取值，不妨用 1 代表向上的笔，–1 代表向下的笔；第二个变量也有两个取值，0 代表分型构造中，1 代表分型确认延伸为笔的过程中。

例如,（1,1）就代表一个向上的笔在延伸之中,（–1,1）代表向下的笔在延伸中,（1,0）代表向上的笔出现了顶分型结构的构造,（–1，0）代表向下的笔出现底分型结构的构造。

任何的当下，都只有这四种状态，这四种状态描述了所有的当下走势。更关键的是，这四种状态是不能随便连接的。例如（1，1）之后绝对不会连接（–1、1）或者（–1，0），唯一只能连接（1，0）；同样,（–1，1）只能连接（–1，0）；而（1，0）有两种可能的连接：（1，1）、（–1，1）;（–1，0）有两种可能的连接:（–1，1）、（1，1）。

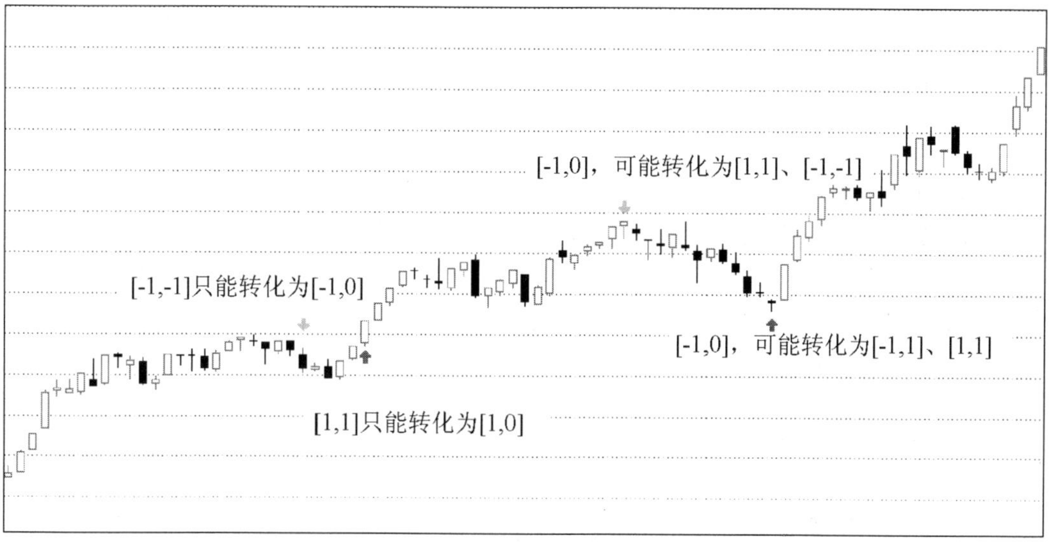

图 91–1 笔状态转化案例分析图

有了上面的分析，我们就很容易进行更复杂的分解。考察两个相邻的时间周期 K 线，例如 1 分钟和 5 分钟的 K 线图。如果当下的走势在 5 分钟里是（1，1）或者（–1，1）的状态，那么 1 分钟里前面的任何波动，都没有太大的价值。因为无论这种波动如何大，都没到足以改变 5 分钟（1，1）或者（–1，1）状态的程度。这里就对 1 分钟的波动有了一个十分明确的过滤作用。如果你是一个最少关心 5 分钟图的操作者，根本无须关心 1 分钟图上的波动。

此外，如果当下的状态在 5 分钟图上是（1，1），1 分钟图上也是（1，1），那么 5 分钟图上的状态是断无可能在其后几分钟内改变（1,1）模式的，要 5 分钟图上从（1,1）变成（1,0）的状态，至少要在 1 分钟图上出现（1,0）或（–1,1）。而在绝大多数情况下，都是必然要出现（–1，1）的。

因此站在病的三个阶段判断的角度，对于 5 分钟的笔状态，1 分钟的笔状态可能导致 5 分钟笔状态改变，这就是一种未病的状态。例如，对于 5 分钟的（1，1），1 分钟出现（1，0）是一个小的警告。这个警告如果只出现在1个1分钟的K线里，那么不足以破坏5分钟的结构，所以这个警告不会造成实质的影响。但如果这个1分钟的（1，0）被确认了，那么一个重要的警告就成立了，走势将向欲病发展了。

这个1分钟的（–1，1）出现并导致5分钟的（1，0）在形成中，就是一个欲病向已病发展的前兆。当5分钟的（1，0）也确认向（–1，1）发展时，就确认已病了。

这种分析，同样可以应用在日线与周线的关系上。例如2007年12月17日前后大盘的走势，在周线上出现（–1，0），而日线上目前是（–1，1），这种状况是下跌里第三恶劣的情况。最恶劣的情况是周线（–1,1），日线也是（–1,1）；次恶劣的是周线是（–1，1），日线是（–1，0）。

对于第二、第三恶劣的情况，技术高的人也是可以去操作的。至于最恶劣的那种情况，就算技术高的人也算了。目前，首先要等待的就是日线出现（–1，0）的信号。如果这个信号出现时，周线还能保持（–1，0），那么就会出现第四恶劣的情况，也就是有可能出现转机的情况。

是否出现转机，大盘走出来就知道了。目前的大盘处在最微妙的时候，为什么？因为一旦日线的（–1，1）延续到打破周线的（–1，0），这样就会变成最恶劣的走势状态，也就是周线（–1，1），日线也（–1，1）。换言之，目前的大盘只面临两种选择，第一恶劣还是第四恶劣，如此而已。

	最恶劣	次恶劣	第三恶劣	第四恶劣
下跌中	–1，–1 –1，–1	–1，–1 –1，0	–1，0 –1，–1	–1，0 –1，0
	最优	次优	第三优	最差
上涨中	1，1 1，1	1，1 1，0	1，0 1，1	1，0 1，0

（每个矩阵中，第一行代表大级别的笔状态、第二行代表小级别的笔状态）

图91–2 两重级别笔状态构成的表里关系优劣图

为了记录，我们可以随时给大盘开一个即时的病情记录。这个记录是一个矩阵，按1分钟、5分钟、30分钟、日、周、月、季、年的级别分类。该矩阵有8行，每一行就是对应级别的状态数组。这个矩阵可能的情况就有4^8个，一个相当大的数字，代表了走势所有可能的状态，也就是所有病的状态。

当然，用巨大的计算机，我们可以实时监控所有股票的病情。注意，每一种状态并不能随机转化到任何的另一种状态，可变的状态是极为有限的，从中可以分析出可能变

你，不需要如赌徒一样整天烦躁不安，又期盼又恐惧，折腾不休。你只要平静地按照自己的韵律，按照市场的显现去与日俱增地强大自己。错过了，就错过了，后面还有无数的机会等着你。

你，不需要把自己设计为超人。超人不是设计的，超人是干出来的。你能长期战胜市场，你就是市场里的超人。因为市场的原则就是，只有最少数的人才能长期战胜市场，你不是超人，谁还是？

你，当然会不时面对不同的危机。危机不能躲，要用最快最明确最直面的手段解决。只要还有翅膀，天空就是你的。

前面说，你要用0成本投入。当然，实际上也没必要这样严格。你可以把你完全不影响生活的钱拿出来，告诉自己，这就是你唯一的资本，你没有后援，然后就用这些钱创造你自己的神话。

当然，如果输光了，你可以再给自己一次机会。但在给自己这次机会之前，你必须把自己彻底解剖一次，把你所有失败的根源都挖出来，然后告诉你自己，这是你最后的尝试。

如果你又输光了，那么你就退出吧，不是每一个人都适合市场的，不是每一个人都要去当市场的高峰的。我们有时候必须面对的最客观的事实就是：我不行。

然后给自己n年的机会，去学习，去历练。在n年以后，如果觉得你有足够的信心重新回到市场了，那么就再给自己一次机会。如果这次还不行，那么这一生，你就和市场永远再见。买基金，买国债，什么都可以，就是别亲自到市场里来了。

市场，只是生活的一部分，如此而已。

缠论点睛

1. 赌徒心态的根本在于：无视当下走势，根据自己的贪婪、恐惧、希望去操作。
2. 出错并不可怕，没有人会永远正确，关键在于长期正确。

投资微言

赌博和投机的区别在于，前者对市场的波动押注，后者则等待市场不可避免的升和跌。

教你炒股票 97

中医、兵法、诗歌、操作（一）

(2008-01-29 15:49:06)

世界上，从来不缺乏贪婪。贪婪最大的表现之一，就是上帝式思维。有一个上帝，你信了他，所有事情就都是他的，你就又天国，又永生了。这本质上就是人类的贪婪制造的幻象。

在市场操作中，贪婪的最大表现就是希望寻求一种预测性的、一劳永逸的上帝式指标或模式。上帝先验地决定了一切，有了这些东西，在市场中就可以又天国又永生地财源滚滚了。

这是什么？典型的贪婪思维。这种人，佛出世都救不了，最终就是当青蛙的料儿。市场中最多的就是这种人，他们希望找到一根万能拐杖，最好这拐杖可以自动地给出所有的买卖点，这样他们就什么都不用干，就可以财源滚滚了。

贪字和贫字就差那一点儿。如此贪婪的想法，不被市场屠杀，真是笑话了。

在市场中操作，和中医、兵法、诗歌类似。学中医，首先要把中医的理论、系统、思维方法、分类原则等搞明白。按照中医的系统理论，所有的病都有一个对应的理论输出与实际相符合。这就如同本 ID 的理论，所有的市场机会都会被本 ID 的理论一一对应地输出。

但你只知道输出，什么用都没有。你学了一大堆理论，没什么用，因为理论应用是要靠人的。由于人的素质、水平等不同，在实际应用中相差就太远了。所以市场操作最终都归结于人的修炼。

理论的输出是最基础的，你连理论的分类都搞不清楚，谈应用就很可笑了。所以首先你要完全吃透理论。

一个中医，学了理论，然后就要开始玩望闻问切之类的游戏，这就等于本 ID 理论中看市场机会的当下显发。有些人总是想预测，那么请问，一个医生知道下面肯定有一个病人要来，难道他还需要预测一下这个病人的性别，得了什么病，可以开什么药？如果世界上有这样的医生，你敢去看吗？

同样，市场机会的到来，就如同要来看病的那个病人，你不需要对他预测什么，点位、时间等什么都不需要，你只需要等他来的时候对他望闻问切就可以了。事情就这么简单，为什么这个思维就拐不过来？

机会必然按理论的要求输出，第二步就是看机会的显发，对之望闻问切，这是更高的一种要求。这就如同医生，能熟练地望闻问切，那是需要功夫的，需要在实践中增长能力。开始的时候你总是看走眼，这太正常不过了。唯一的办法就是多看、多练习。

一定要看走势图，那是世界上最昂贵的图画，最昂贵的艺术品。多看，就如同培养你的鉴赏力。为什么玩古董的，很多人总是被假玩意骗，而有人就能专破假玩意，这就是鉴赏力的问题，这是需要磨炼的。磨炼的时候，被骗几次，那不是最正常不过的事情？

为什么很多人在市场中显得很痛苦？就是他不热爱这走势。走势是最好的艺术品，站在热爱的角度，才能激发你的鉴赏力。否则你脑子里总是被盈亏之类的贪婪之念占据，眼睛怎么可能不被蒙蔽？

望闻问切有成了，后面最难的就是操作了。操作，就如同中医开药方。会看病，基本等于中医的1/10，而用药、开药方的难度，就是后面的9/10。没有最后的药方，前面的所有东西都是白搭，操作也是这样的。

开药方，就如同行军布阵，所谓用药如同用兵。如何用？这需要你用一生去修炼。这就如同操作。操作是一生的事情，除非你离开市场。

中医开药方，因人、因时、因地等因素的不同而开。就如同打仗，哪里会有一样的仗？仗仗都不同。中医不同于西医，西医把人当成机器。所有的人，只要是所谓同样的病，就给你开同样的药，完全是流水线机械化生产。现在很多人在市场中的思维，就是这种思维。

当然，所有的不同里有着一个共同“不患”的基础。例如，市场运行的“不患”基础就被本ID的理论所完全描述。同样，所有用药的“不患”基础也被中医理论所描述。无论怎么折腾，都出不了这基础。这是不同中的同，患中的不患。

明白了这一点，操作就有了一个大的不患背景。在这背景之上，就是一个创造充分显发的过程。每个人按照自己的能力、修养等开出不同的药方，给出不同的操作记录。这是一个没有止境的过程，要不断地修炼下去。

具体地说，在一般程度上，你必须遵守买卖点的原则去买卖。但这并不是一定的，例如，本ID就经常愿意在买卖点偏移一点的地方去买卖。为什么？因为那样可以买卖到更多的数量，或者可以制造出一些特别的东西，以达到更大的目的。

这就如同写格律诗，开始的时候，你必须严格按格律来。如果没有按格律来，那是你的水平问题，千万别以自己是写拗体来自我安慰，那将害了你，以后你就永远和真正的格律诗无缘了。但当你已经自由于格律，得心应手时，就可能要根据诗歌的内容，自设声律而构成奇响，成为所谓的拗体了。这时候，就是出神入化的过程了。

操作，同样如此。

缠论点睛

1. 市场中没有圣杯，希望找到某个指标、模式，能够自动地给出所有的买卖点，这要么是幼稚，要么是贪婪思维在作怪。抱着这种想法，结局往往很悲惨。

2. 机会必然按照理论的要求输出，你要耐心等待机会的显发。等待的过程对很多人而言是痛苦的，归根结底，是急着赚钱的心态在作怪。忘记盈亏，正确操作，盈利自然随之而来。机会显发之后，最困难的是操作，这需要你用一生去修炼。

投资微言

市场不是慈善场所，从来都是铁血游戏。

教你炒股票 98

中医、兵法、诗歌、操作（二）

(2008-02-04 19:51:49)

一种思维模式的改变是很困难的，因为一种思维模式的存在，往往连自己都不察觉。特别是一旦出现强烈的走势，那些老毛病就又出来了。这几天的大盘转折走势，就是一个很好的例子。

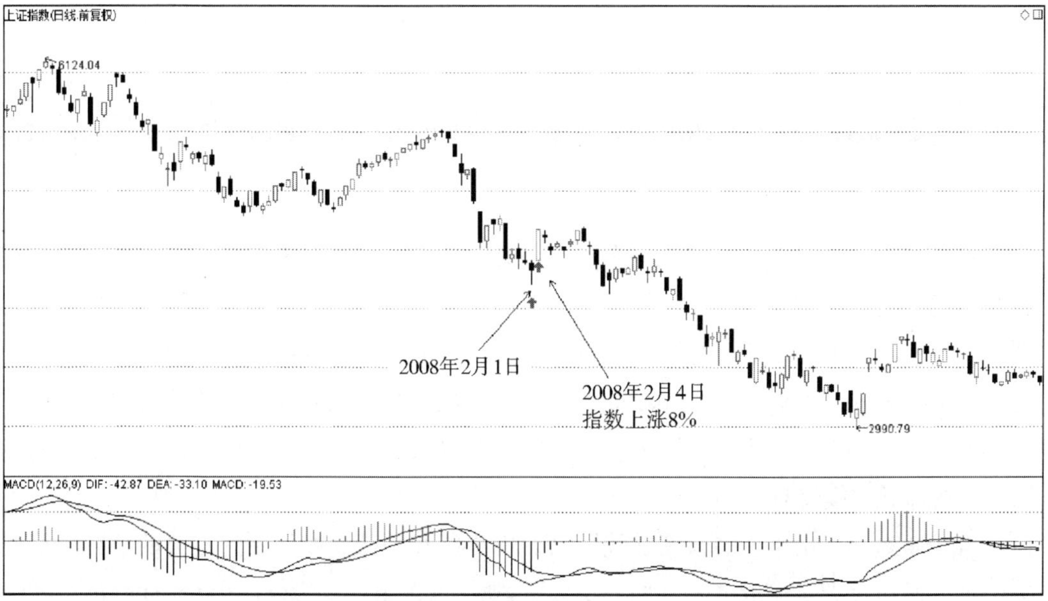

图 98-1 上证指数 2008 年 2 月 4 日前后日 K 线走势图

一个背驰后，无论是盘整背驰还是真正的背驰，理论只能保证其回拉到原来的中枢，这是正确的思维方式。那么回拉之后如何，这涉及预测。正确的思维是把回拉后出现的情况进行完全分类，根据每种分类对应的后果，决定你自己的对策。

例如，2008 年 2 月 1 日下午的背驰是很明显的，任何人都可以当下地发现。这个背驰进去后，后面面临着继续向中枢上边突进以及再次回探两种情况。第一种情况，意味着 362 开始的线段要继续延续下去。第二种情况，首先就要破坏 362 开始的线段。那么这两种情况就很简单了，就等周一开盘当下地决定这段线段是否被破坏。

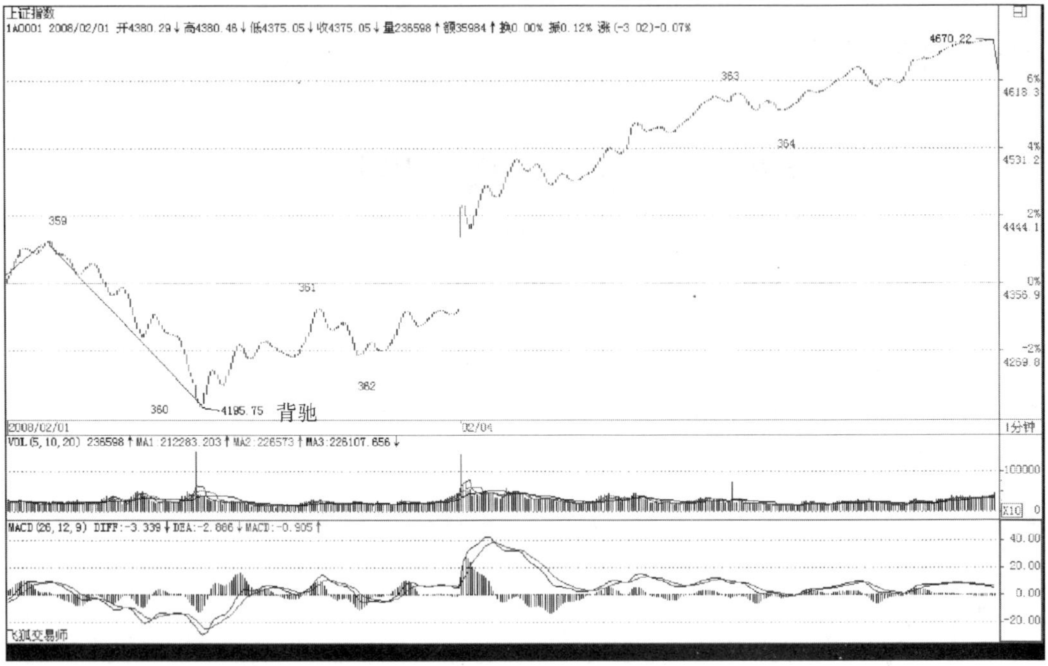

图 98–2 上证指数 2008 年 2 月 1 日前后 1 分钟 K 线走势图

这是严格的理论思维，和周一有没有消息，是否有利好毫无关系。特别地，如果有利好，竟然还走出破坏 362 开始的线段的走势，那么问题就严重了。实际上，大盘一直到了 364 才破坏了 362 开始的线段。但这时候，就不存在怎么走的问题了，为什么？因为从理论上来说，走势演化成线段类上涨的可能性极大，除非 363 开始的这段线段跌破 361 这个位置。后面你只要看着这个线段是否跌到 361 那个位置就行了，实际走势显然没有，所以就继续持有。

等 364 这一点出来，展开新的线段后，因为已经是从 306 开始的走势的第二个线段类中枢，所以就要注意是否有可能出现类背驰，这就要看 2008 年 2 月 5 日开盘后的情况。如果不能继续保持类似斜率上涨，那么这个线段类上涨就会结束，形成一个 1 分钟级别的中枢就在情理之中了。

你看，上面所有的分析，都在严格的逻辑关系之中。这是理论的必然结果，也是一种正确的思维方式。当然，一个线段的类背驰是否需要抛点货，这是每个人的爱好问题，和你的操作级别相关。

这就如同打仗，你不能假设明天某某山头还在自己手里，然后根据这个假设去安排兵力。山头是否在自己手里，那是当下的。当然，你可以去反复争夺一个山头，但你不可以假设这个山头在未来的某一个时刻 100% 就在自己手里。

这也如同中医，你不能认为你的药一定有什么效果，效果是吃了药以后再望闻问切测出来的。针对同一病人的药，要根据不断地望闻问切进行必要的增减。当然，你也可以保持不变，就如同在一个上涨趋势中，你可以保持持有。一旦出现超越你的级别、你的操作限度的转折信号，也就是背驰，那么你的药就必须要变了，甚至是大大地改变。

如果没有出现今天的利好，你的操作逻辑并不会有任何改变，还是根据当时的图形是否触及你的操作分类界限进行，这才是正确的思维。

换言之，在操作时，你要对后续的所有可能情况与对策了然于胸，否则你就没有资格操作。对于一个真正的操作者，没有任何情况是意外的，因为所有的情况都被完全地分类了，所有相应的对策事先都有了，只是等着市场自己去选择，去触及我们事先给定的开关。

说实在的，比起中医、打仗，操作股票是最简单的。为什么？因为股票的后续走势，因为有了本ID的理论，都可以严格地唯一地给出统一的完全分类，而中医、打仗，要面对的可能情况就更复杂了。特别是打仗，完全的分类只能是一种假设了。

如果你的思维还是转不过来，那么就没有必要再去学习，首先把思维转过来。

可能有人会问，如果出现回探的情况，那么在背驰买入的股票可能出不掉。显然这种情况是很有可能发生的，因为T+1的市场规则，在该反应的时间你可能没资格卖出。一个很简单的对策就是，你必须买比大盘强势的股票，也就是先于大盘上涨的股票。这样，一旦大盘回转，这类股票的走势都会比大盘强，这样自然有足够的时间和空间让你选择。

注意，最好的选择是比大盘稍微领先一点儿的股票，而不是完全逆于大盘的股票。

图98-3 中粮屯河（600737）2008年2月4日前后与大盘走势对比图

因为后者往往有可能补跌，或者逆着大盘洗盘。例如，今天的中粮屯河（600737）就是一个很好的例子。当然，新股也是一个很好的选择，不过这类股票开得不要太高，而且要有明显的新资金介入。在一个有一定级别的向上过程中，这种股票一般都有比较稳定的表现。还有，就是买先于大盘调整的股票。

当然，如何选择股票，这是一个经验问题，必须反复练习，才会有灵感与感应的。其实，股票真没有那么复杂。如果你有了感应，打开一只股票的走势图，你一眼就能看出这只股票是否值得介入了。

缠论点睛

1. 一个真正的操作者，对后续的所有可能情况与对策都必须了然于胸，所有相应的对策都要准备好，只是等着市场自己去选择，去触及事先设定的开关。

2. 大盘调整中，要选择略强于大盘或者先于大盘调整的股票。一旦大盘回调结束，这些股票的走势一般都会比大盘强。

投资微言

有买卖点吗？有符合自己操作级别的买卖点吗？这才是受用一生的思维模式。

教你炒股票 99

走势结构的两重表里关系（三）

(2008-02-18 16:19:16)

走势结构，最重要的特征就是有中阴阶段存在。有人可能认为，中阴存在是理论不完善的结果，这其实是典型的一根筋思维。对于这种思维来说，世界就是机械的，任何时候都只有一个机械的精确的结果。实际上，世界更多是量子化的，是测不准的。中阴的存在恰好客观地反映了走势的这种特性。

中阴状态的存在，反映了行情走势生长阶段的未确定性。这种未确定性不会对操作有任何的影响，因为中阴状态都可以看成是一个中枢震荡的整理，根据中枢震荡来操作就可以了。

很多人一碰到中阴状态就晕，因为这个时候你不能对走势给出明确的划分。注意，这里不是指同级别的划分，而是一般性的划分。例如，一个线段性类上涨类背驰后，首先必然出现一个 1 分钟的中枢，也同时进入一种中阴状态，但你不能说这个走势必然就是 1 分钟级别的。因为最极端的情况下，两个年中枢之间也可以是一个线段连接，甚至就是缺口连接，这在实际中都是完全有可能发生的。理论必须包括这些情况，而且这些情况太常见了，并不是一个古怪的问题。

另外，根据结合律，连接中枢的走势，并不一定是完全的趋势类型。也就是说，一个线段类上涨后，可能第二个类中枢就消融在中阴状态的那个中枢里了。也就是说，a+b+c+d+e+f=a+b+c+（d+e+f）中，a+b+c+d+e 是一个线段类上涨，c+d+e 的重合部分构成最后一个类中枢，f 是类背驰后的回调，这时候马上就可以构成一个 1 分钟的中枢，然后后面直接继续上涨，构成 1 分钟的上涨是完全合理的。最终的划分，就必须把 a+b+c+d+e 给拆开了。

在一般的划分中，如果中阴状态中从前面的背驰点开始，已经构成相应的中枢，例如在 a+b+c+d+e+f 后，又有 g\h，f\g\h 构成 1 分钟中枢，那么整个划分就可以变成 a+b+c+d+e+（f+g+h），这样原来的线段类上涨就可以保持了。

如果后面包括 d+e+f 延伸出 9 段，然后又直接上去了，划分中必须首先保证 5 分钟中枢成立。换言之，划分的原则很明确，就是必须保证中枢确立。在这一前提下，可以根据结合律，使得连接中枢的走势保持最完美的形态。

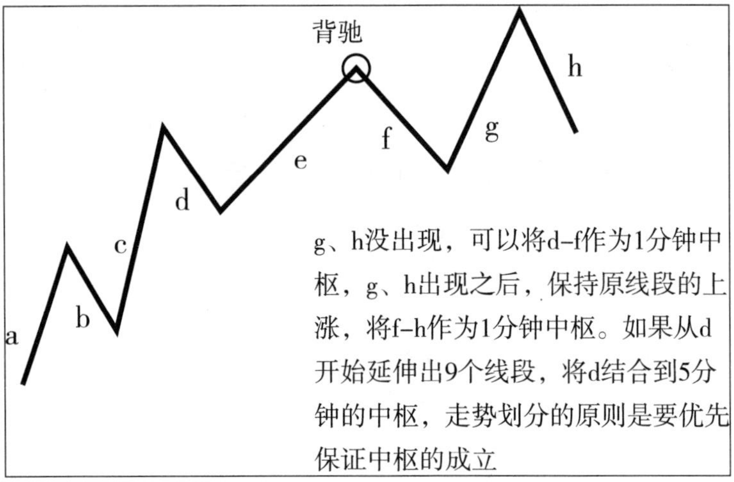

图 99–1 线段类上涨之后的走势划分示意图

由此可见，因为划分中的这种情况，我们就可以很明确地知道，走势的最大特点就是连接中枢的走势级别一定小于中枢的级别。换言之，一个走势级别完成后，必然面临至少大一级别的中枢震荡。例如，一个 5 分钟的上涨结束后，必然至少要有一个 30 分钟的中枢震荡，这是任何走势的必然结论，没有任何走势可以逃脱。

有了这个必然的结论，对于任何走势，其后面的走势都有了必然的预见性，也就是其后的走势级别至少是要大于目前的走势级别的。这里一个很关键的问题就是，这个大的走势级别的第一个中枢震荡的位置极为关键，这是诊断行情的关键。

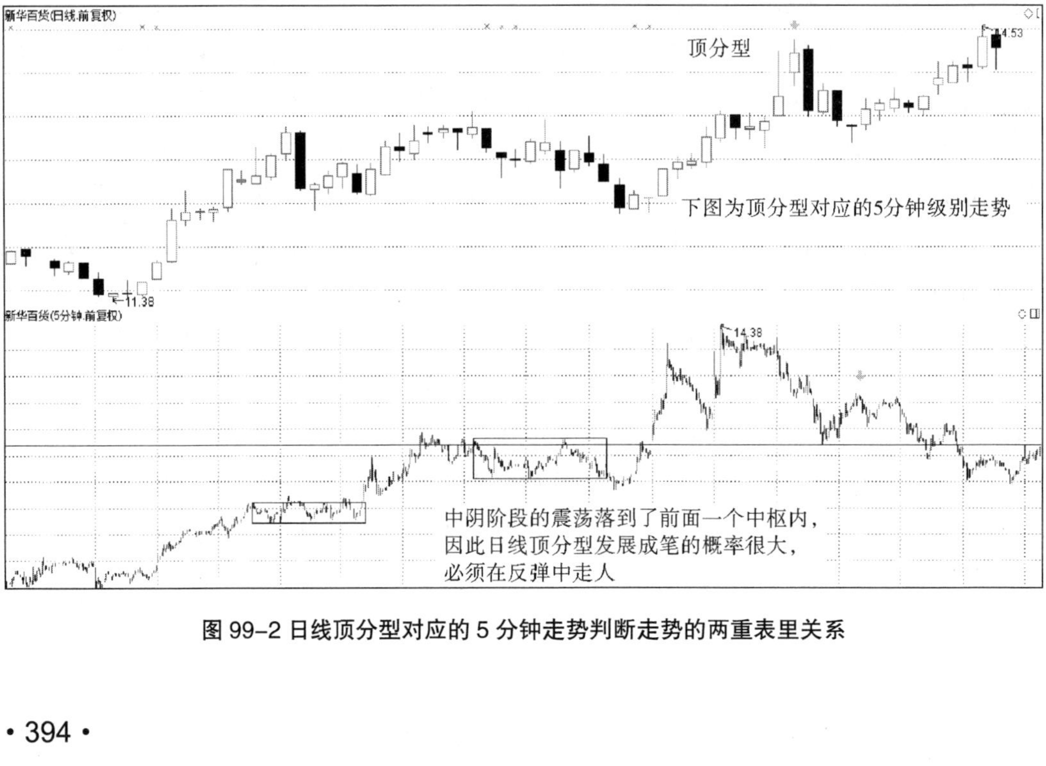

图 99–2 日线顶分型对应的 5 分钟走势判断走势的两重表里关系

首先，任何一个后续的更大级别的中枢震荡，必然至少要落在前一走势类型的最后一个中枢范围里，这是一个必然结论。换言之，只要这个中枢震荡落在前一走势最后一个中枢范围里，就是正常的行为。也就是说，这种中阴状态是健康的。一旦其中枢震荡回到原走势类型的第二甚至更后面的中枢里，那么对应的中阴状态就是不健康的，是危险的，原来走势的最后一个中枢，就成了一个关键的指标位置。

注意，危险是相对的，对于原下跌走势的中阴危险，意味着回升的力度足够强，对多头意味着好事情。

结合分型，例如一个日分型的出现，意味着笔中对应的小级别走势里出现大级别的中枢，因此这个分型对应的中枢位置就很关键了，这几乎决定了该分型是否是真正的顶或底。

缠论点睛

1. 某级别走势类型结束之后，必然会形成更大级别的中枢。很容易证明，如果不能形成更大级别的中枢，新的中枢的级别与走势类型的中枢同级别或者小于该中枢级别，就不能说是该走势类型结束了，只能说是中枢新生或者延续。

2. 某级别走势类型结束之后，新的更大级别的中枢震荡位置非常关键，必然至少会落到已经结束的走势类型的最后一个中枢内。如果超出最后一个中枢的范围，则该中阴状态就是危险的，向反方向转化的概率极大。

3. 走势划分的原则：必须优先保证中枢成立，在此前提下，可以根据结合律使得连接中枢的走势类型保持完美的形态。

投资微言

股票是一个快乐的游戏，别把自己搞得那么苦。坚持只在买卖点进出，就是保持快乐的好方法。

教你炒股票100

中医、兵法、诗歌、操作（三）

(2008-02-25 16:32:23)

只要是中国人都知道，诸葛亮曾经因为一场雨没有把司马懿给消灭。这虽然是小说情节，但还是有分析意义的。打仗，必须要把可能的情况完全分类。用火攻，当然最怕下雨。诸葛亮草船借箭的时候，算天气算得那么准，怎么这次就没好好算？此外，既然诸葛亮知道这一次不搞死司马懿，以后就没有机会了，那怎么不把所有的可能都想到？其实，就算有雨，如果在峡谷外再安排点儿兵马，那司马懿也逃不掉了。

其实并不是诸葛亮真想不到，而是历史上司马懿就没有被诸葛亮干掉。写小说的总不能编得太离谱了，只好把这一切归于天命。现实中所谓的天命，都是在人谋之中，只是你的谋划是否完全。另外，一个很重要的因素是，完全的谋划是否超越你的能力。

股票比战争要简单得多，因为对于股票来说，完全的分类或谋划，基本不存在超越能力的问题，只是买卖多少的问题。有能力就多点儿，没能力就少点儿，不存在某种分类完全不能执行的情况。因此所有的重点，都在完全的分类上。这一点，前面已经反复说过。

完全的分类不是单层次的，一定也必须是多层次的。本 ID 理论最重要的特点之一，就是自然给出了分类的层次，也就是不同的自然形成的级别。不同的级别，有不同的完全分类，综合起来，就有了一个立体的完全分类的系统，这才是我们操作必须依赖的。

当然，对于小资金，你完全可以用一个层次的完全分类进行操作，但对于大一点儿的资金来说，这是不合适的。例如，30 分钟、5 分钟、1 分钟的三个层次所构成的系统里，任何的当下状态，都对应着不同层次完全分类中的一个现实状态。

例如，上证指数从 6124 点下来，到 2008 年 2 月 25 日，是一个 30 分钟级别的下跌。现在处在最近一个中枢的中枢震荡之中，只要不出现第三类卖点，这个震荡还是有效的。在 5 分钟层次上，是离开第一个中枢向下移动中，由于第三类卖点没有形成，所以是否形成 5 分钟下跌，不能 100% 地确定。在 1 分钟层次，一个 1 分钟下跌已经形成。

这三个层次构成的完全分类，就给出了最完美的操作指示。首先，第一个必然且一定是最先出现的变化，就是 1 分钟层次的底背驰。如果连这个都不出现，其他两个层次是不会有任何状态变化的。

1 分钟级别的底背驰后，必然出现回拉，这样就面临两个完全分类：(1) 回拉构成原来5分钟中枢的第三类卖点。（2）回拉不构成原来5分钟中枢的第三类卖点。对应这两种5分钟层次的状态变化:（1）第二个5分钟中枢确认从而确认5分钟的下跌。（2）原来5分钟中枢继续震荡。

显然，这两种5分钟级别的新变化，都不会导致30分钟层次发生状态变化。但其中的一种，却隐含着30分钟即将面临可能的变化，因为5分钟下跌一旦结束，回拉构成30分钟第三类卖点，那么30分钟层次就会有所变化了。

在当下的状态，我们可以很逻辑很严密地推算出后面下一步的系统层次的状态变化。这个变化的可能结果，都对应着你可以承受的范围。你只需要把自己可以承受的能力与之相匹配，给出相应的参与资金比例，相应的仓位控制，就可以自如地参与其中了。

例如，如果你没法应付可能出现的第三类卖点的情况，那就别参与了。为什么？因为第三类卖点是一个可能的选项。反之，如果你对所有的可能都有应对的技术，那么就可以参与这个1分钟底背驰的活动了。

最终还是那个问题，把市场分析好了，把情况分类好了，然后问一下自己，你有处理所有可能情况的能力吗？如果没有，那就算了；如果有，就参与。事情就这么简单。

当然，你还可以这样，就是以特别小的仓位参与，这样可以培养自己面对相应情况的能力。能力毕竟要参与才能培养，光说不练，永远还是没有能力。关键是要知道自己在干什么，不是瞎蒙就行。

缠论点睛

1. 完全的分类必然是多层次的。一般地，可以用三个层次给出完全的分类。

2. 根据完全分类的情况，结合自己的承受能力，确认是否参与操作以及参与操作的资金与仓位。

投资微言

操作中，一定要紧跟大部队，有集团进驻的领域会反复活跃。没有集团进驻的，就可能出现长期不动的局面。

教你炒股票 101

答疑

(2008-03-04 16:14:02)

一、第二类买卖点的问题

以第二类买点为例说明，卖点的情况反过来就是。

第一类买卖点就是背驰点，第三类买卖点就是中枢破坏点。对于第二类买卖点，好像还是有很多人不明白。

所谓第二类买点，就是第一类买点的次级别回抽结束后再次探底或回试的那个次级别走势的结束点。例如，一个 5 分钟底背驰后，第一类买点上去的 1 分钟走势结束后，回头肯定有一个 1 分钟的向下走势，这个向下走势的结束点，就是第二类买点。

那么第二类买点有哪几种可能的情况？

1. 最强的情况。第二类买点刚好构成原来下跌的最后一个中枢开始的震荡走势的第三类买点，也就是第二类、第三类买点合一了，这是最强的走势。这种情况一般都对应 V 型反转的快速回升，是最有力度的走势。

图 101-1 水井坊（600779）第二类买点最强走势情况案例图

2. 最弱的情况。第二类买点跌破第一类买点，也就是第二类买点比第一类买点低，这是完全可以的。这里一般都构成盘整背驰，后面对应着从顺势平台到扩张平台等不同的走势。

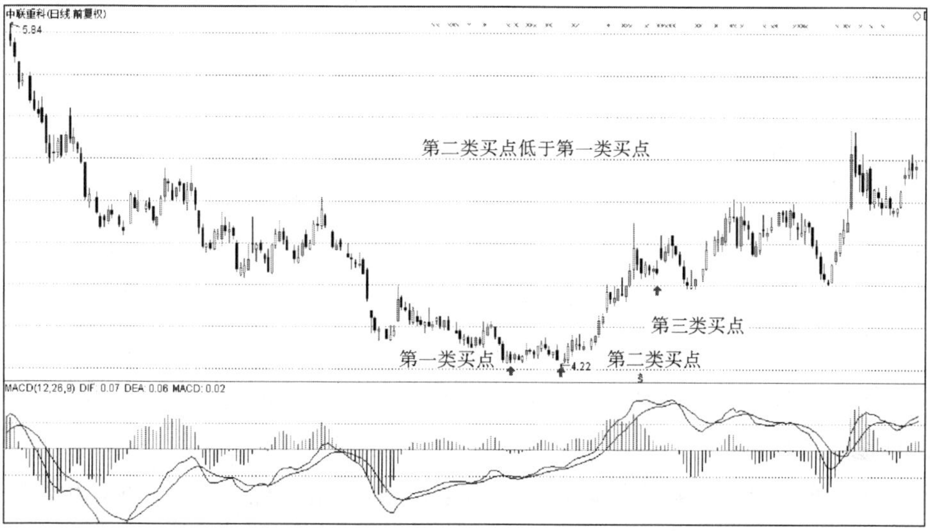

图 101-2 中联重科（000157）第二类买点最弱走势情况案例图

3. 一般性走势。也就是前面两者之间的走势。这种情况下，第一类、第二类、第三类买点是依次向上，一个比一个高。

站在原来下跌最后一个中枢的角度，第一类、第二类、第三类买点都可以看成是中

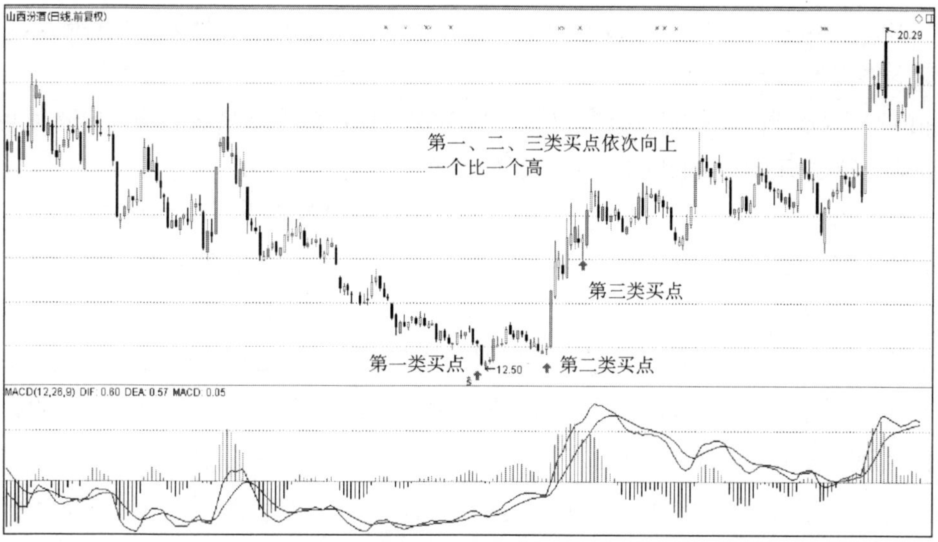

图 101-3 山西汾酒（600809）第二类买点一般性走势案例图

枢震荡的结果，因此在第二类与第三类买点之间，可能会存在更多的中枢震荡走势，不一定如第一类、第二类买点之间是紧接的。第二类与第三类买点之间的震荡买点，一般就不给特别的名称了。当然，也可以看成是第二类买点，这并没有多大的影响。

注意，只有在回升的中阴状态下才有第一类、第二类买点。中阴状态结束后，所有的中枢震荡只存在第三类买卖点以及中枢震荡的买卖点，就不存在第一类、第二类买卖点了。

二、走势必完美

这个问题，估计没有几个人能真正明白，因为学过现代数学的人很少，所以对这样整体性的问题，估计只有糊涂的份儿。

所谓走势必完美，就是本 ID 给出的分型、笔、线段、不同级别走势类型所对应的递归函数，能将行情的任何走势唯一地分解。

唯一分解定理，在现代数学理论的任何分支中都是核心的问题。一个具备唯一分解定理的理论，都是强有力的。例如，在解决费马猜想时用到分圆域的问题，但分圆域没有唯一分解定理，唯一分解并不总能成立，这样只能引进理想数，使得在理想数的角度让唯一分解定理成立，从而展开了代数数论一个全新的篇章。

本 ID 理论最牛的地方，就是把仿佛毫无头绪的股票走势，给出了唯一分解定理，也就是走势必完美。这等于引进理想数，使得代数数论升堂入室一样牛。

数学不行的人，当然看不明白这些关节。很多人整天纠缠在分型上，只能证明这些人根本没看懂本 ID 的理论。分型等于递归函数的 a_0，完全可以随意设计。无论怎样设计，都不会影响到唯一分解定理的证明。

现在这种设计，一定是所有可能设计中最好的，这使得笔出现的可能性最大，并把最多的偶然因素给消除了，使得实际的操作中更容易分解走势。

很多人连分型都没有完全搞明白。分型不需要任何假设，只需要符合定义就可以。是否符合定义，只有唯一的答案，不需要任何假设。

有了走势必完美，就可以把一切关于走势的理论包含其中。本 ID 的理论之所以可以包含所有其他的理论并指出其不足的地方，就在于本 ID 的理论解决了最根本的理论问题：唯一分解。

如果你有很好的现代数学背景，可以对这个问题理解得更深一点儿。当然，如果不明白也无所谓，本 ID 已经把大的背景藏在后面，给出了浅的、谁都可以应用的操作方法，你能把方法搞明白就可以了。

缠论点睛

1. 第二类买卖点是趋势结束之后第一次次级别回试的结束点。根据回试的点位可以区分走势强弱。操作中，尽量选择最强的走势，也就是第二类、第三类买卖点重合的。其后一般都会有强劲的走势。

2. 走势必完美，就是利用分型、笔、线段、中枢等，可以将任何走势唯一地分解为上涨、盘整、下跌。

3. 一般以分型、笔构造线段，以线段构造1分钟中枢，从而构造出各个级别的走势类型。实际的操作中，大家可以根据个人情况去确定这个初始级别，比如用5分钟图上的分型、笔、线段确认5分钟中枢，进而递归出更高级别的中枢以及走势类型。

投资微言

当下地分析和操作，是建立在正确分解的基础上，顺乎节奏而形成判断。运用之妙，存乎一心。

教你炒股票 102

再说走势必完美

(2008-03-06 16:10:18)

如果是单纯地唯一分解，并不能显示本 ID 理论真正厉害之处。走势必完美对应的是一种最特殊、最强有力的唯一分解。看似毫无规律的市场走势，竟然有这样完美的整体结构，这才是最牛的地方。

最完美的系统肯定是自然数了。为什么？因为自然数具有诸多的唯一分解方式，例如素数的分解。还有一种最牛的分解，就是对于幂级数的唯一分解。因为有这种分解，所以自然数有记数法。例如，2 的幂级数对应的唯一分解就是 2 进位，而 10 的幂级数就是 10 进位。如果没有这种分解，我们就不能用记数法记录自然数了。

正因为这种分解如此有力，所以我们都会觉得很平常，似乎自然数有记数法是天经地义的，其实这才是自然数整体结构中最牛的地方。一般的数系是没有这种性质的。

同样，本 ID 的理论给出的递归函数，完美地给出市场走势一个类似记数法一样的唯一分解。也就是说，本 ID 的理论揭示了看似毫无规律的市场走势，竟然有着和自然数类似的整体结构，完全超越一般的想象，这才是真正最牛的地方。

正因为本 ID 的理论揭示了看似毫无规律的市场走势有如此完美的整体规律，所以才有了其后一系列的操作可能。这才是走势必完美真正关键的地方。

正因为如此，级别在本 ID 理论中就极为关键了。为什么？因为本 ID 的递归函数是有级别的，级别是依次升大的。所以搞不明白级别，根本就不明白本 ID 的理论。

那么这样一个整体结构有什么厉害的结论呢？可以推演的东西太多了，随便说一个，就是区间套方法的应用。如果市场走势没有本 ID 揭示的整体结构，那么区间套是不会存在的，也是没有操作意义的。区间套的方法，就是走势必完美的一个重要应用。有了区间套，买卖点的精确定位才有可能。也就是说，走势必完美的存在导致了买卖点可以精确定位，这显然是操作中最牛的一种方式了。

从 1 分钟级别一直到年级别，对应着 8 个级别。其实，这些级别的名字是可以随意取的，只是这样比较符合习惯，否则说级别 1、级别 2 的，容易搞不清楚。

当然，加上线段与笔，可以有更精细的分解，但一般来说没这个必要。

任何走势，都可以在这些级别构成的分解中唯一地表达。对于一般的操作，没必要所有分解都搞到年、季、月这么大的级别，因为这些级别一般几年都不变一下。例如，从6124点下来，n个月了，还在30分钟级别里混。

一般来说，1分钟、5分钟、30分钟三个级别的分解，就足以应付所有的走势。当然，对于大点儿的资金，可以考虑加上日级别。也就是说，任何走势都可以唯一地表示为 $a_1A_1+a_5A_5+a_{30}A_{30}$ 的形式。

级别的存在，一个必然的结论就是，任何高级别的改变都必须先从低级别开始。例如，绝对不可能出现5分钟从下跌转折为上涨，而1分钟还在下跌段中的情况。有了这样一个最好的结构，那么关于走势操作的完全分类就成为可能。

完全分类，其实是一个超强的实质性质。学过现代数学的人都知道，绝大多数系统并不一定存在完全分类的可能。而要研究一个系统，最关键的是找到某种方式实现完全分类。说得专业点，就是具备某种等价关系。

由于走势必完美，所以走势就是可以完全分类的，而且所有的分类都有明确的界限，这样任何走势都在可控的范围内。这种可控并不需要任何人的预测或干预，而是当下直接地显现的。你只需要根据这当下的显示，按照自己的操作原则操作就可以。

注意，完全分类是级别性的，是有明确点位界限的，而不是粗糙的上下平的概念。也就是说，本ID的理论完全是数量化的，因此就是精确化的，不存在任何含糊的地方。

明白上面这些，就有了一个大概的框架，不至于迷失于理论中了。

缠论点睛

1. 缠论的“级别”，是从最低级别的分型、笔、线段自下而上地递归定义出来的，并不是说用哪个级别的图看，走势就是哪个级别的。某走势的级别，关键在于其中枢的级别。

2. 对走势类型的完全划分，必须有明确的点位限制，且前后统一。比如说，任何技术点位，都允许有一定的波动空间。譬如日线上的3%，那么你就可以把这个波动空间运用到边界条件的限定上去，但必须前后统一。

投资微言

不是等跌了才问卖不卖，涨了才问买不买，而是一旦进入背驰段的区间套里，就要陆续卖出或者买入。

教你炒股票 103

学居龙术前先学好防狼术

(2008-03-19 15:58:15)

似乎有人嫌本 ID 的课程太慢。世界上最多就是这种人，估计 100 多课里面任何一课都没有真正弄懂，就嫌课程太慢！如果你真正弄懂其中任何一课，也不至于在实际操作中灰头土脸了。

学屠龙术前，先学好防狼术吧！本 ID 看现在绝大多数人连防狼术都没过关，大盘稍微来点儿劲，就会被大盘严重侵犯。

在彻底明白下面所说的防狼术之前，你也别研究什么中枢、级别了。因为有了这防狼术，至少不会被大盘严重侵犯，也不会在大盘大跌时鬼哭狼嚎了。

这防狼术，就是一个最简单 MACD 指标，0 轴分为多空主导。也就是说，一旦 MACD 指标的黄白线进入 0 轴之下，那么对应时间单位的图表就进入了空头主导的走势，这时候是必须远离的。

各位请看看大盘的 60 分钟图，5200 点一直到现在的 3000 多点，MACD 指标黄白线跌破 0 轴并反抽确认后，一直在 0 轴下晃悠。其间产生多大的杀伤力，各位难道自己没有体验吗？

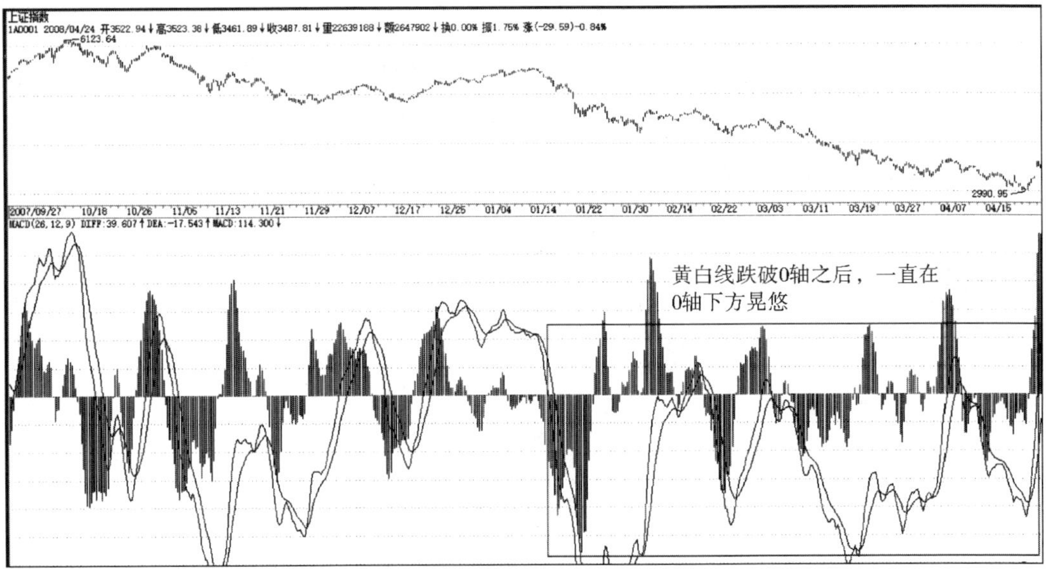

图 103-1 上证指数 5200 点到 3000 点 60 分钟 K 线走势图

回避所有 MACD 黄白线在 0 轴下面的市场或股票，这就是最基本的防狼术。

当然，这涉及时间周期。例如，如果是 1 分钟图表，那么黄白线就会经常在 0 轴附近上上下下的。你可以根据自己的能力，决定一个最低的时间周期，例如 60 分钟图或者 30 分钟图。一旦在该时间周期上出现 MACD 指标黄白线进入 0 轴之下的情况，就彻底离开这个市场，直到重新站上 0 轴再说。

当然，如果你技术水平高点儿，完全可以在背驰的情况下介入。这里不能给太高的要求，一切都要傻瓜化。如果你连 MACD 黄白线是否在 0 轴以下都看不懂，那就彻底离开这个市场吧。

缠论点睛

MACD 指标的一般用法：

DIFF（白线）、DEA（黄线）、MACD（红绿柱子）。

黄白线在 0 轴之上，为多头走势，0 轴之下为空头走势。

走势类型所对应的黄白线不创新高、新低，或者红绿柱子面积缩小而 K 线创新高、新低，为背驰或者盘整背驰。

黄白线不背驰，而 MACD 柱子缩短，往往对应着小级别的背驰或者盘整背驰。

对于 MACD，可以利用均线强收敛、弱收敛、交叉缠绕等方法进行类似分析。

第一类买点，往往对应 0 轴之下的金叉；第一类卖点，往往对应 0 轴之上的死叉。

第三类买点，往往对应 0 轴之上的金叉；第三类卖点，往往对应 0 轴之下的死叉。

第二类买卖点，金叉或死叉可能位于 0 轴上下的某个位置。

投资微言

最开始的止损，是最便宜的止损。

教你炒股票 104

几何结构与能量动力结构

(2008-03-26 15:47:42)

本 ID 的理论是一个超级完美的理论，首先在数学以及物理的角度超级完美。物理角度以前说的不多，因为这需要改变思维方式。

有些工科或老一代理科的人，对现代物理学一点概念都没有，以为能量动力，就如同牛顿时代，用各种微积分或各种级数等无聊算法就可以了。

现代物理的一个核心概念，就是物理与几何的高度统一。本质上，现代物理就是一门几何学，只不过是各种不同高深的几何学。而几何学也不是一般认为的那些几何学，几何的领域，可以涵盖并超越你思维的所有方面。

广义相对论是第一种真正意义上的现代物理学，其基础是一种比较简单的几何学。后面的规范场、超弦、膜空间等理论，就涉及各种超越一般人直观的几何了。在那些几何学里，能量、动力等结构对应着一些特殊的几何结构。这才是现代物理学的主流。

对于一般人来说，广义相对论可能是最简单的了。那里物质结构与几何结构是高度统一的，诸如引力结构等，对应着一些特殊的几何结构。如果有兴趣，可以找本广义相对论的图书来看看，看看这种几何结构的威力。

本 ID 的理论，本质上是站在这种现代物理学角度构建自己的能量动力学结构的。这里，一切都是几何结构说了算，一切的能量动力形态，都变得几何化。因此必须有这种思维上的根本改变，才会有真正的理解。否则还是牛顿时代的思维，那将会陷入一种机械化思维的陷阱中。

缠论点睛

有兴趣的朋友可以去学习金融与物理交叉产生的新兴学科：金融物理学。不想做深究的，彻底理解缠论形态学，用好结论就可以。

投资微言

学习理论，首先要相信。否则今天觉得对头，明天又觉得有问题，那是无论如何也学不好的。

教你炒股票*105*

远离聪明，机械操作

(2008-04-13 21:51:14)

股市里死掉的，大半是聪明人。越聪明的人，死得越快。要在市场上生存，就必须远离聪明，因为你的聪明在市场面前一文不值。

市场就如同一头牛，只有目无全牛，才可能随心解之而合其关节。在本ID的理论中，机械化操作的本质就是目无全牛而合其关节。因为根据本ID的理论，市场的结构已经被彻底分解。站在本ID理论的角度，哪里有什么市场，不过是一堆的关节而已。机械化操作，就是逐步合于其关节的节奏，不被全牛的繁复所影响。

至于分解市场的那个标准是什么并不重要，也就是分类的原则并不重要，关键能实现完全分类就行了。那些看不起分类的，永远只能在全牛的迷惘中可怜。

本ID可以再次明确地说，全牛纷繁，因此可以口水多多，各有道理。那么就让这些聪明人去“道理”去，去争论去；咱不爱聪明，咱不爱全牛，咱只知道关节的节奏。咱不爱争论，咱更不爱预测，咱只负责挣钱。

如果你喜欢道理而不喜欢白花花的银子，喜欢争论而不喜欢挣钱，那么就远离本ID的理论吧，那对你没有用。

最近，每天都在用一个最简单的分型以及能否延伸为笔的最基本标准对走势进行分类，就完全可以处理如此震荡的行情。人总是喜欢复杂的东西，看不起简单的，而这才是真功夫。

挣钱，本来就是很简单的事情，不过就是一个良好习惯与操作策略的结果，一点儿劲都不用费。那些费力才能挣到的钱，也会守不住。

人总爱贪多。请问，分型这个最简单的分类导致的操作，你把握了吗？如果这都没有熟练把握，你再学其他的又有什么意义？

好好总结吧。

缠论点睛

1. 技术分析的关键在于分类。分类的原则并不重要，关键在于是否能将市场完全分类。比如，利用均线缠绕就可以将市场完全分为上涨、下跌或者盘整，虽然不那么精确，却可以这么去做。

2. 挣钱，是良好的操作习惯和操作策略的共同结果。

投资微言

市场没有捷径。所谓的聪明人，总想走捷径，这大概是聪明人失败的根源所在。

教你炒股票106

均线、轮动与缠中说禅板块强弱指标

(2008-07-10 12:12:22)

以反弹为例子来进行讲解，调整的情况只要反过来理解就是。

任一级别，都有最少的延伸时间。例如一笔，由于必须有顶与底的分型，因此必须至少延伸出6个基本K线单位。也就是说，如果连5日均线都不能碰到，那么就不会是笔的反弹了。同样的道理，可以给出线段、1分钟、5分钟、30分钟、日、周等级别的笔的最少延伸时间，以及相应的最少挑战的均线。

由此可见，走势级别与均线虽然没有必然的关系，但还是有一个大致的对应区间的。特别地，根据经验，一个趋势中，n个中枢对应的压制均线大致都是相同的。例如，第一中枢被89日均线压制了，那么后面同趋势中后继的中枢，很有可能会被同样的均线压制。如果有一个反弹只能达到34日均线，那么该反弹和前面第一中枢同级别的概率就很小了。

除了最简单的笔，任何走势都是大级别套小级别的，因此单纯一条均线的意义不大，必须是均线系统。

注意了，均线系统的设置，一定要根据实际的走势来。也就是说，你设置的均线系统，一定要和实际已有的走势相吻合。例如，从6124点下来，我们选择5、13、21、34、55、89、144、233等参数构成均线系统，各位可以看看，该均线系统就和走势极端吻合。

例如，4778点就是144日均线支持下产生的，其后在55日、89日均线上构成多头陷阱。之后的下跌一直受制于21日均线，直到跌到3000点以下。其后反弹又被55日均线精确压制，接着的下跌一直在13日均线之下，直到这次出现反弹。

该系统对走势的吻合程度显然是很高的，在后面走势没有出现大的变化时，当然可以一直沿用。由此可见，55日（89日很快将与之缠绕）均线是本次反弹真正的试金石。如果不能突破甚至不能触及，就意味着这次反弹的级别依然不够大，很有可能回试后再构成另一个更大级别的反弹。从短线来说，34日均线就是一个很实际的考验了。

用这个系统，可以给出一个完全的分类，用以判别走势的强弱与先后。我们还可以用该均线系统对所有股票进行分类，由此市场轮动的节奏就一目了然了。

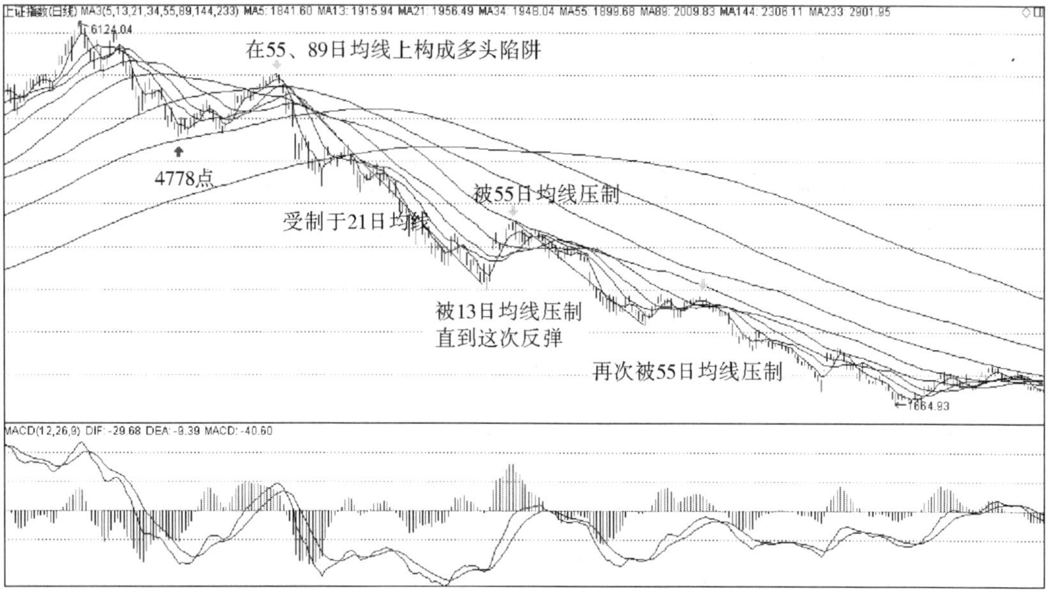

图 106–1 上证指数从 6124 点下跌以来受均线压制的情况

分类的原则是本次反弹到目前为止未曾攻克的最小周期均线，因此 8 条均线就可以分成 9 类，最差的一类当然是完全在所有均线下的那种。注意，最厉害的不一定完全在所有均线之上，为什么？各位可以思考一下，不要所有答案都依赖本 ID，思考一次的效果比本 ID 说 1000 次答案都要好。

还是以本 ID 长期反复折腾的股票为例子来说明。

北京旅游（000802）、隆平高科（000998）、三爱富（600636）显然是最厉害的第 9 类；西部资源（600139）属于第 8 类；京能电力（600578）、上实医药（600607）属于第 7 类，这几天在 89 日线上的调整极端标准；中牧股份（600195）、航天动力（600343）属于第 6 类；中粮屯河（600737）、建投能源（000600）属于第 5 类；大盘最大周期均线只站上 21 日均线，属于从最弱数起的第 4 类。

从这个分类可以看出两点。

首先，统计一下，目前被 34 天均线上下压制的股票是最多的，这就提示我们，34 天均线对于大盘的压力也是很大的。由于大盘还没到该线，因此这一提示就有预示的意义了。

其次，由于每类股票一旦在 n 类调整，要到 n+1 类至少有很大一段时间折腾，所以这就给了一个轮动操作的最好选择。一旦一个趋势级别的走势在 n 类上出现顶背驰，可以先出来一下，至少有几天时间可以去找别的已经调整到可以再次启动或者补涨的股票。

还有一种更重要的方法，就是根据板块来操作。要判别某一板块的强弱很简单，就是把类别数平均一下。这个平均类别数，可以叫缠中说禅板块强弱指标，该数值越大，对应的股票走势越强。

最强的板块属于领涨板块，该板块的动态十分关键。此外，把所有板块的缠中说禅板块强弱指标列在一张图上，其轮动的次序与节奏就一目了然了。根据板块强弱指标并配合具体股票的走势来分析，轮动操作当然就极为简单了。

以上操作，用电脑设计一个程序是很容易解决的，这就不是本ID应该为各位准备的事了。面包的制作方法说了，没理由让本ID还把面包烘好一个个喂吧，各位就自己动手试验一把吧。

缠论点睛

1. 一般地，在一个趋势中，中枢所对应的压制均线都是相同的。因此在趋势中，可以利用这个经验判断推动浪以及调整浪所对应的级别。

2. 课文中5、13、21、34、55、89、144、233等参数，都是斐波那契数列里面的神奇数字。神奇数字经常作为重要的参数和周期使用。

3. 利用均线系统分类，是根据走势未被攻克的最小均线作为分类依据。最差的不是第一类，最牛的也不是最后一类。因为底背驰一般发生在第一类，而顶背驰一般发生在最后一类。

4. 缠中说禅板块强弱指标的计算方法如下。

第一步，假设有n条均线，根据均线系统进行分类，每个类别的值分别为1、2、3…n+1。

第二步，计算某个板块中个股对应的值，并取所有个股的算术平均数，作为该板块所对应的值。

第三步，对所有板块执行第二步操作。

第四步，比较所有板块对应的值，作为强弱对比的依据。

投资微言

短线是用来摊成本的，要挣大钱，关键是看中线。

教你炒股票 107

如何操作短线反弹

(2008-08-19 16:10:39)

这里再强调一下一些最基本的操作问题。其实操作没把握，归根结底是对理论没完全彻底地把握。

例如，一个最实际的问题，如果按照理论，走势后面至少有一个 30 分钟级别的反弹，那么具体的操作应该怎么安排？首先，你必须搞清楚反弹可能的具体走势形式，因为同样是 30 分钟级别，不同形式，对应的操作难度与方式都是不同的。最大的难点在于，你并不能事先知道反弹究竟用什么方式，因为这涉及预测，而一切预测都不能纳入操作计划的范围。要解决这一难点，必须从绝对性出发，里面不能涉及任何预测。

对一个 30 分钟的走势类型，我们能绝对性地指出的无非有一点，就是这个反弹至少有一个 30 分钟级别的中枢。这就足够了，我们可以依据这一点构造出一套绝对性的操作方法。

某级别的中枢都是由三个以上次级别走势类型重叠构成的，也就是说，一个 30 分钟的中枢，一定至少包含上 - 下 - 上三个 5 分钟走势类型。这就是构成我们操作绝对性的最坚实基础。

显然，没有任何绝对性可以保障 5 分钟上 - 下 - 上三段走势中，最后一个上一定有比第一个上更高的高点。特别是那种所谓奔走型的反弹，后上的高点可能刚好触及前上的低点。如果你一定要等上 - 下 - 上都完成才抛出，那么很可能会面对这样的尴尬，就是你在第一个上的最低点买入的股票，在上 - 下 - 上的电梯过后，只有一个可能连手续费都不够、稍纵即逝的卖点。因此这种操作注定只有相对的理论上的安全性，没有具体操作上的绝对安全性。

要解决这个问题，只能从第一上就开始分解操作。也就是说，没必要等待第二个上了。既然每次上之后都必然有一个同级别的下，而这下的幅度又是不可能绝对控制的，所以还不如就把操作分段，让分段提供给你操作的绝对安全。

在这种分析下，具体的反弹操作一定是按照次级别分解方式进行的。也就是说，30 分钟级别的反弹，是按 5 分钟的节奏去处理的。

注意，这只是统一的处理方法。实际操作中，一旦第一上与下出现后，可能的走势形式就有了很大的绝对性确认了。例如，一个 30 分钟中枢后接一个第三类买点，然后非背驰力度地强劲拉升，那你就完全可以开始坐轿子，等待第二个中枢，甚至第三、第四、第五个中枢完成，出现背驰后的卖点再说了。

其次，这绝对性的具体操作还不是平均效率最高的。效率最高的方法，就是保持部分仓位，用余下的仓位进行换股轮动操作。对于资金少的，还可以用全部仓位进行换股轮动操作，不过这样操作对技术的要求更高。

最后，一定不要去预测反弹还是反转，这样做根本没有意义。反弹越搞越大，最后就自然成了反转。是否如此，根本没必要知道。你唯一需要知道的就是，只有第一中枢后出现第三类买点并形成非背驰类向上，才可以流着口水般地持股睡觉，等其余中枢形成，否则随时都有被反回来的风险。

有人喜欢精确定义，这里其实也给出了什么是上升趋势形成的最精确定义，就是在第一中枢后出现第三类买点并形成非背驰类向上。趋势形成之后，只要没有扭转的信号，当然就可以睡觉，这是太常识的东西了。本 ID 的理论并不一定要违反常识，只是本 ID 的理论可以给正确的常识以合理的理论基础，这才是关键。

必须补充的是，实际的操作效果还是必须靠磨炼的。反弹如此，回调的操作反过来就是。

缠论点睛

1. 操作回调或者反弹，首先要选择背驰或者盘整背驰的个股。因为按照理论，回调或反弹必然回到前一个中枢。而盘整背驰，需要防止盘整背驰转化为第三类买卖点的情况。操作中的关键是对反弹进行分段处理。

2. 尽可能选择那些远离中枢的个股，即所谓的超跌股。这样的股票距离中枢的位置较远，由于背驰之后至少回抽到原中枢，因此反弹或者回调的幅度更大。

投资微言

盘整总是占据大多数的交易时间，不会利用盘整，基本还是属于不入流的。

教你炒股票 108

何谓底部？从月线看中期走势演化

(2008-08-29 09:15:01)

何谓底部？这里给出精确的定义。

底部都是分级别的。如果站在精确走势类型的角度，那么第一类买点出现后，一直到该买点所引发的中枢第一次走出第三类买卖点之前，都可以看成底部构造的过程。只不过如果是先出现第三类卖点，就意味着底部构造失败了。反之，第三类买点先出现，则意味着底部构造最终完成并展开新的上升行情。顶部的情况，反过来定义就是。

此外，从分型的角度，同样可以给出底部的定义，只是会显得粗糙一点儿。对于一时把握不了精确走势类型分类的，这是一个将就的办法。此外，在一般性分析中，这种方法也可以用，因为这个方法对把握大方向来说已经足够。

站在分型的角度，底部就是构成底分型的那个区间。跌破底分型最低点，意味着底部构造失败；反之，有效站到分型区间上边沿，就意味着底部构造成功并至少展开一笔向上行情。同样，顶部反过来就是。

有了这个定义，就一定要搞明白，不是在底部的区间上买，而是应该和中枢震荡的操作一样，在区间下探失败时买，这才是最好的买点。此外，底部是有级别的。日线图上的底分型，当然对应着分型意义上的日线级别走势的底部。

这里有一个现成的有意义的例子：2008 年 8 月这个月 K 线基本走出来了，显然 9 月是否能构造出底分型，关键是看这个区间（2284，2952）。其中 2284 点是绝对不能跌破的，一旦跌破，就马上宣告月线底分型至少要到 10 月以后才有戏。因此即使 9 月没到，我们已经可以有一个大致的操作强弱分类空间了。回探 2284 点不破的任何分型意义上周线级别以下走势，都必然成为一个好的短线买点，而且可以充分利用类似区间套的方法，去找到最精确的买入位置。

同样，马上可以断言的是，在 10 月有效确认站上 2952 点前，月线意义上的行情是没有的，最多只能看成是分型意义下月线级别的底部构造过程。这对我们操作参与的力度与投入，就有了一个很明确的指引。

当然，对于一般投资者来说，月线图太大了，因此可以看周线图。例如，本周与上周的 K 线，到目前为止是一个包含关系，因此下周的 K 线是能否构成底分型的关键。而真正要走出底部，还需要对（2284，2601）突破进行有效确认。也就说，在中秋之前，

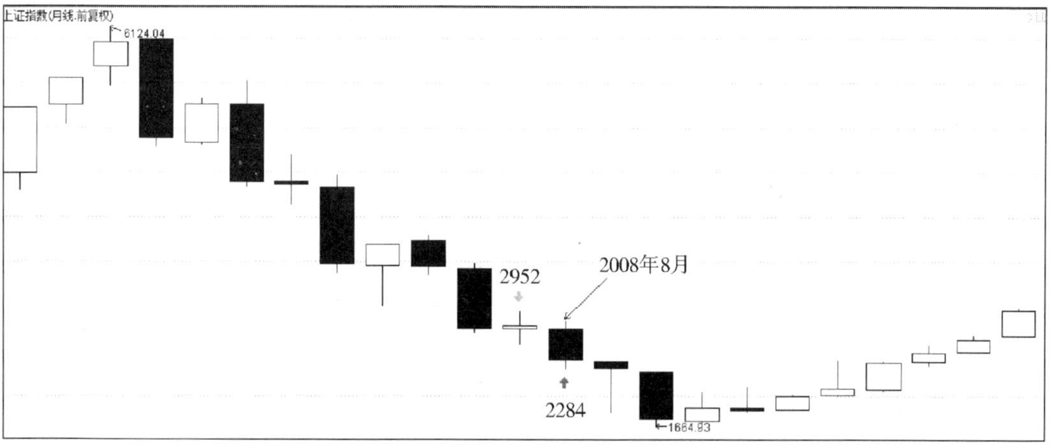

图 108–1 上证指数 2008 年 8 月月线底分型操作分析图

要确认一个分型意义下的周线行情是不可能的，除非本周最后一天突然突破 2523 点。

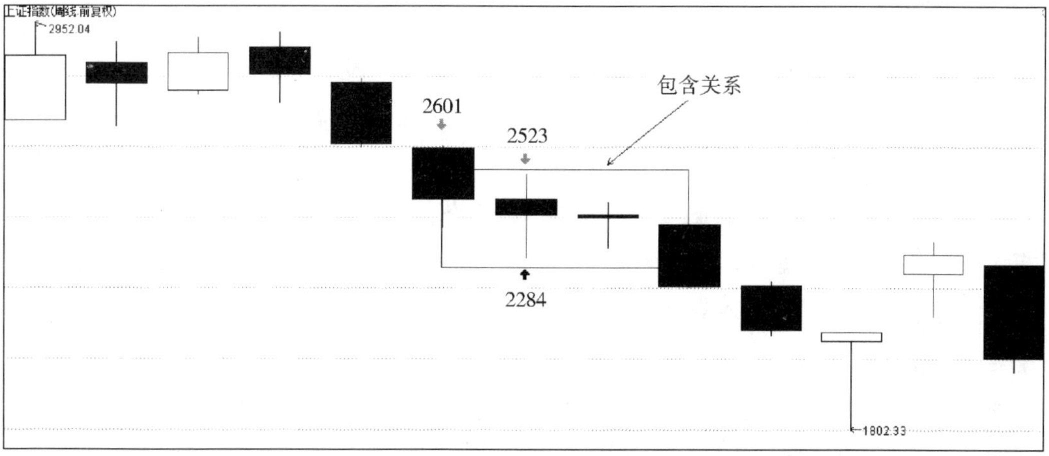

图 108–2 上证指数 2008 年 8 月 29 日前后周线底分型操作分析图

从更短的日线看，目前无非是在 2008 年 8 月 18 日开始的那个底分型引发的底部构造中。该底分型最终是否有效，就看（2284，2455）区间走势的演化了。

操作其实很简单，一个基本的原则就是：任何走势，无论怎么折腾，都逃不出底、顶以及连接两者的中间过程这个节奏。在两头的操作节奏就是中枢震荡，只是在底部的时候要先买后卖，在顶部的时候要先卖后买，这样更安全。中间的连接部分就是持有。当然，对于空头走势，小板凳就是一个最好的持有，一直持有到底部构造完成为止。

对于有技术的人来说，根本不需要什么小板凳。按照操作级别，分清楚目前是三个阶段中的哪一阶段，然后就日日是好日，时时是花时了。亏钱都是错误操作引起的，不断反省，才会有进步。

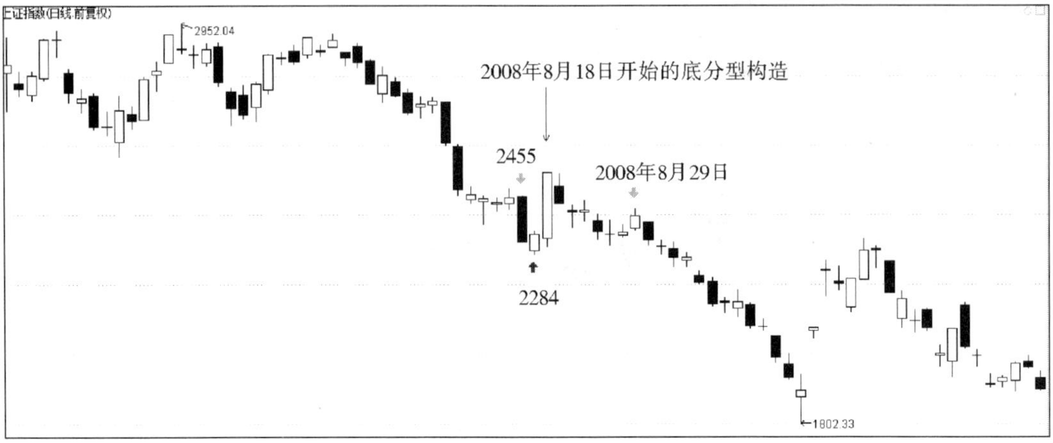

图 108-3 上证指数 2008 年 8 月 29 日前后日线底分型操作分析图

缠论点睛

1. 对于顶底的定义：某级别第一类买点之后出现中枢，直到该中枢出现第三类买点，就是该级别的底部区间；第一类卖点之后出现的中枢，直到出现第三类卖点，就是该级别的顶部区间。

2. 操作上，对于多头来说，底部区间动态建仓，降低成本；顶部区间卖出；中间持有或者依据小级别做差价。空头反之。

3. 对于分型的操作，在分型确认后，回探失败时买入或者卖出。这与中枢震荡的操作类似。

投资微言

操作是双面的，可以先买后卖，可以先卖后买，可以先卖再买之后再卖。关键是看图操作，不要凭自己的情绪去操作。

化状态中出现最大可能盈利的转折状态，这种转折是必然的。然后用大型的机器监控所有股票，在相应的状态买入，相应的状态卖出，一部自动赚钱的永动机器就构造成了。

关于哪些状态的转折效率最高的问题，是一个纯粹的数学问题。知识是有力量的，这就是一个例子。

当然，对于一般人来说，完全没必要去制造这样的机器，研究这样的问题。因为我们完全可以只关心三个连续的级别，例如，1 分钟、5 分钟、30 分钟级别，这就对应着 64 种状态。这里就和易经联系上了。很多人用易经研究股票，都是糊涂一通。真要用易经研究股票，从这里下手才是正道。

可能不少人被日分型、周分型，这笔、那笔搞得晕头转向，其实这是最简单的情况了。现在很少有好的中医，因为学医的看到这生那克，那里这表的都晕了，所以中医的前途堪忧。不是中医有什么大问题，而是现在笨人、一根筋的人太多了。

当然，只有“笔”这重表里关系，不足以精确地诊断市场走势，就像光搞清楚肺和大肠的关系治不好病一样。在这重表里关系中的未病，站在别的关系下可能就看出已病来了，因此必须再研究另外的表里关系。

更重要的是，不同的表里关系之间还是有生克关系的，就如同中医里不同系统间的生克关系一样，只有在这个层面上，才能算是初步沾了一点诊断的边儿。

缠论点睛

1. 为什么要多级联动，就是这“未病 – 欲病 – 已病”关系的存在。大级别的改变一定是先从小级别开始的，而小级别变化一旦打破大级别的均衡，就意味着大级别的变化到来。

2. 类似地，可以用大盘和板块以及个股的关系去构造一个三行的矩阵，从而更好地监控走势的发展。

投资微言

是故圣人不治已病治未病，不治已乱治未乱，此之谓也。夫病已成而后药之，乱已成而后治之，譬犹渴而穿井，斗而铸锥，不亦晚乎！

教你炒股票 92

中枢震荡的监视器

(2007-12-27 20:31:33)

中枢震荡，最终一定以某级别的第三类买卖点结束。问题是，如何预先给出有参考价值的提示，也就是如何去监控震荡是在逐步走强，还是逐步走弱？这是一个有操作价值的问题。当然，顺便地，还可以为把握每次震荡的高低点给出一个大致的区间。

一个中枢确立后，中枢区间的一半位置，称为震荡中轴 Z。每一个次级震荡区间的一半位置，依次用 Zn 表示。最标准的状态，就是 Zn 刚好落到 Z 上面，但这是很特殊的例子。

显然，Zn 在 Z 之上，证明这个震荡是偏强的，反之偏弱。震荡的中枢区间是 [A，B]，那么 A、Z、B 这三条直线刚好是等距的，Zn 的波动连成曲线，构成一个监视中枢震荡的技术指标。

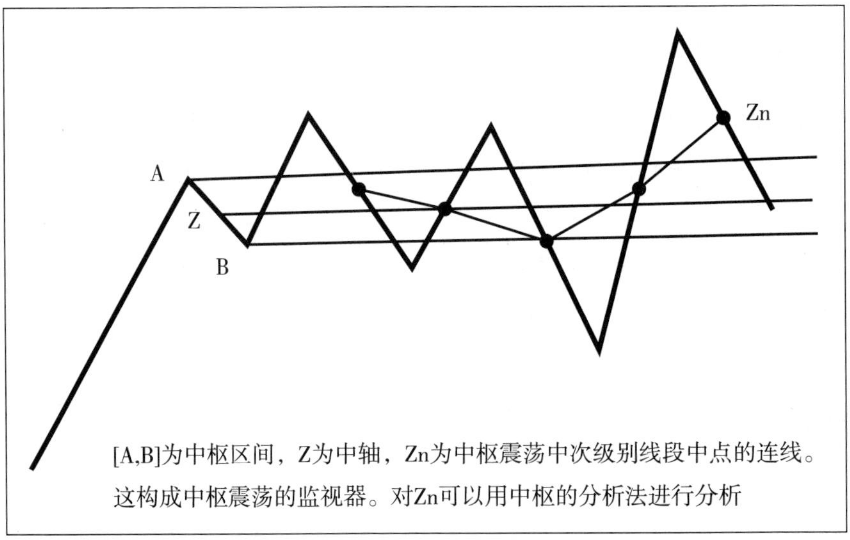

图 92-1 中枢震荡监测器示意图

只要有波动，就可以用类似中枢、走势类型之类的方段去分析。不过 Zn 的数量不会超过 9 个，如果超过 9 个，中枢的级别就要升级了，所以这样的分析意义不大。

一般来说，这个指标是一个监视器。这里存在一种必然的关系：Zn 肯定要超越 A 或

B。为什么？如果不这样，就永远不会出现第三类买卖点了，这显然是不可能的。

必须注意，反过来，Zn 超越 A 或 B 并不意味着一定要出现第三类买卖点。也就是说，Zn 可以多次超越 A 或 B，但只有最后一次超越才构成第三类买卖点。实际上的情况大都没有这么复杂，一般一旦有类似的超越，对操作者就是一个很大的提醒，预示着中枢震荡面临变盘了。

一般来说，如果 Zn 对 A 或 B 的超越没有构成第三类买卖点，那么一般都将构成中枢震荡级别的扩展。虽然这一结论没有 100% 的绝对性，但概率是极高的。

有了这些知识，对于中枢震荡的可介入性，就有了一个大概的把握。对于买入来说，如果 Zn 在 Z 之下甚至在 A 之下，那么介入的风险就很大。也就是说，万一你手脚不够麻利，可能就被堵死在交易通道中，无法顺利完成震荡操作。

那些 Zn 缓慢提高，但又没力量突破 B 的，要小心其中蕴藏的突然变盘风险。一般这种走势都会构成所谓的上升楔型之类的诱多图形。反之，同样的风险存在于下降楔型的诱空图形，二者道理是一样的。

另外，中枢震荡中，次级别的走势类型其实是很重要的。如果该次级别是一个趋势，Zn 又出现相应的配合，那么一定要注意变盘的可能性。特别是那种最后一个次级别中枢在中枢之外的，一旦下一个次级别走势在该次级别中枢区间内完成，震荡很可能就会出现变盘。

结合前面说的布林通道对中枢震荡结束时间的辅助判断，这样来把握震荡的变盘，将有极高的预见性了。

除了特殊情况，Zn 的变动都是相对平滑的，因此可以大致预计下一个 Zn 的区间。再依据当下震荡的低点或高点，可以大致算出下一个震荡的高低点，从而参与中枢震荡操作。

缠论点睛

1. 中枢震荡监视器和前面所讲的布林通道配合使用，能够有效提高对变盘的预见性。

2. 操作中要注意一些细节：很多股票的第二类买卖点都是在中枢震荡中形成的；Zn 在 Z 之下甚至在 A 之下的，介入的风险很大；Zn 缓慢提高，但又没有力量突破 B 的，要小心其中蕴藏的突然变盘风险；中枢震荡的次级别是趋势的，一旦次级别第二中枢在中枢之外形成，且次级别回抽在第二中枢区间之内，就意味着第三类买卖点出现。

投资微言

这世界上最遥远的距离，就是知道和做到的距离。做不到知行合一，你那所谓的知，根本就不是真知。

教你炒股票93

走势结构的两重表里关系（二）

(2008-01-15 18:08:05)

显然，所有问题都集中在（1，0）或（–1，0）之后如何演化上。如果这两种情况后只有一种情形，那当然是最理想的，可惜世界没有这么简单。（1,0）或（–1,0）之后，都有（1，1）、（–1，1）两种可能。

以（1，0）为例子，（–1，0）的情况反过来就是。（1，0）这个信号是绝对明确，毫不含糊的，任何人都可以唯一地去确定。同一个信号，对于不同的人，处理的方法是不同的，这和每个人的操作水平相关。

1. 如果你操作震荡行情的水平一般，胆子又比较小，没有时间和跑道，喜欢落袋为安，那么一个足够大的周期，例如周线周期或日线周期的（1，1）后出现（1，0），意味着你已经有足够的获利空间。这时候最简单的做法就是把成本先兑现出来，留下利润，让市场自己去选择方向，不费那个脑子了。

剩下的筹码可以这样操作，如果（1，0）之后出现（–1，1），意味着低周期图上肯定也出现（–1，1），那么这个低周期图上的向下笔结束后回来的向上笔只要不创新高，就可以把剩余筹码扔掉。例如周线周期上的（1，0）之后出现（–1，1），可以看日线或者30分钟周期的低周期图。当然，还可以直接看5周均线，只要有效跌破就走，这样操作可能更简单。

2. 如果你操作震荡行情的水平比较高，就利用（1，0）后出现的震荡进行短差操作。围绕震荡的操作都是先卖后买，如果发现市场选择了（–1，1），那么最后一次低位就不回补了，完全退出战斗。

利用震荡进行短差操作时，一定要分析好这个（1，1）到（1，0）对应的走势类型。例如一个周线上的（1，1）到（1，0），必然对应着一个小级别的上涨，至于这个级别是1分钟还是5分钟、30分钟级别，看具体的图形就一目了然了。

周线上出现的（1，0），在该点对应的某级别上涨中，有两种可能的情形。

（1）该对应的上涨出现明确的背驰，完全确认趋势结束，那么整个震荡区间就要以上涨的最后一个中枢为依据。只要围绕着该区间，就是强势震荡，否则就是弱势震荡，走势肯定要变成（–1，1）了。一旦确认是弱势震荡，最好还是不要参与，等大周期图上出现（–1，0）再说。

（2）该对应的上涨没有出现明确的背驰，那么（1，0）转化为（1，1）的可能性就很大了。

3. 如果市场最终选择（1，1），那么这个（1，0）区间就有着极为重要的意义。这个区间上下两段的（1，1），可以进行力度比较。一旦出现后一段力度小于前一段，就是一个明确的见顶信号。然后根据对应的走势类型进行区间套定位，真正的高点就逃不掉了。

上面把可能的操作进行了分类说明，方法并不难，关键是应用时要得心应手，这可不是光说说就行的。最终能操作到什么水平，就看各位自己磨炼的工夫了。

缠论点睛

1. 本课对某级别上涨出现顶分型之后，也就是（1，1）转化为（1，0）之后的操作进行了完全分类。底分型之后的操作与之类似。

2. 对于 (1，0) 转化为（－1，1）的情况，操作的关键在于选择顶分型对应的那个小级别的震荡，然后利用该震荡进行短差操作。一旦转化为（－1，1），或者有效跌破 5 周期均线，则在该小级别震荡高位抛出的股票低位不再回补。

3. 对于（1，0）转化为（1，1）的情况，关键在于将分型前后的两段上涨进行力度对比，看看是否背驰，不背驰就继续按照上面第二点进行操作。背驰就根据区间套寻找精确的卖点出货。

投资微言

墨菲定律：如果你担心某种情况发生，那么它就更有可能发生。关键是对自己担心的事情找到应对之策。

教你炒股票 94

当机立断

(2008-01-21 17:29:47)

任何来本 ID 这里学习的人，第一层次就是要达到：当机立断。

机会是可以预先分析的，但分析不是预测，而是建立在完全分类基础上的边界划分。划分完全来自本 ID 理论的纯数学构造，这个构造的唯一性与精确性，保证了分类与边界的当下确认性。

其实这个问题已经说过，但必须再次说，为什么？因为这是一种完全不同的思维方式。如果你不能明白，就永远与本 ID 的理论无缘。

例如，现在对以后的大盘走势进行分析，我们马上可以分析出所有必然出现的机会。

1. 一个最小的机会，就是大盘线段下移后形成线段类背驰。这里对应着两个目标，最好的目标是回拉上面的 1 分钟中枢，从而形成 5 分钟中枢。剩下的就是形成第二个 1 分钟的下跌中枢。

图 94-1 2008 年 1 月 21 日大盘 1 分钟走势 K 线图

2. 第一个机会出现后，根据演化的当下选择，马上可以找到下一个必然出现的机会：如果是 5 分钟中枢，那么就有一个中枢震荡的机会；如果是 1 分钟的第二个中枢，那么就等待后面的底背驰或者该中枢扩展为 5 分钟中枢后的震荡机会（事实上，大盘选择了中枢新生，而新生的中枢之后又扩展成 5 分钟的中枢）。

类似地，对于任何走势，我们都可以根据理论马上严格地给出必然出现的机会。市场就是如此，虽然折腾过无数的人，但是从来没有任何失误地按照本 ID 的理论去走。

任何一个当下，你都可以根据本 ID 的理论马上给出后面必然要出现的机会。上面说的是买点，卖点的情况是一样的。

根据理论，你可以罗列出一大堆必然出现的机会，后面面临的只是选择问题。例如，前面说的第一个机会，你会觉得级别太小，不想参与。那么不想参与就不参与。

你真正明白了本 ID 的理论，操作其实就是这么简单，唯一需要问自己的，就是你现在有没有参与的兴趣。如果你想参与，那么就需要一系列的准备，包括通道的、资金的，一切都要安排好。

之后的关键是要把退出的边界条件设置好。例如，对于第一个机会，设置的退出条件可以是原来的最后一个类中枢，或者是线段向上走势类型中的类背驰或类盘整背驰。

当然，根据这样的设置条件，在 T+1 的规则下，你完全有可能出不来。为什么？因为这个买卖点可能当天就完成了，买了卖不掉。所以在设置退出条件时，还要参考交易机会出现的时间。如果时机出现在上午，可能就要考虑一下；如果出现在下午，那么胆子就可以大一点儿。

当然，操作还和你自己的实际情况有关。例如一个中线走势极为良好的股票，如果一个线段下跌就跌掉了 20%，而你又在高位跑掉了，那么这个回补机会当然就可以胆子大一点儿。更容易的方法，就是把级别放大点儿。如果你按周线操作，那么从 2005 年下半年买入持有到现在，你根本连一次都不需要操作，谁告诉你本 ID 的理论只做短线的？

对于每种机会类型，都需要把各种可能出现的情况考虑清楚，这样可以判断其力度，从而决定进出的资金量。谁告诉你一旦介入就一定要奋不顾身？难道就不可以见好就收？从见好就收到奋不顾身，这里可以有无数的情况出现，当机立断，这是唯一的选择。

学了本 ID 的理论，脑子里必须时刻有两个字：级别。如果连级别都搞不清楚，只有被股票玩弄的份儿。有了级别概念，剩下的就是节奏问题了。不会卖出，就等于失去了下次买入的机会。这个节奏之所以难，说白了，就是贪嗔痴疑慢作怪。

对于初学者，一定要机械地给点儿束缚，等于给猴子带上个圈圈。这个束缚，就是 5 周、5 日这些均线。一旦分型后有效跌破了 5 周期均线，就一定要走，这就是束缚。

当然，熟练的人可能就不需要这些了，严格的走势分类自动就会给出一切。

练习的第一步，就是在任何时刻点位，都能马上根据理论把后面的机会第一时间反应出来。注意，任何的机会，必然在本 ID 理论的输出中。市场的机会与本 ID 理论的输出，是严格一一对应的。这就是本 ID 理论之所以厉害的其中一面。

练习的第二步，是根据自己当下的心情、资金等情况，选择介入的机会，放弃不想介入的机会。然后就等待机会的出现，当机立断地操作，就这么简单。但这最后一步，足够你修炼 n 年了。

缠论点睛

1. 如果要操作某只股票，一定要做好你的策略组合。一套完备的策略组合，至少应该包含“介入、资金量、退出”等三个要素。

2. 每一次加仓或者减仓，都应该有一套完整的策略组合来应对。买入的，就考虑在什么情况下退出；卖出了，就考虑在什么情况下回补。

投资微言

操作的关键在于等待，等待那电光火石的一刻，当机立断地买卖。

教你炒股票 95

修炼自己

(2008-01-22 16:10:20)

要战胜市场，首先要了解市场中的众生。市场是合力的结果，而构成合力的每一个分力背后，都对应着活生生的人。

市场中，大多数都是糊涂蛋，赚钱了不知道为什么，亏钱了不知道为什么。最后变青蛙了，也会说，井上面的天空好大，好复杂，怎么处理啊？哪里有拐杖啊？

几乎绝大多数的人进入市场时，根本不知道市场是什么，然后就不断地投入，最后有些输红眼的，砸锅卖铁也进来了。

对于市场，本 ID 有一个观点，大概有点过分，但却是对的：市场，就是要 0 投入去赚钱。

很多人很关心本 ID 的投资历史，当然有很多事情不能说，因为涉及太多的东西。但有一样事情本 ID 是可以说的，那就是本 ID 在市场中等于没有投入过 1 分钱。

本 ID 的第一笔钱是 1990 年初打新股赚回来的。那时候买新股的钱，很不好意思，不是本 ID 的。新股上市后，本 ID 就把本儿还了，剩下的利润，就是本 ID 在市场中的第一笔钱。从此，无论本 ID 操作的钱有多少，本 ID 从来没有在市场中投入过 1 分钱。

当然，现在还按照 90 年代初那种疯狂状态来操作是不行了。但本 ID 还是觉得，你投入市场的钱，一定不能无限增加。如果你第一笔投入 100 万元，还不能赚到钱，那你还投什么啊？你 100 万元都搞不好，难道想搞 100 万元的平方？

只要你有稳定的技术和操作，初始投入多少根本不重要。就算你的初始投资只有 1 万元，10 次翻倍操作后也就 1000 万元了。即使你开始有 1000 万元，10 次连续的亏损后，你也没有多少钱了。

问题不是投入多少，而是技术与操作。所有把市场当作赌场的人，最终的命运都只能是悲惨的。

对于市场上的众生，本 ID 给出的第一个忠告就是，把你的第一笔钱运作好，然后把本儿拿走，最后把这些利润变成巨大的数字。这才是市场中真正的操作。

市场上真正的成功，都是以 10 年为单位的。无论你开始有多少钱，10 年都足以让你上一个足够大的台阶，一笔 0 成本、0 投入的钱，会让你在市场中无比轻松。

绝大多数的人，因为贪婪而不断投入，又因为恐惧落荒而逃。但市场进来一次，几乎就很难再离开了。落荒而逃的人，最终都是在高潮中又被忽悠进来，最终还是像温水中的青蛙一样被煮了。这种事情难道还少见?

还有不少人，以评价别人为乐事。市场中唯一的评价，就是你的操作。有那些时间，还是练习一下操作吧，这才是市场中的人应该干的事情。

市场，不是选秀场，别把自己当成超男超女或他们的粉丝。市场里有的只是刀和血，超男超女和粉丝，只有被煮的份儿。

市场中唯一需要考虑的，就是提高操作的水平，这是一切的根本。别人，最多是你的陪练。

学习理论，一定要究底穷源，然后在实践中不断升级。功夫是磨炼出来的。用你的第一笔钱，一笔绝对不影响你生活的钱，创造一个操作的故事，这才是市场中真正的操作者。

操作的层次很多，这是一个不断修炼的过程。把基础弄好了，你可以不断前行。市场的机会无穷，坐一次电梯不可怕，关键是坐电梯之后，你能不再坐电梯。

修炼自己，在市场中生存，你别无他法。

缠论点睛

1. 从技术和心态两方面修炼自己。技术上要追根溯源，彻底明白其中的逻辑关系，然后在操作中不断提高精确度。

2. 在你的第一笔投资没有赚到利润之前，不要追加投入。市场中看的是长期回报率。成败，只与技术和时间相关。

投资微言

市场里，任何侥幸都只能是暂时的，而且很可能会被市场加倍索还。面对市场，不经过一番洗心革面，是不可能战而胜之的。

教你炒股票 96

无处不在的赌徒心理

(2008-01-23 16:18:38)

市场中最大的敌人之一，就是赌徒心理，赌徒思维。赌，最终的结局只有一个。如果你以赌徒心理参与市场，那么你的结局早已注定。就算你还没在锅里，那也只是养肥了再煮而已，没什么区别。

赌徒心理无处不在，除了上一课说的不断加码，还有一些甚至自己都没有注意到。

例如，有人亏钱了，然后就想，等反弹到多少多少一定出来，以后不玩了。这看起来很不“赌徒”，其实也是赌徒心理。

赌徒心理一个最大的特点，就是预设一个虚拟的目标，一个想象中的目标，完全无视市场本身。

还有一个特点，就是怕失去机会，怕失去赚大钱的机会。例如，万一走错了怎么办？万一卖了还涨不就亏了？诸如此类。

注意，在市场中生存，从来就不是靠一次暴富得到的。一次暴富最后倾家荡产的，本 ID 见多了。

市场中真正的成功，都是在严格的操作下完成的。操作失误了有什么大不了的？市场中的机会不断涌现。一个严格的操作程序，足以保证你长期成功。

赌徒心理，一个很常见的行为，就是砍了又追，追了又砍，完全被一股无明的业力牵引，直往那鬼窟里去了。所谓的杀红了眼，最终就被杀了。

赌徒心理，一个更常见的行为，就是不敢操作。看到机会到来，就是怕，不敢买。等机会真正起来了，又开始后悔，然后就追上去。5 元不敢买的，过段时间 50 元都敢买，结果又被杀了。

赌徒心理，还有一种太常见了，就是听消息，找捷径，以为这个世界上有一个馅饼一定能拍着自己。可能吗？就算能吃到点儿馅饼，那玩意儿能当长期饭票吗？

赌徒心理，还有一种大概是最常见的，就是我要赚钱买房子、车子。我投入，要把装修的钱赚回来。可悲呀，你以为市场是慈善场所？

生活，很简单，一天三顿饭，五谷为养，五果为助，五畜为益，五菜为充，不是那些古灵精怪的玩意儿；市场很简单，就如同生活，在一定的韵律中生长出利润。只有那韵律，那平凡但又能长久的盈利模式，才能使你战胜市场。